Lise Saint-Laurent, Jocelyne Giasson, Claude Simard,
Jean J. Dionne, Égide Royer et collaborateurs

PROGRAMME D'INTERVENTION

AUPRÈS DES ÉLÈVES À RISQUE

Une nouvelle option éducative

gaëtan morin
éditeur

Montréal □ Paris □ Casablanca

1996

Données de catalogage avant publication (Canada)

Vedette principale au titre:

Programme d'intervention auprès des élèves à risque: une nouvelle option éducative

ISBN 2-89105-555-1

1. Enfants en difficulté d'apprentissage – Éducation.   2. Enseignement correctif.   3. Lecture – Enseignement correctif.   4. Mathématiques – Enseignement correctif.   5. Écriture – Enseignement correctif.   6. Famille et école.   I. Saint-Laurent, Lise, 1948-   .

LC4704.73.P76 1995   371.9'043   C95-940029-X

Montréal, Gaëtan Morin Éditeur ltée
171, boul. de Mortagne, Boucherville (Québec), Canada, J4B 6G4, Tél.: (514) 449-2369

Paris, Gaëtan Morin Éditeur, Europe
20, rue des Grands Augustins, 75006 Paris, France, Tél.: 33 (1) 53.73.72.78

Casablanca, Gaëtan Morin Éditeur – Maghreb S.A.
Rond-point des sports, angle rue Point du jour, Racine, 20000 Casablanca, Maroc, Tél.: 212 (2) 49.02.17

Révision linguistique : Ghislaine Archambault

Dépôt légal 1er trimestre 1995 – Bibliothèque nationale du Québec – Bibliothèque nationale du Canada

2 3 4 5 6 7 8 9 0 1   G M E 9 5   4 3 2 1 0 9 8 7 6 5

Liste des collaborateurs

Isabelle Bitaudeau, professionnelle de recherche au GRIED (Groupe de recherche en intervention auprès des élèves en difficulté), Université Laval (Québec).

Andrée Boisclair, professeure titulaire au Département de psychopédagogie de l'Université Laval (Québec).

Robert Champoux, conseiller pédagogique à la Commission scolaire de Huntingdon (Québec).

Sylvie Moisan, professionnelle de recherche au GRIED, Université Laval (Québec).

Maryse Trépanier, orthopédagogue et professionnelle de recherche au GRIED, Université Laval (Québec).

Hermelle Vézina, orthopédagogue et professionnelle de recherche au GRIED, Université Laval (Québec).

Robert Champoux, Maryse Trépanier et Hermelle Vézina ont assumé la tâche de superviser pendant un an l'application, dans certaines écoles, du programme d'intervention proposé dans cet ouvrage.

Avertissement

Dans cet ouvrage, le féminin est utilisé comme représentant des deux sexes pour désigner le personnel pédagogique. Cet emploi s'explique par la composition majoritairement féminine du personnel à l'œuvre dans les écoles primaires et a pour seul but d'alléger le texte.

Par ailleurs, toujours pour éviter d'alourdir le texte, le masculin est utilisé pour désigner les élèves des deux sexes tout au long de l'ouvrage.

Remerciements

Le programme d'intervention présenté dans ce volume est le fruit d'une collaboration stimulante et fructueuse entre l'université, des organismes québécois du monde de l'éducation et plusieurs milieux scolaires.

Les auteurs remercient les organismes suivants et leurs représentants respectifs pour leur contribution dans l'élaboration et la mise au point du programme :
- Mme Pierrette Jalbert, ministère de l'Éducation du Québec, Direction de l'adaptation scolaire et des services complémentaires ;
- M. Berthier Dolbec, Fédération des commissions scolaires du Québec ;
- Mme Denise Gosselin, ministère de l'Éducation du Québec, Direction régionale Québec-Chaudière-Appalaches ;
- M. Jean-Claude Tardif, Centrale de l'enseignement du Québec ;
- Mme Ginette Dion, Association des cadres scolaires du Québec ;
- M. Pierre Tremblay, ministère de l'Éducation du Québec, Direction régionale Montérégie ;
- Mme Suzanne Roy, Association des orthopédagogues du Québec.

Outre qu'ils ont apporté un soutien financier ou fourni des services matériels, ces organismes ont délégué un représentant au Comité consultatif qui a assisté les auteurs dans la mise au point du programme d'intervention. Les travaux de ce comité ont été l'occasion d'échanges riches et variés qui ont grandement contribué à la qualité et à la pertinence du programme présenté dans ce volume.

Les auteurs désirent remercier tout spécialement les enseignantes et les orthopédagogues qui ont expérimenté pendant un an le programme, pour leur ouverture au changement, leur préoccupation envers la réussite des élèves, leur disponibilité, leurs commentaires judicieux et la qualité des échanges qu'ils ont eus avec elles :
- Mme Denise Proteau, enseignante, et Mme Louise Demers, orthopédagogue, École Sainte-Luce, Commission scolaire de Black-Lake-Disraeli ;
- Mme Édith Morency, enseignante, et Mme Madeleine Théroux, orthopédagogue, École Montagnac, Commission scolaire Des Îlets ;

- Mme Paulette Doré, enseignante, et Mme Françoise Badeau, orthopédagogue, École La Châtelaine, Commission scolaire des Chutes-Montmorency ;
- Mme Lucille Thomassin et Mme Jocelyne Fugère, enseignantes, et Mme Annie Cloutier, orthopédagogue, École Le Trivent, Commission scolaire de Beauport ;
- Mme Lorraine Bussière, enseignante, et Mme Michelle Guy, orthopédagogue, École Perce-Neige, Commission scolaire de Portneuf ;
- Mme Carmen Gosselin, enseignante, Mme Danielle D'Astous et Mme Martine Ouellet, orthopédagogues, École Le Bac, Commission scolaire des Chutes-de-la-Chaudière ;
- Mme Monique Beaupré, enseignante, et Mme Francine Turgeon-D'Harmoo, orthopédagogue, École Saint-Roch, Commission des écoles catholiques de Québec ;
- Mme Jeannine B. Schinck, enseignante, et Mme Linda Gagnon, orthopédagogue, École centrale Saint-Anicet, Commission scolaire de Huntingdon ;
- Mme Rollande Cantara, enseignante, et Mme Denise Bilodeau, orthopédagogue, École Carillon, Commission scolaire de Jacques-Cartier ;
- Mme Chantal Raymond, enseignante, et Mme Sylvie Benjamin, orthopédagogue, École J.-Amédée-Bélanger, Commission scolaire de Saint-Jean-sur-Richelieu ;
- Mme Huguette Barrette, enseignante, et Mme Line Sarrazin, orthopédagogue, École Gérin-Lajoie, Commission scolaire de Châteauguay ;
- Mme Denyse Chasle, enseignante, et Mme Ginette Roy, orthopédagogue, École Maurice-Duplessis, Commission scolaire de Taillon ;
- Mme Françoise Fyfe-Sicard, enseignante, et Mme Guylaine Pépin, orthopédagogue, École Jacques-Barclay, Commission scolaire du Goéland.

La rédaction de ce volume a été réalisée en partie grâce à une subvention du Conseil de recherche en sciences humaines du Canada (projet n° 884-92-0025 2) et de la Direction de l'adaptation scolaire et des services complémentaires du ministère de l'Éducation du Québec.

Table des matières

Listes des collaborateurs.   V
Remerciements.   VII
Introduction.   XIII
Référence bibliographique   XIV

PARTIE I
Notions théoriques

CHAPITRE 1
**Conception de l'enseignement-apprentissage
à la base du PIER**   3
1.1 Perspective cognitive développementale   3
1.2 Concepts socio-constructivistes   4
1.3 Procédés d'étayage   7
1.4 Type de tâche.   8
1.5 Interactions sociales.   9
1.6 Rôles de l'enseignante et de l'orthopédagogue   10
1.7 Collaboration des parents aux apprentissages   11
Références bibliographiques.   11

PARTIE II
Modèle d'orthopédagogie intégrée

CHAPITRE 2
Origine et composantes du modèle   15
2.1 Contexte historique   15
2.2 Classe-ressource.   16
2.3 Assistance orthopédagogique en classe.   16
2.4 Modèle d'orthopédagogie intégrée.   18
2.5 Conditions d'application du modèle   19

2.6 Avantages du modèle d'orthopédagogie
     intégrée   19
Références bibliographiques   19

CHAPITRE 3
Consultation collaborative.   21
3.1 Modalités de consultation   21
3.2 Définition de la consultation collaborative . .   23
3.3 Responsabilités de l'enseignante
     et de l'orthopédagogue   24
3.4 Organisation et planification.   26
3.5 Rencontre hebdomadaire   27
3.6 Auto-évaluation des pratiques
     de consultation collaborative.   28
Références bibliographiques   30

CHAPITRE 4
Enseignement coopératif   31
4.1 Caractéristiques cognitives et métacognitives
     des élèves à risque   31
4.2 Enseignement des stratégies propres
     aux contenus.   32
4.3 Enseignement coopératif   37
4.4 Partage des tâches   38
4.5 Évaluation des processus cognitifs
     et des apprentissages   38
4.6 Auto-évaluation des pratiques
     d'enseignement coopératif   40
Références bibliographiques   42

CHAPITRE 5
Adaptation de l'enseignement   45
5.1 Caractéristiques d'apprentissage
     des élèves à risque   45
5.2 Composantes de l'adaptation
     de l'enseignement   47
5.3 Enseignement des stratégies mnémoniques . .   47

5.4   Intervention pour améliorer les habitudes
       de travail   48
5.5   Intervention visant de meilleures attitudes
       face à la tâche.   48
5.6   Développement de l'estime de soi
       chez les élèves à risque   51
5.7   Modes de regroupement pour le travail
       en classe   55
5.8   Aménagement du temps et de l'environnement   60
5.9   Adaptation du matériel.   61
5.10   Suivi des élèves à risque   62
5.11   Auto-évaluation des pratiques
       d'adaptation de l'enseignement.   68
       Références bibliographiques   70

PARTIE III

Lecture

CHAPITRE 6
Lecture et élèves à risque.   73
6.1   Évolution des modèles de lecture   73
6.2   Modèle de compréhension   74
6.3   Développement des problèmes de lecture   75
6.4   Principes d'intervention auprès du lecteur
       à risque.   77
6.5   Grille d'auto-évaluation des interventions
       pédagogiques   77
       Références bibliographiques   80

CHAPITRE 7
Lire avant tout   81
7.1   Séance de lecture silencieuse   81
7.2   Coin-lecture   81
7.3   Faire la lecture aux élèves   83
7.4   Promotion de livres et acquisition
       d'habitudes de lecture.   85
7.5   Choix des livres pour les élèves à risque   85
7.6   Lecture assistée.   88
       Références bibliographiques   91

CHAPITRE 8
Stratégies de lecture.   93
8.1   Enseignement stratégique   93
8.2   Introduction aux stratégies.   95
8.3   Gérer sa compréhension   95
8.4   Se préparer à lire.   97
8.5   Donner du sens aux mots peu familiers   98
8.6   Utiliser le schéma de récit   99
8.7   Répondre à des questions   100
       Références bibliographiques   102

CHAPITRE 9
Interventions avant, pendant et après la lecture   103
9.1   Interventions avant la lecture   103
9.2   Interventions pendant la lecture   105
9.3   Interventions après la lecture.   107
       Références bibliographiques   111

CHAPITRE 10
Évaluation en lecture   113
10.1   Principes de l'évaluation en lecture.   113
10.2   Modèle d'évaluation informelle en classe   113
10.3   Portfolio.   115
10.4   Évaluation dynamique   116
10.5   Entrevue métacognitive   117
       Références bibliographiques   119

PARTIE IV

Écriture

CHAPITRE 11
**Fondements d'une didactique rénovée
de l'écriture**   123
11.1   Principes de base   123
11.2   Élèves à risque en écriture   132
11.3   Évolution de l'enfant-scripteur.   132
       Références bibliographiques   143

CHAPITRE 12
Éveil du goût d'écrire   145
12.1   Rôle de scripteure et d'interlocutrice
       joué par l'enseignante.   145
12.2   Création de réseaux de communication   146
12.3   Nombreuses occasions authentiques d'écrire . .   148
12.4   Supports variés et adaptés   148
12.5   Aide aux élèves à risque   148
12.6   Stimulation venant du milieu familial   149
       Références bibliographiques   149

CHAPITRE 13
Initiation à l'ensemble du processus d'écriture   151
13.1   Personnages de l'écriture   151
13.2   Emploi d'outils récapitulatifs   151
13.3   Scripteur modèle : l'enseignante   152
13.4   Rencontre avec des écrivains   153
13.5   Interventions pour les élèves à risque   154
13.6   Opérations générales et opérations spécifiques   154
       Références bibliographiques   154

CHAPITRE 14
Planification   155
14.1   Mise en situation   155
14.2   Remue-méninges et constellation de mots . . .   156

14.3 Canevas de base...................... 156
14.4 Préparation propre à certains types de textes.. 156
14.5 Activité méthodique de lecture :
le tri de textes 158
14.6 Interventions pour les élèves à risque....... 158
Références bibliographiques.................. 160

CHAPITRE 15
Mise en texte et révision.................... 161

15.1 Mise en texte........................ 161
15.2 Révision............................ 162
Références bibliographiques.................. 170

CHAPITRE 16
Aspects normatifs de l'écriture :
grammaire, orthographe et ponctuation......... 171

16.1 Priorité à donner aux règles de base
et utilité du métalangage 171
16.2 Démarche inductive.................... 172
16.3 Mise au point de stratégies
en orthographe lexicale 176
16.4 Fondement de la ponctuation :
la syntaxe 176
16.5 Quelques mots sur la consultation
d'ouvrages de référence et sur la calligraphie.. 178
16.6 Interventions pour les élèves à risque....... 179
Références bibliographiques.................. 179

CHAPITRE 17
Évaluation du savoir-écrire.................. 181

17.1 Primauté de l'évaluation formative 181
17.2 À propos des grilles du ministère
de l'Éducation 182
17.3 Évaluation du processus d'écriture autant
que des textes produits................. 182
Références bibliographiques.................. 187

PARTIE V

Mathématiques

CHAPITRE 18
Quelques principes de base.................. 191

18.1 Place des élèves et rôle de l'enseignante
dans l'apprentissage des mathématiques 191
18.2 Et dans la « vraie vie » ? Un regard pratique.. 192
18.3 Élève à risque en mathématiques :
un premier regard 194
18.4 Comprendre les mathématiques.......... 195
Références bibliographiques.................. 197

CHAPITRE 19
Modèle utilisé pour définir la compréhension
des concepts mathématiques 199

19.1 Arithmétique et numération positionnelle
au primaire 199
19.2 Modèle constructiviste de compréhension
des concepts mathématiques 201
19.3 Quelques principes à retenir
du modèle théorique 207
19.4 Élève à risque en mathématiques :
le plan cognitif 211
Références bibliographiques 213

CHAPITRE 20
Construction des concepts mathématiques :
l'exemple de la numération positionnelle....... 215

20.1 D'abord une question d'intuition 215
20.2 Élaboration de procédures............. 220
20.3 Construction des abstractions 222
20.4 Place de la formalisation 225
20.5 Cas de l'élève à risque 226

CHAPITRE 21
Pour une intervention stimulante :
la résolution de problèmes.................. 227

21.1 Nature et rôles de la résolution de problèmes 227
21.2 Notion de problème 228
21.3 Catégories de problèmes 229
21.4 Banque de problèmes 233
21.5 Stratégie de résolution de problèmes 234
21.6 Rôle de l'enseignante et rôle de l'élève..... 237
21.7 Accompagner l'élève à risque
dans sa résolution de problèmes 238
21.8 Quatre grilles utiles.................. 239
Références bibliographiques 244

CHAPITRE 22
Évaluation 245

22.1 Évaluation en résolution de problèmes 246
22.2 Mini-entrevue 246
22.3 Cinquième fiche... 248
Références bibliographiques 250

PARTIE VI

Collaboration entre l'école et la famille

CHAPITRE 23
Collaboration entre l'école et la famille 253

23.1 Collaboration entre l'école et la famille
et réussite scolaire 253
23.2 Modes de participation des parents........ 254

23.3 Types de programmes de collaboration
entre l'école et la famille   254
23.4 Facteurs favorisant la réussite d'activités
de collaboration entre l'école et la famille . . .   257
Références bibliographiques.   258

CHAPITRE **24**
**Participation parentale et élèves à risque :
le projet PIER**   261

24.1 Élèves à risque, PIER et collaboration
avec les parents   261
24.2 Contacts entre l'école et la famille   262
Références bibliographiques.   274

PARTIE —— *VII* ——

Implantation du PIER

CHAPITRE **25**
**Éléments essentiels pour l'implantation du PIER
en milieu scolaire**   277

25.1 Éléments humains   277
25.2 Éléments fonctionnels   278
Référence bibliographique   280

Annexe A
Adaptation de l'enseignement
– formulaires   281

Annexe B
Collaboration entre l'école et la famille
– documents et formulaires   289

Documents vidéo offerts   299

Introduction

Ce livre s'adresse aux enseignantes, aux orthopédagogues et autres agents d'éducation des écoles primaires préoccupés par la réussite scolaire des élèves à risque. Relativement nouveau en éducation ou en adaptation scolaire, le concept d'élève à risque se réfère aux élèves qui connaissent des difficultés scolaires ou des échecs dans leur cheminement scolaire. Ce sont également ceux qui, en raison de différents facteurs de risque de nature psychosociale ou éducationnelle, ont des chances diminuées d'obtenir leur diplôme d'études secondaires (Slavin, 1989). Plus concrètement, dans le Programme d'intervention auprès des élèves à risque (PIER) que nous proposons dans ce volume, est considéré comme à risque un élève qui présente une ou plusieurs de ces quatre caractéristiques : 1) il est identifié comme étant en difficulté par sa commission scolaire ; 2) il est considéré comme faible ou en difficulté par son enseignante ; 3) il double son année ; 4) il présente un faible rendement scolaire dans une ou des matières de base, qu'il s'agisse de la lecture, de l'écriture ou des mathématiques.

Le concept d'élève à risque est plus large que celui d'élève en difficulté, qui se réfère à l'élève identifié par sa commission scolaire comme ayant besoin de services en adaptation scolaire. Dans ce volume, les deux termes sont parfois utilisés indifféremment. D'autres fois, leur sens est plus spécifique, et, dans ce cas, le texte le précise. Le terme *élève faible* est aussi utilisé parfois dans le livre comme équivalent de l'expression *élève à risque*.

L'échec et l'abandon scolaires constituent des phénomènes préoccupants au Québec comme ailleurs en Amérique du Nord et en Europe. Cette préoccupation est d'autant plus justifiée que, avec la situation économique actuelle, on prévoit que les pays qui pourront dans l'avenir rivaliser sur le plan international seront ceux dont la population aura le plus haut niveau de compétence, de créativité et de dynamisme. Un grand écart se creuse donc entre ces conditions et la réalité scolaire québécoise caractérisée par des taux élevés d'échec et d'abandon des études.

D'un autre côté, la situation socio-économique des pays occidentaux et les changements démographiques qu'ils connaissent font en sorte que la population à risque augmente sans cesse. Dans ce contexte, il est inévitable que les écoles et le personnel enseignant soient confrontés à des problèmes de plus en plus complexes. Pour y faire face, les enseignantes ne peuvent plus travailler isolément. La complexité des problèmes exige la concertation des différents agents d'éducation et la mise au point de nouvelles façons de faire pour pouvoir répondre aux besoins des élèves à risque.

C'est dans cette perspective qu'a été conçu le Programme d'intervention auprès des élèves à risque (PIER) présenté dans ce volume. Il mise sur la force de la coopération et l'excellence des pratiques d'enseignement pour aider les élèves à risque à surmonter leurs difficultés scolaires. En se basant sur des notions théoriques solides et sur les données des recherches récentes en éducation, le PIER propose de nouvelles perspectives dans l'aide à apporter aux élèves à risque ainsi que des pistes et des outils concrets d'intervention. Ils sont proposés comme des moyens que les enseignantes et les orthopédagogues pourront adapter et enrichir dans une démarche de transformation de leur pratique professionnelle en vue de mieux répondre aux besoins des élèves à risque.

Élaboré dans un esprit de partenariat avec les principaux organismes québécois du monde de l'éducation, le PIER a été expérimenté pendant un an dans des classes de troisième année de 13 écoles primaires à travers le Québec. L'expérimentation en a confirmé la pertinence et les commentaires des enseignantes et des orthopédagogues qui l'ont appliqué ont contribué à son amélioration. L'efficacité du PIER a été évaluée dans le cadre d'une recherche. L'exposé des résultats de cette étude dépasse le cadre de ce volume; ceux-ci seront publiés ultérieurement dans des articles scientifiques.

Le présent volume est conçu comme un guide pédagogique. La première partie porte sur les notions théoriques ayant inspiré la mise au point du programme d'intervention. En deuxième partie, le modèle d'orthopédagogie intégrée à la base du programme est présenté. Après un exposé sur l'origine du modèle, ses composantes sont décrites et discutées : la consultation collaborative, l'enseignement coopératif et l'adaptation de l'enseignement. Les trois parties suivantes portent respectivement sur l'enseignement de la lecture, de l'écriture et des mathématiques. Pour chacune des matières, des aspects plus théoriques sont abordés ; par la suite, des stratégies concrètes d'intervention en classe avec les élèves ordinaires et avec ceux à risque d'échec scolaire sont proposées. Chacune de ces trois parties traite également de la question de l'évaluation. Une sixième partie propose des stratégies de collaboration avec les parents. Le livre se termine par des considérations et des suggestions pour l'implantation du PIER en milieu scolaire.

Référence bibliographique

Slavin, R.E. (1989). Students at risk of school failure : The problem and its dimensions. In R.E. Slavin, N.L. Karweit et N.A. Madden (dir.), *Effective programs for students at risk* (pp. 3-19). Boston : Allyn & Bacon.

PARTIE I

Notions théoriques

CHAPITRE *1*

Conception
de l'enseignement-apprentissage à la base du PIER

Lise Saint-Laurent,
avec la collaboration d'Andrée Boisclair

« Tout ça est trop théorique ! » entend-on parfois dans les milieux scolaires. « Ce dont nous avons besoin, c'est de suggestions pratiques, proches des problèmes vécus dans la classe, des difficultés de tous ordres éprouvées par nos élèves. » Et pourtant...

Pourtant, que nous en soyons conscients ou non, nos pratiques sont influencées par nos perspectives théoriques, même si celles-ci demeurent implicites. Ainsi, nos actions pédagogiques sont marquées par notre conception de l'apprentissage. De sorte que, au-delà des apparences, la théorie n'est pas toujours aussi éloignée de la pratique qu'on serait porté à le croire ; au contraire, théorie et pratique se nourrissent mutuellement et d'autant plus fructueusement que la théorie s'avère explicite.

Les préoccupations pratiques occuperont une large part de ce volume. Mais il nous apparaît important d'énoncer les propositions théoriques qui ont inspiré l'élaboration du Programme d'intervention auprès des élèves à risque (PIER). Nous voulons partager avec les lecteurs notre conception de l'intervention auprès des élèves qui risquent l'échec scolaire.

Après avoir brièvement présenté les orientations actuelles en psychologie cognitive dévelop-

pementale, nous traiterons de quelques concepts socio-constructivistes inspirant de plus en plus de chercheurs et de praticiens en éducation. Ces concepts ont des répercussions importantes, concrètes et prometteuses pour l'enseignement en général et pour le soutien aux élèves qui risquent l'échec en particulier. Sur le plan de l'intervention comme telle, nous aborderons ensuite les procédés d'enseignement, la nature des tâches, les interactions sociales dans la classe, selon une approche pédagogique inspirée de ces notions socio-constructivistes. Finalement, le rôle de l'enseignante, celui de l'orthopédagogue puis celui des parents seront abordés en fonction de cette approche pédagogique.

1.1 PERSPECTIVE COGNITIVE DÉVELOPPEMENTALE

Les recherches des 20 dernières années en éducation et en psychologie cognitive proposent une conception renouvelée de l'apprentissage et suggèrent des pistes d'intervention pédagogique stimulantes pour les éducateurs. La démarche d'apprentissage se conçoit maintenant comme une construction de connaissances qui s'effectue

THÉORIE

au cours d'un processus interne chez l'apprenant. Et pour que ce processus interne évolue, l'activité de l'apprenant s'exerçant dans des activités et des expériences signifiantes est essentielle.

Le programme d'intervention présenté dans cet ouvrage s'inscrit dans une approche cognitive développementale qui voit l'enfant comme construisant activement ses connaissances. Cette construction s'effectue grâce aux représentations mentales de la réalité que se forme l'apprenant, lesquelles se rapprochent de plus en plus de celles des adultes. L'élève en arrive à une complexification progressive des représentations mentales de la réalité en établissant des relations entre différentes notions, en organisant l'information qu'il reçoit, en intégrant ses nouvelles connaissances à ses connaissances antérieures. Pour réaliser cette construction, il doit être actif dans le processus d'apprentissage, dans les tâches présentées en classe, lesquelles sont en fait des occasions ou des activités destinées à provoquer la construction de ses savoirs.

Dans cette perspective, un aspect important de l'enseignement sera de soutenir l'activité de l'élève. En effet, les processus cognitifs nécessaires à la construction des connaissances ne sont souvent pas maîtrisés par l'élève à risque. Il reste alors passif devant une tâche, il est sans ressources stratégiques. Différents moyens très concrets peuvent être utilisés pour fournir une aide à l'élève : discuter, redire une information en ses propres mots, résumer, faire des prédictions, estimer une réponse, faire appel aux connaissances déjà acquises, faire des inférences, illustrer ou faire un diagramme, utiliser des analogies ou des métaphores. Plusieurs de ces stratégies d'enseignement sont suggérées dans le PIER. Elles constituent selon nous les moyens d'enseignement privilégiés pour soutenir les élèves, et particulièrement ceux qui risquent l'échec scolaire.

Élaboré à l'intention des élèves à risque, le PIER vise à faciliter les processus cognitifs à partir d'une tâche ou d'un matériel signifiants plutôt qu'à partir d'exercices répétitifs portant sur une habileté isolée. D'après les approches cognitives développementales, on favorise ainsi une meilleure construction des connaissances.

Cette construction s'effectue selon les mêmes processus chez l'élève à risque et chez l'élève ordinaire.

Quand on parle d'élève à risque, on pense à retard pédagogique. On entend souvent la remarque suivante : « Il ne peut pas suivre les autres. » L'approche traditionnelle de rééducation suggère de ralentir le rythme de l'enseignement, d'aller au rythme de l'élève. Dans notre optique, plutôt que de diminuer le rythme de l'enseignement, il s'agirait de rendre l'élève actif dans ses apprentissages. En effet, ralentir signifie fragmenter, c'est-à-dire proposer à l'élève des éléments d'une tâche plus globale. En voulant ainsi lui faciliter les choses, on propose à l'élève des tâches non signifiantes, répétitives et ennuyantes. Cette situation entraîne souvent une baisse de la motivation et de l'estime de soi de l'élève.

1.2 CONCEPTS SOCIO-CONSTRUCTIVISTES

Le PIER repose sur des concepts issus du socio-constructivisme (Vygotsky, 1978 ; 1985). Selon ce type de courants théoriques, l'apprentissage est le résultat d'une intériorisation d'expériences d'interaction sociale vécues par l'individu. Après avoir expérimenté le dialogue social dans une activité cognitive, l'enfant en vient à utiliser un langage intérieur qui dirige sa propre activité cognitive. Ainsi, dans ces modèles, on considère que l'activité cognitive commence d'abord dans les expériences d'interaction sociale. Avec le temps, ces expériences, souvent vécues à travers le dialogue ou la discussion, seront intériorisées, transformées par l'enfant qui se les appropriera et les intégrera à ses connaissances antérieures.

1.2.1 Contexte d'apprentissage

Les divers courants socio-constructivistes mettent l'accent sur l'importance du contexte social dans lequel les apprentissages s'effectuent. Ces modèles incitent à penser que la classe ordinaire est le meilleur contexte pour favoriser les apprentissa-

ges chez les élèves qui risquent l'échec scolaire, comme chez tous les élèves d'ailleurs (Richardson *et al.*, 1989). Voyons quelques principes à la base de ces modèles.

Vygotsky (1929) illustre par un triangle les éléments intervenant dans la construction des connaissances. Les angles de la base représentent respectivement le sujet (S) et l'objet (O) de l'acte d'apprentissage et celui du sommet, la médiation (M) exercée lors d'interactions diverses par l'entourage constitué d'adultes, d'experts, de novices ou de pairs. Les trois composantes de ce triangle baigneraient en quelque sorte dans le contexte social. Celui-ci serait constitué par chacune des parties et, en même temps, les influencerait, tant sur le plan des interactions que sur celui de l'image et de l'estime de soi.

Ces quelques propos nous permettent de comprendre la thèse soutenue par les tenants d'une approche « contextuelle » voulant que le contexte soit beaucoup plus qu'une variable agissant isolément sur l'apprenant (Cole, 1992 ; Valsiner et Winegar, 1992 ; Wozniak et Fischer, 1993). Le contexte d'apprentissage influerait également sur les deux autres pôles, c'est-à-dire l'objet et la médiation exercée par l'entourage. Ainsi, un contexte social d'apprentissage riche agirait positivement dans tout le système. Les résultats de recherches récentes menées auprès d'élèves en difficulté scolaire peuvent être interprétés dans cette perspective. Entre autres, plusieurs travaux ont démontré qu'il est préférable de donner du soutien à l'élève à risque en classe ordinaire plutôt que de le placer en classe-ressource (Kavale, 1990 ; Larrivee, 1989). La qualité de l'enseignement et la richesse du contexte de la classe ordinaire doivent aussi être prises en considération.

Comme le PIER vise une intervention pédagogique optimale auprès des élèves à risque, à la lumière de certains concepts du socio-constructivisme et de recherches dans le domaine, nous considérons que le milieu scolaire habituel, c'est-à-dire la classe ordinaire, offre les conditions les plus favorables à une intervention pédagogique pertinente et efficace. Le contexte créé par la classe ordinaire peut permettre à l'élève à risque de bénéficier d'interactions plus stimulantes. Ces interactions, autant avec les adultes qu'avec les pairs, sont moins nombreuses et moins variées dans une classe-ressource ou dans un contexte de dénombrement flottant. Ces situations de ségrégation entraînent donc un appauvrissement du contexte d'apprentissage (Palincsar et Klenk, 1992 ; Salend, 1994).

Cela ne signifie évidemment pas, par ailleurs, qu'il soit suffisant de laisser les élèves qui risquent l'échec scolaire dans leur milieu habituel pour qu'ils en viennent à surmonter leurs difficultés. Encore faut-il que l'intervention soit adaptée, qu'elle se situe dans la zone de développement prochain (ZDP).

1.2.2 Zone de développement prochain

L'intériorisation des expériences d'interaction sociale va se produire dans la zone de développement prochain (ZDP). Il s'agit de la zone dans laquelle l'enfant peut résoudre un problème pour autant qu'il reçoive l'aide d'un adulte ou d'un pair plus avancé. Vygotsky (1978) la voit comme l'écart entre ce que l'élève peut faire seul et ce qu'il peut faire avec l'aide d'un adulte ou d'un pair plus avancé.

La notion de ZDP implique simplement que l'enseignement doit être donné à un niveau approprié. L'enseignement se situera dans cette ZDP où l'élève, avec l'aide de l'adulte et d'un pair, prendra de plus en plus de responsabilités dans les activités cognitives. Dans le processus de construction de ses connaissances, il intériorisera graduellement les stratégies et la démarche cognitives.

La détermination de la ZDP n'est pas une tâche aisée pour une enseignante. C'est notamment dans ce sens que le PIER propose la collaboration de l'orthopédagogue et de l'enseignante. À partir de leurs observations et des interactions avec l'élève à risque, les deux éducatrices établissent conjointement la ZDP et assurent, grâce à leur collaboration régulière, une adaptation continue de l'enseignement à la ZDP. L'évaluation interactive privilégiée dans le présent programme d'intervention est un moyen particulièrement utile pour déterminer la ZDP. Une question centrale se pose : Comment l'enseignante peut-elle le mieux aider l'élève dans la ZDP ?

1.2.3 Étayage (scaffolding)

Pour qualifier le type d'aide qui sera donnée à l'élève dans la ZDP, la métaphore de l'étai ou de l'échafaudage est utilisée dans le modèle socio-constructiviste. L'étayage consiste à fournir un soutien temporaire et sur mesure à l'apprenant afin qu'il puisse réaliser une tâche qu'il ne peut faire encore par lui-même. Il s'effectue par les interactions sociales entre l'enseignante et les élèves ou entre les élèves eux-mêmes. Le soutien peut être verbal ou non verbal ou provenir de la combinaison des deux. Mais dans l'étayage, le dialogue joue un rôle crucial.

1.2.4 Dialogue

L'enseignement par étayage s'effectue grâce au dialogue entre l'enseignante et les élèves ou entre les élèves eux-mêmes. Ce dialogue permet une compréhension partagée de la tâche et une construction conjointe des connaissances par l'enseignante et les élèves plutôt que la transmission unilatérale des connaissances par l'enseignante. Cazden (1988) compare l'étai à l'aide apportée à l'enfant dans l'apprentissage de la marche : au début, on marche ensemble, l'expert prend les mains de l'apprenti, tend les bras puis il retire son aide graduellement.

C'est par le dialogue que l'enseignante amènera graduellement l'élève à l'intériorisation de nouvelles habiletés et à la compréhension. L'enseignante favorisera également le dialogue entre les élèves eux-mêmes. Il s'établira ainsi un dialogue dans la classe autour des activités cognitives, dialogue auquel tous doivent participer. Le PIER propose que l'orthopédagogue n'en soit pas exclue mais qu'au contraire, elle en fasse partie intégrante, car ce dialogue constituerait l'essence même du soutien à l'apprentissage.

Comme l'enseignement se fait en grande partie par la compréhension mutuelle de la tâche ou par

une conception commune des stratégies, il sera fortement influencé par des aspects affectifs. Les élèves sont invités à parler de leurs approches de la tâche, à les comparer. Ces échanges doivent se faire dans la confiance mutuelle. L'élève doit sentir que ses idées sont acceptées et respectées par l'enseignante et par les autres élèves, sinon il ne participera pas activement à la démarche ou se retirera tout simplement des échanges.

1.2.5 Intériorisation

Dans ce type d'enseignement, au fur et à mesure que l'élève s'engage dans les activités d'apprentissage, il adopte de plus en plus les comportements actifs appropriés : il se pose des questions, y répond, évalue sa réponse, etc. Il y a ainsi une intériorisation graduelle des interactions verbales expérimentées dans les débuts de son apprentissage quand il dialoguait avec l'enseignante ou le pair plus avancé.

L'enfant en vient à prendre à son compte les stratégies d'apprentissage en participant à des dialogues autour de leur utilisation. Il développe ainsi son autonomie par l'intériorisation graduelle des processus discutés et encouragés durant les discussions et les exercices. Par exemple, en lecture, l'élève en viendra à réaliser que la compréhension d'un texte repose sur une combinaison de ses efforts personnels et des stratégies qu'il met en action. C'est la même chose en écriture ou en mathématique. Il personnalisera graduellement les stratégies. Il fera un choix parmi celles-ci, exerçant ainsi son autonomie comme apprenant. Il est important que l'enseignante permette cet apport personnel en laissant toute la place nécessaire à l'apprenant pour construire ses connaissances.

Ce dialogue autour d'une tâche qui a un sens pour lui aidera l'élève à risque à intérioriser les stratégies pour mieux les utiliser dans des situations analogues. En milieu scolaire, c'est dans la classe ordinaire que le dialogue est vraiment possible, qu'il est le plus riche ; c'est là que les rappels fréquents de l'utilisation des stratégies peuvent être effectués afin d'en faciliter la généralisation.

1.2.6 *Langage intérieur*

Le dialogue, au début de l'enseignement d'un contexte particulier, permet à l'élève de participer à une activité cognitive même s'il ne comprend pas tout ou ne pourrait pas à ce moment accomplir la tâche seul. L'élève en vient graduellement à développer son propre dialogue intérieur pour diriger la stratégie et le processus cognitif. Le langage intérieur est selon Vygotsky un outil de construction de connaissances et est nécessaire à l'intériorisation. Par exemple, l'élève en vient à produire ses propres auto-instructions par un langage intérieur : « Qu'est-ce que j'ai à faire ? Comment je m'y prends pour... ? Est-ce que c'est bien ? J'ai bien travaillé. »

1.2.7 *Activités globales et signifiantes*

Une autre caractéristique de l'étayage est la présentation de tâches globales plutôt que fractionnées en leurs composantes. Une telle façon de faire renforce la compréhension. Vygotsky (1978) affirme que la maîtrise des processus cognitifs s'acquiert dans des activités globales et contextualisées. À l'opposé d'une approche qui divise une tâche en étapes et où les habiletés sont exercées d'une façon isolée et séparée, Vygotsky insiste sur le maintien de l'intégrité de l'activité de sorte que les élèves puissent s'engager dans une entreprise globale.

Dans le PIER, les activités globales et signifiantes sont privilégiées, et, lorsque l'élève exerce une habileté particulière, on prend soin de la mettre en lien avec la tâche globale. Par exemple, il ne s'agit pas de décoder pour décoder, d'accorder des verbes pour accorder des verbes, d'apprendre ses tables de multiplication pour apprendre ses tables de multiplication. Il s'agit de donner un sens à l'exercice de ces habiletés. Les habiletés de décodage seront exercées à partir de textes réels, l'accord des verbes sera travaillé dans des projets d'écriture signifiants, les opérations mathématiques seront faites à partir de problèmes écrits proches du vécu de l'enfant et qui doivent l'aider à donner du sens à ce qu'il fait et aux expériences qu'il connaît.

1.3 *PROCÉDÉS D'ÉTAYAGE*

Après avoir évoqué ces différents concepts issus du socio-constructivisme, voyons maintenant comment l'enseignante et l'orthopédagogue peuvent concrétiser une telle approche dans la classe. Applebee et Langer (1983) distinguent cinq composantes que nous illustrons ci-dessous en ayant recours à la métaphore de l'étayage.

COMPOSANTES DU MODÈLE	DANS L'ENSEIGNEMENT	DANS L'ÉTAYAGE PROPREMENT DIT
But	L'objectif général est clair pour l'élève.	L'apprenti doit savoir quel est le type de construction à réaliser.
Niveau approprié des tâches	Les tâches initiales peuvent être réalisées avec de l'aide.	L'étai doit s'appuyer sur une base solide, sur les acquis de l'apprenti, sur ce qu'il est capable de faire sans aide.
Structuration	Le modelage et le questionnement de l'enseignante aident à structurer la tâche pour l'élève.	Le maître exécute la tâche devant l'apprenti, il le questionne, et les deux discutent sur la stratégie de construction.
Collaboration	L'enseignante et l'élève travaillent ensemble. L'enseignante est un entraîneur plutôt qu'une autorité toute-puissante.	La participation de l'apprenti à la construction devient de plus en plus grande et prendra graduellement la forme d'une collaboration.
Intériorisation	L'étai est retiré petit à petit et les stratégies sont graduellement intériorisées par l'élève.	Finalement, l'étai est retiré et le mur tient par lui-même. L'apprenti intériorise les stratégies pratiquées et partagées avec le maître. Il les personnalise et développe ses propres façons de faire.

L'enseignement par étayage commence par le choix d'une activité d'apprentissage. Cela peut nécessiter une adaptation ou une simplification de la tâche. C'est souvent le cas avec des élèves à risque. Ce volume contient plusieurs suggestions d'adaptation ou de simplification de tâches pour ces élèves. Celles-ci ne doivent être ni trop faciles ni trop difficiles et, comme nous l'avons vu dans les paragraphes précédents, elles doivent se situer dans la ZDP.

L'enseignement se réalisera d'abord en rendant clairs les objectifs de la tâche. L'enseignante et l'orthopédagogue s'assureront ainsi que les élèves comprennent la tâche, en saisissent la signification et l'utilité. Elles doivent également faire des rappels fréquents sur le but des tâches. Il ne faut pas croire ici que tout est dit une fois pour toutes.

La structuration de la tâche se fera principalement par le modelage et le questionnement. Au début de l'apprentissage, lorsque l'élève ne peut assumer que peu de responsabilité dans l'exécution d'une tâche, l'enseignante réalise la tâche devant les élèves en utilisant les stratégies nécessaires à son exécution. Elle rend explicite l'activité cognitive en exprimant son propre langage intérieur. Par exemple, elle dira à voix haute ce qui se passe dans sa tête devant un mot nouveau : « Voilà un mot que je ne connais pas. Je me demande s'il ressemble à un mot que je connais. Non. Je cherche un petit mot dedans. Non, je n'en trouve pas. Je vais continuer ma lecture pour trouver des indices dans le texte. ...Voilà, je crois que ça peut vouloir dire... »

L'enseignement se centre sur la façon d'exécuter les tâches plutôt que sur la simple assignation d'exercices. Par le questionnement, on donne des indices sur la mise en œuvre des processus cognitifs. Ce procédé d'enseignement qu'est la structuration cognitive aide l'élève à organiser l'information, à voir les similitudes en vue de faciliter l'intégration des connaissances. Le dialogue enseignante-élèves et entre élèves se fera à partir d'une tâche réelle. Par exemple, en grand groupe, il y a des questionnements et des échanges autour de la résolution d'un problème : « Est-ce que quelqu'un peut nous dire ce qu'on cherche dans ce problème ? », « Comment peut-on procé-

der pour résoudre ce problème ? », « Est-ce que tu peux estimer le résultat ? », etc.

Plus tard, le même type de dialogue peut se faire à deux ou en petits groupes. Un élève avancé effectuera l'étayage avec un élève plus faible. Graduellement, l'élève sera amené à réaliser des tâches par lui-même pour en venir à l'intériorisation. Il y a retrait graduel de l'étai. Par exemple, l'élève en viendra à rédiger seul des textes de plus en plus complexes. Cependant, tout au long du processus d'apprentissage, l'enseignante et les élèves travaillent en collaboration. Ils partagent la compréhension des tâches. L'enseignante fournit constamment encouragements et rétroactions, et l'élève assume de plus en plus la démarche cognitive.

Mentionnons, pour terminer cette section, que la pratique d'objectivation, qui consiste à faire parler les élèves sur les règles, à résumer ou à mettre en évidence ce qui a été appris, peut se révéler utile. Il s'agit d'une pratique qui va dans le sens de l'étayage mais qui gagnerait à être complétée par l'établissement de liens avec les connaissances antérieures et par le recours à des diagrammes ou à des schémas. Ces moyens aident à l'organisation des connaissances chez les élèves.

1.4 TYPE DE TÂCHE

Souvent les élèves en difficulté ne connaissent pas bien la nature de la tâche qu'ils ont à effectuer en classe. Par exemple, pour eux, un bon lecteur est celui qui lit vite et fort. Un bon scripteur est celui qui ne fait pas de fautes et qui a une calligraphie propre et claire. Une compréhension étriquée de la tâche et de ses buts contribue à un faible rendement scolaire.

Pour que l'élève saisisse bien la nature de la tâche et ses buts, l'enseignante doit présenter celle-ci dans sa globalité, la rendre explicite en même temps qu'elle doit multiplier les occasions de l'effectuer dans un contexte social réel. Elle enseignera la lecture, l'écriture et les mathématiques en proposant des tâches signifiantes tout en favorisant les interactions sociales. L'ajustement à ces nouvelles façons de faire est un défi pour les éducatrices, mais il est plus motivant à la fois pour elles-mêmes et pour les élèves. Un autre avantage d'une telle approche serait la diminution des troubles du comportement en classe.

Reid (1991) reproche particulièrement aux enseignantes en adaptation scolaire de fractionner les tâches. Elle précise que les exercices répétitifs portant sur une habileté isolée demeurent sans signification et ne favorisent pas la généralisation et le transfert. De plus, ces exercices se font souvent individuellement sans que l'élève ait la chance de discuter de la tâche et des stratégies qu'elle implique. De la sorte, on ne favorise pas la construction des connaissances et l'élaboration des stratégies.

Plutôt que de simplifier, de réduire ou de décomposer la tâche, on la présente en entier dans toute sa complexité avec les habiletés et les stratégies nécessaires pour l'exécuter. L'élève à risque doit avoir la possibilité, dès le départ, de s'engager activement dans des tâches entières et fonctionnelles, quitte à ce qu'il ait besoin d'un plus grand soutien, d'une aide adaptée à son « développement prochain ». Le but de la tâche doit demeurer clair : donner du sens à un texte, écrire pour livrer un message ou résoudre un problème.

1.5 INTERACTIONS SOCIALES

Puisque l'interaction sociale est essentielle à la construction des connaissances, elle doit être mise à contribution et utilisée comme un outil facilitant les apprentissages. Bien que n'étant pas l'unique environnement d'apprentissage, la classe n'en constitue pas moins un contexte d'interactions sociales particulièrement riche où les élèves trouvent une expertise partagée, des modèles de comportements cognitifs et du soutien dans leur démarche cognitive. L'étayage est effectué par l'adulte mais aussi par les élèves eux-mêmes. Il n'est pas du seul ressort de l'enseignante. Celle-ci partage ce pouvoir ou cette capacité avec les élèves. Elle fait en sorte de maximiser l'étayage entre les élèves.

Les interactions sociales peuvent prendre différentes formes en classe : enseignement interactif (les élèves et l'enseignante participent à la tâche),

dyade, tutorat, équipe de travail, apprentissage coopératif traditionnel (les élèves collaborent pour atteindre un but commun, souvent en prenant chacun une responsabilité pour un aspect particulier de la tâche). Comme il a été surtout question jusqu'à présent de l'étayage effectué par l'enseignante, nous allons traiter dans cette section des interactions entre les élèves.

En soi, le travail d'équipe ne garantit pas le progrès dans les apprentissages, l'efficacité des interactions entre les élèves dépendant de certaines conditions. Les recherches démontrent en effet que si les élèves n'y sont pas préparés, ils n'échangent qu'à un niveau superficiel sans approfondir la compréhension des contenus ni échanger sur leur démarche cognitive.

Pour atteindre une certaine qualité d'interaction, les élèves doivent posséder à la fois des habiletés sociales et cognitives. Sur le plan des habiletés cognitives, l'élève doit être capable d'établir la signification d'un problème donné, de faire des hypothèses, d'utiliser des informations, d'évaluer les actions et de structurer son expérience. Quant aux habiletés sociales, elles se réfèrent aux capacités de contrôler le progrès tout au long de la tâche, de faire face à la compétition et aux conflits, d'accepter et d'adopter des points de vue différents, d'avoir le désir de collaborer et de développer des habiletés langagières pour le faire efficacement.

L'enseignante doit inculquer aux élèves les habiletés requises pour les échanges et les entraîner au dialogue que nécessite le travail d'équipe. Selon nos propres observations effectuées en classe, **la qualité du dialogue entre élèves est fortement reliée à celle du dialogue entre l'enseignante et les élèves.** En effet, le dialogue enseignante-élèves sera repris dans la relation élève-élève. Par ailleurs, l'enseignante doit veiller à enrichir les interactions entre les élèves en enseignant non seulement les échanges cognitifs, mais aussi les habiletés de coopération (Cohen, 1994). Dans le développement des habiletés sociales, l'enseignante sera également ici un modèle pour les élèves.

La formation des groupes de travail et l'enseignement des habiletés de coopération sont à notre avis des aspects aussi importants que les aspects cognitifs dans le travail en sous-groupes. Cela est particulièrement le cas pour les élèves à risque, qui sont souvent rejetés par les pairs et qui manquent parfois d'habiletés sociales. L'interaction portera fruit pour autant que l'élève à risque se sentira respecté dans son groupe, respectera les autres, sera actif dans l'exécution de la tâche et contribuera au dialogue social.

Nous constatons ici que l'étayage touche à la fois les aspects cognitifs et affectifs. L'enseignante doit faire en sorte que le travail entre pairs soit assez fréquent pour permettre l'établissement de liens signifiants entre les élèves. Chacun doit en arriver à sentir que son point de vue est respecté, à bien connaître son rôle dans le travail et à avoir un sentiment de responsabilité sociale envers les autres. De plus, l'habitude de travailler en équipe encouragera la participation active de tous.

Cet effet hautement positif des interactions sociales sur les apprentissages est mis en évidence par les recherches qui démontrent sans équivoque le bénéfice d'être dans un groupe hétérogène pour un élève à risque, l'hétérogénéité renvoyant ici au niveau d'habileté des élèves (Cohen, 1994). Un tel regroupement permet à l'élève fort de donner des explications, ce qui a un effet de structuration cognitive des connaissances. L'élève moyen en tire bénéfice également. Dans l'étayage, il n'est pas toujours nécessaire que le modèle soit un élève fort ; un élève de même niveau ou un peu plus avancé que l'apprenant peut être un modèle aussi efficace. Tantôt il sera l'expert, tantôt le novice. Un modèle trop parfait peut empêcher l'élève à risque de s'y identifier. En somme, les modèles multiples sont préférables au modèle unique pour fournir un contexte social riche en interactions favorisant la variété des échanges cognitifs.

Si les interactions ne sont pas assez structurées, elles en resteront à un niveau instrumental et superficiel. Si elles le sont trop, elles peuvent inhiber la qualité des interactions et rendre les élèves passifs. Nous verrons dans le chapitre 5, consacré à l'adaptation de l'enseignement, certaines suggestions pour la mise sur pied du travail en sous-groupes.

1.6 RÔLES DE L'ENSEIGNANTE ET DE L'ORTHOPÉDAGOGUE

Les concepts socio-constructivistes présentés dans ce chapitre nous amènent à voir l'enseignante non plus comme une dispensatrice de connaissances, mais bien comme une personne qui aide l'élève à exercer des activités cognitives. L'image de l'entraîneur, comme dans les sports, est souvent utilisée pour décrire le rôle de l'adulte dans l'étayage. L'enseignante fournit un soutien à l'élève dans la ZDP. Ce soutien sera donné par le dialogue, la discussion, les paraphrases, le renforcement et le questionnement. Ainsi, cette relation entre l'enseignante et l'élève par le soutien de l'activité cognitive est bien différente de celle qui existe dans les leçons où l'élève adopte un rôle passif. Elle se distingue aussi de celle rencontrée dans les exercices répétitifs portant sur un aspect particulier, dans lesquels l'élève est laissé seul et où l'intervention de l'enseignante se réduit à corriger à la fin de l'activité.

Ces concepts socio-constructivistes amènent également à redéfinir le rôle de l'orthopédagogue, celle-ci partageant les connaissances avec l'enseignante et les élèves de la classe ordinaire. Nous considérons que l'orthopédagogue est une alliée particulièrement habile à déterminer la ZDP des élèves qui risquent l'échec. La consultation collaborative entre l'orthopédagogue et l'enseignante, composante de base du PIER, servira entre autres à cette fin. On visera par là à fournir à l'élève juste assez d'aide pour qu'il puisse atteindre un but auquel il ne peut accéder autrement. L'ajustement à la ZDP signifie également que l'enseignement s'adaptera continuellement en fonction des comportements cognitifs de l'élève. Il faut reconnaître que l'enseignement par étayage est une tâche exigeante ; le partage entre l'enseignante et l'orthopédagogue pourra l'alléger tout en lui assurant une meilleure qualité.

Une telle forme de pédagogie se distingue nettement des modèles de rééducation traditionnels utilisés avec les élèves en difficulté, ces modèles mettant l'accent sur les exercices répétitifs et la simplification des tâches (Reid, 1991). L'orthopédagogue doit soutenir l'élève dans l'exécution d'une tâche globale et non dans l'exercice d'habiletés isolées, tout en restant centrée sur l'apprenant, se retirant chaque fois que possible, tel un maître avec son apprenti, pour reprendre cette autre comparaison souvent utilisée. À cet égard, la classe-ressource que les élèves en difficulté fréquentent pour une courte période de temps dans une journée comporte des groupes homogènes d'élèves faibles, ce qui a pour effet de diminuer l'efficacité de l'étayage par les pairs. Le contexte social d'apprentissage est ainsi appauvri.

Une dernière dimension qui est modifiée dans l'enseignement par étayage concerne l'autorité. Favoriser la coopération implique que l'enseignant et l'orthopédagogue partagent leur autorité. Elles doivent aussi déléguer leur autorité aux élèves afin de leur permettre de travailler ensemble. Cohen (1994) constate que ce n'est pas une tâche facile pour les enseignantes : certaines auraient peur de perdre le contrôle de la classe. Du côté de l'orthopédagogue, il n'y a pas eu d'étude sur cette question ; les analyses de l'impact du PIER fourniront de telles données.

Plusieurs auteurs sont d'avis que c'est par une pédagogie interactive que l'élève en difficulté améliorera ses habiletés (Palincsar et Brown, 1984 ; Palincsar et David, 1992 ; Paris et Jacobs, 1984 ; Swanson, 1989 ; Symons *et al.*, 1989 ; Vauras *et al.*, 1992). Déjà, l'enseignement par étayage a été utilisé avec succès avec des élèves à risque dans l'enseignement de la lecture (Bergman et Schuder, 1993 ; Duffy, 1993 ; Hiebert, 1991 ; Johnston et Allington, 1991), de l'écriture (Englert, 1992) et des mathématiques (Hutchinson, 1992 ; Montague et Bos, 1986 ; Smith et Riviera, 1991).

1.7 COLLABORATION DES PARENTS AUX APPRENTISSAGES

La famille constitue le premier contexte d'apprentissage pour l'enfant. Le parent est un « expert » qui exerce naturellement l'étayage dans son rôle d'éducateur. Plusieurs recherches s'inspirant des modèles socio-constructivistes ont étudié les interactions mère-enfant, le type de dialogue, d'interventions effectuées, etc. Ces recherches démontrent que meilleur est l'étayage, meilleurs sont les apprentissages.

Le milieu scolaire a tout intérêt à utiliser cette contribution des parents. En effet, ces derniers peuvent à leur façon participer au dialogue social établi en classe. Il revient aux éducatrices de leur faciliter la compréhension des tâches accomplies en classe par leur enfant de sorte qu'à la maison ils puissent être des guides qui prolongeront le dialogue social amorcé en classe. Cela facilitera l'intériorisation.

De nombreux parents se sentent étrangers à ce qui se passe en classe. Pour être des partenaires éclairés, les parents doivent connaître l'approche utilisée en classe. On doit leur montrer comment ils peuvent effectuer l'étayage dans les apprentissages scolaires de leur enfant. Les laisser à l'écart signifie se priver d'éducateurs qui ont fait leurs preuves dans l'étayage. N'ont-ils pas déjà soutenu avec succès leur enfant dans de multiples apprentissages avant même son entrée à l'école ? C'est pour cette raison que, dans le PIER, les parents sont considérés comme des partenaires précieux pour l'enseignante et l'orthopédagogue.

Références bibliographiques

Applebee, A.N., et Langer, J.A. (1983). Instructional scaffolding : Reading and writing as natural language activities. *Language Arts, 60,* 168-175.

Bergman, J.L., et Schuder, T. (1993). Teaching at-risk students to read strategically. *Educational Leadership, 50,* 19-23.

Cazden, C.B. (1988). Classroom discourse and student learning. In C.B. Cazden (dir.), *Classroom discourse : The language of teaching and learning* (pp. 99-120). Portsmouth, NH : Heinemann.

Cohen, E.G. (1994). Restructuring the classroom : Conditions for productive small groups. *Review of Educational Research, 64,* 1, 1-35.

Cole, M. (1992). Context, modularity, and the cultural constitution of development. In L.T. Winegar et J. Valsiner (dir.), *Children's development within social context : Research and methodology* (pp. 5-31). Hillsdale, NJ : Erlbaum.

Duffy, G.G. (1993). Rethinking strategy instruction : Four teachers' development and their low achievers' under-

THÉORIE

standings. *The Elementary School Journal, 93,* 231-247.

Englert, C.S. (1992). Writing instruction from a sociocultural perspective : The holistic, dialogic, and social enterprise of writing. *Journal of Learning Disabilities, 25,* 153-172.

Hiebert, H.E. (1991). *Literacy for a diverse society : Perspectives, practices, and policies.* New York : Teachers College Press.

Hutchinson, N.L. (1992). The challenges of componential analysis : Cognitive and metacognitive instruction in mathematical problem solving. *Journal of Learning Disabilities, 25,* 249-252.

Johnston, P., et Allington, R. (1991). Remediation. In R. Barr, M.L. Kamil, P. Mosenthal et D. Pearson (dir.), *Handbook of reading research, Vol. 11* (pp. 984-1012). New York : Longman.

Kavale, K.A. (1990). Effectiveness of differential programming in serving handicapped students. In M.C. Wang, M.C. Reynolds et H.J. Walberg (dir.), *Special education : Research and practice : Synthesis of findings* (pp. 35-55). Toronto : Pergamon Press.

Larrivee, B. (1989). Effective strategies for academically handicapped students in the regular classroom. In R.E. Slavin, N.L. Karweit et N.A. Madden (dir.), *Effective program for students at risk* (pp. 291-319). Boston : Allyn & Bacon.

Montague, M., et Bos, C. (1986). The effect of cognitive strategy training on verbal math problem solving performance of learning disabled adolescents. *Journal of Learning Disabilities, 19,* 26-33.

Palincsar, A.S. (1986). The role of dialogue in providing scaffolded instruction. *Educational Psychologist, 21,* 73-98.

Palincsar, A.S., et Brown, A.L. (1984). Reciprocal teaching of comprehension fostering and monitoring activities. *Cognition and Instruction, 1,* 117-175.

Palincsar, A.S., et David, Y.M. (1992). Classroom-based literacy instruction : The development of one program of intervention research. In B.Y.L. Wong (dir.), *Contemporary intervention research in learning disabilities* (pp. 65-80). New York : Springer-Verlag.

Palincsar, A.S., et Klenk, L. (1992). Fostering literacy learning in supportive contexts. *Journal of Learning Disabilities, 25,* 211-225.

Paris, S.G., et Jacobs, J.E. (1984). The benefits of informed instruction for children's reading and comprehension skills. *Child Development, 55,* 2083-2093.

Reid, D.K. (1991). The cognitive curriculum. In D.K. Reid, W.P. Hresko et H.L. Swanson (dir.), *A cognitive approach to learning disabilities* (pp. 297-316). Austin, TX : Pro-ed.

Richardson, V., Casanova, U., Placier, P., et Guilfoyle, K. (1989). *School children at-risk.* Philadelphia, PA : The Falmer Press.

Salend, S.J. (1994). *Effective mainstreaming.* New York : MacMillan.

Smith, D.D., et Riviera, D.P. (1991). Mathematics. In B.Y L. Wong (dir.), *Learning about learning disabilities* (pp. 346-376). New York : Academic Press.

Swanson, H.L. (1989). Strategy instruction : Overview of principles and procedures for effective use. *Learning Disability Quarterly, 12,* 3-15.

Symons, S., Snyder, B.L., Cariglia-Bull, T., et Pressley, M. (1989). Why be optimistic about cognitive strategy instruction. In C.B. McCormick, G. Miller et M. Pressley (dir.), *Cognitive strategy research : From basic research to educational applications* (pp. 3-32). New York : Springer-Verlag.

Valsiner, J., et Winegar, L.T. (1992). Introduction : A cultural-historical context for social « context ». In L.T. Winegar et J. Valsiner (dir.), *Children's development within social context, metatheory and theory* (pp. 1-18). Hillsdale, NJ : Erlbaum.

Vauras, M., Lehtinen, E., Kinnunen, R., et Salonen, P. (1992). Socioemotional coping and cognitive processes in training learning-disabled children. In B.Y. Wong (dir.), *Contemporary intervention research in learning disabilities* (pp. 163-189). New York : Springer-Verlag.

Vygotsky, L.S. (1929). The problem of the cultural development of the child. *Journal of Genetic Psychology, 36,* 414-434.

Vygotsky, L.S. (1978). *Mind in society.* Cambridge, MA : Harvard University Press.

Vygotsky, L.S. (1985). *Pensée et langage.* Paris : Messidor/Éditions sociales.

Wozniak, R.H., et Fischer, K.W. (1993). *Development in context : Acting and thinking in specific environments.* Hillsdale, NJ : Erlbaum.

PARTIE *II*

Modèle d'orthopédagogie intégrée

ORTHOPÉDAGOGIE INTÉGRÉE

CHAPITRE *2*

Origine et composantes du modèle*

*Lise Saint-Laurent, Jocelyne Giasson,
Égide Royer et Andrée Boisclair*

Dans le PIER, l'orthopédagogie est intégrée à la classe ordinaire. Comme il est dit au chapitre précédent, l'orthopédagogue participe aux démarches cognitives effectuées en classe. Elle ne travaille pas isolément mais interagit avec l'enseignante et les élèves. Dans ses interventions, elle agit comme un guide favorisant les processus cognitifs chez l'élève dans son contexte social habituel d'apprentissage scolaire. Ses interventions orthopédagogiques s'inscrivent dans le dialogue établi entre l'enseignante et les élèves et entre les élèves eux-mêmes. Nous croyons que l'efficacité de l'orthopédagogue est ainsi décuplée grâce au partage de son expertise avec l'enseignante, l'élève à risque, les autres élèves de la classe et, à l'occasion, avec les parents. Étant intégrée à la classe, sa contribution peut être récupérée et se prolonger pendant le reste des activités quand l'enseignante est seule avec les élèves.

Nous avons vu au chapitre précédent les bases théoriques de ce modèle d'orthopédagogie. Pour mieux le comprendre encore, il faut le situer dans son contexte historique. C'est ce que nous verrons au début de ce chapitre. Ensuite, les différentes modalités de services d'orthopédagogie intégrée à la classe seront présentées. Enfin, nous décrirons le modèle élaboré dans le PIER et nous présenterons les objectifs visés.

2.1 CONTEXTE HISTORIQUE

Historiquement, les écoles et classes spéciales ont été les premiers types de services destinés aux élèves ayant des difficultés d'apprentissage. Au Québec, jusqu'à la fin des années 70, les élèves handicapés et en difficulté étaient majoritairement scolarisés dans des écoles et des classes spéciales (Comité provincial de l'enfance inadaptée, 1976). Le mouvement d'intégration scolaire qui a pris son essor dans les années 70 a rapidement dénoncé les inconvénients de ce type de service : marginalisation, étiquetage, atteinte à l'estime de soi des élèves, manque d'efficacité sur le plan des apprentissages (COPEX, 1976 ; Dunn, 1968 ; Lilly, 1970).

C'est pour contrer ces effets négatifs que la classe-ressource fut proposée comme un type de service répondant aux besoins de l'élève en difficulté tout en lui permettant de poursuivre un

---

* Une partie de ce chapitre a été publiée dans *Apprentissage et Socialisation* (sous presse). La reproduction en a été autorisée par la revue.

cheminement scolaire dans une classe ordinaire. Au cours des deux dernières décennies, la classe-ressource a été le principal service d'aide aux élèves en difficulté d'apprentissage, et cela tant aux États-Unis qu'au Québec (Friend et McNutt, 1986 ; ministère de l'Éducation du Québec, 1994 ; Slavin, 1989).

2.2 CLASSE-RESSOURCE

La classe-ressource est définie comme un service d'éducation spéciale donné à l'élève pour de courtes périodes pendant la journée alors que, pendant le reste du temps, il fréquente la classe ordinaire (Lewis et Doorlag, 1987 ; Lilly, 1979). L'enseignement se fait généralement de façon individualisée ou en petits groupes, selon un horaire préétabli. Bien que le rapport du COPEX (Comité provincial de l'enfance inadaptée, 1976) utilise, comme dans les écrits américains, le terme classe-ressource, plusieurs milieux scolaires québécois utilisent toujours le terme **dénombrement flottant**, qui renvoie au même type de service. Cette mesure d'aide consiste « à dispenser des mesures orthopédagogiques appropriées (rééducation), pendant un certain nombre d'heures ou de périodes/semaine, à des élèves inscrits dans des classes ou groupes réguliers, mais présentant des difficultés d'apprentissage légères ou graves » (ministère de l'Éducation du Québec, 1973, p. 15).

Différents reproches sont aussi adressés à la classe-ressource :
– effet stigmatisant pour les élèves en difficulté (Affleck *et al.*, 1988 ; Bean *et al.*, 1991) ;
– perte de temps d'enseignement en classe ordinaire (Bean *et al.*, 1991 ; Lovitt, 1989) ;
– absence de généralisation en classe ordinaire des habiletés et comportements appris en classe-ressource (Adamson, Matthews et Schuller, 1990 ; Brown, Kiraly et McKinnon, 1979 ; Gersten et Woodward, 1990) ;
– manque de coordination entre l'enseignante de la classe ordinaire et celle de la classe-ressource (Allington *et al.*, 1985 ; Bean *et al.*, 1991 ; Leinhardt et Beicker, 1987 ; Meyers, Gelzheiser et Yelich, 1991 ; Slavin, 1987 ; Voltz et Elliott, 1990) ;

– inconsistances au point de vue de l'enseignement, du contenu, du matériel, de la terminologie et des métaphores utilisés ;
– absence d'harmonisation et de coordination des interventions entre la classe ordinaire et la classe-ressource, entraînant de la confusion chez les élèves en difficulté et nuisant à leurs apprentissages.

Au cours des dernières années, on a assisté à un nouveau virage dans l'éducation des élèves à risque. La classe-ressource, comme type de service, est remise en question quant à son utilité ou à son efficacité pour répondre aux besoins des élèves en difficulté (Friend, 1988 ; Will, 1986). Un intérêt de plus en plus grand se développe pour le service d'orthopédagogie donné dans la classe ordinaire comme alternative à la classe-ressource (Friend, 1988 ; Heron et Harris, 1987 ; Idol, Paolucci-Whitcomb et Nevin, 1986 ; Robinson, 1991 ; Schulte, Osborne et McKinney, 1990 ; West et Brown, 1987). Les termes utilisés pour désigner ce type de service sont *pull-in program, in-class special services, inclusive classroom, total integration model*. Dans ce type de service, l'orthopédagogue travaille dans la classe avec le titulaire afin de cerner les besoins des élèves en difficulté et d'élaborer des stratégies pédagogiques pour vaincre les difficultés d'apprentissage. Certains auteurs voient même cette avenue comme l'espoir du XXIᵉ siècle en éducation pour les élèves à risque (Dettmer, Thurston et Dyck, 1993 ; Simpson, Whelan et Zabel, 1993).

2.3 ASSISTANCE ORTHOPÉDAGOGIQUE EN CLASSE

Au Québec, la classe ordinaire avec service d'orthopédagogie intégrée correspond aux deuxième et troisième niveaux de la cascade proposée par le COPEX (Comité provincial de l'enfance inadaptée, 1976), soit respectivement la classe ordinaire avec services ressources à l'enseignante et la classe ordinaire avec services ressources à l'enseignante et à l'enfant. Bien que ce modèle fasse partie des services d'aide aux élèves en difficulté reconnus officiellement par le ministère de l'Éducation du Québec, peu de données permettent de juger du degré d'implantation de ce type de service. Notre connaissance du milieu scolaire québécois nous incite toutefois à croire que ce modèle gagnerait à être mieux développé.

Le service d'orthopédagogie donné dans la classe ordinaire permet d'offrir des services aux élèves selon différentes formules. Schulte, Osborne et McKinney (1990) distinguent deux types d'assistance :

– L'assistance directe. Dans ce type d'aide, l'orthopédagogue intervient directement auprès de l'élève et de l'enseignante dans la classe ordinaire. Elle utilise différentes techniques d'adaptation de l'enseignement, assiste l'enseignante dans sa tâche, travaille avec de petits groupes d'enfants, etc.
– L'assistance indirecte. Dans ce modèle, le travail de l'orthopédagogue est beaucoup plus général. Cette dernière n'intervient pas directement auprès de l'élève, mais rencontre l'enseignante régulièrement et s'occupe des besoins généraux de la classe : motivation des enfants, entraînement à l'utilisation de stratégies, création de nouveau matériel, modelage de stratégies d'enseignement, mise en place d'un programme de modification du comportement pour l'ensemble des élèves.

De leur côté, Calhoun et Hawisher (1978) et Lewis et Doorlag (1987) proposent trois modalités d'assistance orthopédagogique dans la classe :

– L'aide à l'élève. Dans ce premier type d'aide, l'orthopédagogue intervient auprès de l'élève à trois niveaux : elle l'aide dans ses apprentissages, voit à ce qu'il conserve une bonne relation avec ses pairs et favorise la construction d'une image de soi positive.
– La consultation dans l'école. Dans ce type d'aide, l'orthopédagogue intervient plutôt auprès de l'équipe-école. Elle va par exemple guider les enseignantes dans leurs pratiques d'intervention, leur fournir du nouveau matériel, suggérer des activités, participer à la mise en œuvre de programmes ou à la formation de comités à l'intérieur de l'école, etc.
– Le travail auprès des parents. Finalement, le rôle d'assistance auprès des parents consiste à les contacter régulièrement et à les faire participer à l'élaboration d'un plan d'intervention pour leur enfant.

Le modèle de Bauwens, Hourcade et Friend (1989) se caractérise par un enseignement coopératif comportant trois composantes :

– L'enseignement complémentaire. Dans ce type d'aide, l'enseignante donne le contenu et l'orthopédagogue enseigne les stratégies. On veut tabler ainsi sur les expertises respectives de chacune.
– L'enseignement partagé. Dans ce mode d'enseignement, les deux professionnelles planifient le contenu et le donnent à tous les élèves.
– Le soutien aux apprentissages. L'orthopédagogue prépare des activités pour renforcer ou enrichir le contenu donné par l'enseignante.

Un autre modèle, appelé le modèle TEAM, proposé par Wong, Perry et Treloar (1992), est mixte, combinant les services en classe et hors de la classe. L'orthopédagogue fait de l'enseignement coopératif en classe en se centrant sur les stratégies cognitives et métacognitives. Les élèves en difficulté fréquentent également la classe-ressource habituelle.

Ces quelques exemples démontrent les multiples facettes du service d'orthopédagogie donné dans la classe ordinaire. Ce qui le caractérise, c'est la collaboration entre l'enseignante et l'orthopédagogue dans l'intervention pédagogique. Le PIER s'inscrit dans le sens des tendances actuelles d'intégration scolaire totale des élèves à risque ou en difficulté. À la lumière de données de recherche, certains auteurs croient que, en classe ordinaire, les élèves qui risquent l'échec scolaire peuvent recevoir un enseignement adapté et de qualité qui leur permet de progresser au point de vue scolaire aussi bien sinon mieux qu'en classe-ressource (Kavale, 1990 ; Larrivee, 1989). Ils auront ainsi une meilleure estime d'eux-mêmes, des relations sociales plus positives dans la classe et une plus grande motivation scolaire. Selon un postulat, grâce à la collaboration entre l'orthopédagogue et l'enseignante, des interventions pédagogiques renouvelées, adaptées, cohérentes et continues se feront en classe afin de répondre aux besoins des élèves à risque. Dans le PIER, un modèle original de service

ORTHOPÉDAGOGIE INTÉGRÉE

orthopédagogique intégré est proposé. Voyons-en sa nature et ses composantes.

2.4 MODÈLE D'ORTHOPÉDAGOGIE INTÉGRÉE

L'orthopédagogie intégrée est un modèle d'intervention pédagogique où l'orthopédagogue concentre ses activités en classe ordinaire dans le but d'aider plus efficacement l'élève à risque. Ce modèle implique la collaboration active de l'orthopédagogue et de l'enseignante dans l'analyse des besoins des élèves en difficulté dans la classe, la planification des services, l'organisation de l'environnement et du contenu et l'évaluation. La figure 2.1 présente les quatre composantes du modèle.

2.4.1 Consultation collaborative

La principale composante du modèle d'orthopédagogie intégrée est la consultation collaborative. L'enseignante et l'orthopédagogue interviennent toutes les deux dans la classe ordinaire. Il est donc important, dans l'implantation d'un tel type de service, d'assurer une certaine coordination des interventions effectuées auprès des élèves en difficulté. À cet effet, une rencontre hebdomadaire est prévue entre l'orthopédagogue et l'enseignante afin de planifier la période d'enseignement qu'elles donneront ensemble dans la classe et les autres périodes que l'enseignante animera pendant le reste de la semaine.

2.4.2 Enseignement coopératif

Le modèle comprend aussi l'intervention orthopédagogique en classe centrée sur les stratégies cognitives et métacognitives (comme dans TEAM, de Wong, Perry et Treloar, 1992). C'est l'aide directe à l'élève, comme il a été mentionné précédemment. Cette aide prend la forme d'un enseignement coopératif, c'est-à-dire qu'en classe l'orthopédagogue et l'enseignante se partagent l'enseignement. Bien que ne prescrivant aucune tâche spécifique à chacune afin de laisser la place aux intérêts ou aux habiletés des personnes, le modèle propose des tâches communes et d'autres plus spécifiques selon les particularités de l'une et l'autre intervenantes.

2.4.3 Adaptation de l'enseignement

Le modèle d'orthopédagogie intégrée comprend aussi l'adaptation de l'enseignement, dont le but est de permettre à l'élève de trouver dans sa classe une pédagogie répondant à ses besoins. Dans cette pédagogie adaptée, l'enseignante présente à l'élève à risque des tâches qui ont une signification pour lui et qui sont d'un niveau de difficulté adéquat. Également, on tente de le placer dans des situations stimulant son activité cognitive. Ce volet du modèle se réalisera encore une fois dans le cadre d'une concertation entre l'enseignante et l'orthopédagogue. Cette concertation assurera une intervention pédagogique sans cesse renouvelée, laquelle est essentielle pour le succès scolaire des élèves en difficulté.

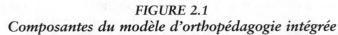

FIGURE 2.1
Composantes du modèle d'orthopédagogie intégrée

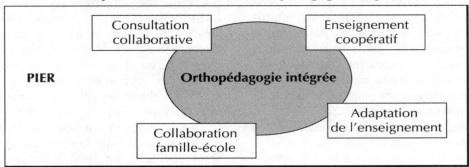

2.4.4 Collaboration famille-école

Étant donné l'importance de la participation parentale dans la réussite scolaire des élèves, le modèle d'orthopédagogie intégrée suggère différentes mesures afin de favoriser le partenariat avec les parents des élèves et particulièrement avec ceux des élèves à risque. Ces suggestions s'adressent tant aux enseignantes qu'aux orthopédagogues ainsi qu'aux parents eux-mêmes. Ce volet fera l'objet de la partie 6 de cet ouvrage.

2.5 CONDITIONS D'APPLICATION DU MODÈLE

Le modèle de l'orthopédagogie intégrée proposé dans le PIER repose principalement sur le travail d'équipe de l'orthopédagogue et de l'enseignante. Certaines conditions faciliteront ce travail d'équipe:

– Les deux professionnelles doivent s'y engager librement.
– Elles doivent également partager des conceptions communes au sujet de l'enseignement et de l'aide à apporter aux élèves en difficulté.
– Elles doivent croire au modèle utilisé.
– L'existence d'affinités personnelles entre ces deux équipières est également souhaitable au départ. Cependant, le PIER peut parfois être l'occasion pour les deux personnes de se découvrir. C'est ce qui s'est produit dans certaines équipes enseignante-orthopédagogue ayant expérimenté le modèle.

Dans le modèle d'orthopédagogie intégrée proposé ici, il n'y a pas de relation hiérarchique entre l'enseignante et l'orthopédagogue, mais plutôt un partage de connaissances. Ainsi, dans la consultation collaborative, la même personne peut, à un moment donné, avoir un rôle d'expert et, à un autre moment, un rôle d'apprenti. Une coopération active associée à une participation réelle de chacune des intervenantes sont des conditions nécessaires.

2.6 AVANTAGES DU MODÈLE D'ORTHOPÉDAGOGIE INTÉGRÉE

Le modèle d'orthopédagogie intégrée vise à prévenir et à contrer l'échec scolaire. Il comporte plusieurs avantages pour les élèves et pour les intervenants. Ils sont résumés dans le tableau 2.1.

TABLEAU 2.1
Avantages du modèle d'orthopédagogie intégrée

Sur le plan de l'intervention pédagogique, le modèle permet:
• de mieux identifier les besoins des élèves en difficulté;
• d'assurer une intervention renouvelée et adaptée;
• d'augmenter l'efficacité de l'intervention;
• d'harmoniser et de coordonner les pratiques d'intervention auprès des élèves à risques;
• d'éviter la perte de contenu scolaire.

Par rapport à l'élève, le modèle permet:
• d'éviter la marginalisation;
• d'acquérir de meilleures stratégies cognitives et métacognitives;
• de favoriser le transfert et la généralisation des stratégies apprises;
• d'acquérir une meilleure estime de soi;
• d'encourager les interactions avec les pairs;
• d'augmenter la motivation.

Pour ce qui est de l'enseignante et de l'orthopédagogue, le modèle permet de:
• de contribuer au développement professionnel de chacune;
• d'établir la communication entre professionnelles;
• de donner l'occasion d'un soutien mutuel entre elles;
• de réduire l'épuisement professionnel.

Références bibliographiques

Adamson, D.R., Matthews, P., et Schuller, J. (1990). Five ways to bridge: The resource room-to-regular classroom gap. *Teaching Exceptional Children, 22*, 74-77.

Affleck, J., Madge, S., Adams, A., et Lowenbraun, S. (1988). Integrated classroom versus resource model:

Academic viability and effectiveness. *Exceptional Children, 54,* 339-348.

Allington, R.L., Stentzel, H., Shake, M., et Lamarche, S. (1985). *What is remedial reading?* Conférence présentée à l'Annual Meeting of the Colorado Council of the International Reading Association, Denver, CO.

Bauwens, J., Hourcade, J., et Friend, M. (1989). Cooperative teaching: A model for general and special education integration. *Remedial and Special Education, 10,* 17-22.

Bean, R.M., Cooley, W.W., Eichelberger, R.T., Lazar, M.K., et Zigmond, N. (1991). Inclass or pullout: Effects of setting on the remedial reading program. *Journal of Reading Behavior, 23,* 445-464.

Brown, L.F., Kiraly, J., et McKinnon, A. (1979). Resource rooms: Some aspects for special educator to ponder. *Journal of Learning Disabilities, 12,* 56-58.

Calhoun, M.L., et Hawisher, M.F. (1978). *The resource room: An educational asset for children with special needs.* Columbus, OH: Merrill.

Comité provincial de l'enfance inadaptée (COPEX) [1976]. *L'éducation de l'enfance en difficulté d'adaptation et d'apprentissage au Québec.* Québec: ministère de l'Éducation, Gouvernement du Québec.

Dettmer, P., Thurston, L.P., et Dyck, N. (1993). *Consultation, collaboration, and teamwork for students with special needs.* Boston: Allyn & Bacon.

Dunn, L.M. (1968). Special education for the mildly retarded — Is much of it justifiable? *Exceptional Children, 35,* 5-22.

Friend, M. (1988). Putting consultation into context: Historical and contempory perspectives. *Remedial and Special Education, 9,* 7-13.

Friend, M., et McNutt, G. (1986). A comparative study of resource teacher job descriptions and perceptions of resource teacher responsabilities. *Journal of Learning Disabilities, 20,* 224-228.

Gersten, R., et Woodward, J. (1990). Rethinking the regular education initiative: Focus on the classroom teacher. *Remedial and Special Education, 11,* 7-16.

Heron, T.E., et Harris, K.C. (1987). *The educational consultant: Helping professionals, parents, and mainstreamed students.* Austin, TX: Pro-ed.

Idol, L., Paolucci-Whitcomb, P., et Nevin, A. (1986). *Collaborative consultation.* Austin, TX: Pro-ed.

Kavale, K.A. (1990). Effectiveness of differential programming in serving handicapped students. In M.C. Wang, M.C. Reynolds et H.J. Walberg (dir.), *Special education: Research and practice: Synthesis of findings* (pp. 35-55). Toronto: Pergamon Press.

Larrivee, B. (1989). Effective strategies for academically handicapped students in the regular classroom. In R.E. Slavin, N.L. Karweit et N.A. Madden (dir.), *Effective programs for students at risk* (pp. 291-319). Boston: Allyn & Bacon.

Leinhardt, G., et Beicker, W. (1987). Instruction's the thing wherein to catch the mind that falls behind. *Educational Psychologist, 18,* 177-207.

Lewis, R.B., et Doorlag, D.H. (1987). *Teaching special students in the mainstream.* Columbus, OH: Merrill.

Lilly, M.S. (1979). Special Education: Historical and traditional perspectives. In M.S. Lilly (dir.), *Children with exceptionnal needs: A survey of special education* (pp. 1-25). New York: Holt, Rinehart & Winston.

Lovitt, T.C. (1989). *Introduction to learning disabilities.* Boston: Allyn & Bacon.

Meyers, J., Gelzheiser, L.M., et Yelich, G. (1991). Do pull-in programs foster teacher collaboration? *Remedial and Special Education, 12,* 7-15.

Ministère de l'Éducation du Québec (1973). *Organisation de la rééducation par la technique du dénombrement flottant.* Règle de gestion des commissions scolaires, numéro 08-02-08, Québec: Gouvernement du Québec.

Ministère de l'Éducation du Québec (1994). *Effectifs E.D.A.A. – 1993-1994.* Québec: Gouvernement du Québec.

Robinson, S. (1991). Collaborative consultation. In B.Y.L. Wong (dir.), *Learning about learning disabilities* (pp. 441-481). San Diego, CA: Academic Press.

Schulte, A.C., Osborne, S.S., et McKinney, J.D. (1990). Academic outcomes for students with learning disabilities in consultation and resource programs. *Exceptional Children, 57,* 162-172.

Simpson, R.L., Whelan, R.J., et Zabel, R.H. (1993). Special education personnel preparation in the 21st century: Issues and strategies. *Remedial and Special Education, 14,* 7-22.

Slavin, R.E. (1987). Making chapter 1 make a difference, *Phi Delta Kappan, 69,* 110-119.

Slavin, R.E. (1989). Students at risk of school failure: The problem and its dimensions. In R.E. Slavin, N.L. Karweit et N.A. Madden (dir.), *Effective programs for students at risk* (pp. 3-22). Boston: Allyn & Bacon.

Voltz, D.L., et Elliott Jr, R.N. (1990). Resource room teacher roles in promoting interaction with regular educators. *Teacher Education and Special Education, 13,* 160-166.

West, J.K., et Brown, P.A. (1987). State departments of education policies on consultation in special education: The state of the states. *Remedial and Special Education, 8,* 45-51.

Will, M.L. (1986). Educating children with learning problems: A shared responsability. *Exceptional Children, 52,* 411-415.

Wong, B., Perry, N., et Treloar, L. (1992). *The TEAM model: An alternative for merging special education with regular (general) education.* Conférence présentée le 18 novembre à la University of Alberta, Alberta.

CHAPITRE 3

Consultation collaborative

*Lise Saint-Laurent, Maryse Trépanier, Hermelle Vézina,
Égide Royer et Jocelyne Giasson*

Les classes ordinaires connaissent des problèmes de plus en plus complexes. Les élèves en diffi-culté constituent environ 10 % de leur clientèle (Dettmer, Thurston et Dyck, 1993 ; ministère de l'Éducation du Québec, 1994) alors que 20 % des élèves présentent des risques d'échec scolaire (Idol, West et Lloyd, 1988 ; Will, 1986). Une récente étude menée en milieu scolaire québécois révèle que ces pourcentages sont à peu près les mêmes au Québec qu'aux États-Unis (Saint-Laurent *et al.*, en préparation).

Dans cette situation, la tâche des enseignantes de classe ordinaire n'est pas facile, d'autant plus que plusieurs d'entre elles ne se sentent pas habi-les pour intervenir efficacement auprès des élèves en difficulté ou à risque (Aloia et Aloia, 1982 ; Furey et Strauch, 1983 ; Johnson et Johnson, 1980 ; Lapierre, 1988 ; Ringlaben et Price, 1981). Les tendances actuelles en éducation et en adap-tation scolaire suggèrent que la coopération de la spécialiste en adaptation scolaire est nécessaire pour aider les enseignantes à répondre aux besoins des élèves en difficulté et pour prévenir l'échec scolaire (Idol, Paolucci-Whitcomb et Nevin, 1986 ; West et Brown, 1987). La concerta-tion assurera à l'élève un éventail d'interventions orientées vers un même but : sa réussite éducative. Comme les élèves en difficulté et qui risquent l'échec scolaire sont la plupart du temps scolarisés dans une classe ordinaire, le bénéfice qu'ils en reti-rent repose en grande partie sur la concertation entre l'enseignante et l'orthopédagogue.

La collaboration entre ces deux intervenantes est la dimension principale du modèle d'orthopé-dagogie intégrée. Dans ce chapitre, nous traitons d'abord des différentes modalités de consulta-tion. Ensuite, un mode de fonctionnement parti-culier est présenté, soit celui de la consultation collaborative. Une autre section est consacrée à la question du partage des responsabilités dans la consultation collaborative du modèle d'orthopé-dagogie intégrée. Par la suite, nous traitons de l'organisation de la consultation collaborative dans ce modèle. Puis nous présentons la rencon-tre hebdomadaire, pierre angulaire de la consul-tation collaborative dans le PIER, en fournissant des suggestions quant à son déroulement.

3.1 MODALITÉS DE CONSULTATION

La collaboration et la consultation sont très répandues dans le monde des affaires et dans celui de l'industrie. C'est souvent par ce mode de fonctionnement que l'on traite les problèmes

ORTHOPÉDAGOGIE INTÉGRÉE

complexes. En éducation, les enseignantes se sentent souvent seules face à la complexité de l'enseignement dispensé aux élèves en difficulté ou qui risquent l'échec scolaire. Certaines avouent même avoir peur du jugement des collègues en manifestant leurs questionnements sur les stratégies d'enseignement utilisées avec ces élèves. À côté d'elles, les orthopédagogues vivent elles aussi quotidiennement le défi de l'intervention pédagogique auprès des élèves en difficulté avec les remises en question continuelles qu'elle comporte. Malgré leur expertise, elles n'ont pas réponse à tous les problèmes d'apprentissage. Le progrès des élèves en difficulté exige un ajustement constant des interventions pédagogiques. L'expression américaine *hard to teach students*, utilisée parfois pour désigner ces élèves, est bien évocatrice à cet égard.

L'idée de la collaboration ou de la consultation n'est pas nouvelle en éducation et en adaptation scolaire. Déjà, au début du mouvement d'intégration scolaire dans les années 60 et 70, ce processus était pressenti comme un élément nécessaire dans la cascade des services offerts aux élèves en difficulté. Nous pouvons maintenant constater que la classe-ressource a été beaucoup plus populaire que la consultation. Il n'y a pas lieu ici d'en analyser les raisons, mais rappelons que, face à l'évidence du succès très douteux de la classe-ressource pour aider les élèves en difficulté et pour améliorer la réussite scolaire, l'accent est mis plus que jamais sur la nécessité de la collaboration entre éducateurs. Voyons maintenant comment se définissent en éducation ou en adaptation scolaire ces deux modes de fonctionnement que sont la collaboration et la consultation.

Robinson (1991) définit la **collaboration** comme un processus interactif dans lequel des individus possédant différentes expertises, connaissances et expériences travaillent volontairement ensemble en vue d'apporter des solutions communes à un problème. Elle se caractérise par la confiance, le respect mutuel et la communication.

Quant à la **consultation**, elle est définie comme un service indirect destiné à améliorer la qualité de l'enseignement dispensé aux élèves en diffi-

culté intégrés dans des classes ordinaires (West et Idol, 1987). La consultation peut prendre différentes formes, du modèle d'expert où l'enseignant a un rôle passif (Salend, 1994) à un modèle plus collaboratif dans lequel chaque participant a un rôle actif à jouer. West et Idol (1987) distinguent en éducation une dizaine de modèles différents de consultation. Nous en présentons ici quelques-uns :

– Dans le modèle triadique, le consultant (l'orthopédagogue) donne de l'aide au consulté (l'enseignant), qui en retour s'en sert pour soutenir un élève. Le consultant intervient ici d'une façon ponctuelle.

– Un autre modèle sera caractérisé par la consultation donnée à l'enseignante, tout au long du processus d'intervention, pour l'évaluation de l'élève, l'établissement des objectifs, la planification, l'implantation des interventions et le suivi des progrès.

– Le *Vermont Consulting Teacher Program* (Egner et Lates, 1975) constitue un autre exemple souvent cité où il y a collaboration entre l'école, les organismes communautaires et l'université pour donner des services de consultation aux enseignants par rapport aux élèves en difficulté à travers l'État du Vermont.

Peu importe le modèle utilisé, la consultation sert à améliorer la communication entre le secteur de l'adaptation scolaire et celui de l'enseignement ordinaire. Par là, l'enseignante en vient à augmenter ses habiletés à répondre aux besoins des élèves en difficulté ou qui risquent l'échec scolaire. Elle soutient aussi son engagement face à eux. En retour, les chances de succès de l'intégration scolaire de ces élèves en sont augmentées : grâce à la consultation, l'orthopédagogue peut contribuer à ce que l'intégration en classe ordinaire soit plus efficace.

Or les orthopédagogues se sentiraient peu habiles dans ce travail de consultation avec l'enseignante (Aloia, 1983). La plupart n'ont pas reçu de formation pour exercer ce type d'activité. Par ailleurs, jusqu'à maintenant, les modèles de consultation en adaptation scolaire ne sont pas suffisamment décrits pour qu'il soit possible de les implanter.

3.2 DÉFINITION DE LA CONSULTATION COLLABORATIVE

Parmi les différentes modalités de consultation possibles, celle de la consultation collaborative a été retenue et mise au point dans le PIER. Les raisons de ce choix sont les suivantes :
- compatibilité avec les concepts théoriques à la base du programme ;
- absence de hiérarchie entre les participants ;
- réponse aux besoins des élèves à risque et non pas seulement à ceux des élèves en difficulté.

La consultation collaborative est ainsi définie :
[...] un processus interactif dans lequel différents intervenants travaillent de façon concertée à élaborer des solutions aux problèmes rencontrés. La collaboration est d'autant plus positive que les solutions apportées sont différentes de celles que chaque membre aurait été en mesure de fournir individuellement. L'avantage principal de la consultation collaborative réside dans la mise en place de programmes clairs et structurés, destinés à répondre aux besoins particuliers des élèves à risque, et ce dans un milieu où les interactions avec les élèves ordinaires sont facilitées (Idol, Paolucci-Whitcomb et Nevin, 1986, p. 1 ; traduction libre).

Dans la consultation collaborative, l'enseignante et l'orthopédagogue partagent leurs connaissances, leur expertise, leurs expériences et leurs qualités affectives au profit des élèves à risque. Les avantages de ce partage sont nombreux. Grâce aux échanges que ce fonctionnement implique, on contre l'isolement des personnes. L'aspect interactif du processus assure que chacune des éducatrices participe à part entière à la démarche d'apprentissage des élèves. Un autre avantage de la consultation collaborative vient du fait qu'échanger des idées peut ajouter à la créativité et à la flexibilité dans les solutions apportées pour répondre aux besoins des élèves à risque. De plus, en formant équipe pour intervenir auprès des élèves connaissant des difficultés d'apprentissage, les deux intervenantes ont plus de chances d'être cohérentes dans leur façon d'aborder les objectifs à travailler et de favoriser chez l'élève le transfert et la généralisation des apprentissages.

Comme autres avantages de la consultation collaborative, Dettmer, Thurston et Dyck (1993) soulignent l'effet multiplicateur de ce processus. La consultation collaborative permet à l'élève en difficulté de bénéficier d'une intervention adaptée à ses besoins pendant toute la semaine et non plus seulement dans ses périodes avec l'orthopédagogue. Les auteures soulignent également que, grâce à la consultation collaborative, les enseignantes en viennent à mieux connaître les élèves en difficulté. Nous dirions la même chose du côté de l'orthopédagogue. Grâce à la consultation collaborative, l'orthopédagogue se familiarise avec la classe ordinaire, les contenus d'enseignement et les méthodes pédagogiques utilisées en classe avec les élèves.

Un dernier avantage à souligner est que tous les élèves peuvent profiter de la consultation collaborative, particulièrement ceux qui risquent l'échec scolaire et qui ne recevraient pas autrement des services de l'orthopédagogue.

Voici maintenant un résumé de ces avantages de la consultation collaborative :
- mise en commun des connaissances et des habiletés ;
- élimination de l'isolement ;
- participation à part entière des intervenantes ;
- ajustement des interventions pédagogiques ;
- cohérence des interventions ;
- tranfert et généralisation des apprentissages ;
- intervention adaptée pendant tout le temps de classe ;
- connaissance accrue des élèves en difficulté pour l'enseignante ;
- connaissance plus grande de la classe ordinaire pour l'orthopédagogue ;
- intervention de l'orthopédagogue en classe plus pertinente.

Idol (1993) fait de la consultation collaborative une condition de succès de l'intervention de l'orthopédagogue en classe. Si l'orthopédagogue intervient dans la classe, la planification et la concertation avec l'enseignante sont nécessaires, sinon l'intervention risque de mal s'inscrire dans le contexte global de la classe ordinaire et d'être ainsi inefficace. Cet écueil est d'ailleurs souligné dans une étude récente (Jenkins *et al.,* 1991). Les auteurs formulent le même point de vue qu'Idol quant à la nécessité de la consultation collaborative quand un orthopédagogue désire intervenir en classe.

À notre avis, la consultation collaborative n'est cependant pas suffisante pour assurer l'efficacité de l'intervention de l'orthopédagogue en classe. Elle doit s'accompagner d'enseignement coopératif. Celui-ci est une autre composante du modèle d'orthopédagogie intégrée élaboré dans le PIER et il est présenté au chapitre suivant.

Les études d'impact de la consultation collaborative sont peu nombreuses. Idol (1993) conclut une recension des écrits sur le sujet en disant que les élèves réussissent aussi bien avec la consultation collaborative qu'en classe-ressource, et même un peu mieux. L'auteure souligne une donnée constante dans les études : les enseignantes ayant vécu la consultation collaborative la préfèrent à la classe-ressource. Par ailleurs, les districts scolaires américains ayant évalué le service de consultation collaborative rapportent des notes plus élevées chez les élèves, une diminution du nombre d'élèves dirigés en adaptation scolaire et un changement dans les attitudes des enseignantes envers le travail coopératif entre intervenantes (Idol, 1993).

La consultation collaborative n'est pas un modèle de services s'appliquant uniquement aux élèves présentant des difficultés d'apprentissage. Elle a été utilisée pour des difficultés de comportement (Idol, 1993), pour la déficience intellectuelle (Stainback et Stainback, 1985) et avec des élèves d'origine ethnique ou culturelle différente (Roberts, Bell et Salend, 1991). Nous constatons ainsi que ce modèle a plusieurs applications possibles en milieu scolaire.

Étant donné tous ses avantages, il est étonnant que la consultation collaborative ne soit pas plus répandue dans les milieux scolaires. Contrairement à ce qu'on pourrait croire, les obstacles ne seraient pas du côté des réticences ou des attitudes des enseignantes ou des orthopédagogues mais viendraient plutôt de facteurs organisationnels.

Dettmer, Thurston et Dyck (1993, p. 40) soulignent, pour qu'un processus de consultation collaborative soit efficace, ces conditions essentielles :
– déterminer les rôles de l'enseignante et de l'orthopédagogue ;
– avoir un cadre organisationnel dans l'école pour soutenir le processus ;
– évaluer ses actions ;
– avoir la formation pertinente.

Quand on prévoit un mode de fonctionnement par consultation collaborative, il nous apparaît indispensable de tenir compte de ces facteurs. C'est pourquoi dans le PIER chacun de ces éléments a été pris en compte. Les rôles de chaque intervenante sont définis. Nous proposons des périodes fixes et régulières de rencontre pour la consultation collaborative. En faisant ainsi un retour sur l'efficacité des interventions, on pourra réaliser des ajustements immédiats.

Le présent ouvrage veut apporter une contribution à la formation du personnel pour l'application de la consultation collaborative en milieu scolaire. Une série de documents vidéo portant sur le PIER a été produite, dont un volet traite d'une façon concrète des différents aspects touchés dans cette section sur la consultation collaborative (voir la partie 7). Enfin, le lecteur trouvera dans la dernière partie de cet ouvrage des suggestions additionnelles sur la formation du personnel pour l'implantation du PIER. Voyons pour le moment la détermination des responsabilités et ensuite le cadre de fonctionnement de la consultation collaborative que nous proposons.

3.3 RESPONSABILITÉS DE L'ENSEIGNANTE ET DE L'ORTHOPÉDAGOGUE

Comme il a été dit précédemment, la consultation collaborative exige une clarification des rôles et des responsabilités de l'enseignante et de l'orthopédagogue. Les différents modèles de consultation collaborative proposés dans les écrits américains sont peu explicites en cela. Entre autres, Idol (1993), dans son modèle de consultation collaborative, ne fait que nommer les tâches à partager entre les deux équipières, sans plus de précision ; ces tâches sont l'évaluation des acquis des élèves, de leurs habitudes de travail et de leurs comportements, la prise de décision pour l'enseignement, la gestion du groupe, le suivi des élèves, l'entraînement et la supervision des tuteurs (dans le tutorat) et la collaboration avec les parents.

Un principe à respecter dans le partage des responsabilités est la souplesse. Robinson (1991) indique que, dans la consultation collaborative, les rôles peuvent varier d'une école à l'autre et selon les besoins des élèves. En effet, comme ces rôles détermineront les activités de collaboration, la flexibilité dans leur partage fera en sorte qu'on pourra mieux s'adapter à différentes situations et à divers besoins. Nous ajouterons que les rôles pourront aussi varier selon les personnes, leurs goûts, leurs intérêts, leurs forces et leurs limites.

La résolution de problèmes est l'activité première de la consultation collaborative. Enseignante et orthopédagogue partagent la responsabilité de trouver et d'appliquer des solutions par des interventions directes auprès de l'élève. Cela peut impliquer de faire des observations en classe, de décider de l'utilisation de stratégies particulières d'enseignement, de modeler une stratégie d'enseignement, de mettre au point du matériel pédagogique, d'assister l'autre dans l'application d'une stratégie d'enseignement. Selon Robinson (1991), il faut être très flexible dans le partage des rôles pour ces activités.

Dans la consultation collaborative, en plus de la planification concertée et des discussions entre les deux éducatrices, celles-ci sont amenées à intervenir en même temps dans la classe. Il s'agit là d'enseignement coopératif. Cette structure pédagogique, dans laquelle l'enseignante de classes ordinaires et celle spécialisée en adaptation scolaire enseignent conjointement dans des groupes hétérogènes d'élèves de classes ordinaires, constitue une façon de donner des services d'orthopédagogie. La responsabilité de l'ensei-

gnement et celle du succès des élèves y sont partagées (Bauwens, Hourcade et Friend, 1989 ; Nevin *et al.*, 1990). Les deux éducatrices sont présentes dans la classe en même temps. Robinson (1991) suggère que les tâches soient décidées en fonction des habiletés de chacune et non en fonction du type d'élève, en difficulté ou ordinaire. En effet, il ne s'agit pas de confier les élèves en difficulté à l'orthopédagogue exclusivement et de laisser à l'enseignante les élèves ordinaires.

Dans le modèle d'orthopédagogie intégrée, nous avons voulu adopter cette souplesse dans le partage des responsabilités, et cela tout en ne laissant pas les choses au hasard. Certaines responsabilités sont confiées à l'orthopédagogue ou à l'enseignante dans le but d'assurer aux élèves à risque les meilleures interventions possible. Selon les intérêts, les forces et les limites de chacune des personnes, on pourra cependant modifier sans problème ce partage. Ce qui est important dans l'esprit du modèle, c'est que chacune des éducatrices ait des tâches particulières sous sa responsabilité principale et que d'autres actions soient entreprises de façon commune.

3.3.1 Enseignante

L'enseignante qui est titulaire de la classe ordinaire est la première intervenante auprès de l'élève qui a des difficultés d'apprentissage (ministère de l'Éducation du Québec, 1993). Ses fonctions sont diverses :
- faire du modelage afin de faciliter l'utilisation des stratégies par l'élève ;
- intervenir à titre de médiatrice entre les apprentissages à réaliser et l'élève ;
- adapter son enseignement ;
- assurer une démarche d'évaluation qui, tout en mesurant les progrès de l'élève, permet à ce dernier d'acquérir un certain sentiment de satisfaction et une meilleure estime de soi ;
- orienter, en concertation avec les autres personnes concernées, les interventions dont l'enfant fera l'objet ; l'enseignante est celle qui devrait connaître le mieux les besoins de l'élève.

ORTHOPÉDAGOGIE INTÉGRÉE

3.3.2 Orthopédagogue

Première personne-ressource appelée à intervenir auprès de l'élève en difficulté, l'orthopédagogue agit à plusieurs niveaux, ses fonctions consistant à :
– enseigner à l'élève des stratégies en lien avec les objectifs des programmes d'études ;
– intervenir à titre de collaboratrice ou de consultante auprès de l'enseignante ;
– rencontrer les parents sur une base plus ou moins régulière afin de favoriser la cohérence et la continuité des interventions.

En raison de son expertise sur le plan des processus cognitifs, de la pédagogie et de la didactique, l'orthopédagogue joue un rôle essentiel dans le cadre d'une démarche de concertation.

Le tableau 3.1 présente ce que pourraient être les responsabilités de l'enseignante et de l'orthopédagogue dans un processus de consultation collaborative. Il est à noter que la communication avec les parents apparaît dans les tâches communes de l'enseignante et de l'orthopédagogue ; la responsabilité de ce volet est assumée par les deux éducatrices dans le modèle d'orthopédagogie intégrée.

3.4 ORGANISATION ET PLANIFICATION

Le modèle d'orthopédagogie intégrée qui a été élaboré dans le PIER s'inscrit dans la tâche ordinaire à temps complet de l'enseignante et de l'orthopédagogue, soit, au Québec, à l'intérieur du 27 heures par semaine.

3.4.1 Orthopédagogue

Pour l'orthopédagogue, le temps par semaine consacré à une classe sera d'une durée de 2 h 30 min. Idol (1993) suggère qu'un tiers du temps de l'orthopédagogue soit consacré à la consultation et le reste du temps, au service direct aux élèves. Cette proportion est à peu près celle suggérée ici. L'orthopédagogue intervient directement en classe environ 90 minutes par semaine, la plupart

TABLEAU 3.1
Partage des responsabilités suggéré dans le modèle d'orthopédagogie intégrée

En classe	Hors classe
Responsabilités de l'enseignante	
• Assurer la gestion pédagogique ordinaire de sa classe en fonction des objectifs des programmes • Enseigner un nouveau contenu ou renforcer un ancien • Vérifier les tâches exécutées chez l'ensemble des élèves • Évaluer les apprentissages chez tous les élèves	• Assumer les tâches normalement rattachées à la pratique enseignante : planification, organisation de l'environnement, préparation du matériel, correction, etc.
Responsabilités partagées entre l'enseignante et l'orthopédagogue	
• Assister les élèves demandant de l'aide • Dépister les difficultés d'apprentissage • Évaluer et enregistrer les progrès individuels des élèves • Assurer à tous les élèves la rétroaction sur le travail accompli et les succès obtenus • Enseigner des stratégies d'apprentissage à l'ensemble de la classe	• Entraîner les élèves à utiliser le tutorat et l'apprentissage coopératif • Contacter et rencontrer les parents • Se rencontrer une fois par semaine, afin de planifier et d'évaluer ce qui se fait en classe • Revoir les plans d'intervention et les mettre à jour au besoin • Fabriquer, recueillir et conserver du nouveau matériel
Responsabilités de l'orthopédagogue	
• Assurer un rôle de collaboratrice auprès de l'enseignante et un rôle de personne-ressource auprès des élèves • Enseigner certaines stratégies spécifiques • Enregistrer les progrès individuels des élèves en difficulté d'apprentissage	• Assurer un rôle de personne-ressource auprès de l'enseignante • Apporter une attention particulière à la mise à jour régulière des plans d'intervention des élèves en difficulté • Fournir ou concevoir du matériel adapté

du temps distribuées sur quelques périodes d'une durée allant de 20 à 45 minutes. Une rencontre hebdomadaire de 60 minutes avec l'enseignante est réservée aux échanges et à la planification. En résumé, le temps que l'orthopédagogue consacre par classe au modèle d'orthopédagogie intégrée se répartit comme suit :
– Consultation collaborative : 60 minutes par semaine ;
– Intervention en classe : 90 minutes par semaine.

Il s'agit là de la durée que l'on considère comme minimale pour l'efficacité de ce modèle. Tous les auteurs s'entendent pour dire que la consultation collaborative ne peut se réaliser efficacement si la tâche de l'orthopédagogue est trop lourde (Dettmer, Thurston et Dyck, 1993 ; Heron et Harris, 1987 ; Idol, 1993). Il ne s'agit pas d'un modèle qui vise à court terme une économie des ressources en adaptation scolaire, ni leur rehaussement. Ce modèle peut potentiellement prévenir l'échec scolaire, et partant de là, à plus long terme, faire diminuer le nombre d'élèves dirigés en orthopédagogie.

3.4.2 Enseignante

Pour l'enseignante, la consultation collaborative implique **une rencontre hebdomadaire de 60 minutes** avec l'orthopédagogue. De plus, l'enseignante doit s'assurer qu'en tout temps ses pratiques d'enseignement sont orientées dans le sens de celles mises de l'avant dans le cadre du modèle d'orthopédagogie intégrée. Elle voit à mettre en application les décisions et les stratégies d'enseignement planifiées avec l'orthopédagogue lors de la rencontre hebdomadaire de consultation collaborative. Tout au long de son enseignement, elle se soucie d'apporter des adaptations pour répondre aux besoins des élèves à risque. Nous traiterons au chapitre 5 de l'adaptation de l'enseignement. Dans le modèle d'orthopédagogie intégrée, nous avons prévu des outils simples destinés à faciliter l'adaptation de l'enseignement. Cette préoccupation constante de l'enseignante par rapport à l'adaptation de ses interventions aura pour effet de permettre à l'élève à risque de tirer profit de son intégration en classe ordinaire et de participer plus facilement aux activités de la classe.

3.5 RENCONTRE HEBDOMADAIRE

Les enseignantes manquent de temps pour planifier, échanger et se concerter (Gelzheiser et Meyers, 1990 ; Reisberg et Wolf, 1986). D'ailleurs, le manque de temps est considéré comme le principal obstacle à la consultation collaborative (Dettmer, Thurston et Dyck, 1993). Pour que les discussions se réalisent sur une base régulière entre l'orthopédagogue et l'enseignante, il faut qu'une période soit prévue pour ce faire à leur horaire de travail. Ces rencontres doivent être régulières et fréquentes, sinon leur utilité en sera amoindrie. Si on veut prendre des décisions sur des actions à accomplir et évaluer celles effectuées, il est nécessaire que les rencontres soient assez rapprochées dans le temps pour permettre des ajustements rapides et pour s'assurer d'avoir en mémoire ce qui s'est passé depuis la dernière rencontre. Nous suggérons dans le PIER une **fréquence d'une fois par semaine ou par cycle du calendrier scolaire**.

La rencontre hebdomadaire entre l'enseignante et l'orthopédagogue constitue, dans le modèle d'orthopédagogie intégrée, le pivot de la consultation collaborative. Sa qualité en matières de contenu et de participation de chacune des intervenantes sera déterminante pour la réussite du programme. Une rencontre bien structurée, dans laquelle chacune est à l'aise dans son rôle et met à profit ses ressources, ne peut qu'être efficace, stimulante et aidante pour la poursuite des interventions et les apprentissages des élèves.

Pour assurer cette efficacité, la durée de la rencontre doit être respectée et le contenu entièrement couvert. Le secret pour s'en assurer est que la rencontre soit structurée. Celle-ci comptera deux parties : retour sur la semaine précédente et planification de la semaine suivante. Chaque fois, on discute des activités planifiées pour les périodes d'enseignement coopératif et celles où l'enseignante est seule dans la classe. Le tableau 3.2

TABLEAU 3.2
Ordre du jour de la rencontre hebdomadaire pour la consultation collaborative (durée : 60 minutes)

Retour sur la semaine précédente

Lorsque l'orthopédagogue travaille en classe
- Retour sur les activités : déroulement, matériel, aménagement physique, etc.
- Comportements des élèves : observations
- Coordination des interventions entre l'orthopédagogue et l'enseignante : Les deux intervenantes se complètent-elles dans leur rôle respectif auprès des élèves ? Des ajustements sont-ils nécessaires ?
- Révision des objectifs poursuivis avec chaque élève à risque : Les objectifs visés ont-ils été atteints ?

Lorsque l'enseignante est seule avec ses élèves
- Retour sur l'ensemble des activités : déroulement, matériel, aménagement physique, etc.
- Comportements des élèves : Y a t-il des observations particulières à souligner ?

Pour la semaine qui commence

Lorsque l'orthopédagogue travaille en classe
À l'aide des plans d'intervention et des fiches de travail proposées dans le PIER (voir le chapitre 5) :
- déterminer le contenu (partie de matière) qui sera travaillé en classe
- déterminer le ou les objectifs poursuivis
- choisir ou bâtir les activités qui seront réalisées
- prévoir le matériel nécessaire
- déterminer le mode de regroupement qui sera privilégié (travail individuel, en équipe, tutorat par les pairs, apprentissage coopératif, etc.)
- assigner et préciser les tâches de chacune

Lorsque l'enseignante est seule avec ses élèves
Revoir les objectifs qui sont au programme en lecture, en écriture et en mathématiques, de même que ceux poursuivis avec chaque élève à risque, et :
- déterminer les notions qui seront travaillées
- déterminer le ou les objectifs relatifs à chacune
- choisir ou bâtir les activités qui seront réalisées
- prévoir le matériel nécessaire
- déterminer les modes de regroupement qui seront privilégiés (travail individuel, en équipe, tutorat par les pairs, apprentissage coopératif, etc.)

À préciser au besoin
Communications à faire aux parents ou aux personnes à contacter

fournit la liste des points principaux qui devraient figurer à l'ordre du jour d'une rencontre hebdomadaire type. Encore ici, la flexibilité est de mise. Il appartient à chaque équipe enseignante-orthopédagogue d'adapter le fonctionnement de cette rencontre à ses propres besoins.

3.6 AUTO-ÉVALUATION DES PRATIQUES DE CONSULTATION COLLABORATIVE

Certains éléments constituant la consultation collaborative présentée dans ce chapitre font déjà partie de la pratique d'orthopédagogues et d'enseignantes, d'autres sont nouveaux. Afin de permettre de se situer par rapport au modèle d'orthopédagogie élaboré, et en particulier par rapport à la consultation collaborative, nous proposons, à la figure 3.1, une grille d'auto-évaluation des pratiques des orthopédagogues et des enseignantes. Celle-ci devrait être remplie conjointement par les deux équipières désireuses d'utiliser le modèle d'orthopédagogie intégrée. Nous suggérons de la remplir au début de la démarche et à quelques reprises pendant la première et la deuxième année d'utilisation du modèle.

FIGURE 3.1
Grille d'auto-évaluation de la consultation collaborative destinée à l'enseignante
et à l'orthopédagogue

Légende :   **1**   **Jamais**
                2   **Parfois**
                3   **Toujours**

N.B. : *L'appellation « collègue » réfère à l'orthopédagogue ou à l'enseignante.*

	1	2	3
1. Attitudes face au modèle de la consultation collaborative			
a) Je considère que je mets en application le modèle de la consultation collaborative.			
b) J'oriente ma pratique vers la collaboration avec ma collègue.	___	___	___
c) Je partage volontiers mes idées et mon expérience avec ma collègue.	___	___	___
d) Ce travail de collaboration m'aide dans mes interventions auprès des élèves en difficulté.	___	___	___
2. Partage des tâches			
a) Le partage des tâches se fait aisément.	___	___	___
b) Le partage des tâches me convient.	___	___	___
c) Les tâches dont j'ai la responsabilité sont clairement définies.	___	___	___
3. Rencontre hebdomadaire			
a) Sauf empêchement majeur, je participe à la rencontre hebdomadaire.	___	___	___
b) Le moment de rencontre prévu est respecté.	___	___	___
c) La rencontre dure le temps prévu (une heure).	___	___	___
d) À mes yeux, la rencontre hebdomadaire est essentielle à une collaboration véritable.	___	___	___
e) La rencontre hebdomadaire me permet de mieux coordonner mes interventions avec ma collègue.	___	___	___
f) Le partage des tâches se fait à l'intérieur de la rencontre.	___	___	___
g) La rencontre me permet de faire le point sur la dernière semaine d'intervention et de planifier celle qui commence.	___	___	___
h) Les échanges avec ma collègue me permettent de mettre au point des stratégies nouvelles d'enseignement.	___	___	___

ORTHOPÉDAGOGIE INTÉGRÉE

Références bibliographiques

Aloia, G. (1983). Special educators' perceptions of their roles as consultants. *Teacher Education and Special Education, 6,* 83-87.

Aloia, G.F., et Aloia, S.D. (1982). Variations in expectations of the mainstreamed handicapped child by regular and special education teachers. *The Journal of Special Education, 19,* 13-19.

Bauwens, J., Hourcade, J.J., et Friend, M. (1989). Cooperative teaching : A model for general and special education integration. *Remedial and Special Education, 10,* 17-22.

Dettmer, P., Thurston, L.P., et Dyck, N. (1993). *Consultation, collaboration, and teamwork for students with special needs.* Needham Heights, MA : Allyn & Bacon.

Egner, A., et Lates, B.J. (1975). The Vermont consulting teacher program : Case presentation. In C.A. Parker (dir.), *Psychological consultation : Helping teachers meet special needs* (pp. 31-64). Minneapolis, MN : Leadership Training Institute in Special Education.

Furey, E.M., et Strauch, J.D. (1983). The perceptions of teacher skills and knowledge by regular and special educators of mildly handicapped students. *Teacher Education and Special Education, 6,* 46-50.

Gelzheiser, L.M., et Meyers, J. (1990). Special and remedial education in the classroom : Theme and variations. *Reading, Writing, and Learning Disabilities, 6,* 419-436.

Heron, T.E., et Harris, K.C. (1987). *The educational consultant.* Austin, TX : Pro-ed.

Idol, L. (1993). *Special educator's consultation handbook.* Austin, TX : Pro-ed.

Idol, L., Paolucci-Whitcomb, P., et Nevin, A. (1986). *Collaborative consultation.* Austin, TX : Pro-ed.

Idol, L., West, J.F., et Lloyd, S.R. (1988). Organizing and implementing specialized reading programs : A collaborative approach involving classrom, remedial and special education teachers. *Remedial and Special Education, 9,* 54-61.

Jenkins, J.R., Jewell, M., Leicester, N., Jenkins, L., et Troutner, N.M. (1991). Development of a school building model for educating students with handicaps and at-risk students in general education classrooms. *Journal of Learning Disabilities, 24,* 311-320.

Johnson, D.W., et Johnson, R.T. (1980). Integrating handicapped students into the mainstream. *Exceptional Children, 47,* 90-98.

Lapierre, R. (1988). Services et ressources accessibles aux élèves en difficulté d'apprentissage. *Vie pédagogique, 56,* 19-21.

Ministère de l'Éducation du Québec (1993). *Cadre référentiel : contexte d'intervention auprès des élèves qui ont des difficultés d'apprentissage à l'école.* (Document de travail : version révisée.) Québec : Direction de l'adaptation scolaire et des services complémentaires.

Ministère de l'Éducation du Québec (1994). *Effectifs E.H.D.A.A. 93-94.* Québec : Gouvernement du Québec.

Nevin, A., Thousand, J., Paolucci-Whitcomb, P., et Villa, R. (1990). Collaborative consultation : Empowering public school personnel to provide heterogeneous schooling for all-or, who rang the bell ? *Journal of Educational Psychology and Consultation, 1,* 41-67.

Reisberg, L., et Wolf, R. (1986). Developing a consulting program in special education : Implementation and intervention. *Focus on Exceptional Children, 19,* 1-14.

Ringlaben, R.P., et Price, J. (1981). Regular classroom teachers' perceptions of mainstreaming effects. *Exceptional Children, 47,* 302-304.

Roberts, G.W., Bell, L.A., et Salend, S.J. (1991). Negotiating change for multicultural education : A consultation model. *Journal of Educational and Psychological Consultation, 2,* 323-342.

Robinson, S.M. (1991). Collaborative consultation. In B.Y. Wong (dir.), *Learning about learning disabilities* (pp. 441-463). Boston : Academic Press.

Saint-Laurent, L., Hébert, M., Royer, É., et Piérard, B. *Critères d'identification des élèves à risque* (en préparation).

Salend, S.J. (1994). *Effective mainstreaming.* New York : MacMillan Publishing Company.

Stainback, S., et Stainback, W. (1985). The merger of special and regular education : Can it be done ? A response to Lieberman and Mesinger. *Exceptional Children, 51,* 517-521.

West, J.F., et Brown, P.A. (1987). State departments of education policies on consultation in special education : The state of the states. *Remedial and Special Education, 8,* 45-61.

West, J.F., et Idol, L. (1987). School consultation (Part 1) : An interdisciplinary perspective on theory, models and research. *Journal of Learning Disabilities, 20,* 388-408.

Will, M. (1986). Education children with learning problems : A shared responsibility. *Exceptional Children, 52,* 411-415.

CHAPITRE *4*

Enseignement coopératif

*Lise Saint-Laurent, Hermelle Vézina
et Maryse Trépanier*

Dans le modèle d'orthopédagogie intégrée, l'orthopédagogue intervient dans la classe ; elle partage avec l'enseignante la responsabilité de l'enseignement et de la réussite des élèves. L'intervention pédagogique de chacune se fait en collaboration avec l'autre. C'est pourquoi il est impossible de traiter séparément de l'intervention de l'une ou de l'autre, ou de séparer l'intervention auprès des élèves qui risquent l'échec scolaire de celle effectuée auprès des autres élèves. L'accent est mis sur le partage de l'enseignement. L'orthopédagogue ne se réserve pas l'exclusivité du soutien des élèves en difficulté. Les interventions plus individualisées se font indifféremment par l'une ou l'autre des intervenantes.

Un point central dans le PIER est l'enseignement des stratégies cognitives et métacognitives. Cet enseignement est prioritaire tant avec les élèves ordinaires qu'avec ceux qui sont à risque (Pressley *et al.*, 1989). Bien que la recherche sur les stratégies ait été fort importante au cours des dernières années, la façon de les enseigner en classe n'est pas toujours évidente pour les enseignantes et les orthopédagogues. Dans le PIER, des mises au point ont été réalisées pour faciliter l'application en classe de ce type d'intervention.

Dans ce chapitre, nous verrons d'abord les caractéristiques cognitives et métacognitives des élèves à risque, dont il est important de tenir compte dans l'intervention pédagogique. Ensuite, les interventions cognitives privilégiées dans le modèle d'orthopédagogie intégrée sont abordées. Une autre section traite de l'enseignement coopératif et de ses composantes. Finalement, nous présentons la façon d'aborder l'évaluation des processus cognitifs et des apprentissages dans le PIER.

4.1 CARACTÉRISTIQUES COGNITIVES ET MÉTACOGNITIVES DES ÉLÈVES À RISQUE

Les élèves à risque possèdent la plupart du temps des capacités intellectuelles « normales ». Comment expliquer alors leur difficulté à suivre le groupe-classe dans les apprentissages ? Comment expliquer, par exemple, qu'après trois années de scolarisation un élève sache à peine lire, qu'il présente des difficultés importantes en écriture ou qu'il n'arrive pas à faire correctement des opérations mathématiques simples ? Dans cette section, sans entrer dans les théories explicatives des difficultés d'apprentissage comme telles (dont aucune ne fait d'ailleurs l'unanimité), nous allons tenter de cerner les caractéristiques particulières de ces élèves, caractéristiques dont il est important de tenir compte dans l'enseignement.

Les recherches des dernières années révèlent que les élèves faibles présentent des stratégies cognitives et métacognitives déficientes ou inadéquates. Quand on parle de stratégies, il est question ici des **stratégies propres à chaque matière ou contenu** et aussi des **stratégies d'apprentissage générales communes à toutes les matières**.

Ayant un répertoire limité de stratégies d'apprentissage et connaissant mal certaines de ces stratégies, les élèves à risque ont tendance à compenser en surutilisant celles qui leur sont plus familières. Par exemple en lecture, un élève se fiera trop au décodage sans se référer au contexte, ce qui entraîne une lecture non fluide. Un autre pourra trop se fier aux informations venant du contexte pour reconnaître un mot, sans tenir compte des informations grapho-phonétiques pour confirmer ses prédictions. Dans les deux cas, il n'y a pas intégration des stratégies cognitives, et la compréhension du texte en est affectée. Palincsar et Klenk (1992) affirment que même si les faiblesses dans les stratégies cognitives et métacognitives ne peuvent être considérées comme les seules causes de l'échec scolaire, elles y contribuent fortement, selon certaines études, dans des matières comme la lecture (Garner, 1987) et l'écriture (Englert *et al.*, 1988).

Quand on parle du choix des stratégies à utiliser, on fait référence à la métacognition. Flavell (1976) définit la métacognition comme la conscience de ses propres processus cognitifs et la gestion de ceux-ci. La métacognition concerne l'autogestion, la prédiction, la vérification et la coordination des processus cognitifs. Plusieurs auteurs suggèrent qu'une caractéristique des élèves à risque réside dans le fait qu'ils soient peu conscients des processus cognitifs et les gèrent mal. Étant donné qu'ils sous-utilisent les stratégies cognitives et métacognitives nécessaires à l'exécution des tâches, on les qualifie d'« apprenants passifs ». Cette situation engendre un désin-

térêt envers les tâches scolaires et un sentiment d'incompétence.

Dans les parties de ce livre portant sur l'enseignement de la lecture, de l'écriture et des mathématiques, les difficultés des élèves à risque quant aux stratégies cognitives et métacognitives propres à chacune de ces matières seront abordées. Le chapitre 5, qui porte sur l'adaptation de l'enseignement, traitera des stratégies générales d'apprentissage chez ces élèves.

4.2 ENSEIGNEMENT DES STRATÉGIES PROPRES AUX CONTENUS

4.2.1 Définitions

Avant d'aborder la question de l'enseignement des stratégies cognitives, il serait bon de définir certains termes qui y sont rattachés. D'abord, comment se définit une habileté et en quoi se différencie-t-elle d'une stratégie ?

L'**habileté** est quelque chose d'automatique, d'acquis, que l'on exerce sans avoir besoin de réfléchir. Cela peut être, par exemple, de reconnaître un mot connu dans une lecture, de reconnaître le son « ch » dans un mot nouveau ou de lire un texte tout naturellement de la gauche vers la droite. L'habileté s'acquiert par la pratique, par l'exercisation et demande à l'élève de procéder de façon automatique, toujours selon la même démarche.

La **stratégie** est différente. Elle ne remplace pas l'habileté, mais vient la compléter (Duffy, 1993). Elle s'apparente davantage à quelque chose d'unique, à une démarche, à un processus que l'élève ne peut pas appliquer sans se questionner sur ce qui lui est demandé. Faire des inférences dans ses lectures, par exemple, suppose une stratégie différente selon que l'on est en présence d'un texte informatif ou d'un récit, la nature des informations disponibles et des connaissances antérieures n'étant pas du tout la même. Cependant, avec le temps et au fur et à mesure qu'elles deviennent plus efficaces et avancées, les stratégies correspondent plus à des réflexes, un peu comme les habiletés. Mais comme les stratégies sont conscientes et réfléchies, elles peuvent être évaluées et discutées.

L'intervention cognitive est celle qui n'est pas centrée uniquement sur les contenus mais aussi sur l'enseignement du « pourquoi », du « comment » et du « quand » utiliser une stratégie cognitive. C'est ainsi que la distinction de trois types de connaissances est importante :

Les **connaissances déclaratives** concernent les informations factuelles qui sont partagées entre les individus. L'information contenue dans cette connaissance représente les attributs ou les caractéristiques des objets ou des événements sans coloration émotive.

Les **connaissances procédurales** diffèrent des connaissances déclaratives en ce qu'elles représentent le « comment » plutôt que le « quoi ». Le développement des connaissances procédurales demande différents types d'actions. Il exige la généralisation, la discrimination et la sélection. Au fur et à mesure que les informations deviennent complexes, l'apprenant commence à faire moins référence aux aspects déclaratifs de l'apprentissage et à transformer ses connaissances en des séries de procédures.

Avoir des connaissances de base et savoir comment les utiliser est important mais on doit aussi savoir « quand » utiliser une stratégie. Les **connaissances conditionnelles** concernent le jugement quant à l'opportunité ou à la nécessité d'utiliser une stratégie ou pas (Reid, 1991, pp. 23-24 ; traduction libre).

À titre d'exemple, voyons la place de ces types de connaissances en résolution de problèmes. Les connaissances déclaratives suivantes y sont nécessaires : concept de quantité, opérations mathématiques, algorithmes, stratégies propres à la résolution de problèmes. Les connaissances procédurales interviennent pour appliquer les connaissances déclaratives efficacement et coordonner les processus complexes associés à la résolution de problèmes. Enfin, les connaissances conditionnelles rendent l'élève capable de choisir les stratégies appropriées et de s'ajuster à chaque situation ou tâche.

4.2.2 *Pourquoi enseigner les stratégies ?*

Les tendances actuelles en adaptation scolaire suggèrent que l'intervention pédagogique avec les élèves en difficulté doit être centrée sur les stratégies cognitives et métacognitives (Duffy, 1993 ; Montague, 1993 ; Scruggs et Mastropieri, 1993). Deux termes sont utilisés pour désigner ce type d'intervention, soit intervention cognitive et enseignement stratégique.

Les recherches démontrent qu'un élève performant est stratégique dans ses apprentissages, c'est-à-dire qu'il connaît bien les stratégies dont il dispose et qu'il sait dans quelle situation une stratégie est appropriée et dans laquelle elle ne l'est pas (Duffy, 1993). Il est capable d'adapter ses stratégies dans une situation nouvelle et il est conscient qu'il peut faire appel à ses connaissances ou expériences antérieures pour l'aider dans une tâche difficile ou non familière. Et surtout, l'élève sait pourquoi il utilise telle ou telle stratégie dans l'exécution des tâches (Duffy, 1993 ; Montague, 1993).

L'élève à risque comprend souvent mal les tâches à exécuter et n'est pas celui qui, de façon spontanée, adoptera cette démarche cognitive active que nous venons de décrire. Il est cependant capable d'y arriver grâce à des interventions pédagogiques en classe qui le soutiendront dans ce sens. Comme il est dit au chapitre 1, il s'agit de lui fournir un « étai » pour faciliter son activité cognitive et la construction de ses connaissances. L'enseignement des stratégies est considéré comme fondamental chez l'élève faible en lecture (Paris, Wasik et Turner ; 1991), en écriture (Englert, 1990 ; Pressley *et al.*, 1990 ; Reid, 1988) et en mathématiques (Montague, 1992 ; Pressley *et al.*, 1990 ; Reid, 1988).

4.2.3 *Comment enseigner les stratégies ?*

L'enseignement des stratégies peut se faire selon différentes approches pédagogiques. On en distingue ici trois. D'abord, l'enseignement par découvertes fournit un environnement non structuré qui privilégie l'exploration par l'enfant. Cette approche s'est avérée peu efficace avec les élèves en difficulté (Slavin, Karweit et Madden, 1989). L'enseignement direct par étapes utilise l'auto-instruction. Plusieurs auteurs dans le domaine de l'intervention cognitive s'inscrivent dans cette approche (Pogrow, 1992 ; Shumaker et Deshler, 1992 ; Wong, 1986). Ce type d'enseignement est critiqué parce que mécaniste ; il comporte le danger que l'élève passe à côté de la compréhension véritable des processus cognitifs qu'on veut lui enseigner. Enfin, l'enseignement par étayage (*scaffolding*) utilise la médiation sociale. Il prend la forme du dialogue entre l'expert et l'apprenti. Selon Slavin, Karweit et Madden (1989), c'est la méthode la plus sûre pour enseigner les stratégies aux élèves à risque. C'est cette dernière approche qui est utilisée dans le PIER. Les moyens d'enseignement privilégiés pour cela sont :

– le modelage ;
– l'interaction entre l'enseignante et ses élèves ou le dialogue sur les stratégies ;
– l'interaction entre les élèves eux-mêmes ;
– les rappels fréquents des stratégies et les retours sur celles-ci au cours des différentes activités en classe.

Les étapes suivantes peuvent être distinguées :
1. Définir de la façon la plus opérationnelle possible la stratégie visée.
2. Amener l'ensemble des élèves à verbaliser leurs propres stratégies à l'aide de questions comme : « Comment le sais-tu ? », « Comment as-tu fait pour… ? ».
3. Expliquer à l'élève pourquoi et dans quelles circonstances cette stratégie sera aidante pour lui.
4. Utiliser la stratégie devant l'élève à partir d'un exercice concret en explicitant à haute voix chacune des étapes.
5. Guider l'élève dans le processus d'apprentissage relié à l'utilisation de la stratégie enseignée.

Même si on distingue des étapes dans l'enseignement stratégique, le processus n'est cependant pas linéaire, mais plutôt interactif et récurrent, et l'on peut recourir tantôt à un moyen d'enseignement, tantôt à l'autre. Par exemple, pendant la

pratique guidée, on pourra refaire appel au modelage. Après une période de pratique autonome, on pourra décider de réexpliquer la stratégie. Tout au long du processus d'enseignement, il y a donc des interactions et des allers-retours continuels.

L'enseignement des stratégies se fait en grand groupe, en petits groupes et individuellement, en cas de besoin. L'ensemble des élèves de la classe peut bénéficier de ce type d'enseignement. Les récents développements de la recherche dans le domaine de l'intervention cognitive auprès de l'élève à risque appellent à pratiquer l'intervention dans le contexte de la classe ordinaire (Englert, 1990 ; Montague, 1992 ; Palincsar et Klenk, 1992 ; Pressley *et al.*, 1990 ; Reid, 1988). Il n'est donc plus nécessaire de sortir l'élève de la classe pour lui donner un enseignement adapté à ses besoins. Bien que le soutien individuel soit parfois nécessaire à certains élèves, un tel soutien peut aussi bien, et même mieux, être donné dans la classe. Voyons maintenant d'une façon plus concrète comment se fait l'enseignement des stratégies cognitives et métacognitives dans une classe.

Stratégies d'enseignement à utiliser

Au cours du processus d'enseignement des stratégies cognitives en classe, certaines façons de faire ont donné des preuves de leur utilité. Nous les présentons au tableau 4.1. Tous les élèves en profiteront, les élèves à risque aussi bien que les élèves ordinaires.

Soulignons ici le problème fréquemment rencontré dans l'enseignement des stratégies, soit celui du transfert des apprentissages. C'est pour le contrer que l'enseignement est fait en classe, enchâssé dans le contenu, que l'on fournit des rappels fréquents, tout au long de l'activité, de l'utilité de la stratégie, de ses modalités et de ses circonstances d'application.

Questionnement

Dans l'intervention cognitive, le type de questionnement à utiliser en classe, à encourager entre

TABLEAU 4.1
Stratégies d'enseignement des stratégies cognitives et métacognitives

- Amener les élèves de la classe à expliquer dans leurs mots les stratégies qu'ils utilisent
- Discuter ou dialoguer sur les stratégies
- Inciter l'ensemble des élèves à trouver la meilleure façon de s'y prendre pour répondre à une question ou pour résoudre un problème
- Utiliser souvent la paraphrase, c'est-à-dire faire reformuler en ses propres mots un message écrit ou oral
- Faire expérimenter des succès réels grâce à l'utilisation d'une stratégie clairement définie, de manière à ce que l'élève à risque prenne conscience du lien entre son action et le résultat obtenu
- Entraîner à l'utilisation et au transfert d'une stratégie dans différentes situations d'apprentissage (par exemple, modeler une stratégie dans les différentes situations où elle peut être employée)
- Élaborer une stratégie d'auto-instruction avec l'élève en demeurant le plus fidèle possible à sa façon d'expliquer sa stratégie à haute voix
- Faire le lien entre un nouvel apprentissage et les connaissances et expériences antérieures de l'élève, de manière à rendre cet apprentissage signifiant
- Assister de façon particulière l'élève à risque en début de leçon, en l'entraînant par exemple à utiliser des stratégies de mise à la tâche : « Comment pourrais-tu faire pour commencer cette activité ? »

TABLEAU 4.2
Types de questions dans l'intervention cognitive

- L'enseignante questionne l'élève afin qu'il identifie ses processus cognitifs, c'est-à-dire les stratégies qu'il utilise, et qu'il en arrive à des stratégies plus efficaces :
  - « Comment le sais-tu ? »
  - « Comment fais-tu pour… ? »
  - « À quoi penses-tu lorsque tu es face à ce genre de tâche ? »
  - « Comment as-tu obtenu cette réponse ? »
- À partir de ce questionnement, un processus interactif doit s'instaurer en amenant l'élève à déceler lui-même pourquoi certaines de ses stratégies sont efficaces alors que d'autres ne le sont pas :
  - « Quelle démarche as-tu employée ? »
  - « Peut-on vérifier en procédant autrement ? »
  - « As-tu déjà utilisé cette démarche auparavant ? »

d'y revenir à différents moments du processus d'enseignement. Le tableau 4.3 offre une illustration de cette stratégie d'enseignement à partir d'un exemple de résolution de problèmes.

Certains auteurs suggèrent trois phases dans le modelage. Celle que nous venons de décrire serait la première. L'enseignante effectue la démarche cognitive devant les élèves pendant que ceux-ci ne font qu'écouter et observer. Dans un deuxième temps, l'enseignante fait la même démarche, mais cette fois en murmurant. Les enfants la font en même temps et sont invités à se parler à eux aussi. Dans une dernière phase, les élèves font la démarche en se parlant uniquement dans leur tête. L'utilisation systématique de ces trois phases peut être nécessaire avec les élèves à risque, qui ont souvent de la difficulté à s'approprier ce genre de processus.

Afin de faciliter l'activité cognitive des élèves, nous suggérons à l'enseignante ou à l'orthopédagogue d'inviter les élèves à expliquer dans leurs mots, à voix haute, leur démarche cognitive tout en exécutant une tâche. Cette invitation peut être adressée à toute la classe ou à un élève particulier lors d'une intervention individuelle. À titre d'exemple, une orthopédagogue a utilisé avec

élèves ainsi que dans leurs propres verbalisations intérieures portera sur les stratégies cognitives et métacognitives. Ce questionnement sera simple au début et deviendra de plus en plus complexe. En voici quelques exemples dans le tableau 4.2.

Modelage

Dans l'intervention cognitive, le modelage consiste à expliquer dans ses mots, à voix haute, ses propres stratégies cognitives pendant l'exécution d'une tâche. Il est surtout utilisé au début d'un nouvel apprentissage, mais il peut être nécessaire

TABLEAU 4.3
Illustration du modelage pour améliorer les stratégies cognitives

Présenter la stratégie, la nommer
Stratégie : représentation du problème en le visualisant ou en l'illustrant par un dessin

Établir un lien entre la stratégie et l'habileté à laquelle elle correspond
Habileté : compréhension du problème en vue d'effectuer l'opération requise pour le résoudre

Expliquer pourquoi cette stratégie peut être utile
- Permet de ne pas prendre panique devant un problème écrit
- Facilite la compréhension de lecture
- Diminue le risque d'oublier un élément important dans la résolution du problème
- Permet de visualiser le problème
- Permet à l'enseignante de voir ce que l'élève ne comprend pas

Expliquer quand (dans quelles situations) cette stratégie peut être utilisée
Dans chaque situation de résolution de problèmes, que le problème soit écrit ou oral

Exposer la situation d'apprentissage dans laquelle la stratégie va être utilisée aux fins de la présentation
> Le problème à résoudre est le suivant : « En te promenant, tu as vu 2 niches, 1 chien, 4 oiseaux, 2 chats et 3 couleuvres. Combien de pattes as-tu vues ? »

Si cela est nécessaire, distribuer le matériel requis aux élèves afin qu'ils puissent suivre plus facilement le déroulement de la démarche

Présenter chaque étape de la stratégie en verbalisant à voix haute, afin que l'élève suive la démarche : « Je commence par… Je dois maintenant faire… parce que… Je suis rendue à… », etc.
> Je commence par respirer calmement et je me dis que je suis capable.
> Je lis la première phrase seulement, j'arrête au point : « En te promenant, tu as vu… »
> Je dessine ce que je viens de lire. Je dessine donc 2 niches, 1 chien, 4 oiseaux, 2 chats et 3 couleuvres.
> Je lis maintenant la phrase suivante : « Combien de pattes as-tu vues ? »
> Je compte le nombre de pattes que je vois sur mon dessin : une niche, ça n'a pas de pattes, ça fait donc 0 ; 1 chien, ça a 4 pattes, ça fait donc 4 ; 4 oiseaux qui ont chacun 2 pattes, ça fait 4 x 2 = 8 pattes ; 2 chats qui ont chacun 4 pattes, ça fait 2 x 4 = 8 pattes ; 3 couleuvres, mais des couleuvres ça n'a pas de pattes, alors ça fait 0.
> Si j'additionne maintenant toutes les pattes que j'ai trouvées pour savoir combien il y a en tout, je fais : 4 + 8 + 8 ; 4 + 8, ça fait 12 ; 12 + 8, ça fait 20.
> Je regarde à nouveau mon dessin et je compte à nouveau le nombre de pattes que je vois. J'en vois 1, 2, 3, 4, 5, 6, 7, 8, 9, 10, 11, 12, 13, 14, 15, 16, 17, 18, 19, 20.
> Si je devais prouver ma réponse à un ami, par exemple, voici ce que je lui dirais : « Regarde, j'ai d'abord commencé par dessiner la première phrase de mon problème. J'ai dessiné 2 niches, 1 chien, 4 oiseaux, 2 chats et 3 couleuvres. J'ai ensuite lu la seconde phrase de mon problème. On me demandait combien il y avait de pattes en tout. Je n'ai eu qu'à compter le nombre de pattes que je voyais : 1, 2, 3, 4, 5… J'ai obtenu 20 pattes. »

Je suis sûr que ma réponse est bonne.

toute une classe la stratégie de la verbalisation à voix haute dans la phase de révision du processus d'écriture. Elle donnait avec humour la consigne suivante : « Je ne veux voir personne silencieux. Tous doivent murmurer en révisant leur texte. » Cette stratégie d'enseignement a rapidement amélioré la qualité des productions écrites des élèves.

Outre qu'elle doit enseigner des stratégies, faire du modelage et rappeler fréquemment aux élèves à risque d'utiliser les stratégies enseignées, l'enseignante qui désire faire de ses élèves des apprenants rompus aux stratégies doit elle-même en utiliser dans l'accomplissement de ses tâches quotidiennes (Duffy, 1993). Elle doit rendre le plus transparent possible ce qu'elle fait avec les enfants en accompagnant ses actions, les décisions qu'elle prend en classe d'une verbalisation, afin que l'élève voie comment elle pense, comment elle gère et planifie ses actions. Il est également important pour l'enseignante de démontrer une certaine forme de souplesse dans son mode de fonctionnement, de montrer qu'elle peut elle aussi connaître des remises en question, qu'elle doit parfois composer avec des événements qui n'étaient pas prévus dans sa planification. Il est finalement suggéré, dans chaque situation d'apprentissage, de susciter le questionnement chez ses élèves : « Pourquoi fait-on cela ? », « Comment on le fait ? », « Pourquoi est-ce important ? », « À quoi cela va-t-il nous servir ? », « Pourrait-on revoir la même chose aujourd'hui, en l'expliquant différemment ? » Il sera plus facile à l'élève de s'adapter, de modifier ou de faire preuve de créativité dans ses situations d'apprentissage s'il est en présence d'une enseignante qui démontre de la créativité et de la souplesse dans la gestion de sa classe.

Souplesse dans l'enseignement des stratégies

L'enseignement des stratégies cognitives demande que l'enseignante et l'orthopédagogue usent elles-mêmes de stratégies pour s'adapter aux différences individuelles. Elles doivent être continuellement actives dans les processus cognitifs inhérents à l'acte d'enseigner. Il n'y a pas de mode d'emploi pour l'enseignement des stratégies. Des études suggèrent que certaines stratégies cogniti-ves peuvent convenir à certains élèves et pas à d'autres. C'est le cas en particulier de l'imagerie mentale, qui peut s'avérer inefficace ou peu utile avec certains élèves (Swanson, 1990).

Montague (1993) fait une mise en garde par rapport à l'enseignement des stratégies qui peut entraîner chez certains élèves la perception d'une recette à suivre ou d'une série d'étapes à franchir. Le but visé, qui est de favoriser l'activité cognitive et la construction des connaissances, est ainsi raté. L'approche constructiviste utilisée dans le PIER pour l'enseignement des stratégies préviendra cet écueil.

L'enseignement des stratégies ne signifie pas qu'il faille négliger les connaissances de base. Les deux, stratégies et connaissances, sont nécessaires à l'exécution d'une tâche. Par exemple, si on lit un texte sur un sujet très spécialisé sur lequel on n'a pas de connaissances, on ne peut mettre en action ses stratégies de lecture. L'élève performant, pour sa part, coordonne ses stratégies cognitives et métacognitives et ses connaissances de base (Symons *et al.*, 1989).

Dans le PIER, l'enseignement des stratégies est sous la responsabilité partagée de l'enseignante et de l'orthopédagogue. Les deux travaillent en enseignement coopératif. La souplesse et la flexibilité sont ici encore de mise quant au rôle de chacune. Dans la section suivante, nous examinerons comment s'effectue cet enseignement coopératif.

4.3 ENSEIGNEMENT COOPÉRATIF

Dans l'enseignement coopératif, l'enseignante et l'orthopédagogue travaillent conjointement à la préparation de classe et à l'enseignement dans un contexte d'intégration scolaire (Bauwens, Hourcade et Friend, 1989). La responsabilité de l'enseignement et de la réussite des élèves est partagée entre les deux éducatrices (Nevin *et al.*, 1990). Ces dernières sont présentes dans la classe en même temps, et le partage des responsabilités repose sur les habiletés de chacune et non sur le type d'élèves ou sur des rôles prescrits. Par exemple, l'orthopédagogue n'interviendra pas forcément auprès des élèves en difficulté.

Bauwens, Hourcade et Friend (1989) distinguent trois principales modalités dans l'enseignement coopératif entre l'enseignante et l'orthopédagogue : l'enseignement complémentaire, l'enseignement partagé (*team teaching*) et les activités de soutien aux apprentissages. Bien que nous les décrivions ici séparément, les trois se font souvent simultanément.

L'enseignement complémentaire consiste dans l'intervention de l'orthopédagogue quant à des stratégies d'apprentissage ou à des habiletés qui faciliteront les apprentissages concernant un contenu présenté par l'enseignante. L'enseignement complémentaire peut se faire avant l'enseignement du contenu, être intercalé dans l'enseignement du contenu ou venir après, comme une révision. L'intervention est ainsi proche dans le temps de la présentation du contenu et permet de mieux aider les élèves.

Une autre modalité d'enseignement coopératif est l'**enseignement partagé**. Ce qui caractérise cet enseignement, c'est que les deux équipières planifient et donnent ensemble le contenu. Cette approche se justifie par le postulat que « le diagnostic, la planification et l'évaluation effectués par une équipe d'enseignantes sont meilleurs que ceux établis par une seule enseignante » (Bauwens, Hourcade et Friend, 1989, p. 19 ; traduction libre).

Une troisième modalité d'enseignement coopératif consiste dans des **activités de soutien aux apprentissages**. L'enseignante peut ici avoir la responsabilité première de la présentation du contenu alors que l'orthopédagogue prépare et dirige la pratique guidée ou l'enseignement supplémentaire, qu'elles s'adressent à toute la classe, à un sous-groupe ou à un élève en particulier. Les deux éducatrices sont présentes dans la classe et supervisent les progrès des élèves durant ces activités.

Plusieurs expériences d'enseignement coopératif se sont avérées efficaces dans l'intégration scolaire d'élèves en difficulté (Reynolds et Volkmar, 1984). Cette forme d'enseignement leur permet de bénéficier des services de l'orthopédagogue sans qu'ils aient à vivre tous les inconvients qu'entraîne le fait de sortir de la classe (Bean et Eichelberger, 1985 ; Self *et al.*, 1991).

Du côté des intervenantes, l'enseignement coopératif présenterait aussi des avantages. Il engendrerait une plus grande satisfaction au travail, réduirait le stress et augmenterait la qualité de l'enseignement (Bauwens, Hourcade et Friend, 1989). L'enseignement coopératif a par ailleurs ses exigences. La principale contrainte serait de trouver le temps pour les rencontres régulières des deux équipières et d'agencer les horaires pour la présence en classe de l'orthopédagogue.

Une recherche menée par Jenkins et ses collaborateurs (1991) indique que, lorsque l'orthopédagogue intervient dans la classe, le manque de clarté dans les rôles et le manque de planification peuvent entraîner des malaises et même l'inefficacité des interventions de l'orthopédagogue. Ainsi, la clarification des rôles et des responsabilités de chaque intervenante peut faciliter la cohésion dans la planification pédagogique (Allington et Broikou, 1988 ; Bean et Eichelberger, 1985).

4.4 PARTAGE DES TÂCHES

Le partage des tâches entre l'enseignante et l'orthopédagogue doit encore une fois ici être souple. Différentes façons de partager les tâches sont possibles (Wiedmeyer et Lehman, 1991). Dans le PIER, nous avons distingué les différents types d'activités d'enseignement coopératif et explicité les tâches que les deux éducatrices devaient se partager.

Le tableau 4.4 présente les tâches à partager dans la classe entre les deux intervenantes en fonction des modes de regroupement.

4.5 ÉVALUATION DES PROCESSUS COGNITIFS ET DES APPRENTISSAGES

À l'école, l'évaluation pédagogique constitue une composante importante dans le cheminement scolaire de tout élève. Pour l'élève qui a de nombreux problèmes scolaires, l'évaluation prend une importance encore plus grande. C'est pourquoi il convient de bien cerner son orientation. Dans le

TABLEAU 4.4
Tâches à partager entre l'enseignante et l'orthopédagogue dans l'enseignement coopératif

Mode de regroupement des élèves	Tâches à partager
Dans tous les cas	• Assurer la coordination de l'activité : compréhension des consignes, rythme de travail, comportements, etc. • Assister les élèves à risque ou demandant de l'aide • Vérifier les tâches exécutées s'il y a lieu • Assurer une rétroaction sur le travail accompli et les réussites obtenues • Enregistrer les progrès individuels • Évaluer les connaissances en amenant l'élève à verbaliser sa démarche cognitive • Revoir les objectifs à court terme et les reformuler au besoin • Observer un élève ou un groupe d'élèves au besoin
Équipes ou sous-groupes	• Soutenir de façon particulière les élèves à risque placés dans les différents sous-groupes, faire du modelage, préciser les consignes, fournir des indices ou explications supplémentaires, etc.
Tutorat	• Soutenir de façon particulière les élèves à risque • Entraîner et soutenir le tuteur : féliciter, encourager, conseiller, etc. • Assister l'élève en tutorat

PIER, une place prépondérante est faite à l'évaluation des processus cognitifs et métacognitifs.

L'évaluation des apprentissages peut être de type sommatif ou formatif. Dans l'intervention cognitive, l'évaluation formative et l'évaluation formative interactive occupent une place prépon-

dérante (ministère de l'Éducation du Québec, 1993). **L'évaluation formative** suppose une rétroaction immédiate à l'élève et vise plutôt la régulation des apprentissages à travers des activités diverses. **L'évaluation formative interactive** se caractérise plus spécifiquement par une approche dynamique qui permet une intervention auprès de l'élève au moment même où a lieu l'évaluation. L'intervenante a donc la possibilité de suivre le cheminement cognitif de l'élève et de s'ajuster en réagissant directement aux réponses et aux réactions de celui-ci. En fournissant des exemples ou des indices supplémentaires, elle favorise également une plus grande compréhension chez l'apprenant (Cazabon, 1991 ; ministère de l'Éducation du Québec, 1991).

Bien que cette dernière démarche évaluative soit celle proposée dans les parties du programme portant sur l'enseignement de la lecture, de l'écriture et des mathématiques, elle ne constitue pas une orientation coercitive. **Ce qui demeure essentiel dans l'enseignement des stratégies, c'est d'axer l'évaluation sur le dialogue avec l'élève de manière à l'amener graduellement à considérer ses erreurs comme un moyen de progresser, de réaliser des apprentissages.** L'évaluation formative permet à l'élève d'évaluer son rendement en fonction des progrès qu'il a lui-même réalisés. Il peut ainsi visualiser l'évolution de ses résultats et en arriver à vouloir devenir plus actif dans ses apprentissages. Il apparaît en effet important de ne pas tenir l'enseignante et l'orthopédagogue pour seules responsables de la démarche d'évaluation (ministère de l'Éducation du Québec, 1993). En étant plus actif dans ses apprentissages, l'élève prend plus facilement conscience de ses forces et de ses faiblesses et peut intervenir plus efficacement dans son propre cheminement scolaire.

Si l'évaluation formative occupe une place importante lors de l'intervention, il peut être également nécessaire d'en effectuer des bilans (ministère de l'Éducation du Québec, 1993). C'est dans cette perspective que l'**évaluation sommative** devient partie intégrante de la démarche d'évaluation. Habituellement placée à la fin d'une série d'activités ou d'une séquence d'apprentissage,

ORTHOPÉDAGOGIE INTÉGRÉE

cette évaluation est également utilisée à des fins de classement ou de promotion d'un niveau à un autre.

Il apparaît par ailleurs important de souligner la présence de différentes sources d'information pouvant servir à compléter les résultats obtenus par les évaluations formatives ou sommatives. Les **formulaires** utilisés pour la référence par exemple, dans lesquels l'enseignante a noté ses observations, ou le **dossier de l'élève,** qui renseigne souvent beaucoup sur son histoire scolaire et les interventions déjà réalisées, constituent des outils précieux. On peut aussi consulter les **bulletins** afin d'avoir une vue d'ensemble du rendement de l'élève. S'ils sont critériés, ils permettent également de cerner les objectifs atteints et non atteints. Les **productions de l'élève** ainsi que l'**observation de l'élève en classe** doivent par ailleurs constituer des sources d'information de premier plan dans la démarche évaluative. Les **travaux exécutés en classe** ou les **devoirs faits à la maison** illustrent souvent de façon assez évidente les forces et les faiblesses de l'élève. De même, l'**observation des comportements** peut aider à établir des relations entre différentes situations. Au besoin, les **tests scolaires de la commission scolaire ou du MEQ** peuvent également être utilisés.

Le portfolio est un outil suggéré dans le PIER pour faciliter le suivi des processus d'apprentissage des élèves à risque. Il s'agit d'un dossier contenant des productions de l'élève. Leur choix est fait par l'enseignante, l'orthopédagogue et l'élève lui-même, en fonction de critères préétablis. Le portfolio peut servir d'outil de base dans les évaluations formatives interactives périodiques. Bien qu'il puisse être efficace pour tous les élèves d'une classe, cet outil s'avère particulièrement utile pour les élèves à risque (Salend, 1994). Le choix des pièces le constituant sera alors fonction des objectifs pédagogiques mis en priorité pour cet élève. Cet aspect des objectifs individualisés est traité au chapitre suivant, qui porte sur l'adaptation de l'enseignement.

Dans l'intervention cognitive, la démarche évaluative est importante en ce qu'elle permet de suivre l'évolution des processus cognitifs. L'évaluation au moyen de tests diagnostiques, d'épreuves synthèses et de contrôles divers constitue souvent une grande partie du travail effectué par l'orthopédagogue (Giroux et Royer, 1991). Pourtant, si les données de ces démarches d'évaluation ne sont pas réinvesties concrètement et efficacement dans l'enseignement, il convient de s'interroger sur la pertinence de leur nature et de leur fréquence. En effet, l'une des fonctions premières de l'évaluation dans l'application du modèle d'orthopédagogie intégrée est de guider les interventions de l'enseignante et de l'orthopédagogue. Les productions ou travaux déjà faits portant sur les contenus dont on désire mesurer la compréhension peuvent fournir les informations suffisantes sans qu'on ait à prendre du temps pour effectuer des évaluations additionnelles et ainsi soumettre l'élève à une nouvelle source d'anxiété.

4.6 AUTO-ÉVALUATION DES PRATIQUES D'ENSEIGNEMENT COOPÉRATIF

La grille d'auto-évaluation des pratiques présentée à la figure 4.1 résume les principales composantes de l'enseignement coopératif dans le modèle d'orthopédagogie intégrée. Destinée aux orthopédagogues voulant transformer leur pratique professionnelle en fonction de ce modèle, elle leur permet d'identifier facilement les aspects qui correspondent à leur pratique actuelle et ceux qui sont à développer pour appliquer le modèle. Les deux outils de travail « Sommaire des objectifs individuels » et « Feuille de route » mentionnés dans la grille d'auto-évaluation seront présentés au chapitre suivant.

FIGURE 4.1
Grille d'auto-évaluation de l'enseignement coopératif destinée à l'orthopédagogue

Légende : **1** ***Jamais***		
2 ***Parfois***		
3 ***Toujours***		

	1	**2**	**3**
1. J'assure un rôle de collaboratrice auprès de l'enseignante.	—	—	—
2. Je suis une personne-ressource pour l'ensemble des élèves de la classe.	—	—	—
3. J'aide l'enseignante à dépister les difficultés d'apprentissage chez ses élèves.	—	—	—
4. J'enregistre les progrès individuels des élèves en difficulté.	—	—	—
5. Je fais le suivi de mes interventions auprès des élèves en difficulté à l'aide du plan d'intervention et/ou des deux instruments « Sommaire des objectifs individuels » et « Feuille de route ».	—	—	—
6. J'adapte mes interventions en concertation avec l'enseignante.	—	—	—
7. J'enseigne des stratégies d'apprentissage aux élèves.	—	—	—

ORTHOPÉDAGOGIE INTÉGRÉE

Références bibliographiques

Allington, R.L., et Broikou, K.A. (1988). Development of shared knowledge : A new role for classroom and specialist teachers. *The Reading Teacher, 41*, 806-811.

Bauwens, J., Hourcade, J.J., et Friend, M. (1989). Cooperative teaching : A model for general and special education integration. *Remedial and Special Education, 10*, 17-22.

Bean, R.M., et Eichelberger, R.T. (1985). Changing the role of the reading specialists : From pull-out to in-class programs. *The Reading Teacher, 38*, 648-653.

Cazabon, B. (1991). L'évaluation formative de la communication : l'intégration des composantes. *Mesure et Évaluation, 14*, 5-21.

Duffy, G.G. (1993). Rethinking strategy instruction : Four teachers' development and their low achievers' understanding. *The Elementary School Journal, 93*, 231-247.

Englert, C. (1990). Unraveling the mysteries of writing through strategy instruction. In T.E. Scruggs et B.Y.L. Wong (dir.), *Intervention research in learning disabilities* (pp. 186-223). New York : Springer-Verlag.

Englert, C., Raphael, T., Fear, L., et Anderson, L. (1988). Students' metacognitive knowledge about how to write informational text. *Learning Disability Quarterly, 11*, 18-46.

Flavell, H.H. (1976). Metacognitive aspects of problem solving. In L.B. Resnick (dir.), *The nature of intelligence* (pp. 231-235). Hillsdale, NJ : Lawrence Erlbaum Associates.

Garner, R. (1987). *Metacognition and reading comprehension.* Norwood, NJ : Ablex.

Giroux, L., et Royer, É. (1991). *Situation de l'orthopédagogie au Québec.* Québec : ministère de l'Éducation du Québec. Document interne non publié.

Jenkins, J.R., Jewell, M., Leicester, N., Jenkins, L., et Troutner, N.M. (1991). Development of a school building model for educating students with handicaps and at-risk students in general education classroom. *Journal of Learning Disabilities, 24*, 311-320.

Ministère de l'Éducation du Québec (1991). *Cadre de référence pour l'établissement des plans d'intervention pour les élèves handicapés et les élèves en difficulté d'adaptation et d'apprentissage.* Québec : Direction de l'adaptation scolaire et des services complémentaires, ministère de l'Éducation du Québec.

Ministère de l'Éducation du Québec (1993). *Cadre référentiel : contexte d'intervention auprès des élèves qui ont des difficultés d'apprentissage à l'école.* (Document de travail : version révisée.) Québec : Direction de l'adaptation scolaire et des services complémentaires, ministère de l'Éducation du Québec.

Montague, M. (1992). The effects of cognitive and meta-cognitive strategy instruction of the mathematical problem solving of middle school students with learning disabilities. *Journal of Learning Disabilities, 25*, 230-248.

Montague, M. (1993). Student-centered or strategy-centered instruction : What is our purpose ? *Journal of Learning Disabilities, 26*, 433-437, 481.

Nevin, A., Thousand, J., Paolucci-Whitcomb, P., et Villa, R. (1990). Collaborative consultation : Empowering public school personnel to provide heterogeneous schooling for all-or, who rang the bell ? *Journal of Educational Psychology and Consultation, 1*, 41-67.

Palincsar, A.S., et Klenk, L. (1992). Fostering literacy learning in supportive contexts. *Journal of Learning Disabilities, 25*, 211-225.

Paris, S.G., Wasik, B.A., et Turner, J.C. (1991). The development of strategic readers. In P.D. Pearson (dir.), *Handbook of reading research.* New York : Longman.

Pogrow, S. (1992). A validated approach to thinking development for at-risk populations. In C. Collins et J.N. Mangieri (dir.), *Teaching thinking : An agenda for the 21st century* (pp. 87-101). Hillsdale, NJ : Lawrence Erlbaum Associates.

Pressley, M., *et al.* (1990). *Cognitive strategy instruction that really improves children's academic performance.* Cambridge, MA : Brookline Books.

Pressley, M., Symons, S., Snyder, B., et Cariglia-Bull, T. (1989). Strategy instruction research comes of age. *Learning Disabililty Quarterly, 12*, 16-30.

Reid, D.K. (1988). *Teaching the learning disabled : A cognitive developmental approach.* Needham, MA : Allyn & Bacon.

Reid, D.K. (1991). The cognitive curriculum. In W.P. Hresko et R.S. Parmar, (dir.), *A cognitive approach to learning disabilities* (pp. 297-316). Austin, TX : Pro-ed.

Reynolds, C.J., et Volkmar, J.N. (1984). Mainstreaming the special educator. *Academic Therapy, 19*, 584-591.

Salend, S.J. (1994). *Effective mainstreaming.* New York : MacMillan Publishing Company.

Schumaker, J.B., et Deshler, D.D. (1992). Validation of learning strategy interventions for students with learning disabilities : Results of a programmatic research effort. In B.Y.L. Wong (dir.), *Contemporary intervention research in learning disabilities : An international perspective* (pp. 22-46). New York : Springer-Verlag.

Scruggs, T.E., et Mastropieri, M.A. (1993). Special education for the twenty-first century : Integrating learning strategies and thinking skills. *Journal of Learning Disabilities, 26*, 392-398.

Self, H., Benning, A., Marston, D., et Magnusson, D. (1991). Cooperative teaching project : A model for students at risk. *Exceptional Children, 58*, 26-34.

Slavin, R.E., Karweit, N.L., et Madden, N.A. (dir.) [1989]. *Effective programs for students at risk.* Boston : Allyn & Bacon.

Symons, S., Snyder, B.L., Cariglia-Bull, T., et Pressley, M. (1989). Why be optimistic about cognitive strategy instruction. In C.B. McCormick, G. Miller et M. Pressley (dir.), *Cognitive strategy research : From basic research to educational applications* (pp. 3-32). New York : Springer-Verlag.

Swanson, H.L. (1990). Instruction derived from the strategy deficit model : Overview of principles and procedures. In T.E. Scruggs et B.Y.L. Wong (dir.), *Intervention research in learning disabilities* (pp. 34-65). New York : Springer-Verlag.

Wong, B.Y.L. (1986). A cognitive approach to spelling. *Exceptional Children, 53,* 169-173.

Wiedmeyer, D., et Lehman, J. (1991). The « House Plan » approach to collaborative teaching and consultation. *Teaching Exceptional Children, 23,* 6-10.

ORTHOPÉDAGOGIE INTÉGRÉE

CHAPITRE 5

Adaptation de l'enseignement

Lise Saint-Laurent, Maryse Trépanier
et Hermelle Vézina

La clientèle des classes ordinaires s'est diversifiée au cours des dernières années. Elle compte de plus en plus d'élèves à risque, présentant divers handicaps, et d'élèves d'origines ethniques variées. L'enseignement doit tenir compte de cette diversité et s'adapter aux différents besoins des élèves.

Comme nous l'avons vu dans le chapitre précédent, l'intervention cognitive constitue en elle-même une pédagogie adaptée aux besoins de chaque élève d'une classe. C'est sur cette toile de fond que se grefferont les autres adaptations qui sont parfois nécessaires avec les élèves à risque. Plusieurs de ces adaptations s'avéreront utiles également avec les élèves présentant divers handicaps et avec les élèves allophones.

Depuis les 10 ou 15 dernières années, les recherches démontrent que certains moyens d'adaptation de l'enseignement sont utiles et efficaces. C'est ce dont nous traiterons dans ce chapitre. Après avoir examiné les caractéristiques des élèves à risque auxquelles l'enseignement doit s'adapter, nous présentons la nature de ce type d'enseignement ainsi que ses principales composantes. Par la suite, nous traitons de la façon dont on peut aider un élève à améliorer la rétention de l'information, à acquérir des méthodes de travail plus efficaces, à adopter des attitudes plus positi-

ves envers les tâches scolaires et à acquérir une image de lui-même plus positive. Une autre section de ce chapitre aborde la question des regroupements dans la classe pour favoriser une meilleure adaptation aux besoins des élèves. Les différentes adaptations possibles du temps, de l'environnement et du matériel seront ensuite examinées. Le chapitre comporte enfin l'analyse du suivi des élèves à risque.

5.1 CARACTÉRISTIQUES D'APPRENTISSAGE DES ÉLÈVES À RISQUE

Pour bien cerner les adaptations pédagogiques à effectuer, il est nécessaire de se pencher sur les caractéristiques des élèves à risque auxquelles il faut répondre. Nous avons vu dans le chapitre précédent que, sur le plan des apprentissages, ces élèves présentaient des stratégies cognitives et métacognitives inadéquates. Maintenant, c'est à d'autres aspects également fort importants pour l'apprentissage que nous prêtons attention. Les études permettent de dégager les points communs suivants entre les élèves qui présentent de faibles résultats scolaires :

– difficultés d'attention ;
– mémoire à court terme déficiente ;
– faible motivation scolaire ;
– attributions causales de type externe ;
– estime de soi peu élevée.

ORTHOPÉDAGOGIE INTÉGRÉE

Attention

Les élèves faibles en classe auraient des difficultés sur le plan de l'attention sélective, c'est-à-dire qu'ils ont peine à centrer leur attention sur les aspects importants d'une tâche ou d'une situation d'apprentissage. Ils se laissent distraire par des éléments non pertinents ou non importants. Par ailleurs, plusieurs enseignantes observent que ces élèves ne peuvent soutenir leur attention pendant une certaine période de temps. À cet égard, les recherches indiquent que ces élèves sont effectivement capables de maintenir leur attention quand les tâches sont simples, mais que celle-ci se perd quand les tâches deviennent complexes (Short et Weissberg-Benchell, 1989).

Mémoire

L'observation courante indique que les élèves à risque oublient facilement les connaissances. Les recherches démontrent qu'ils présentent effectivement des faiblesses sur le plan de la mémoire à court terme. Or cette faiblesse ne serait pas due à des capacités mnémoniques limitées, mais plutôt à des stratégies cognitives de mémorisation déficientes qui les empêchent d'utiliser leurs capacités (Myers et Hammill, 1990). Par exemple, ils n'utiliseront pas la catégorisation pour se souvenir d'une série de mots ou d'images (Torgesen, 1977). Quand on entraîne des élèves en difficulté d'apprentissage à de meilleures stratégies mnémoniques comme la catégorisation, la répétition, l'imagerie, ils améliorent leur rendement (Torgesen, Murphy et Ivey, 1979). Les stratégies métacognitives sont également précieuses pour que l'élève devienne conscient des stratégies qui l'aident à retenir l'information et pour qu'il soit capable de les gérer et de s'autovérifier (Moely *et al.*, 1986).

Motivation

La motivation de l'élève est une condition essentielle à tout apprentissage. La motivation est considérée comme reliée directement à une bonne utilisation de stratégies d'apprentissage. Un élève performant utilise bien les stratégies et est motivé face à la tâche. Palincsar et Klenk (1992) indiquent que les faiblesses dans les stratégies entraînent rapidement une démotivation et une faible estime de soi.

Attributions causales

La motivation scolaire est fonction du type d'attributions causales effectuées par l'élève. Plusieurs recherches ont analysé cette caractéristique chez les élèves en situation d'échec scolaire. Ces derniers ont tendance à attribuer leurs échecs à des causes intrinsèques, comme les capacités personnelles limitées, et leurs succès à des causes extérieures, comme la facilité de la tâche ou la chance (Butkowsky et Willows, 1980 ; Jacobsen, Lowery et DuCette, 1986). Ce système d'attributions causales ferait en sorte que, de toute façon, l'élève ne sent pas qu'il a le contrôle de ses apprentissages. Il en vient à ne plus avoir d'attente de succès, à ne plus persévérer face aux difficultés et à présenter une sorte de résignation que Paris, Wasik et Turner (1991) nomment l'échec passif. Chez les élèves performants, le système d'attribution fonctionne à l'inverse : ils ont tendance à attribuer leurs succès à des causes intrinsèques (c'est-à-dire à leurs efforts) et leurs échecs à la difficulté de la tâche ou à d'autres causes extérieures (Aponick et Dembo, 1983).

Short et Weissberg-Benchell (1989) distinguent deux sortes d'élèves à risque pour ce qui est des attributions causales. Il y a ceux qui échouent malgré le fait qu'ils fournissent beaucoup d'efforts et ceux qui échouent à cause du manque d'effort. Cela donnerait des attributions causales différentes. Les premiers croient avoir de faibles capacités, bien que souvent ce ne soit pas le cas, leur échec étant dû à des stratégies d'apprentissage déficientes (Clifford, 1984). Dans les deux cas, les conséquences sont les mêmes : démotivation, anxiété et image de soi négative. Dans les deux cas aussi, grâce à l'enseignement des stratégies, on peut briser le cercle vicieux de l'échec scolaire en redonnant à l'élève le sentiment de contrôler ses apprentissages.

Estime de soi

Les élèves à risque présentent une image négative d'eux-mêmes. Ils croient peu en leurs capacités. Ils en viennent même à transmettre à leurs pairs cette image dévalorisée d'eux-mêmes. En effet, ces élèves sont souvent peu estimés de leurs pairs (Roberts et Zubrick, 1992).

Certaines études démontrent que cette conséquence de l'échec scolaire sur l'image de soi sera plus ou moins forte selon la matière scolaire. Chez certains élèves, l'image de soi négative serait plus circonscrite à une seule matière, alors que chez d'autres elle serait généralisée, c'est-à-dire que les élèves se sentent incompétents dans toutes les matières scolaires, dans les sports, dans les relations sociales, etc. Licht (1983) suppose que ceux qui ont des difficultés en lecture étendent plus leur sentiment d'incompétence aux autres domaines que ceux qui ont des difficultés dans les autres matières, en mathématiques par exemple.

5.2 COMPOSANTES DE L'ADAPTATION DE L'ENSEIGNEMENT

Adapter l'enseignement signifie prévoir, lors de la planification de l'enseignement pour tout le groupe, des modifications ou des interventions particulières pour certains élèves en fonction d'objectifs préalablement établis. La perspective pour l'enseignement est de s'adapter aux caractéristiques des élèves que nous avons présentées dans la section précédente. Voici les composantes principales de ce qu'on entend généralement par enseignement adapté :
– entraînement aux stratégies cognitives ;
– amélioration des méthodes de travail ;

– acquisition d'une image de soi positive ;
– variation des regroupements ;
– aménagement de l'environnement et du temps ;
– modification du matériel ;
– individualisation des objectifs ;
– évaluation fréquente des progrès.

Toute adaptation de l'enseignement doit s'inscrire dans une démarche pédagogique centrée sur les stratégies d'apprentissage. Dans un document du MEQ (ministère de l'Éducation du Québec, 1993), on précise que « l'adaptation de l'enseignement pour répondre aux besoins des élèves devrait se faire dans un contexte où l'intervention cognitive en relation avec les programmes d'études est favorisée » (p. 68). C'est dans ce contexte que se situent les différentes composantes de l'adaptation de l'enseignement proposées dans le PIER et qui sont présentées dans ce chapitre.

5.3 ENSEIGNEMENT DES STRATÉGIES MNÉMONIQUES

Dans le chapitre précédent, nous avons traité de l'enseignement des stratégies cognitives reliées aux contenus scolaires. Il existe d'autres types de stratégies cognitives qui, celles-là, concernent toutes les matières scolaires. C'est le cas des stratégies mnémoniques. Nous avons vu précédemment que les élèves à risque présentent des stratégies mnémoniques déficientes. Ils ne savent pas bien comment procéder pour retenir l'information. La mémoire jouant un rôle dans tous les apprentissages, il ne faut pas négliger l'importance de ce type d'habileté cognitive en classe.

Moely et ses collaborateurs (1986, pp. 62-63) suggèrent différentes stratégies d'enseignement des habiletés mnémomiques ; nous en présentons ici quelques-unes :
– *La répétition.* Elle peut se faire par divers moyens tels que lire et relire à voix haute ou dans sa tête, écrire.
– *L'élaboration.* Cette stratégie cognitive sera utilisée avec des contenus qui n'ont pas de signification intrinsèque pour l'élève (par exemple pour des définitions ou des pronon-

ciations de mots). Il s'agit de donner une signification à la connaissance en faisant des analogies ou en établissant des relations avec des connaissances autres.

– *La transformation.* Il s'agit d'une stratégie cognitive dans laquelle on transforme un contenu non familier ou difficile en un contenu plus simple ou plus familier pour faciliter l'exécution d'une tâche.

– *La catégorisation.* Elle consiste dans l'utilisation des connaissances de base en lien avec des catégories pour faciliter la rétention.

– *L'imagerie.* Dans cette stratégie cognitive, on a recours à une image mentale pour se souvenir ou pour faire des opérations mentales.

– *L'autovérification.* Ici, l'enseignante entraîne l'élève à s'auto-évaluer après l'exécution d'une tâche qui fait particulièrement appel à la mémoire à court terme.

– *La métamémoire.* Dans ce type d'intervention, l'enseignante parle avec les élèves des différentes façons de se souvenir de quelque chose. Les élèves discutent entre eux. Le but est de les rendre conscients des stratégies mnémoniques et de les encourager à les utiliser adéquatement.

5.4 INTERVENTION POUR AMÉLIORER LES HABITUDES DE TRAVAIL

L'acquisition de meilleures stratégies d'apprentissage est un élément primordial pour le progrès scolaire des élèves à risque. Or, comme nous l'avons vu en début de chapitre, outre qu'ils ont des stratégies cognitives déficientes, ces élèves présentent aussi d'autres caractéristiques faisant qu'ils ont besoin d'aide afin d'en arriver à mieux progresser dans leurs apprentissages. Ce sont des élèves qui ont souvent des méthodes de travail inefficaces. Voyons maintenant quels sont les moyens à mettre en place pour les aider à ce niveau.

Dans l'organisation de son travail, l'élève à risque présente souvent une ou quelques-unes des caractéristiques suivantes :

– se laisse distraire par des éléments non pertinents ;

– garde souvent du matériel non relié à la tâche sur son bureau ;

– ne commence et ne finit pas en même temps que les autres ;

– ne sait pas par quoi commencer une tâche nouvelle ;

– a tendance à percevoir une tâche comme un tout, sans la séparer en ses composantes ;

– ne gère pas efficacement les différentes étapes d'exécution d'un travail.

Le tableau 5.1 présente, pour chacune de ces caractéristiques, des suggestions d'intervention. Également, des recommandations particulières sont formulées afin d'amener une meilleure adaptation aux besoins particuliers de chaque élève et de chaque situation.

Afin de faciliter le suivi de l'élève à risque par rapport à ses habitudes de travail, nous avons mis au point une grille d'évaluation des habitudes de travail. Celle-ci est présentée à l'annexe A. Dans le PIER, nous suggérons que cette grille soit remplie une fois par mois par l'orthopédagogue (en collaboration avec l'enseignante et l'élève).

5.5 INTERVENTION VISANT DE MEILLEURES ATTITUDES FACE À LA TÂCHE

En début de chapitre, nous avons vu que les élèves à risque présentent souvent des attitudes négatives face aux tâches à effectuer, aux matières scolaires. L'intervention pédagogique ne doit pas négliger ces aspects qui interagissent avec les activités cognitives dans les apprentissages.

Devant une tâche à accomplir, l'élève à risque présente souvent une ou quelques-unes de ces caractéristiques :

– se laisse facilement distraire (a de la difficulté à demeurer concentré) ;

– a tendance à être passif dans ses apprentissages ;

– attribue les résultats de ses actions à des facteurs extérieurs à lui-même ;

– abandonne facilement ;

– manque d'autonomie dans son travail.

TABLEAU 5.1
Suggestions d'intervention pour améliorer les méthodes de travail

Objectifs	Mesures pédagogiques auprès de l'élève	Recommandations particulières
Apporter une attention sélective aux aspects importants dans l'exécution de la tâche	• Encourager l'élève à éliminer les aspects non nécessaires ou distrayants dans une tâche ou une situation	• Faire rayer à l'élève les informations non nécessaires à l'exécution de la tâche
Utiliser seulement le matériel requis	• Dresser une liste des objets requis pour telle tâche (au coin du tableau, par exemple) • Avoir recours au tutorat et à l'apprentissage coopératif • Donner du temps périodiquement pour organiser son matériel (une place pour chaque chose, chaque chose à sa place) • Éliminer **avec l'élève** les objets inutiles sur le bureau	• Être un modèle pour ce comportement, sur son bureau, dans la classe (rangement, disposition du matériel, des affiches, etc.)
Commencer et finir à temps	• Offrir un exemple de la façon de débuter et indiquer à l'élève ce qu'il ne fait pas • Placer l'élève dans une situation de tutorat par un pair ou d'apprentissage coopératif • Donner un renforcement aux élèves qui commencent et finissent à temps (verbalement et/ou par une récompense tangible) • Entraîner à l'auto-instruction (dire de mémoire ce qu'il faut faire ou suivre une liste écrite) • Exiger que l'élève termine son travail s'il n'a pas utilisé adéquatement le temps disponible	• Observer : • la clarté de ses propres consignes pour le début d'une tâche (pertinence, clarté, régularité) • l'intérêt de l'élève pour la tâche en question • les moments ou les activités où l'élève n'a pas de difficulté à commencer et à finir à temps • le temps réellement utilisé pour une tâche

→

ORTHOPÉDAGOGIE INTÉGRÉE

TABLEAU 5.1 *(suite)*
Suggestions d'intervention pour améliorer les méthodes de travail

Objectifs	Mesures pédagogiques auprès de l'élève	Recommandations particulières
	• Concerter une observation et une action conjointes avec la famille • Utiliser les graphiques personnels pour faire visualiser à l'élève sa participation	
Savoir par quoi commencer	• Faire répéter verbalement les consignes • Faire parler l'élève à propos de la démarche séquentielle après les consignes de départ • Instaurer et maintenir une routine dans l'exécution de la tâche	• Observer la clarté de ses propres consignes pour le début d'une tâche (pertinence, clarté, régularité)
Savoir décortiquer une tâche	• Donner les consignes une à une et augmenter progressivement lorsque les élèves acquièrent l'habileté à les recevoir • Donner les consignes d'une façon claire, méthodique, logique, pour que l'élève en voie la régularité • Faire répéter verbalement les consignes • Vérifier si l'élève constate la régularité des consignes • Centrer l'élève sur la démarche plus que sur une réponse à donner	• Observer la clarté de ses propres consignes pour le début d'une tâche (pertinence, clarté, régularité) • Identifier ses propres attentes : • une bonne réponse ? • une bonne démarche ? • un effort ? • ne pas déranger ?
Faire appel à ses connaissances antérieures et établir des liens avec ses propres expériences	• Présenter les connaissances en lien avec le vécu de l'élève et entraîner celui-ci à utiliser ses connaissances	
Comprendre et suivre les consignes	• Donner les consignes d'une façon claire, méthodique, logique, pour que l'élève en voie la régularité	

→

TABLEAU 5.1 (suite)
Suggestions d'intervention pour améliorer les méthodes de travail

Objectifs	Mesures pédagogiques auprès de l'élève	Recommandations particulières
	• Entraîner l'élève à reconnaître le vocabulaire relatif aux consignes (les mots-clés, la mise en pages ou la mise en scène, le temps disponible, etc.)	
Gérer les différentes étapes d'exécution d'une tâche : • planifier • réviser • reconnaître ses erreurs	• Établir une routine pour la présentation et l'exécution d'une tâche • Enseigner d'une façon stratégique : « Comment le sais-tu ? » « Comment le fais-tu ? », « Quand utiliseras-tu cette méthode ? » • Faire du modelage et entraîner à utiliser une grille de révision • Faire du modelage et entraîner aux stratégies d'auto-observation et d'auto-évaluation (grille à cocher sur la démarche à suivre, les étapes suivies, ce qui a été fait, etc.)	• Observer l'élève d'une façon systématique pendant qu'il est à la tâche • Choisir la mini-entrevue pour recueillir les observations concernant l'utilisation des stratégies

Le tableau 5.2 présente, pour chacune de ces caractéristiques, des suggestions d'intervention. Encore ici, des recommandations particulières sont formulées afin d'améliorer l'adaptation aux besoins particuliers de chaque élève et de chaque situation.

Une grille d'évaluation des attitudes des élèves à risque par rapport aux tâches a été élaborée. Elle est présentée à l'annexe A. Comme pour les méthodes de travail, nous suggérons que cette grille soit remplie une fois par mois par l'orthopédagogue (en collaboration avec l'enseignante et l'élève).

5.6 DÉVELOPPEMENT DE L'ESTIME DE SOI CHEZ LES ÉLÈVES À RISQUE

L'élève faible en classe a tendance à présenter une faible estime de lui-même. Il s'agit là à la fois d'une cause et d'une conséquence des difficultés scolaires. À cet égard, Palincsar et Klenk (1992) voient l'échec scolaire comme entraînant de l'anxiété, une baisse de l'estime de soi et une démotivation scolaire. Par la suite s'installe un cercle vicieux : l'élève à risque croit peu en ses chances de réussite, abandonne facilement face à une difficulté et, en conséquence, a de faibles résultats.

ORTHOPÉDAGOGIE INTÉGRÉE

ORTHOPÉDAGOGIE INTÉGRÉE

TABLEAU 5.2

Suggestions d'intervention pour améliorer les attitudes face à la tâche

Objectifs	Mesures pédagogiques auprès de l'élève	Recommandations particulières
Se concentrer devant la tâche et être attentif	• Placer l'élève à l'endroit où il sera le moins dérangé • Donner un renforcement à l'élève (économie de jetons par exemple) pour le temps qu'il utilise réellement à la tâche • Respecter une routine • Établir des règles claires et pertinentes pour favoriser un climat de travail dans la classe • Enseigner d'une façon systématique les stratégies de base et entraîner à l'auto-instruction pour faire face à une tâche • Établir au préalable une entente claire avec l'élève pour une convention en vue de le remettre en situation de travail (le nommer, le toucher, faire un bruit bien précis) • Prévenir l'élève de ce qui pourrait éventuellement le distraire au cours de la tâche et lui fournir des moyens d'y remédier au début de l'activité	• Mesurer d'une façon objective le temps alloué réellement à la tâche • Prévoir les événements qui pourraient se produire et distraire l'élève
Être actif dans ses apprentissages et démontrer une activité réflexive	• Utiliser du matériel clair et structuré de manière à faciliter l'apprentissage • Rendre l'élève conscient des retombées réelles que pourrait lui assurer sa maîtrise de la tâche	• Réfléchir sur la valeur, les exigences et la contrôlabilité de la tâche présentée pour influencer la motivation de l'élève Exemple : L'élève peut-il en retirer un profit ou un plaisir personnel réel ? Lequel ?

→

***TABLEAU 5.2** (suite)*
Suggestions d'intervention pour améliorer les attitudes face à la tâche

Objectifs	Mesures pédagogiques auprès de l'élève	Recommandations particulières
	• Discuter ouvertement avec l'élève de son système d'attribution causale (les liens qu'il doit voir entre ses efforts, les stratégies employées et les résultats obtenus) • Présenter un défi à la portée de l'élève • Développer la collaboration lors des activités en grand groupe ou en sous-groupes (apprentissage coopératif et tutorat) • Présenter l'activité de la façon la plus agréable et la plus variée possible	
Se percevoir ou percevoir ses stratégies comme source de résultats positifs	• Présenter un défi à la portée de l'élève • Discuter ouvertement avec l'élève de son système d'attribution causale (les liens qu'il doit voir entre ses efforts, les stratégies employées et les résultats obtenus)	• Persévérer : cet objectif peut être long à atteindre ; même les élèves ordinaires ne voient pas toujours le lien !...
Persévérer devant une difficulté ou une tâche plus longue	• Présenter des tâches d'une longueur progressive où l'élève vit réellement des succès reliés aux stratégies employées • Jumeler l'élève en difficulté avec un élève qui pourrait l'aider à poursuivre sa tâche • Utiliser les graphiques personnels pour faire visualiser à l'élève ses progrès	• Évaluer la pertinence, la difficulté de la tâche présentée • Évaluer ses attentes face à l'élève : perfection, rendement ou efforts et apprentissage d'une démarche ? • Évaluer les réelles capacités de l'élève pour ce qui est du temps et de l'effort • Présenter des tâches dont les difficultés sont adaptées aux capacités de l'élève

$\rightarrow$

ORTHOPÉDAGOGIE INTÉGRÉE

TABLEAU 5.2 (suite)
Suggestions d'intervention pour améliorer les attitudes face à la tâche

Objectifs	Mesures pédagogiques auprès de l'élève	Recommandations particulières
	• Multiplier les situations d'apprentissage coopératif • Présenter l'activité de la façon la plus agréable et la plus variée possible	• Persévérer !
Démontrer de l'autonomie : • faire le travail demandé en classe sans avoir besoin de l'attention ou de l'intervention de l'enseignante • aller chercher soi-même l'aide dont on a besoin • s'acquitter spontanément de ses responsabilités de classe (sans qu'un rappel soit nécessaire)	• Permettre à l'élève de changer de tâche ou de planifier une activité particulière • Laisser l'élève assumer les réelles conséquences de son manque d'autonomie (s'il ne demande pas l'aide lui-même dans certaines occasions, il ne l'aura pas, etc.) • Permettre à l'élève d'enregistrer lui-même ses progrès et de participer à la sélection des objectifs qu'il devra maîtriser • Encourager l'élève à aller chercher l'aide dont il a besoin • Développer la collaboration au cours des activités en grand groupe ou en sous-groupes (apprentissage coopératif ou tutorat) • Instaurer et entretenir un système de réelles responsabilités en classe (gestion de classe participante)	• Se poser des questions sur la pertinence de certaines règles de vie (demander la permission pour ceci ou cela) • Ce qui ne signifie pas que le travail de l'enseignante sera diminué…

L'enseignante et l'orthopédagogue occupent une place privilégiée pour aider un élève à briser ce cercle vicieux et l'amener à acquérir une meilleure image de lui-même. En effet, l'aide la plus efficace passe par les apprentissages et les interventions pédagogiques. Selon Borkowski (1992), l'utilisation des stratégies cognitives a en

soi un effet motivant pour l'élève. Elle lui permet de prendre conscience du fait qu'il a le contrôle sur ses apprentissages, et, conséquemment, son estime de lui-même en est rehaussée.

Une classe où l'échec est permis et considéré comme faisant partie de la construction des connaissances diminuera l'anxiété et la dévalorisation personnelle chez l'élève à risque. Ce dernier apprendra ainsi à ne plus avoir peur de l'échec, mais plutôt à s'en servir pour analyser sa démarche cognitive et en fin de compte progresser dans ses apprentissages.

Le tableau 5.3 présente des suggestions d'intervention en classe favorisant le développement de l'estime de soi chez les élèves.

5.7 MODES DE REGROUPEMENT POUR LE TRAVAIL EN CLASSE

L'utilisation judicieuse des différents modes de regroupement dans la classe peut contribuer grandement à adapter l'enseignement aux élèves à risque. Les différentes possibilités sont le travail en grand groupe, le travail individuel, le travail

TABLEAU 5.3
Suggestions d'intervention favorisant le développement de l'estime de soi

Attitudes positives chez l'élève	Mesures pédagogiques auprès de l'élève	Recommandations particulières
Confiance en ses habiletés comme apprenant	• Privilégier un contenu d'apprentissage axé sur les objectifs terminaux, préalables aux apprentissages subséquents • Privilégier une évaluation basée sur les objectifs des programmes d'études • Encourager l'élève pour tous ses progrès, si petits soient-ils • Permettre à l'élève d'enregistrer lui-même ses progrès et de participer à la sélection des objectifs qu'il devra maîtriser	• Éviter de s'attarder sur des contenus d'apprentissage dont l'élève n'aura pas à se servir ultérieurement • Fournir beaucoup de rétroaction à l'élève (quoi ? pourquoi ? comment ?) et enregistrer ses progrès régulièrement (l'enfant n'est pas dupe : les progrès doivent être réels ; le portfolio peut être un outil précieux)
	• Utiliser du matériel clair et structuré de manière à faciliter l'apprentissage • Favoriser des expériences d'apprentissage où l'élève peut disposer de tout le temps nécessaire pour exécuter sa tâche • Accompagner l'élève dans l'utilisation des stratégies enseignées en classe	• Au besoin, modifier le matériel (agrandir, retrancher, etc.) • Utiliser le modelage ; soutenir l'élève par un matériel visuel ; employer l'étayage

→

ORTHOPÉDAGOGIE INTÉGRÉE

TABLEAU 5.3 *(suite)*
Suggestions d'intervention favorisant le développement de l'estime de soi

Attitudes positives chez l'élève	Mesures pédagogiques auprès de l'élève	Recommandations particulières
	• Varier les expériences d'apprentissage en classe : enseignement de stratégies, activités en grand groupe, en sous-groupes, en dyades, activités individuelles • Encourager l'élève à aider ses pairs • Développer la collaboration au cours des activités en grand groupe • Permettre à l'élève de changer de tâche ou de planifier une activité particulière • Encourager l'élève en difficulté à aller chercher l'aide dont il a besoin	• Ne pas attendre de se sentir « expert » pour expérimenter de nouvelles formules (sa propre expérimentation est la plus riche) • Entraîner aux habiletés sociales (cela est essentiel si l'on utilise le tutorat ou l'apprentissage coopératif ; le système de reconnaissance de la classe devrait tenir compte de cet aspect) • Fournir les moyens (verbaux, physiques, temporels) pour aller chercher cette aide
Confiance en soi en tant que membre à part entière de son école, de la société en général	• Valoriser les moindres progrès • Entretenir une atmosphère de relation d'aide dans la classe • Souligner tout effort de participation	
Confiance en sa capacité de prendre ses propres décisions en ce qui concerne ses apprentissages et ses comportements	• Clarifier les objectifs, préciser les consignes ; accompagner l'élève dans l'exécution de la tâche ; l'encourager • S'assurer que le matériel et les tâches proposés soient en lien avec l'atteinte des objectifs • Essayer d'éviter les sources de distractions susceptibles de déranger • Entraîner l'élève à l'auto-évaluation	• Présenter des défis que l'élève peut relever

→

TABLEAU 5.3 (suite)
**Suggestions d'intervention favorisant le développement
de l'estime de soi**

Attitudes positives chez l'élève	Mesures pédagogiques auprès de l'élève	Recommandations particulières
	• Questionner l'élève, l'amener à s'exprimer devant le groupe relativement à la tâche accomplie	• S'assurer que l'élève maîtrise les mots pour le dire
Sentiment de contrôle sur ses apprentissages et ses comportements	• Favoriser les interactions pouvant apporter de l'aide à l'élève • Accorder le temps nécessaire • Entraîner l'élève à l'autocontrôle, à l'auto-évaluation, aux discussions avec ses pairs	

Source : Traduit et adapté de Wang (1989, pp. 110-111).

en équipes ou en sous-groupes et le tutorat par les pairs. Voyons les avantages de chacune.

5.7.1 Travail en grand groupe

Adapter l'enseignement n'implique pas qu'il ne faut plus avoir recours à l'enseignement en grand groupe. Nous avons vu au chapitre précédent, quand nous avons traité de l'intervention en classe, que l'enseignement en grand groupe a sa place dans l'enseignement des stratégies d'apprentissage. Cependant, ce type de regroupement ne doit pas être exclusif. Il se situe surtout au début et à la fin d'une leçon. Ce sera en grand groupe que l'enseignante présentera les objectifs de la leçon, fera appel aux connaissances antérieures, traitera de l'utilité d'une stratégie, fera du modelage, dialoguera avec les élèves sur les stratégies, la façon et le moment de les utiliser. À la fin de la leçon, l'enseignante fera un retour sur celle-ci, la stratégie enseignée, marquera le lien avec les connaissances antérieures et assurera un retour avec les élèves sur le fonctionnement des groupes de travail.

5.7.2 Travail individuel

Après l'enseignement en grand groupe, l'enseignante peut décider de proposer du travail individuel ou en coopération. Le travail individuel vise l'intériorisation des processus cognitifs, alors que la coopération servira à poursuivre le dialogue et les discussions au sujet des stratégies. Ce sera à l'enseignante de décider entre les deux. Généralement, au début de l'enseignement d'un contenu ou d'une stratégie, l'utilisation de la coopération est plus fréquente ; par la suite, le travail individuel prend graduellement plus de place.

Le travail individuel peut se faire sous deux formes : **pratique guidée** ou **travail autonome**. Nous avons vu au chapitre précédent que la pratique guidée est une bonne occasion pour les élèves en difficulté ou à risque de bénéficier d'une intervention cognitive individualisée dans le contexte même de la classe ordinaire. Dans le travail autonome, il n'y a pas d'intervention de l'enseignante ou de l'orthopédagogue. Néanmoins, il est nécessaire non seulement pour l'intériorisation des apprentissages, mais aussi pour l'évaluation formative ou sommative.

5.7.3 Travail en équipes ou en sous-groupes

La formation d'équipes ou de sous-groupes de travail peut être stimulante pour l'élève en difficulté. N'étant plus seul face à la tâche, ce dernier peut tirer profit des échanges avec ses pairs. L'enseignante a alors pour rôle de voir au bon déroulement de l'activité et à la participation réelle de chacun des membres de l'équipe. Elle doit être attentive aux discussions entre les élèves afin que l'activité ne se résume pas à une proximité physique, mais donne lieu à une véritable interaction entre les pairs. Il est possible que, n'ayant pas eu souvent l'occasion de travailler suivant cette forme de regroupement, les élèves ne démontrent pas toutes les habiletés de collaboration souhaitées, particulièrement au cours des premières expériences. Il devient alors important que l'enseignante entraîne ses élèves, qu'elle leur explique en quoi consiste le travail d'équipe en insistant sur la discussion, l'interaction qui en constitue l'élément central. Il est même suggéré que l'enseignante se cite à titre de modèle, afin de montrer aux enfants qu'elle aussi, en tant qu'adulte, a dû apprendre à interagir avec les autres intervenants de l'école, à aller chercher des idées nouvelles pour leur permettre de profiter d'un enseignement plus stimulant et intéressant. Il est essentiel également de prévoir une période de retour sur le déroulement de l'activité afin de permettre aux élèves d'échanger leurs vues sur l'efficacité et la pertinence de la méthode de travail retenue par leur groupe.

Dans la formation des équipes, le niveau d'habileté des élèves est toujours un élément à considérer. Les équipes peuvent être de type homogène ou hétérogène, selon les objectifs poursuivis à travers l'activité. De plus, les formes que peut prendre le travail d'équipe sont variées : les sous-groupes peuvent compter de deux à cinq élèves, le regroupement peut se faire de façon libre ou dirigée, les équipes n'ont pas à travailler nécessairement sur la même unité de matière, etc. Il est fréquent qu'on attribue des responsabilités dans l'équipe : on peut désigner un animateur (le chef d'équipe), un responsable du bruit, du temps, etc. L'élève à risque peut et doit assumer des responsabilités comme les autres. La variété des rôles possibles le permet. Au fur et à mesure que les élèves de la classe développent leurs habiletés de fonctionnement en équipe, les équipes en viennent à être capables de désigner elles-mêmes les responsabilités de chacun et à être de plus en plus autonomes.

Apprentissage coopératif

L'apprentissage coopératif vient finalement offrir une possibilité supplémentaire à l'enseignante soucieuse d'adapter ses interventions pédagogiques. Il constitue une modalité de travail en sous-groupes caractérisée par :

- l'hétérogénéité des élèves dans l'équipe (élèves à risque, moyens et forts) ;
- des procédés de fonctionnement du groupe préétablis ;
- l'interdépendance entre les élèves pour l'accomplissement de la tâche de sorte que chacun participe à la réalisation de la tâche.

L'apprentissage coopératif a fait l'objet de plusieurs recherches au cours des dernières années. Ce procédé s'avère très efficace tant sur le plan des apprentissages que sur le plan affectif. Il entraîne une attitude plus positive de l'élève en difficulté face aux contenus d'apprentissage, une plus grande attention à la tâche et l'établissement de meilleures relations avec l'enseignante et avec les pairs. Bien qu'il soit surtout recommandé pour l'adaptation de l'enseignement aux élèves à risque, il se révèle être une stratégie d'enseignement fort utile pour tout élève.

Différentes formes d'apprentissage coopératif ont été mises au point (Abrami *et al.*, 1990 ; Doyon et Ouellet, 1991). Certaines sont très structurées et utilisent des récompenses données au groupe le plus performant, alors que d'autres laissent beaucoup de place au groupe lui-même pour déterminer sa structure de fonctionnement. À titre d'exemple, parmi les formules les plus connues, il y le groupe d'experts et la démarche « Apprendre ensemble ». Dans le groupe d'experts (Doyon et Ouellet, 1991 ; Slavin, 1990), la tâche de chaque membre de l'équipe constitue une partie essentielle du travail du groupe. Les experts de chaque équipe travaillent ensemble à un certain moment et réintègrent ensuite leur équipe de base pour la faire bénéficier de l'expertise qu'ils ont acquise. « Apprendre ensemble » (Abrami *et al.*, 1990 ; Johnson et Johnson, 1986) est un procédé beaucoup moins structuré dans lequel l'équipe décide elle-même de la division de la tâche et du déroulement du travail de l'équipe.

Dans l'utilisation de l'apprentissage coopératif avec de jeunes élèves du premier cycle primaire, par exemple, il est recommandé de débuter par des exercices de courte durée (pas plus de 15 minutes lors des premiers essais) et portant sur des contenus simples. Également, il est plus facile de commencer par des équipes plus petites, comme la dyade, pour aller vers de plus grandes équipes. Dans certains procédés d'apprentissage coopératif, la taille de l'équipe peut aller jusqu'à sept ou huit élèves.

Toutefois, certains principes de base adaptables à tous les âges peuvent être dégagés afin de guider l'enseignante qui désire implanter ce type d'intervention dans sa classe. Voici les principaux :
- Les élèves sont placés en petits groupes hétérogènes.
- Chaque groupe doit produire un travail, accomplir une tâche.
- Chaque membre du groupe participe activement en assumant, par exemple, la responsabilité d'une de ses constituantes.
- Chaque membre s'engage auprès de ses coéquipiers en apportant de l'aide ou en allant chercher les conseils dont il a besoin.
- Chaque membre est responsable de son propre rendement et de celui du groupe auquel il appartient.

Développement des habiletés de coopération

Il ne suffit pas de placer les élèves en sous-groupes ou en apprentissage coopératif pour assurer la qualité des échanges de vues. À notre avis, les habiletés de coopération constituent un type

d'habiletés qui doivent être enseignées comme d'autres. C'est pour cela que la période de retour sur cet aspect prévue à la toute fin de l'exercice constitue une partie essentielle du travail en sous-groupes. Ce retour permet à l'enseignante et aux élèves d'évaluer le niveau de participation atteint et les relations sociales que l'activité a permis de créer. Il convient donc de questionner les élèves, de les amener à discuter sur l'aspect social de l'activité :
- « Y a-t-il eu de l'entraide dans l'équipe ? »
- « Est-ce qu'on a écouté et respecté l'idée des autres ? »
- « Est-ce que chacun a participé activement ? »
- « Qu'est-ce qu'on pourrait améliorer la prochaine fois ? »
- « Qu'est-ce qu'on devrait continuer de bien faire la prochaine fois ? »

Selon Cohen (1994), pour que le travail d'équipe soit fructueux en classe, il faut que les élèves soient capables de dialoguer sur les processus cognitifs. Si les élèves ne sont pas entraînés à l'interaction verbale dans les apprentissages, le travail d'équipe sera caractérisé par des discussions superficielles ou centrées sur les aspects mécaniques de la tâche.

Le degré de structuration du travail d'équipe est un élément qui influe sur le développement des habiletés de coopération et d'échange entre les élèves. La structuration effectuée par l'enseignante porte sur l'assignation des rôles et des responsabilités ainsi que sur l'établissement d'étapes pour l'accomplissement du travail. L'enseignante doit-elle structurer beaucoup ou peu le travail d'équipe ? Ici, il n'y a pas de bonne formule en soi. Tout dépend de l'âge des élèves, de leur habileté à fonctionner en groupe, de leur autonomie, de la difficulté de la tâche, etc. La règle générale est que l'enseignante doit viser à ce que les élèves acquièrent de l'autonomie dans le travail d'équipe.

Cohen (1994) souligne que l'objectif poursuivi par l'enseignante dans l'activité déterminera le degré de structure imposé à l'équipe. Par exemple, si l'on vise la compréhension ou les processus de pensée d'un niveau supérieur, l'auteur est d'avis qu'il faut favoriser au maximum la spontanéité des interactions. Cette façon de faire comporte le risque, si les élèves n'y sont pas préparés, d'en arriver à des interactions très superficielles. Or des groupes de travail trop structurés peuvent de leur côté limiter les interactions entre élèves. En somme, parmi les modalités possibles de travail en sous-groupes en classe, c'est à l'enseignante et à l'orthopédagogue de déterminer celle qui convient aux élèves et à la situation.

5.7.4 *Tutorat par les pairs*

Une autre forme de regroupement très souple est le tutorat par les pairs qui s'avère utile pour les élèves à risque. Il s'agit du jumelage de deux élèves dont l'un d'eux, appelé « tuteur », agit comme un expert ou un guide auprès d'un autre élève appelé « tuteuré ». Le tuteur doit être entraîné à son rôle par l'enseignante ou l'orthopédagogue. Le tutorat doit porter sur une unité de matière clairement définie : processus de mise en texte dans une situation d'écriture, résumé des parties d'un texte dans une activité de compréhension en lecture, situation de résolution de problèmes en mathématiques, etc. Il apparaît également important de sensibiliser le tuteur aux encouragements et au soutien qu'il doit assurer au « tuteuré ». Cela facilite les apprentissages et favorise un climat de confiance entre les participants. Chez l'élève ordinaire, cette association engendre la préoccupation de traduire en termes simples et opérationnels les stratégies qu'il utilise dans ses propres apprentissages.

Le tutorat peut se faire au sein de la même classe ou être multi-âge, c'est-à-dire entre les élèves de niveaux scolaires différents. Le tutorat peut être plus ou moins structuré. Une enseignante peut inviter un élève à en aider un autre ou demander à un élève de choisir quelqu'un avec qui il aurait le goût de travailler. Jones et Jones (1986) ont utilisé une forme intéressante de tutorat s'appliquant à toute la classe, où l'on utilisait des cartons rouges et verts. Le carton rouge signifiait que l'élève avait besoin d'aide et le carton vert, que l'élève désirait aider les autres. Une façon similaire de procéder est d'inscrire au tableau les noms des élèves désireux d'aider les autres dans une activité particulière de sorte que les élèves puissent choisir leur tuteur.

Si le tutorat s'entend sur une certaine période de temps, par exemple pour une intervention de lecture à deux, il peut être nécessaire de le structurer. Pour ce faire, six étapes sont proposées :
- choisir les participants ;
- préciser les responsabilités de chacun ;
- déterminer l'unité de matière qui fera l'objet de la période de tutorat ;
- entraîner les tuteurs ;
- amorcer le tutorat ;
- superviser et évaluer.

Le tutorat constitue un modèle d'intervention simple et utile pour l'élève à risque, qui apprend souvent plus facilement lorsqu'il est accompagné d'un pair tenant un langage semblable au sien. Cependant, on suggère que l'élève à risque ne soit pas toujours le « tuteuré » (Salend, 1994). Celui-ci est souvent capable d'enseigner des habiletés non scolaires reliées à ses intérêts ou à ses passe-temps. L'enseignante doit mettre ces capacités à contribution dans la classe pour le bénéfice de tous.

Le tutorat par les pairs est une formule de regroupement très souple et qui peut être utilisée dans différentes situations. Toutefois, comme toutes les autres formes de regroupement, ce n'est pas une panacée. Pour être efficace, le tutorat par les pairs doit être planifié et faire l'objet d'un suivi par l'enseignante ou l'orthopédagogue. Utilisé judicieusement, il peut être très utile sur le plan des apprentissages et très stimulant pour les élèves à risque. Les bénéfices sur les plans affectif et relationnel sont à souligner particulièrement.

5.8 AMÉNAGEMENT DU TEMPS ET DE L'ENVIRONNEMENT

La gestion du temps fait partie de la gestion générale de la classe. Dans un contexte d'adaptation des interventions pédagogiques, cette composante doit toutefois être précisée. Si elle veut répondre le plus efficacement possible aux besoins des élèves en difficulté, l'enseignante doit essayer d'introduire une certaine souplesse dans la gestion de son temps de classe. Elle peut accorder plus de temps à certains élèves pour terminer une activité, pendant que d'autres ont la possibilité d'aider leurs pairs ou d'exécuter des exercices d'enrichissement, par exemple. Cette forme de souplesse facilite les apprentissages de l'élève à risque, en diminuant l'anxiété reliée à la limite de temps qu'il a souvent du mal à respecter.

Dans une perspective d'adaptation de l'enseignement, l'aménagement de la classe repose sur des principes fort simples. Il s'agit d'organiser l'environnement de manière à pouvoir mettre en place les conditions nécessaires à un enseignement adapté efficace. Cela peut vouloir dire, par exemple, d'amener l'élève en difficulté à changer de place dans la classe. L'installer à proximité de l'enseignante et près de pairs capables de lui venir en aide et tenter de le tenir le plus éloigné possible des sources de distraction sont des exemples de mesures qui peuvent être prises pour aider l'élève. Dans une perspective d'autocontrôle, il sera important de faire participer l'élève à ces décisions concernant l'aménagement des conditions physiques d'apprentissage. Il est important qu'il acquière une certaine conscience de sa façon d'apprendre et qu'il en arrive graduellement à organiser son environnement de façon à mieux travailler.

Aménager les lieux peut également vouloir dire ne pas craindre de faire des changements dans la classe pour expérimenter différentes façons de travailler : placer les bureaux des élèves différemment ou les regrouper en petites équipes, libérer un coin pour une activité en grand groupe, etc. Il s'agit en fait d'organiser l'environnement pour être à l'aise dans chaque nouvelle situation d'apprentissage mise en place dans la classe.

5.9 ADAPTATION DU MATÉRIEL

Un autre élément de l'adaptation concerne le matériel. Les manuels utilisés en classe ont été conçus afin de répondre aux besoins et aux intérêts de l'élève moyen d'un groupe d'âge donné. C'est en fonction du rendement attendu de cet

élève que sont fixés, par exemple, le nombre d'exercices demandés, le nombre de questions à un examen, le temps alloué aux exercices ou aux contrôles, etc. Pour l'élève à risque ou en difficulté, ces normes peuvent parfois être difficiles à respecter et constituer une source d'anxiété importante. Il existe plusieurs façons d'adapter le matériel. Dans un premier temps, il est important que l'enseignante fournisse des pistes de travail à l'élève, de manière à le guider dans la réalisation de ses tâches.

Voici les adaptations que Salend (1994) suggère :
- diminuer le nombre de problèmes dans un exercice ;
- clarifier et préciser les consignes ;
- donner les consignes sous forme d'étapes séquentielles ;
- illustrer par des exemples ;
- fournir des indices afin de mettre en évidence certains éléments des consignes, des formulations de problèmes ou des questions ;
- utiliser des types d'exercices d'un format qui est familier à l'élève ;
- utiliser des indices de couleurs (au surligneur) ;
- diviser l'exercice en sections ;
- espacer les points ou questions (l'agrandissement de feuilles d'exercice peut ici être un moyen simple d'aider certains élèves) ;
- raccourcir l'exercice ;
- enlever les éléments visuels qui peuvent être distrayants ;
- donner plusieurs exercices courts à la place d'un seul plus long ;
- donner aux élèves à risque plus de temps pour réaliser un exercice.

Avec les élèves à risque, il ne s'agit pas d'utiliser du matériel complètement différent de celui utilisé avec les autres. Il s'agit de mettre le matériel à sa portée en faisant preuve de souplesse. Les moyens sont souvent simples mais doivent être judicieux et correspondre aux besoins de l'élève. La discussion entre l'enseignante et l'orthopédagogue sera particulièrement utile pour ces adaptations de matériel.

Une mise en garde doit être ici formulée concernant l'adaptation du matériel. Une étude effectuée par Vaughn, Schumm et Kouzekanani (1993) indique que les élèves en difficulté craignent d'être marginalisés en classe par les modifications du matériel. Alors, il est recommandé de vérifier avec l'élève la façon dont il perçoit les adaptations prévues pour lui. À notre avis, la façon de les présenter en classe à l'élève sera déterminante pour éviter les effets stigmatisants que peuvent entraîner les mesures d'aide individualisées concernant le matériel.

5.10 SUIVI DES ÉLÈVES À RISQUE

Connaissant maintenant mieux les élèves à risque ainsi que les interventions qui peuvent être mises en place afin de faciliter leurs apprentissages en classe ordinaire, il est important de déterminer les modalités du suivi de ces élèves dans le cadre du modèle d'orthopédagogie intégrée. Les élèves à risque nécessitent un plus grand suivi que les élèves ordinaires (Larrivee, 1989).

Le plan d'intervention en vigueur dans les écoles québécoises vise uniquement les élèves en difficulté, identifiés comme tels par la commission scolaire. Conformément à la définition du MEQ, le plan d'intervention est un outil de planification de l'intervention éducative, servant à la coordination de l'action de tous les agents d'éducation et à leur concertation (ministère de l'Éducation du Québec, 1991). Dans le cadre du PIER, la façon d'effectuer le suivi pédagogique des élèves à risque est tout à fait compatible avec le plan d'intervention. Les outils mis au point dans le PIER peuvent faire partie du plan d'intervention ou en être le prolongement. Ils peuvent également être utilisés sans plan d'intervention comme tel. L'ensemble des élèves à risque ne bénéficie pas d'un plan d'intervention. Or tous les élèves qui risquent l'échec scolaire ont besoin d'un suivi.

Cinq outils de travail ont été élaborés afin de permettre à l'enseignante et à l'orthopédagogue de faire un suivi de ces élèves. Ils ont été conçus pour être utilisés dans la gestion de classe de tous les jours par l'enseignante et par l'orthopédagogue et constituent ainsi des instruments très fonctionnnels. Il s'agit des fiches suivantes :

- « Sommaire des objectifs individuels » ;
- « Fiche de planification pour l'intervention de l'enseignante et de l'orthopédagogue en classe » ;
- « Fiche de planification pour l'intervention de l'enseignante seule » ;
- « Feuille de route » ;
- « Formulaire du suivi des élèves en difficulté ».

Un modèle de chacune de ces fiches est présenté à l'annexe A. Afin de permettre d'examiner de façon plus détaillée chacun de ces instruments, des fiches dûment remplies par des enseignantes ou des orthopédagogues sont présentées. La fiche « Sommaire des objectifs individuels » (figure 5.1) constitue une forme de synthèse ou de vue d'ensemble des objectifs poursuivis avec chaque élève à risque dans les matières de base que sont la lecture, l'écriture, les mathématiques et en ce qui concerne les comportements en classe. En consultant cette fiche régulièrement au cours des périodes de travail en classe et des rencontres de planification, l'enseignante et l'orthopédagogue s'assurent de garder en mémoire l'ensemble des objectifs visés pour tous les élèves à risque de la classe.

La « Fiche de planification pour l'intervention de l'enseignante et de l'orthopédagogue en classe » (figure 5.2) est utilisée par les deux intervenantes lors de leur rencontre hebdomadaire. Dans leur démarche de consultation collaborative, ces dernières planifient d'abord le contenu de l'intervention qui se fera dans la classe en enseignement coopératif, d'une durée de 1 h 30 min, activités réparties en une, deux ou trois périodes. Dans un deuxième temps, à l'aide de la « Fiche de planification pour l'intervention de l'enseignante seule » (figure 5.3), elles prévoient ensemble les interventions adaptées pour le reste de la semaine, lorsque l'enseignante est seule avec ses élèves.

Enfin, l'instrument intitulé « Feuille de route » (figure 5.4) est un outil de prise de notes permettant de consigner régulièrement des observations, des interventions et des communications avec d'autres intervenants. Les résultats des démarches et des actions entreprises sont également notés, afin de modifier ou d'adapter, au

FIGURE 5.1
Exemple d'une fiche « Sommaire des objectifs individuels »

PIER
Modèle d'orthopédagogie intégrée
Sommaire des objectifs individuels

2e étape

Nom des élèves	Objectifs			
	Lecture	Écriture	Mathématiques	Comportement
Max	Sélectionner l'information importante	- Tenir compte de l'intention - Ponctuer correctement	- Souligner les éléments importants des problèmes - Notion de centaine à vérifier	- Commencer seul la tâche - Expliquer ses stratégies
Karl	—	Structurer ses phrases selon les règles de la syntaxe	—	Accepter les idées des autres
Anne	Interpréter les questions et les consignes	—	questions et consignes	S'arrêter et réfléchir sur ce qui vient
Nancy	—	—	Numérotation positionnelle : - valeur des chiffres et du nombre - manipulation	- Accepter de manipuler - Cesser de vouloir trouver une réponse rapide
Félix	Sélectionner l'information	majuscule et sing. et plur. masc. et fém. avec explications à haute voix	Reconnaître les éléments importants des problèmes écrits	Respecter une démarche (voir avec les parents)

besoin, les interventions réalisées auprès de l'élève. Dans l'exemple présenté à la figure 5.4, on constate que la « Feuille de route » permet de recueillir les données pour un élève ; elle peut facilement s'insérer dans un cahier à anneaux.

Lorsque la feuille est remplie ou qu'une synthèse a été réalisée par l'enseignante et l'orthopédagogue (sur une base hebdomadaire ou mensuelle), ces informations peuvent être ajoutées au dossier de l'élève.

ORTHOPÉDAGOGIE INTÉGRÉE

FIGURE 5.2
*Exemple d'une « Fiche de planification pour l'intervention
de l'enseignante et de l'orthopédagogue en classe »*

PIER
Modèle d'orthopédagogie intégrée
**Fiche de planification pour l'intervention de l'enseignante
et de l'orthopédagogue en classe**

Semaine du __26__ au __30 novembre__	
Élèves à risque : _Max_	_____
Anne	_____
Félix	_____

Objectifs visés : _Sélectionner l'information. Toute la semaine en parler aussi en sciences naturelles et en sc. humaines : " Qu'est-ce qui est important ? ", " Qu'est-ce que l'auteur a voulu dire ? "_

Jour : _2 (lundi)_   **Période :** _10 h 30_
Activité : _Lecture : les mots intrus nᵒˢ 2 et 3_
Aide-mémoire :
Marie : réserver le rétro
Résultats : _Max n'a pas reconnu les mots intrus du nᵒ 2. C'est Karl qui lui a expliqué : voir si un jumelage pourrait être profitable → entraîner Karl.   N.B. finir le nᵒ 3 en équipe._

Jour : _4_   **Période :** _13 h_
Activité : _Maths : problème nᵒ 5 (détecterie et architecte)_
Aide-mémoire :
Placer les pupitres au fond.
Résultats : _Judy n'a pas participé : elle était sûre d'avoir trouvé la réponse → à vérifier pour ses stratégies. Max n'a pas vu le sens de la question → à surveiller. Anne écoutait bien et répétait lentement les stratégies._

Jour : _5_   **Période :** _9 h 15_
Activité : _Lecture et écriture : écrire pour raconter à sa mère le contenu d'une lecture informative._
Aide-mémoire :
Ramasser les enveloppes de gruau.
Résultats : _Tous ont retenu une info. ; Karl a eu besoin d'aide pour la catégorie " reproduction " : a bien accepté l'intervention de Charles._

FIGURE 5.3
Exemple d'une « Fiche de planification pour l'intervention
de l'enseignante seule »

PIER
Modèle d'orthopédagogie intégrée
Fiche de planification pour l'intervention de l'enseignante seule

Semaine du 26 au 30 novembre

Nom des élèves à risque	Mesures prévues	Résultats
Max	Le jumeler avec Karl pour les travaux.	Karl se valorise; il vient me dire qu'il a fait comprendre à Max!
Karl	Lui faire penser de vérifier ses écrits avec l'aide des affiches-mémos.	→ Il n'y pense pas seul; je dois toujours lui répéter.
Nancy	Parler à la mère, rencontre ou téléphone (son besoin de Toujours trouver la réponse!)	→ Pas fait!
Anne	Coller les étapes de la démarche sur son bureau.	Elle en est gênée → en faire une proposition à tous Pour s'aider.
Félix	S'observer quand il y a des consignes à respecter.	Il a l'air de regarder + les autres, ce qu'ils font, s'ils achèvent... à vérifier!

ORTHOPÉDAGOGIE INTÉGRÉE

ORTHOPÉDAGOGIE INTÉGRÉE

FIGURE 5.4
Exemple d'une « Feuille de route »

PIER
Modèle d'orthopédagogie intégrée
Feuille de route

Nom de l'élève :	*Karl*
Date	**Observation – Intervention – Communication – Résultat**
26 nov.	Billet de la mère : rendez-vous chez le dentiste. Tout content d'avoir aidé Max en lecture.
28 nov.	Dispute à la récré sur un problème règlement de ballon : ça s'arrange.
29 nov.	Accepte les idées de Charles sur l'identification de la catégorie pour son billet. Ils semblent bien s'entendre.

Le dernier outil, « Formulaire du suivi des élèves en difficulté », est réservé à l'orthopédagogue. Il propose une façon simple et fonctionnelle de consigner les informations sur l'évolution des élèves en difficulté afin de procéder périodiquement à la révision du plan d'intervention. La figure 5.5 fournit un exemple de formulaire rempli par une orthopédagogue.

FIGURE 5.5
Exemple d'un « Formulaire du suivi des élèves
en difficulté »

PIER
Modèle d'orthopédagogie intégrée
Formulaire du suivi des élèves en difficulté

(Ce formulaire sera rempli par l'orthopédagogue au début de la 2e étape
et ensuite à la fin de chaque mois.)

Nom : *Max*

Date : *15 novembre*

Lecture ❏ **Écriture** ❏ **Mathématiques** ❏ **Comportement** ☑

✓ **Objectif :** *Commencer seul.*
Évolution : *N'a plus besoin qu'on lui dise ; un seul signe suffit à le mettre en train. Il regarde les autres et commence.*

✓ **Objectif :** *Expliquer ses stratégies.*
Évolution : *Il trouve les mots pour expliquer ce qu'il fait (ceux qu'on a utilisés en classe) plutôt que le « je ne sais pas » du début ou « parceque... ».*

✓ **Objectif :** _____
Évolution : _____

✓ **Objectif :** _____
Évolution : _____

✓ **Objectif :** _____
Évolution : _____

Ces instruments servant au suivi des élèves à risque ont pour but de faciliter le travail de l'enseignante et de l'orthopédagogue et de le rendre plus efficace. Ils constituent les outils de base pour la rencontre de consultation collaborative, présentée au chapitre 3, et peuvent être adaptés aux instruments et aux méthodes de travail de chaque intervenante.

5.11 AUTO-ÉVALUATION DES PRATIQUES D'ADAPTATION DE L'ENSEIGNEMENT

La grille d'auto-évaluation des pratiques présentée à la figure 5.6 comprend les principaux éléments de l'adaptation de l'enseignement selon le modèle d'orthopédagogie intégrée. Comme pour les autres composantes du modèle, elle permet de situer la pratique par rapport aux éléments proposés. La grille d'auto-évaluation des pratiques d'adaptation de l'enseignement s'adresse à l'enseignante, mais elle peut très bien être remplie en collaboration avec l'orthopédagogue. La grille peut même servir d'outil de référence dans les échanges entre les deux équipières. Il est à conseiller de remplir cette grille périodiquement afin d'assurer une application adéquate du modèle d'orthopédagogie intégrée.

FIGURE 5.6
Grille d'auto-évaluation de l'adaptation de l'enseignement destiné à l'enseignante

Légende : 1 *Jamais*		
2 *Parfois*		
3 *Toujours*		

	1	2	3
1. Je planifie mes interventions en classe en tenant compte des besoins particuliers des élèves à risque.	—	—	—
2. Je prends en considération les observations de l'orthopédagogue dans la préparation de mes interventions.	—	—	—
3. J'enseigne des méthodes de travail individuellement ou en petits groupes.	—	—	—
4. J'enseigne des stratégies d'apprentissage individuellement ou en petits groupes.	—	—	—
5. J'adapte le matériel pour faciliter les apprentissages des élèves en difficulté : consignes simplifiées, diminution du nombre de questions, etc.	—	—	—
6. J'aménage l'environnement de manière à faciliter la concentration des élèves à risque.	—	—	—
7. J'évalue régulièrement les progrès de l'élève à risque.	—	—	—
8. Je lui fais part de ses progrès.	—	—	—
9. J'utilise les grilles de progrès afin de permette à l'élève de visualiser l'évolution de ses résultats.	—	—	—
10. Je varie les modes de regroupement utilisés dans ma classe (apprentissage coopératif, tutorat, travail en équipes, etc.).	—	—	—
11. J'incite l'élève à risque à devenir autonome dans son travail.	—	—	—
12. J'incite l'élève en difficulté à construire une image de soi positive (renforcements, rétroaction, etc.)	—	—	—

ORTHOPÉDAGOGIE INTÉGRÉE

Références bibliographiques

Abrami, P.C., Chambers, B., d'Apollonia, S., De Simone, C., Wagner, D., Poulsen, C., Glashan, A., et Farrell, M. (1990). *Using cooperative learning*. Montréal: Centre for the Study of Classroom Processes Education Department, Concordia University.

Aponick, D., et Dembo, M. (1983). LD and normal adolescents' causal attributions of success and failure at different levels of taks difficulty. *Learning Disability Quarterly, 6,* 31-39.

Borkowski, J.G. (1992). Metacognitive theory: A framework for teaching literacy, writing, and math skills. *Journal of Learning Disabilities, 25,* 253-257,

Butkowsky, I.S., et Willows, D.M. (1980). Cognitive-motivational characteristics of children varying in reading ability: Evidence for learned helplessness in poor readers. *Journal of Educational Psychology, 72,* 402-422.

Cohen, E.G. (1994). Restructuring the classroom: Conditions for productive small groups. *Review of Educational Research, 64,* 1, 1-35.

Clifford, M.M. (1984). Thoughts on a theory of constructive failure. *Educational Psychologist, 19,* 108-120.

Doyon, M., et Ouellet, G. (1991). *L'apprentissage coopératif: théorie et pratique*. Montréal: CECM, Service des études.

Jacobsen, B., Lowery, B., et DuCette, J. (1986). Attributions of learning disabled children. *Journal of Educational Psychology, 78,* 59-64.

Johnson, D.W., et Johnson, R.T. (1986). Mainstreaming and cooperative learning strategies. *Exceptional Children, 52,* 553-561.

Jones, V.F., et Jones, L.S. (1986). *Comprehensive classroom management: Creating positive learning environments*. Boston: Allyn & Bacon.

Larrivee, B. (1989). Effective strategies for academically handicapped students in the regular classroom. In R.E. Slavin, N.L. Karweit et N.A. Madden (dir.), *Effective programs for students at risk* (pp. 291-319). Needham Heights, MA: Allyn & Bacon.

Licht, B.G. (1983). Cognitive-motivational factors that contribute to the achievements of learning disabled children. *Journal of Learning Disabilities, 8,* 483-490.

Ministère de l'Éducation du Québec (1991). *Cadre de référence pour l'établissement des plans d'intervention pour les élèves handicapés et les élèves en difficulté d'adaptation et d'apprentissage*. Québec: Direction de l'adaptation scolaire et des services complémentaires, ministère de l'Éducation du Québec.

Ministère de l'Éducation du Québec (1993). *Cadre référentiel: contexte d'intervention auprès des élèves qui ont des difficultés d'apprentissage à l'école*. (Document de travail: version révisée.) Québec: Direction de l'adaptation scolaire et des services complémentaires, ministère de l'Éducation du Québec.

Moely, B., Hart, S., Santulli, L., Leal, L., Johnson, I., Rao, N., et Burney, L. (1986). How do teachers teach memory skills. *Educational Psychologist, 21,* 55-71.

Myers, P.I., et Hammill, D.D. (1990). *Learning disabilities: Basic concepts, assessment practices, and instructional strategies*. Austin, TX: Pro-ed.

Palincsar, A.S., et Klenk, L. (1992). Fostering literacy learning in supportive contexts. *Journal of Learning Disabilities, 25,* 211-225.

Paris, S.G., Wasik, B.A., et Turner, J.C. (1991). The development of strategic readers. In P.D. Pearson (dir.), *Handbook of reading research*. New York: Longman.

Roberts, C., et Zubrick, S. (1992). Factors influencing the social status of children with mild academic disabilities in regular classrooms. *Exceptional Children, 59,* 192-202.

Salend, S.J. (1994). *Effective mainstreaming*. New York: MacMillan Publishing Company.

Short, E.J., et Weissberg-Benchell, J.A. (1989). The triple alliance for learning: Cognition, metacognition, and motivation. In C. McCormick, G. Miller et M. Pressley (dir.), *Cognitive strategy: From basic research to educational applications* (pp. 33-63). New York: Springer-Verlag.

Slavin, R.E. (1990). *Cooperative learning: Theory, research, and practice*. Englewood Cliffs, NJ: Prentice-Hall.

Torgesen, J.K. (1977). Memorization processes in reading disabled children. *Journal of Educational Psychology, 69,* 571-578.

Torgesen, J.K., Murphy, H., et Ivey, G.J. (1979). The effects of an orienting task on the memory performance of reading disabled children. *Journal of Learning Disabilities, 12,* 396-401.

Vaughn, S., Schumm, J.S., et Kouzekanani, K. (1993). What do students with learning disabilities think when their general education teachers make adaptations? *Journal of Learning Disabilities, 26,* 545-555.

Wang, M.C. (1989). Adaptative instruction: An alternative for accommodating student diversity through the curriculum. In D.K. Lipsky et A. Gartner (dir.), *Beyond separate education: Quality education for all* (pp. 99-119). Baltimore: Brookes Publishing Co.

PARTIE III

Lecture

CHAPITRE 6

Lecture et élèves à risque

Jocelyne Giasson

La lecture est très souvent la pierre d'achoppement des élèves à risque. C'est pourquoi les enseignantes sont toujours préoccupées par cet apprentissage et sont à la recherche de moyens d'intervention efficaces auprès de cette clientèle. Dans cette partie, qui comprend cinq chapitres, nous tenterons de donner des suggestions concrètes sur la façon d'intervenir en lecture auprès des élèves à risque, à l'intérieur même de la classe. Cependant, avant d'aborder les interventions pédagogiques, nous prendrons le temps, dans le présent chapitre, de parler de ce qu'est la lecture, de l'évolution de sa conception ainsi que du développement des problèmes de lecture au primaire.

6.1 ÉVOLUTION DES MODÈLES DE LECTURE

Traditionnellement, on concevait la compréhension en lecture comme un ensemble de sous-habiletés qu'il fallait enseigner les unes après les autres de façon hiérarchique (décoder, trouver le sens de mots nouveaux, retrouver la séquence des actions…). On croyait que la maîtrise de ces habiletés isolées était synonyme de maîtrise de la lecture. Cependant, tout le monde sera d'accord

pour dire qu'un enfant qui a appris séparément à tenir le guidon d'une bicyclette, à appliquer les freins et à pédaler ne sait pas nécessairement rouler à bicyclette. C'est l'interaction de toutes ces habiletés qui constitue la capacité de conduire une bicyclette. Il en va de même pour la lecture. L'implication pédagogique de cette conception est claire : l'enfant ne deviendra un lecteur efficace que s'il est placé dans des situations réelles et complètes de lecture, c'est-à-dire des situations où il peut combiner et intégrer ses différentes habiletés. Centrer l'élève, particulièrement l'élève à risque, sur des habiletés isolées lui donne une fausse conception de la lecture et l'empêche de maîtriser l'aspect le plus important et le plus difficile de cette activité : l'intégration des habiletés dans une situation fonctionnelle.

Une autre différence importante entre les anciennes et les nouvelles conceptions de la lecture réside dans la perception de la compréhension. **Autrefois**, on croyait que le sens se trouvait dans le texte et que le lecteur devait aller le « pêcher ». Cette conception était fondée sur l'idée de transposition : on croyait qu'il s'agissait pour le lecteur de « transposer » dans sa mémoire un sens précis déterminé au préalable par l'auteur. **Aujourd'hui**, on conçoit plutôt que le lecteur « crée » le sens du texte en se servant à la fois du texte, de ses propres connaissances et de son intention de lecture. Créer le sens du texte suppose que le lecteur est constamment actif. Ici encore, l'implication pédagogique de cette conception de la lecture est évidente : les interventions pédagogiques en classe doivent viser à rendre les élèves actifs dans leur recherche de sens, que ce soit avant, pendant ou après la lecture. Cependant, pour chercher activement du sens dans un texte, encore faut-il que les élèves réalisent que la compréhension fait partie de la finalité de la lecture. Plusieurs élèves à risque ne sont pas conscients que la lecture est une forme de langage et qu'elle sert à communiquer. Il faut donc élargir chez ces élèves la conception des différentes fonctions ou utilisations de la lecture.

6.2 MODÈLE DE COMPRÉHENSION

Que la lecture soit un processus actif et interactif fait maintenant l'unanimité chez les chercheurs et les enseignants. Il existe également un consensus quant aux grandes composantes du processus de compréhension en lecture, c'est-à-dire le **texte**, le **lecteur** et le **contexte** (Giasson, 1990). La figure 6.1 présente une illustration du modèle interactionniste de compréhension en lecture.

La partie **lecteur** du modèle de compréhension comprend : 1) les connaissances que le lecteur possède sur le monde et sur la langue ; 2) ses attitudes et ses intérêts ; 3) ses habiletés de lecture.

La variable **texte** concerne le matériel à lire et peut être considérée sous deux aspects principaux : la structure du texte et le contenu. La structure se réfère à la façon dont l'auteur a organisé les idées dans le texte, alors que le contenu concerne les concepts, les connaissances, le vocabulaire que l'auteur a décidé de transmettre.

Le **contexte** comprend des éléments qui ne font pas matériellement partie physiquement du texte et qui ne concernent pas spécifiquement les connaissances ou les habiletés du lecteur, mais qui influent sur la compréhension du texte. Il est possible de distinguer le contexte psychologique (p. ex.,

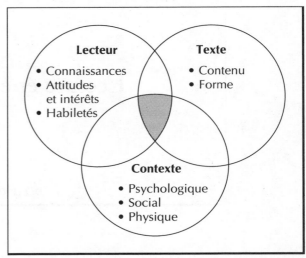

FIGURE 6.1
Modèle interactionniste de compréhension en lecture

l'intention de lecture), le contexte social (p. ex., les interventions de l'enseignante, des pairs) et le contexte physique (p. ex., le temps disponible, le bruit ambiant).

La compréhension en lecture variera selon le degré de relation entre les trois variables : plus les variables **lecteur, texte** et **contexte** seront imbriquées les unes dans les autres, meilleure sera la compréhension. La figure 6.2 illustre certaines variations qui rendent difficile la compréhension du texte.

Dans la première situation, le texte utilisé correspond au niveau d'habileté du lecteur, mais le contexte n'est pas pertinent : pensons ici à un élève qui lit à haute voix devant la classe un texte nouveau avec l'intention de faire une belle lecture. Le contexte de lecture orale devant un groupe n'est pas de nature à favoriser la compréhension d'un texte.

Dans la deuxième situation, le lecteur est placé dans un contexte favorable, mais le texte n'est pas approprié à ses capacités. Prenons le cas d'un lecteur qui lit silencieusement un texte pour lequel il s'est fixé une intention de lecture pertinente, mais pour qui le texte, par sa structure ou son contenu, est trop difficile.

FIGURE 6.2
Types possibles de relation entre les variables lecteur, texte et contexte

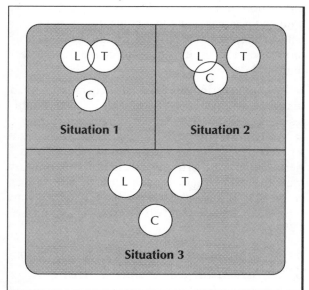

6.3 DÉVELOPPEMENT DES PROBLÈMES DE LECTURE

Si le modèle présenté précédemment nous permet d'expliquer pourquoi un lecteur ne comprend pas tel texte dans tel contexte, il nous permet également d'expliquer comment un élève a développé des problèmes de lecture de sorte que son rendement en lecture est devenu inférieur à celui des autres élèves de son groupe d'âge. Le principe central de l'explication est le suivant : **les problèmes de lecture se développeront quand une des variables ne joue pas pleinement son rôle dans la situation de lecture pendant une longue période de temps.** Ainsi, on verra apparaître des écarts en lecture lorsqu'un élève, pendant une période prolongée, est placé devant des textes qui ne sont pas à son niveau, ou encore lorsqu'un élève, pendant une période importante de temps, lit sans chercher de sens dans sa lecture.

Chacune des variables du modèle influe sur la lecture, mais il faut réaliser que ces variables agissent en interaction, qu'il y a un effet d'entraînement d'une variable sur l'autre, ce qui multiplie les effets négatifs. À cause de cette multiplication des effets négatifs, l'élève qui était faible en lecture au point de départ aura donc tendance à devenir de plus en plus faible. Toutes les enseignantes connaissent bien cet effet cumulatif qui fait que les élèves à risque prennent de plus en plus de retard par rapport aux autres. Pour caractériser ce phénomène qui fait que l'écart entre les lecteurs forts et les lecteurs faibles s'agrandit avec le temps, certains auteurs parlent de l'effet Matthieu (Stanovich, 1991). Contrairement à ce que l'on pourrait penser, l'effet Matthieu ne porte pas le nom d'un chercheur ; il tire tout simplement son nom de l'évangile selon Matthieu (Matth. xxv, 29) dans lequel on peut lire : « Car à celui qui a, l'on donnera et il aura du surplus, mais à celui qui n'a pas, on enlèvera même ce qu'il a. »

Pour illustrer l'effet Matthieu, nous suivrons le cheminement typique d'un élève à risque au cours du primaire, en examinant l'interaction des variables lecteur, texte, et contexte.

Dans la troisième situation, les variables ne sont pas imbriquées les unes dans les autres. L'élève lit un texte qui n'est pas à son niveau, et, de plus, le contexte de lecture n'est pas approprié. Ici, il suffit de se représenter l'élève qui a constamment été placé en situation d'échec en lecture depuis le début de sa scolarité. Cet élève fait presque toujours face à des textes qui sont trop difficiles pour lui ; il n'aborde pas non plus la lecture avec une intention pertinente, car il n'a pas appris à chercher du sens dans la lecture.

Bref, la compréhension en lecture est fonction de trois variables indissociables, le **lecteur,** le **texte** et le **contexte.** Si on accepte le bien-fondé de la relation de ces trois variables dans la compréhension, on devra accepter du même coup de préciser ce qu'on entend par la compréhension en lecture chez un élève en particulier. À partir de ce modèle, on ne dira plus « cet élève a des problèmes de compréhension », mais « cet élève, devant tel type de texte et dans tel contexte, comprend de telle façon ». Pour un élève à risque, par exemple, il s'agira de découvrir non seulement dans quelles situations il éprouve des difficultés, mais également dans quelles situations il est le plus efficace.

6.3.1 *Situation du lecteur débutant à risque*

Lecteur

Notre élève arrive en première année avec un bagage limité de connaissances et de vocabulaire, ce qui est souvent le cas, par exemple, dans les milieux défavorisés. De plus, la lecture n'est pas pour lui associée à une situation agréable ; il n'a eu en fait que très peu de contacts avec l'écrit. Certains enfants, en effet, n'ont jamais vu leurs parents lire, ils ne possèdent pas de modèle de lecteur dans leur quotidien. Si on a estimé que certains enfants arrivent en maternelle avec derrière eux plus de 2000 heures d'échange avec les parents autour de la lecture (soit par des livres lus par les parents, soit par des activités quotidiennes informelles reliées à l'écrit), il reste que d'autres enfants n'auront eu presque aucun contact avec l'écrit ; on pense ici aux enfants à qui les adultes n'ont jamais fait la lecture (Adams, 1991).

Texte

Parce que notre élève a peu de connaissances en général, les textes qui lui seront présentés contiendront beaucoup de concepts et de mots de vocabulaire qui lui sont étrangers. De plus, comme il a peu entendu raconter ou lire d'histoires, il a moins de connaissances intuitives sur la structure des récits. Bref, les premiers textes qu'il aura à lire risquent d'être plus difficiles pour lui et de ne pas rejoindre ses intérêts.

Contexte

Notre élève ne sait pas qu'il doit chercher du sens dans la lecture. Il ne sait pas trop pourquoi il accomplit les tâches qu'on lui propose et se sent démuni face à celles-ci ; pour résoudre son problème, il aura souvent tendance à imiter son voisin ou à essayer des réponses au hasard. Au cours de l'année, parce qu'il est moins habile, les adultes auront tendance à intervenir différem-

ment avec lui et à l'orienter vers des processus de décodage plutôt que vers la compréhension. De plus, les situations dans lesquelles il lira seront moins nombreuses : il ne demandera pas de livres, n'en choisira pas, etc. On a constaté que le lecteur peu habile, dès la première année, lit trois fois moins de mots en moyenne en classe que les lecteurs habiles.

Bref, à la fin de l'année, l'écart sera déjà marqué entre notre élève faible et les élèves habiles en lecture. Le rendement obtenu en lecture à la fin de la première année prédit avec une « précision alarmante » qui réussira dans la carrière scolaire. En effet, 90 % des enfants qui terminent leur première année parmi les plus faibles en lecture resteront des lecteurs faibles tout au long du primaire (McGill-Franzen et Allington, 1991).

6.3.2 *Situation du lecteur à risque au milieu et à la fin du primaire*

Lecteur

À la fin du premier cycle, notre élève aura vraisemblablement appris à décoder, mais sa lecture sera encore plus ou moins hésitante et, surtout, on constatera qu'il ne comprend pas les textes qu'on lui donne à lire. Étant donné ses habiletés limitées en lecture, il aura acquis peu de connaissances nouvelles et de vocabulaire par l'intermédiaire des textes. Enfin, son attitude envers la lecture ne sera probablement plus neutre mais négative.

Texte

On sait que, vers la troisième et la quatrième année, les textes à lire en classe commencent à être plus denses et plus abstraits. Ainsi notre élève, qui a déjà moins d'habiletés que les autres, se retrouvera face à des textes qui, parce qu'ils ne lui sont pas accessibles, ne pourront contribuer à améliorer ses habiletés en lecture.

Contexte

Parce qu'il ne voit pas l'utilité de la lecture, notre élève ne lit jamais en dehors de l'école. À la fin du primaire, il n'aura probablement jamais lu un livre au complet dans ses loisirs ; il aura presque toujours abandonné en cours de route les livres qu'on lui aura proposés.

Bref, notre élève termine son primaire avec peu d'habiletés en lecture et surtout très peu d'intérêt envers cette activité. De plus, étant donné que la lecture est exigée dans toutes les matières scolaires, il aura vécu des situations d'échec dans tous les domaines. Il aura probablement repris une ou deux années sans pour autant avoir atteint le niveau de lecture de ses compagnons plus jeunes. Il ne sera pas motivé par la lecture, mais surtout il sera convaincu qu'il est incapable de réussir quoi qu'il fasse.

6.4   PRINCIPES D'INTERVENTION AUPRÈS DU LECTEUR À RISQUE

Les perspectives issues du modèle interactionniste de compréhension en lecture, ainsi que de l'ensemble des recherches de la dernière décennie, nous permettent de dégager certains principes d'intervention dont l'application est susceptible d'être bénéfique aux lecteurs à risque (Fielding et Pearson, 1994 ; Schuder, 1993) :

– Les élèves à risque ont besoin d'écouter et de lire des textes intéressants et substantiels. Il est impératif d'augmenter chez eux la quantité de textes lus : il faut, d'une part, leur proposer des textes à leur niveau de lecture et, d'autre part, leur fournir un soutien pour la lecture de textes plus difficiles (voir le chapitre 7).

– Les élèves à risque ont besoin d'un enseignement explicite des stratégies de compréhension et de gestion de la compréhension (voir le chapitre 8).

– Les élèves à risque doivent être engagés activement dans la construction et l'interprétation du texte, plutôt qu'orientés vers des habiletés isolées. Il est primordial de leur proposer des situations de lecture signifiantes au lieu de les restreindre à exercer leurs habiletés de décodage. De plus, ces lecteurs ont besoin d'occasions fréquentes de discuter de leur interprétation des textes avec leurs pairs, dans des groupes hétérogènes et assurant un soutien (voir le chapitre 9).

– L'évaluation du lecteur à risque doit permettre, d'une part, à l'enseignante de connaître le type de contexte dans lequel l'élève fonctionne le mieux et, d'autre part, à l'élève de devenir coresponsable de son apprentissage (voir le chapitre 10).

6.5   GRILLE D'AUTO-ÉVALUATION DES INTERVENTIONS PÉDAGOGIQUES

Nous proposons à la figure 6.3 une grille d'auto-évaluation qui peut permettre à l'enseignante de situer ses propres interventions en lecture dans sa classe. Cette grille est articulée autour de sept thèmes : 1) la création d'attitudes positives envers la lecture ; 2) les types d'interventions ; 3) l'enseignement des stratégies de lecture ; 4) les interventions pédagogiques avant la lecture ; 5) les interventions pendant la lecture ; 6) les interventions après la lecture ; 7) l'évaluation en lecture.

L
E
C
T
U
R
E

FIGURE 6.3
Grille d'auto-évaluation en interventions pédagogiques en lecture

Légende :	**1**	***Pas en application dans ma classe***
	2	***Partiellement en application dans ma classe***
	3	***Complètement en application dans ma classe***

	1	2	3

1. Création d'attitudes positives envers la lecture

a) Je planifie une période quotidienne de lecture silencieuse. ___ ___ ___

b) Je fais régulièrement la lecture à mes élèves. ___ ___ ___

c) J'utilise le coin-lecture de ma classe. ___ ___ ___

d) Je m'assure que les élèves lisent en dehors de la classe. ___ ___ ___

2. Types d'interventions

a) J'utilise l'enseignement stratégique :

• Je dis aux élèves pourquoi la stratégie que je leur enseigne est utile. ___ ___ ___

• J'explicite à haute voix mon utilisation de la stratégie cible. ___ ___ ___

• Je guide les élèves dans l'utilisation de la stratégie cible. ___ ___ ___

• Je mise sur le développement de l'autonomie des élèves dans l'utilisation de stratégies. ___ ___ ___

b) J'utilise l'apprentissage coopératif. ___ ___ ___

c) J'utilise le tutorat. ___ ___ ___

3. Enseignement des stratégies de lecture

a) J'apprends aux élèves à gérer leur compréhension. ___ ___ ___

b) J'incite les élèves à se préparer à lire. ___ ___ ___

c) J'apprends aux élèves à donner du sens aux mots peu familiers dans le texte. ___ ___ ___

d) J'amène les élèves à utiliser le schéma de récit. ___ ___ ___

e) Je montre aux élèves à : ___ ___ ___

• dégager le sens de questions et de consignes ; ___ ___ ___

• trouver la bonne source d'information ; ___ ___ ___

• choisir la formulation appropriée. ___ ___ ___

4. Interventions avant la lecture

a) Je fournis une intention de lecture aux élèves ou je les amène à préciser leur propre intention de lecture. ___ ___ ___

b) J'encourage les élèves à lire le texte. ___ ___ ___

c) Je fais participer les élèves à l'activation de leurs connaissances avant la lecture du texte. ___ ___ ___

→

FIGURE 6.3 (suite)
Grille d'auto-évaluation en interventions pédagogiques en lecture

	1	2	3
d) Je centre l'activation des connaissances sur les concepts les plus importants du texte.	—	—	—
e) J'organise verbalement ou graphiquement les connaissances formulées par les élèves.	—	—	—

5. Interventions pendant la lecture

	1	2	3
a) J'amène les élèves à évaluer leurs prédictions et à en formuler d'autres.	—	—	—
b) J'aide les élèves à faire des liens à l'intérieur du texte et entre le contenu du texte et leurs connaissances.	—	—	—
c) J'amène les élèves à distinguer les informations importantes de celles qui sont moins importantes.	—	—	—
d) J'aide les élèves à gérer leur compréhension.	—	—	—
e) J'incite les élèves à résumer des parties de texte.	—	—	—

6. Interventions après la lecture

	1	2	3
a) J'amène les élèves à vérifier l'atteinte de leur objectif (intention de lecture).	—	—	—
b) J'incite les élèves à réagir au texte.	—	—	—
c) J'utilise le rappel de texte.	—	—	—
d) Les questions que je pose sont de différents types et portent sur des informations importantes.	—	—	—
e) J'organise des discussions sur les textes lus par les élèves.	—	—	—

7. Évaluation en lecture

	1	2	3
a) Mon évaluation est continue.	—	—	—
b) Mon évaluation est multidimensionnelle.	—	—	—
c) Mon évaluation est étroitement reliée à l'apprentissage.	—	—	—
d) Mon évaluation est interactive et collaborative.	—	—	—
e) Je rencontre chaque élève individuellement avec son dossier de lecture (portfolio).	—	—	—

LECTURE

Références bibliographiques

Adams, M.J. (1991). *Beginning to read: Thinking and learning about print*. Cambridge, MA: MIT Press.

Fielding, L.G., et Pearson, P.D. (1994). Reading comprehension: What works. *Educational Leadership*, 51, 5, 62-68.

Giasson, J. (1990). *La compréhension en lecture*. Boucherville (Québec): Gaëtan Morin éditeur.

McGill-Franzen, A., et Allington, R.L. (1991). Every child's right: Literacy. *The Reading Teacher*, 45, 2, 86-92.

Schuder, T. (1993). The genesis of transactional strategies instruction in a reading program for at-risk students. *The Elementary School Journal*, 94, 2, 183-200.

Stanovich, K.E. (1991). Discrepancy definitions of reading disability: Has intelligence led us astray? *Reading Research Quarterly*, 26, 1, 7-30.

LECTURE

CHAPITRE 7

Lire avant tout

Jocelyne Giasson

Il existe une donnée de recherche connue depuis longtemps, mais que l'on semble oublier lorsqu'on intervient auprès des élèves en difficulté : il s'agit de la corrélation très forte qui existe entre la quantité de matériel lu (traité) et la réussite en lecture. Les recherches ont montré que les élèves à risque lisent nettement moins en classe que les autres élèves (Sheveland, 1993). Contrairement aux pratiques traditionnelles, on suggère maintenant, non pas de ralentir le rythme d'enseignement avec les élèves à risque, mais au contraire de procéder avec eux à une augmentation massive de la quantité d'écrit traité en classe et en dehors de la classe. Dans ce chapitre, nous parlerons des différents moyens de modifier les habitudes de lecture chez ces élèves. Plusieurs de ces moyens visent l'ensemble de la classe, comme planifier une période quotidienne de lecture personnelle, organiser un coin-lecture, faire régulièrement la lecture aux élèves, favoriser la promotion de livres. D'autres moyens, bien qu'appliqués en classe, concernent plus particulièrement l'élève à risque ; nous pensons ici à toutes les techniques de lecture assistée qui consistent à offrir à l'élève un soutien au moment de la lecture.

7.1 SÉANCE DE LECTURE SILENCIEUSE

La première intervention pédagogique consistera à organiser une séance de lecture personnelle quotidienne. Pendant cette activité, les élèves lisent un livre de leur choix ; ils ne sont pas interrompus pendant la séance et n'ont pas à rendre compte de leur lecture. L'enseignante lit elle-même pendant ce temps. L'organisation régulière d'une séance de lecture silencieuse produit un effet positif sur l'attitude à l'égard de la lecture chez tous les élèves, et particulièrement chez les élèves à risque.

Le tableau 7.1 donne des suggestions concrètes pour faciliter l'implantation d'une séance de lecture personnelle pour l'ensemble des élèves de la classe ; la colonne droite du tableau comprend des suggestions concernant spécifiquement les élèves à risque (d'après Giasson et Thériault, 1983).

7.2 COIN-LECTURE

Un coin-lecture est un atout dans une classe ; on sait que, lorsqu'il y a un coin-lecture dans la classe,

LECTURE

TABLEAU 7.1
Organisation d'une séance de lecture silencieuse

Suggestions générales	Suggestions concernant les élèves à risque
• Avant l'implantation de la séance de lecture personnelle, il faut piquer la curiosité des élèves par une campagne de promotion. Expliquer le sens de cette activité et insister sur le plaisir d'une activité où chacun peut vraiment lire quelque chose de son choix.	• Pour prévenir les éventuels problèmes de comportement durant la séance de lecture silencieuse, on peut écrire avec les élèves une charte des règlements de cette activité. Pourquoi ne pas la rédiger en termes positifs?
• Le matériel de lecture doit être varié. Il est possible d'intéresser à la collecte des livres les parents, les libraires, les maisons d'édition, les clubs sociaux. Par exemple, écrire un mot aux parents pour leur expliquer les buts de la séance de lecture et leur demander des livres usagés.	• Il convient de s'assurer qu'il y a suffisamment de livres faciles pour les lecteurs à risque.
• Le fait de prévoir un moment dans la journée pour choisir le matériel évite le brouhaha avant la séance de lecture.	• Pour faciliter l'encadrement de l'activité, on peut faire entendre de la musique comme indice du début de la séance de lecture.
• L'élève choisit lui-même son livre et l'enseignante n'intervient pas pour critiquer ce choix. De plus, l'élève ne choisit qu'un seul livre.	• Au début, il serait opportun de guider l'élève à risque quant à la façon de choisir un livre qui lui convient.
• Il importe que l'enseignante lise elle-même durant la séance de lecture. En profiter pour lire des articles que l'on désire lire depuis longtemps ou des livres que l'on veut proposer aux élèves.	• Il convient de penser en particulier aux livres que l'on pourrait suggérer aux élèves à risque de la classe.
• Comme les enfants n'apprennent pas automatiquement à lire en silence, pendant une période de temps assez longue, il est nettement préférable de commencer par une courte séance, par exemple de trois à cinq minutes, et d'augmenter graduellement par étapes de deux minutes.	• Il est opportun de placer une minuterie bien en vue pour les enfants. Si l'enseignante donne elle-même le signal de fin d'activité, elle risque que les enfants interrompent souvent leur lecture pour lui demander combien il reste de temps.

→

TABLEAU 7.1 (suite)
Organisation d'une séance de lecture silencieuse

- Il n'y a pas de compte rendu des lectures, mais, lorsque l'activité est bien implantée, l'enseignante peut terminer la séance en commentant sa propre lecture. Amener graduellement les enfants à parler de ce qu'ils ont lu.

- Une fois l'intérêt suscité, il faut prévoir des activités qui maintiendront l'enthousiasme. Par exemple :
  - créer un bulletin dans lequel les enfants donnent des commentaires sur les livres ;
  - inviter différentes personnes à venir lire dans la classe pendant la séance de lecture.

- Cette activité est particulièrement utile aux lecteurs en difficulté qui entendent parler de certains livres : ils sont déjà préparés à certains éléments de l'histoire et ont souvent hâte de lire les livres dont ils ont entendu parler.

- On peut encourager les élèves à risque à utiliser le tableau d'affichage (« babillard ») pour faire part de leurs commentaires sur leurs lectures.

Source : D'après Giasson et Thériault (1983).

les élèves lisent 50 % plus de livres. Il va donc sans dire que les élèves à risque seront avantagés par la présence d'un tel atout. Un coin-lecture de qualité présente les caractéristiques suivantes :

- il contient au moins huit livres par élève ;
- il peut recevoir facilement cinq élèves ou plus ;
- il est tranquille et bien éclairé ;
- il possède un tapis ou des sièges ;
- il offre de l'intimité par l'ajout d'une séparation ;
- il présente quelques livres dont la couverture est bien en évidence ;
- il possède un tableau d'affichage avec des jaquettes de livres attrayantes et des affiches ;
- il offre un classement pour les livres ;
- il est désigné par un nom précis.

Pour faciliter le prêt des livres de son coin-lecture, l'enseignante peut installer au mur un tableau avec des pochettes. Chaque pochette contient la fiche de lecture d'un élève. Lorsque l'élève choisit un livre, il retire sa fiche et la place dans le livre emprunté. Ainsi, d'un seul coup d'œil, on peut se rendre compte qu'un élève à risque n'a pas emprunté de livres et s'informer alors auprès de lui de ce qui l'empêche de le faire.

Il ne faut pas hésiter à faire participer les élèves à risque à la planification du coin-lecture, qu'il s'agisse, par exemple, de placer les livres, de choisir un nom pour le coin, de le décorer ou de le maintenir en ordre.

7.3 FAIRE LA LECTURE AUX ÉLÈVES

On a souvent l'impression que lorsque les enfants savent lire, il n'est plus nécessaire de leur faire la lecture. Ainsi, des enquêtes auprès des enseignants ont révélé que cette pratique pédagogique était relativement peu fréquente (Hoffman, Roser et Battle, 1993). Pourtant, les recherches ont montré que faire la lecture aux enfants est un moyen pertinent pour développer la motivation à lire, le vocabulaire des élèves, le goût de la littérature de jeunesse. Aussi, cette activité peut être particulièrement profitable aux élèves à risque, puisque ce sont précisément ceux qui sont peu enclins à lire et qui n'ont souvent pas eu la chance de développer leur vocabulaire par des lectures personnelles (Stahl, Richek et Vandevier, 1991).

LECTURE

LECTURE

FIGURE 7.1
Grille d'auto-évaluation de la façon de faire la lecture aux élèves

a) Je fais la lecture à mes élèves :

- tous les jours   ❏
- quelques fois par semaine   ❏
- une fois par semaine   ❏
- presque jamais   ❏

b) Je choisis les livres à lire en fonction :

- de leur qualité littéraire   ❏
- des thèmes traités en classe   ❏
- des intérêts des élèves   ❏

c) J'invite les élèves à discuter après la lecture :

- toujours   ❏
- souvent   ❏
- parfois   ❏

d) La lecture est par la suite réinvestie dans des activités :

- activités d'écriture   ❏
- dessins   ❏
- autres   ❏

Les conseils suivants pourront être pris en compte pour planifier la séance de lecture (voir la figure 7.1):

– Faire régulièrement la lecture aux élèves: ne pas laisser au hasard, mais déterminer une heure fixe.

– Choisir des livres de qualité, qui intéressent les élèves et qui sont reliés aux autres activités en cours dans la classe. À l'occasion, on peut choisir un livre dont le thème porte sur les intérêts d'un élève à risque qui a une image de lui-même négative. Le fait de montrer ouvertement à l'enfant que l'on tient compte de ses intérêts est une bonne façon de travailler à l'amélioration de son image de soi. Il ne s'agit pas cependant de demander à l'élève de choisir lui-même le livre qu'on lira à toute la classe. Ce choix appartient à l'enseignante, car celle-ci doit prendre en considération la **qualité** du livre et non seulement son **intérêt** pour les élèves.

– Ne pas terminer la lecture par des questions de compréhension, mais par des discussions sur le livre. Favoriser également le réinvestissement dans d'autres activités.

7.4 PROMOTION DE LIVRES ET ACQUISITION D'HABITUDES DE LECTURE

Toutes les activités dans lesquelles l'enseignante met les livres en valeur sont à encourager. Les élèves à risque peuvent également bénéficier de la promotion de livres effectuée par leurs pairs. (Pour des suggestions concrètes de promotion de livres, on peut consulter Giasson [1995].)

Les élèves doivent être encouragés à tenir des relevés de leurs lectures afin d'examiner leurs propres progrès. L'élève doit avoir le temps de feuilleter des livres pour faire son choix, mais une fois qu'il en a choisi un, il est important qu'il en écrive le titre sur son relevé. De façon générale, le relevé de lecture comprendra les éléments suivants:

– le titre (éventuellement le nom de l'auteur);
– la date (début et fin);

– une opinion brève sur le livre ou une évaluation du niveau de difficulté.

On peut varier le format de ces relevés, mais ils doivent toujours être faciles et rapides à remplir. La figure 7.2 donne un exemple de relevé classique et la figure 7.3 illustre un modèle de relevé qui fait plus de place aux commentaires de l'élève. Dans ce dernier exemple, l'enseignante ajoute quelques mots à la suite des commentaires de l'élève, ce qui est particulièrement apprécié des élèves à risque.

7.5 CHOIX DES LIVRES POUR LES ÉLÈVES À RISQUE

Le choix des livres pour les élèves à risque est un problème un peu particulier. D'une part, ceux-ci ne sont pas assez habiles pour lire les livres qui les intéressent et, d'autre part, ils ne sont pas intéressés par les livres qui correspondent à leur niveau de lecture, car ils les trouvent trop « bébés ». Cette dernière réaction provient à la fois de la pression des pairs et du contenu qui n'est pas approprié à leur âge et à leurs intérêts. Il existe, il est vrai, certains livres portant sur des thèmes qui s'adressent à des enfants du milieu ou de la fin du primaire et qui présentent un niveau de difficulté de lecteur débutant. Ces livres sont intéressants à utiliser, mais ils sont trop peu nombreux pour répondre à tous les besoins. Le rôle de l'orthopédagogue et de l'enseignante sera plutôt de rendre acceptables les livres faciles et de rendre accessibles les livres difficiles (Fielding et Roller, 1992).

7.5.1 Comment rendre les livres faciles acceptables

Il est important que l'élève à risque ait la chance de lire régulièrement des livres qui sont à son niveau de lecture. Voici quelques suggestions pour rendre acceptables les livres faciles:

– Exprimer devant toute la classe le plaisir qu'on peut éprouver à lire des livres faciles: faire comprendre aux élèves que même les adultes aiment parfois lire des livres faciles pour eux.

LECTURE

FIGURE 7.2
Exemple de relevé de lecture

QU'AS-TU LU ?			
Date de début	Titre	Date de fin	Commentaires

FIGURE 7.3
Exemple de relevé de lecture avec commentaires

Nom : _____

Titre : _____

Date : _____

Quel est ton personnage préféré ? Aimerais-tu lui ressembler ?

_____

_____

_____

_____

_____

Réponse de l'enseignant

_____

_____

_____

_____

_____

_____

LECTURE

– Modifier le but de la lecture. Au lieu de faire lire un livre facile pour le plaisir, demander aux élèves de :

• se préparer à lire pour un enfant de maternelle ou de première année. Avec les lecteurs en grande difficulté, on verra à ce que le jumelage soit bien fait et que le lecteur à risque ne se retrouve pas avec un jeune lecteur plus habile que lui ;

• s'entraîner à lire des livres destinés au coin d'écoute de maternelle, et les enregistrer.

– Changer la conception de la classe sur le contenu des livres faciles. Engager des discussions sur des livres faciles pour montrer que même ces livres peuvent être intéressants à analyser.

7.5.2 Comment rendre les livres difficiles accessibles

Il est important également que les élèves à risque aient accès au contenu des livres qui sont trop difficiles pour eux, autrement l'écart avec les autres élèves continuera de s'agrandir. Voici une série de suggestions pour faciliter la lecture des livres difficiles :

– Laisser aux élèves un certain temps pour explorer le livre. Si le livre difficile a été choisi par l'élève lui-même parce qu'il l'intéressait vraiment, son interaction avec celui-ci a des chances d'être positive.

– Favoriser la relecture. Tous les lecteurs comprennent mieux un livre lorsqu'il a été lu à plusieurs reprises. On connaît depuis longtemps les avantages de la lecture répétée.

– Enregistrer certains textes. Cela permettra à l'élève de participer à la discussion sur un texte qui aurait été trop difficile pour lui. Cependant, pour développer en même temps l'autonomie de l'élève, on peut utiliser une technique qui consiste à enregistrer des parties du texte et à laisser l'élève lire les parties suivantes, en alternance. La portion de texte à lire augmente graduellement : phrase, court paragraphe, paragraphe plus long.

– Encourager la lecture avec un partenaire. Un élève plus habile servira de partenaire pour la lecture d'un livre plus difficile. La section qui suit est précisément consacrée à ce type d'intervention.

7.6 LECTURE ASSISTÉE

Plusieurs études ont montré qu'on pouvait aider les élèves en difficulté, non pas en les centrant sur le décodage, mais en les assistant au cours même d'une lecture qui, autrement, aurait été trop difficile pour eux. Ces interventions sont connues sous le nom de lecture assistée. Nous présentons ci-dessous trois formes de lecture assistée : la lecture répétée en dyade, la lecture avec tuteur, la lecture en dyade informelle.

7.6.1 Lecture répétée en dyade

La lecture répétée en dyade, qui s'adresse à de jeunes lecteurs, a comme objectif de faciliter l'acquisition de la fluidité en lecture (Koskinen et Blum, 1986). Pour réaliser cette activité, on planifiera quelques rencontres de 10 à 15 minutes chaque semaine. Voici comment cela se passe :

– Les élèves sont répartis en dyades composées d'élèves de la même classe mais de niveaux d'habileté différents. Au début de chaque rencontre, les élèves choisissent chacun un court texte à leur niveau de lecture (50 à 100 mots). Le choix de passages différents accroît l'intérêt de l'activité et décourage les comparaisons directes.

– Les élèves lisent leur texte silencieusement ; ils décident ensuite qui lira oralement son texte en premier.

– Le premier lecteur lit trois fois son texte à voix haute ; il peut demander de l'aide à son partenaire au besoin. Après chaque lecture, le lecteur répond à la question « Comment était ta lecture ? » sur une fiche préparée à cet effet (voir la figure 7.4).

– Après chacune des deux autres lectures, celui qui écoute dit au lecteur en quoi il s'est amélioré durant ses lectures et remplit une fiche d'évaluation qui présente la particularité de ne contenir que des commentaires positifs (voir la figure 7.5).

– Après la troisième lecture, les élèves changent de rôle.

FIGURE 7.4
Exemple d'évaluation de sa lecture par l'élève

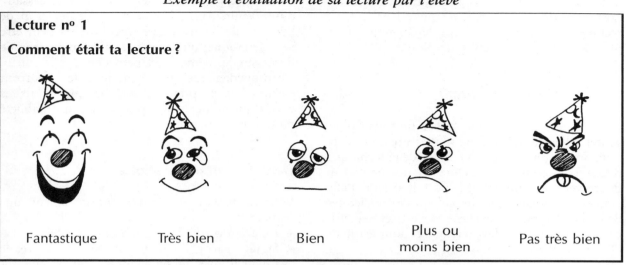

Lecture n° 1

Comment était ta lecture?

Fantastique   Très bien   Bien   Plus ou moins bien   Pas très bien

FIGURE 7.5
Fiche de commentaires pour la lecture en dyade

En quoi la lecture de ton ou ta partenaire s'est-elle améliorée ?	Oui	Non
• Il ou elle a lu plus couramment.	_____	_____
• Il ou elle a su plus de mots.	_____	_____
• Il ou elle a lu avec plus d'expression.	_____	_____
Dis à ton ou ta partenaire une chose qu'il ou elle a améliorée dans sa lecture.		

LECTURE

Un effet intéressant de cette technique est le fait que les élèves à risque, qui ont rarement l'occasion de se faire féliciter pour leur lecture, reçoivent à chaque rencontre des commentaires positifs de la part de leur partenaire.

7.6.2 Lecture avec tuteur

La technique suivante fait appel à un tuteur pour soutenir l'élève à risque dans la lecture d'un texte d'un niveau plus élevé. L'avantage de la technique réside dans sa simplicité : elle demande un niveau d'intervention minimal de la part du tuteur et elle peut être intercalée dans les activités quotidiennes de classe. De plus, la technique s'est révélée efficace à la fois pour l'élève à risque et pour le tuteur (Topping, 1989).

Formation des dyades et entraînement des tuteurs

Les tuteurs peuvent être soit des élèves habiles de la même classe que l'élève à risque, soit des élèves d'une classe supérieure (par exemple, un élève de sixième année peut servir de tuteur à un élève de troisième année).

Pour la formation des dyades, il faut tenir compte des relations entre les élèves : il ne serait pas avisé de jumeler des élèves qui ont déjà une relation très positive ou une relation très négative. Il ne faudrait pas non plus placer une personnalité très forte avec une personnalité particulièrement faible.

Pour le bon déroulement de l'activité, il est nécessaire d'entraîner les tuteurs en leur montrant concrètement comment fonctionne la technique. Il faudra ensuite prévoir une supervision régulière des équipes.

Choix des textes

Habituellement, les élèves à risque sont laissés libres de choisir leurs textes à condition qu'ils restent dans les limites de l'habileté du tuteur. Si certaines dyades ne réussissent pas à choisir le matériel approprié, il sera peut-être nécessaire d'intervenir. Ainsi, le fait de présenter trop de livres faciles et trop de livres difficiles peut être problématique, ou encore, le fait d'avoir trop de livres sur le même sujet peut ennuyer le tuteur. L'orthopédagogue ou l'enseignante pourront éventuellement préparer une banque de textes variés qui ne dépassent pas le niveau d'habileté du tuteur.

Déroulement d'une séance

Voici comment se déroule normalement une séance :
- L'élève à risque lit le texte oralement.
- Si une partie du texte est difficile à lire, le tuteur lit avec lui en adaptant son rythme.
- Si l'élève fait une erreur, le tuteur corrige et l'élève répète le mot. Cette intervention simple élimine la possibilité que le tuteur devienne trop didactique ou autoritaire.
- Si le texte est plus facile, l'élève peut demander au tuteur, par un signe convenu à l'avance, de se taire. Il continue alors seul la lecture.
- Si l'élève hésite plus de cinq secondes sur un mot, le tuteur donne le mot et reprend la lecture avec lui.
- Tout au long de la séance, le tuteur félicite « son élève » lorsqu'il réussit bien.

Durée des séances

Les séances doivent durer au moins 15 minutes, mais moins de 30 minutes. Elles auront lieu en classe au moins trois fois par semaine ; il est possible d'y ajouter quelques séances en classe ou en dehors de la classe. Le programme devrait idéalement durer six semaines.

7.6.3 Lecture en dyade informelle

Il existe une version plus simple de la technique précédente, soit la lecture en dyade informelle. Cette dernière consiste à jumeler un élève à risque avec un élève de la classe qui servira de tuteur; ce dernier peut être différent chaque semaine. Les textes utilisés sont choisis parmi tout ce qui peut être lu par le tuteur et qui intéresse les deux enfants. Les élèves jumelés s'assoient côte à côte et lisent à voix haute à partir du même livre. Le tuteur suit le texte du doigt en lisant. Il lit à un rythme normal, évitant le mot à mot. Son compagnon regarde les mots à mesure qu'ils sont lus et essaie d'en lire autant qu'il peut. Soulignons que plusieurs recherches ont confirmé l'efficacité de cette technique facile à utiliser en classe (Eldredge, 1990).

Références bibliographiques

Eldredge, J.L. (1990). Increasing the performance of poor readers in the third grade with a group-assisted strategy. *Journal of Educational Research, 84,* 2, 69-77.

Fielding, L., et Roller, C. (1992). Making difficult books accessible and easy books acceptable. *The Reading Teacher, 45,* 9, 678-685.

Giasson, J. (1995). *La lecture : de la théorie à la pratique.* Boucherville (Québec) : Gaëtan Morin Éditeur.

Giasson, J., et Thériault, J. (1983). *L'apprentissage et l'enseignement de la lecture.* Montréal : Les éditions Ville-Marie.

Hoffman, J.V., Roser, N.L., et Battle, J. (1993). Reading aloud in classrooms : From the modal toward a « model ». *The Reading Teacher, 46,* 6, 496-503.

Koskinen, P.S., et Blum, I.H. (1986). Paired repeated reading : A classroom strategy for developing fluent reading. *The Reading Teacher, 40,* 1, 70-78.

Sheveland, D.E. (1993). Can school make a difference in the development of independent readers for pleasure ? Communication présentée en décembre au congrès annuel de la National Reading Conference, Charleston, SC.

Stahl, S.A., Richek, M.A., et Vandevier, R.J. (1991). Learning meaning vocabulary through listening : A sixth-grade replication. In J. Zutell, et S. McCormick (dir.), *Learner factors / Teacher factors : Issues in literacy research and instruction.* Fortieth Yearbook of The National Reading Conference, Chicago : National Reading Conference.

Topping, K. (1989). Peer tutoring and paired reading : Combining two powerful techniques. *The Reading Teacher, 42,* 7, 488-496.

L E C T U R E

CHAPITRE 8

Stratégies de lecture

Jocelyne Giasson

Les enseignantes se questionnent souvent sur les meilleures façons d'améliorer la compréhension en lecture chez leurs élèves à risque. Lorsque les élèves ont acquis les rudiments de la lecture, l'intervention la plus courante consiste à leur faire réaliser des tâches de lecture en espérant que ces dernières seront suffisantes pour les aider à élaborer des stratégies de compréhension. Suffit-il de placer les élèves dans des situations signifiantes pour qu'ils découvrent des stratégies efficaces de lecture ? Nous croyons que cette découverte ne doit pas être laissée au hasard, mais qu'elle doit, au contraire, être encadrée et soutenue chez tous les élèves, particulièrement chez les élèves à risque.

Dans ce chapitre, nous présenterons d'abord les principes de l'enseignement stratégique, puis des suggestions concrètes concernant l'enseignement des principales stratégies de lecture que l'on trouve dans le programme de lecture du primaire (ministère de l'Éducation du Québec, 1994). Après avoir proposé une analogie destinée à initier les élèves à l'idée de stratégie, nous aborderons la gestion de la compréhension ainsi que des stratégies plus spécifiques comme se préparer à lire, donner du sens à des mots nouveaux, utiliser le schéma de récit. Pour terminer, nous expose-

rons des stratégies sur la façon d'utiliser l'information après la lecture d'un texte : comprendre des questions ou des consignes, trouver la bonne source d'information et formuler la réponse de façon appropriée.

8.1 ENSEIGNEMENT STRATÉGIQUE

Le lecteur efficace fait appel à une variété de stratégies de lecture, ce qui n'est pas le cas du lecteur à risque. De façon plus précise, on peut dire que souvent les élèves à risque ne réalisent pas qu'ils ne comprennent pas ; quand ils le constatent, ils ne connaissent pas les stratégies utiles pour récupérer le sens ; quand ils connaissent une stratégie, ils ne savent pas toujours l'utiliser correctement, et enfin, quand ils savent employer une stratégie, ils ne savent souvent pas à quel moment l'appliquer (Maria, 1990). Les élèves à risque ont donc particulièrement besoin qu'on leur enseigne explicitement les stratégies de lecture utilisées par les lecteurs efficaces.

Une bonne façon de procéder consiste à adopter la démarche de l'enseignement stratégique, qui comprend essentiellement les cinq étapes suivantes.

8.1.1 Définir la stratégie et préciser son utilité

Au point de départ, il est important de définir la stratégie en employant un langage approprié aux élèves. Il faut ensuite expliquer à ces derniers en quoi la stratégie leur sera utile pour comprendre un texte, quels sont ses bénéfices potentiels. Tout au long de l'enseignement, les élèves doivent avoir des preuves concrètes que la stratégie étudiée les aide à mieux réussir. Cela est particulièrement important pour les élèves à risque, qui n'attribuent pas leurs échecs et leurs réussites à leur comportement, mais à des causes qui échappent à leur contrôle.

Certaines recherches ont montré que le fait de « valoriser » la stratégie pouvait contribuer au maintien de son utilisation par les élèves. Il existe plusieurs façons de valoriser les stratégies :
- dire aux élèves qu'utiliser la stratégie peut les aider à mieux réussir en lecture ;
- leur expliquer que cette stratégie a été utile à d'autres élèves ;
- donner une rétroaction aux élèves sur le lien entre l'utilisation de la stratégie et l'amélioration de leur performance. Exemple : « Tu es capable de répondre correctement à beaucoup plus de questions depuis que tu utilises… (nommer la stratégie). »

Ces directives sont particulièrement utiles pour les lecteurs qui manquent de confiance en eux. En effet, le message implicite transmis par la valorisation des stratégies est qu'ils peuvent réussir à mieux comprendre un texte s'ils appliquent des stratégies, ce qui augmente leur sentiment de contrôle sur la tâche à accomplir. Si d'autres ont réussi, ils peuvent y arriver eux aussi.

8.1.2 Rendre le processus transparent

Dans l'enseignement d'une stratégie de lecture, il est nécessaire d'expliciter verbalement ce qui se passe dans la tête d'un lecteur accompli durant le processus. Contrairement aux activités physiques, les processus cognitifs ne peuvent être observés directement. Les processus de lecture doivent donc être illustrés par un lecteur accompli (enseignante ou pair). Le rôle de cette illustration est essentiellement de « rendre transparent » le processus cognitif. Cette étape se situe au cœur de l'enseignement explicite.

Par exemple, au cours d'une lecture à voix haute, l'enseignante peut, devant un mot inconnu, dire aux élèves : « Je ne connais pas le sens exact de ce mot, je pense qu'il veut dire…, mais je n'en suis pas certaine. Allons voir si le reste du texte peut nous éclairer sur sa signification. » L'enseignante poursuit la lecture et mentionne au fur et à mesure les éléments qui viennent confirmer, préciser ou infirmer son hypothèse.

8.1.3 Interagir avec les élèves et les guider vers la maîtrise de la stratégie

Il s'agit ensuite d'orienter les élèves vers la maîtrise de la stratégie enseignée en donnant des indices, en faisant des rappels et en diminuant graduellement l'aide apportée. L'intervention de type étayage (*scaffolding*) sera ici l'intervention à privilégier (voir le chapitre 1). L'apprentissage coopératif sera également très utile, à cette étape, car il permet aux élèves, d'une part, de voir comment les autres membres de la classe expliquent la stratégie utilisée et, d'autre part, de confronter leur propre conception à celle de leurs compagnons.

8.1.4 Assurer l'application de la stratégie

L'enseignante doit sensibiliser les élèves au fait qu'une stratégie ne s'utilise pas sans discernement. Il faut juger à quel moment l'emploi d'une stratégie particulière sera utile pour comprendre le texte. L'enseignante explique dans quelles conditions la stratégie doit être ou ne doit pas être utilisée et comment évaluer son efficacité. Signalons qu'une façon d'aider les élèves à employer les stratégies de lecture de façon constante est de les inciter à les appliquer dans les autres matières scolaires.

8.1.5 Favoriser l'autonomie dans l'utilisation de la stratégie

À cette étape, l'élève assume presque toute la responsabilité de l'application de la stratégie enseignée. Il ne s'agit pas, à ce stade, d'évaluer l'élève, mais plutôt de consolider ses apprentissages. Après quelques utilisations autonomes des stratégies, l'enseignante discute avec les élèves, surtout avec ceux qui éprouvent de la difficulté, afin de prévenir la cristallisation d'une application inefficace.

En terminant, soulignons que l'enseignement stratégique ne consiste pas à enseigner simplement une série de stratégies aux élèves, mais plutôt à leur faire adopter un comportement stratégique, un comportement de résolution de problèmes.

8.2 INTRODUCTION AUX STRATÉGIES

Au début de l'année, il est indiqué d'amorcer l'enseignement des stratégies par une métaphore. L'enseignante peut recourir à la métaphore de son choix (par exemple, la chasse aux trésors, le détective, etc.); dans ce chapitre, nous donnons l'exemple de la balade à bicyclette, qui convient à plusieurs niveaux du primaire. Concrètement, pour exploiter cette métaphore, il faut préparer une affiche représentant approximativement le plan du quartier et sur laquelle un personnage de carton pourra être déplacé grâce à un aimant; cette affiche sert de support à la métaphore (voir la figure 8.1).

La métaphore sera présentée verbalement aux élèves: il s'agira essentiellement de faire ressortir les ressemblances entre lire et faire une balade à bicyclette. Le tableau 8.1 rassemble l'essentiel de ces comparaisons.

8.3 GÉRER SA COMPRÉHENSION

Apprendre à gérer sa compréhension est certainement l'une des principales stratégies à faire adopter à tous les élèves du primaire, particulièrement aux élèves à risque. Essentiellement, il s'agit d'amener le lecteur à réagir aux sonnettes d'alarme qui l'avertissent qu'il a perdu le sens du texte. Une fois la perte de compréhension détectée, il

FIGURE 8.1
Illustration servant de support à l'analogie de la balade à bicyclette

Source: Cloutier (1993).

TABLEAU 8.1
Analogie entre la lecture et une balade à bicyclette

Bicyclette	Lecture
• Avant de partir, je décide où je vais et dans quel but.	• Je me demande quel est mon but en lisant un texte.
• Je pense au chemin que je vais prendre pour me rendre à l'endroit choisi.	• Je pense à ce que je peux rencontrer dans le texte (prédictions).
• Si j'arrive à une fourche, je consulte ma carte.	• Je vérifie si mes prédictions étaient exactes.
• Si ma bicyclette fonctionne mal, je cherche où est le problème. Si l'un des pneus est crevé, j'utilise ma boîte à outils pour le réparer.	• Si je ne comprends plus en lisant, j'utilise les trucs que je connais pour me dépanner.

faut que le lecteur choisisse parmi les différents moyens qu'il connaît ceux qui sont les plus susceptibles de l'aider à retrouver le sens du texte. Rappelons que moins l'élève aura d'attentes par rapport à la compréhension du texte, plus il aura de la difficulté à gérer sa compréhension.

La présente section décrit les principales étapes de la gestion de la compréhension. Il faut bien réaliser cependant qu'il ne s'agit pas d'une démarche linéaire, mais plutôt d'un processus cyclique et dynamique.

Étape 1 – Vue d'ensemble de la gestion de la compréhension

Insister sur l'importance de la compréhension en lecture, et particulièrement sur l'importance de la gestion de cette compréhension. L'enseignante peut démontrer son propre comportement lorsqu'elle est devant un texte qui pose problème. Elle peut expliquer la source de la difficulté et sa façon de surmonter cette difficulté. Par exemple, elle peut dire : « Je ne connais pas ce mot, mais, d'après le reste de la phrase, je pense que ce mot veut dire... » ou encore : « Je ne comprends pas bien le sens de cette phrase, mais peut-être qu'en lisant le reste du paragraphe, je comprendrai mieux... »

Étape 2 – Évaluation du degré de perte de compréhension

Présenter aux élèves des extraits dans lesquels certaines phrases sont incompréhensibles (sans sens) et des phrases qui sont plus difficiles à comprendre (à cause du vocabulaire ou du contenu). Devant une difficulté, demander aux élèves d'évaluer leur degré de compréhension. Leur remettre trois cartons (vert, jaune et rouge) qui leur serviront à indiquer leur degré de compréhension.

Le carton vert signifie : « Je comprends bien, j'ai une compréhension claire, une image dans la tête ; je pourrais l'expliquer à quelqu'un d'autre. »

Le carton jaune, quant à lui, indique : « Je comprends partiellement, j'ai une image incomplète dans la tête et je ne pourrais pas l'expliquer à quelqu'un d'autre. ».

Enfin, le carton rouge sert à exprimer : « Je ne comprends pas. »

Demander aux élèves de lever le carton qui correspond à leur compréhension. D'un coup d'œil, l'enseignante peut voir la répartition des cotes dans la classe. Par exemple, le fait qu'un élève réponde « Je comprends bien » quand il est face à une phrase incompréhensible lui permet de réaliser que cet élève éprouve de la difficulté à identifier une perte de compréhension.

Partager avec le groupe sa propre cotation. Par exemple, on peut dire : « J'ai donné la cote 2 seulement parce que... » Les élèves réalisent ainsi que la compréhension d'un texte peut varier d'un lecteur à l'autre. Leur démontrer également que le but poursuivi au moment de la lecture peut influer sur le genre de compréhension cherché : il arrive qu'une compréhension partielle puisse suffire, par exemple lorsque le lecteur désire extraire seulement une idée générale du texte.

Étape 3 – Détermination de la source du problème

Par la suite, amener les élèves à déterminer la source de leurs difficultés. Il s'agit alors d'utiliser la classification suivante : « J'ai des difficultés à comprendre un mot », « J'ai des difficultés à comprendre une idée ».

Étape 4 – Choix des stratégies

Lorsque les élèves sont capables de déterminer leur niveau de compréhension (trois niveaux) et la source de leurs difficultés (un mot ou une idée), passer aux stratégies à utiliser pour résoudre les problèmes identifiés.

Les stratégies à utiliser lorsque le problème se situe sur le plan du mot peuvent être de se référer au contexte, à la morphologie du mot, au dictionnaire ou de demander une aide extérieure. Si le problème se situe sur le plan de l'idée, on peut suggérer graduellement les stratégies suivantes : continuer à lire, revenir sur sa lecture, regarder le titre, les illustrations, la ponctuation, se poser des questions, redire le texte dans ses propres mots, se faire une image mentale, demander de l'aide à quelqu'un.

Afin de faciliter le rappel des stratégies, il est pertinent d'associer un symbole visuel à chacune d'elles ; la figure 8.2 présente une affiche rappelant les principales stratégies de lecture. Cette affiche est donnée à titre d'exemple ; elle sera personnalisée dans chaque classe.

FIGURE 8.2
Ade-mémoire pour le rappel des stratégies de compréhension

- Avant de lire,
REGARDE
le titre, les illustrations

PENSE
à ce que tu sais déjà

- En lisant,
PRÉDIS
ce qui peut arriver

FAIS DES IMAGES
dans ta tête

QUESTIONNE-TOI
Est-ce que cela a du sens ?

CONTINUE À LIRE
Utilise le contexte

RELIS
à voix haute ou en silence

DEMANDE
de l'aide à quelqu'un qui peut t'assister

Source : Traduite et adaptée de Wilson (1991).

8.4 SE PRÉPARER À LIRE

Il est important de sensibiliser les élèves au fait qu'il faut être actif avant même de commencer à lire un texte. Pour ce faire, il est indiqué de procéder à un enseignement explicite des stratégies utilisées par les lecteurs efficaces pour se préparer à lire.

Il sera particulièrement important :
- d'expliciter verbalement la façon dont on procède pour se préparer à lire ;
- de faire comprendre aux élèves que les façons de se préparer à lire varient en fonction des textes et des situations ;
- de leur démontrer que le fait de se préparer à lire facilite la compréhension du texte.

Le lecteur efficace utilise plusieurs indices du texte pour se préparer à lire : titre, sous-titres, illustrations, graphiques, tableaux, mots en caractères gras, introduction. Pour faire comprendre aux élèves que, pour survoler un texte, le lecteur efficace n'utilise que quelques éléments du texte, on peut leur présenter un texte agrandi dans lequel on aura mis en évidence les éléments pertinents (titre, sous-titres, mots en caractère gras, illustrations, encadrés, etc.). Le texte lui-même sera hachuré de façon à être illisible (voir la figure 8.3). Ainsi, les élèves réaliseront qu'ils peuvent déjà se faire une idée du contenu du texte à partir de certains indices.

Avant de lire un texte, le lecteur efficace se donne une intention de lecture, active ses connaissances et fait des prédictions sur le texte qui s'en vient. Ces stratégies seront expliciquées à partir de différents types de textes. Pour inciter les élèves à l'utilisation autonome de ces stratégies, on peut leur remettre un aide-mémoire comme celui qui est présenté à la figure 8.4.

8.5 DONNER DU SENS AUX MOTS PEU FAMILIERS

Très souvent, les élèves à risque s'imaginent que la seule façon de trouver le sens d'un mot nouveau est de le chercher dans le dictionnaire ou de demander de l'aide à quelqu'un. Ils ne sont pas conscients que le contexte peut leur donner des indications pertinentes sur le sens de mots moins familiers. Or, pour inciter les élèves à se référer au contexte, on a souvent tendance à leur dire simplement : « Servez-vous des autres mots du texte. » Toutefois, bien des élèves ne savent pas ce que l'enseignante entend par « se servir des autres mots du texte » et ils ont besoin d'un enseignement plus explicite à ce sujet.

FIGURE 8.3
Texte mettant en évidence les indices à utiliser pour le survol

La chèvre

Origine

//
//////////// Québec ///////////// Jacques Cartier /// 1541.

Caractéristiques

//
/////////////////////.

Alimentation

//
//
//////////////////////.

Utilité

//
//////////////////////////// 12 ///////////////////////////////////////
//
/////////////////////////.

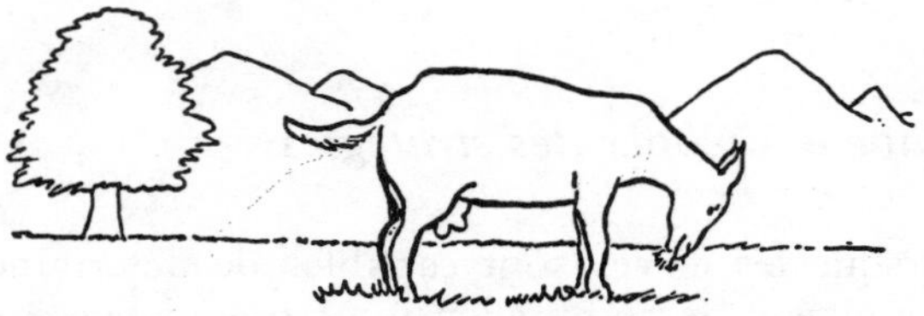

Source : Cloutier (1993).

On peut enseigner explicitement aux élèves à utiliser différents moyens susceptibles de les aider à dégager le sens d'un mot nouveau. Plusieurs voies s'offrent à lui : sa compréhension globale du texte, les connaissances qu'il peut tirer du mot lui-même (connaissances sur la morphologie), les connaissances antérieures qu'il possède sur le sens du mot et la connaissance implicite qu'il a du fonctionnement de la langue (par exemple, savoir que tel mot est un nom, un verbe, un adverbe...).

Concrètement, la stratégie employée comprend deux phases :
- Regarder « à l'intérieur du mot » :
  - repérer la structure du mot : suffixe, préfixe, racine ;
  - vérifier sa propre connaissance du mot s'il y a lieu (« ce que je sais déjà du mot »).

FIGURE 8.4
Aide-mémoire représentant les stratégies de préparation à la lecture

Je me prépare...	Indices du texte	Intention de lecture Mon but	Mes connaissances	Mes prédictions	Je suis prêt(e) à partir
	Titre ____ ____ ____ dessin	Pourquoi je lis ce texte ?	Je sais que... Je connais...	Je prévois que... J'imagine...	

Source : Cloutier (1993).

– Regarder « autour du mot » :
  • regarder la phrase ou l'expression dans laquelle se trouve le mot nouveau ;
  • regarder le cadre général de la partie du texte où le mot apparaît.

Au début, il s'agit de choisir un contexte raisonnablement informatif de façon que les élèves réussissent assez bien à imaginer le sens du mot nouveau. Puis on passera graduellement à des contextes moins riches, puisque c'est le type de contexte rencontré le plus fréquemment dans les lectures personnelles.

Étape 1. L'enseignante explique le but de la stratégie, puis illustre concrètement les deux phases de la procédure : 1) regarder à « l'intérieur du mot » ; 2) regarder « autour du mot ». Elle montre ensuite aux élèves comment combiner les informations tirées des deux phases pour arriver à formuler une hypothèse. Pour ce faire, on choisira un texte contenant un mot de sens inconnu et on explicitera verbalement comment on procède soi-même pour arriver à dégager le sens de ce mot nouveau.

Étape 2. L'enseignante guide les élèves dans l'application de la stratégie en leur donnant le soutien nécessaire. Il ne faut pas oublier ceci : pour que le contexte permette de trouver le sens de mots nouveaux, le texte doit être au niveau de l'élève. Si le texte est trop difficile, l'élève ne pourra mettre en application cette stratégie. Il est important que les élèves à risque puissent appliquer la stratégie d'abord à des textes faciles.

Étape 3. Les élèves effectuent la démarche au complet sous la supervision de l'enseignante.

Étape 4. Les élèves appliquent la stratégie en équipes.

Étape 5. Les élèves utilisent la stratégie de façon autonome dans différents contextes (manuels des autres matières scolaires, lecture personnelle...). Périodiquement, on demande à un élève ou à un autre de lire à haute voix (dans son livre de bibliothèque) un paragraphe dans lequel il a rencontré un mot nouveau et d'expliquer aux autres élèves comment il a combiné les indices pour trouver le sens de ce mot nouveau.

Il faut reconnaître cependant que les élèves moins habiles apprennent moins de mots nouveaux en lisant un texte que des élèves habiles ; le problème semble se situer sur le plan de la connaissance générale du vocabulaire : ces élèves rencontrent plus de mots nouveaux, ils connaissent moins bien les autres mots et ils ont moins d'information contextuelle à leur disposition (Shefelbine, 1990).

8.6 UTILISER LE SCHÉMA DE RÉCIT

Au cours de la dernière décennie, plusieurs chercheurs se sont intéressés à décrire les régularités trouvées dans les récits. Ces études ont montré que le lecteur se fait une idée de ce qu'est une histoire et des éléments qui devraient s'y retrouver. Il fait appel à cette connaissance pour prédire le déroulement de l'histoire, pour en déterminer les éléments importants, bref pour comprendre le texte. Cette connaissance est intuitive chez la plupart des bons lecteurs et on peut supposer que le fait de rendre plus consciente cette connaissance intuitive chez les élèves à risque ne pourra qu'améliorer leur compréhension de récits. L'ensemble des recherches montre qu'effectivement l'enseignement peut contribuer à une meilleure connaissance du schéma de récit, ce qui, en retour, améliore la compréhension et le rappel de récit tant chez les élèves habiles que chez les élèves en difficulté (Fitzgerald, 1992 ; Leaman, 1993).

Voici quelques suggestions pour sensibiliser les élèves au schéma de récit :

– Faire prendre conscience aux élèves du fait qu'il existe un schéma de récit. Expliquer que certaines questions représentent l'essentiel des histoires. Insister sur le fait que, s'ils se posent ces questions durant leur lecture, ils comprendront mieux les histoires qu'ils liront. On peut présenter la liste des questions à l'aide du rétroprojecteur (voir la figure 8.5).

FIGURE 8.5
Questions reliées au schéma de récit

1. De qui parle l'histoire ?_____
   _____

   • Où se passe-t-elle ? _____
   • Quand se passe-t-elle _____
2. Quel est le problème dans l'histoire ?_____
   _____
3. Comment a-t-on essayé de résoudre le problème ?
   _____
4. Le problème a-t-il été réglé ? _____
5. Que se passe-t-il à la fin de l'histoire ? _____
   _____

– Donner une explication générale de chacune de ces questions. Puis présenter une histoire qui permet d'illustrer concrètement le schéma de récit.
– Utiliser ensuite le schéma comme cadre de référence pour les activités de lecture. La plupart des activités prendront une allure nouvelle si on les révise à l'aide du schéma de récit (ex. : poser des questions après la lecture d'une histoire, remettre des histoires en ordre, faire compléter un récit...).

8.7 RÉPONDRE À DES QUESTIONS

Lorsque les élèves ne répondent pas correctement à une question, notre première tendance est de penser qu'ils n'ont pas lu le texte attentivement. Cependant, il arrive souvent que le problème réside dans le fait que les élèves ne savent pas comment procéder pour accomplir la tâche (Graham et Wong, 1993). Devant une mauvaise réponse à une question, inutile de dire « Relis ton texte », si le problème se situe sur le plan des connaissances antérieures de l'élève ou sur le plan de sa capacité à faire des déductions.

La première intervention consistera, par une discussion de groupe, à faire comprendre aux élèves qu'il existe trois moments importants lorsqu'il faut répondre à une question : lire et interpréter la question, trouver la source de réponse, formuler la réponse. Une affiche représentant l'ensemble des étapes peut être placée au mur de la classe lors de cette première discussion (voir la figure 8.6). On procédera ensuite à un enseignement pour chacune des étapes.

8.7.1 Lire et interpréter la question

Il s'agit ici de faire prendre conscience aux élèves des indices importants dans une question ; par exemple, les termes interrogatifs (qui, quand, comment, pourquoi), les marques de pluriel (nomme deux animaux, identifie les légumes qui...).

On peut ensuite illustrer des stratégies susceptibles d'aider les élèves à interpréter la question ; par exemple, souligner les informations importantes ou reformuler la question dans ses mots (stratégie qui sera fort utile en mathématiques également).

FIGURE 8.6
Étapes à suivre pour répondre à une question

| Je comprends la question. | Je cherche la réponse. | J'écris la réponse. |

dans le texte   dans ma tête

Source : Thériault (1993).

8.7.2 *Trouver la source de réponse*

Lorsque les élèves à risque ont à chercher une réponse à une question, deux types de problèmes se présentent fréquemment chez eux. Un premier comportement consiste à repérer un mot-clé dans le texte et à copier textuellement la partie du texte qui entoure ce mot-clé. Un autre comportement consiste à donner une réponse personnelle sans tenir compte du contenu du texte. Ces deux comportements, bien connus de toutes les enseignantes, révèlent un manque de flexibilité dans la façon d'utiliser les sources de réponse à des ques-tions. Il faudra donc sensibiliser les élèves aux dif-férentes sources de réponse.

Cette étape sera la plus longue à réaliser. Glo-balement, elle consiste à faire voir aux élèves que l'information cherchée n'est pas toujours donnée directement dans une phrase du texte. Pour pré-senter cette stratégie, il est pertinent de proposer aux élèves une façon de classer les sources de réponse. La figure 8.7 présente l'ensemble de la classification.

Pour faciliter la tâche aux élèves, on peut pré-senter la classification en trois temps :

FIGURE 8.7
Sources de réponse

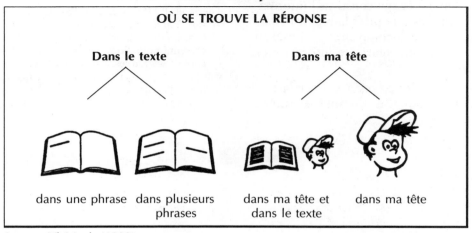

OÙ SE TROUVE LA RÉPONSE

Dans le texte   Dans ma tête

dans une phrase   dans plusieurs phrases   dans ma tête et dans le texte   dans ma tête

Source : Thériault (1993).

- Dans un premier temps, on distingue deux catégories : les réponses « Dans le texte » et les réponses « Dans ma tête ».
- Les réponses « Dans le texte » sont ensuite divisées en deux catégories : « Dans une phrase » et « Dans plusieurs phrases ».
- Enfin, les réponses provenant de la tête du lecteur sont présentées en deux catégories : « Dans ma tête et dans le texte » et « Dans ma tête ».

Pour chacune de ces catégories :

- Présenter un texte et plusieurs questions à l'aide d'un rétroprojecteur.
- Illustrer d'abord concrètement comment on trouve la réponse aux premières questions et justifier la source de réponse.
- Avec l'aide de l'enseignante, les élèves trouvent ensuite la réponse aux questions suivantes en grand groupe et justifient la catégorie de source de réponse.
- Les élèves travaillent enfin en équipes sur la suite du texte : ils indiquent la source de la réponse et la réponse elle-même.

Il est important d'inciter l'élève à risque à étendre la classification des sources de réponse à toutes les matières scolaires.

8.7.3 *Formuler la réponse*

La plupart des problèmes de formulation proviennent du fait que le lecteur à risque a de la difficulté à déterminer ce qui constitue l'information suffisante et nécessaire pour la réponse. Parfois, la réponse sera incomplète, parfois, au contraire, elle contiendra plusieurs informations non pertinentes.

Il est bon d'inciter les élèves à vérifier la formulation de leur réponse durant le travail d'équipe. Un membre lit à voix haute la question posée et la réponse donnée pendant que l'autre membre écoute et évalue la pertinence de la formulation par rapport à la question posée.

Références bibliographiques

Cloutier, A. (1993). *L'effet d'un enseignement stratégique visant la préparation à la lecture chez des élèves réguliers et en difficulté de 3e année*. Mémoire présenté pour l'obtention du grade de maître ès arts. École des gradués, Université Laval.

Fitzgerald, J. (1992). Reading and writing stories. In J.W. Irwin et M.A. Doyle (dir.), *Reading/Writing connections : Learning from research* (pp. 81-95). Newark, DL : International Reading Association.

Graham, L., et Wong, B.Y.L. (1993). Comparing two modes of teaching a question-answering strategy for enhancing reading comprehension : Didactic and self-instructional training. *Journal of Learning Disabilities*, 26, 4, 270-279.

Leaman, R.E. (1993). Effects of direct instruction of story grammar on story writing and reading comprehension of elementary school learning disabled students. In T.V. Rasinski et N.D. Padak (dir.), *Inquiries in literacy learning and instruction* (pp. 15-24). Pittsburg, KS : College Reading Association.

Maria, K. (1990). *Reading comprehension instruction*. Parkton, ML : York Press.

Ministère de l'Éducation du Québec (1994). *Programme d'études : le français. Enseignement primaire*. Québec : Gouvernement du Québec.

Shefelbine, J.L. (1990). Student factors related to variability in learning word meanings from context. *Journal of Reading Behavior*, 22, 1, 71-98.

Thériault, P. (1993). *L'effet d'un enseignement stratégique sur l'habileté à répondre à des questions de compréhension de textes chez des élèves de 3e année*. Mémoire présenté pour l'obtention du grade de maître ès arts. École des gradués, Université Laval.

Wilson, R.M. (1991). Ten best ideas for reading teachers. In E. Fry (dir.), *Ten best ideas for reading teachers* (pp. 128-131). New York : Addison-Wesley.

CHAPITRE 9

Interventions avant, pendant et après la lecture

Jocelyne Giasson

Toutes les enseignantes savent qu'il ne suffit pas de dire aux élèves de lire attentivement pour que le texte soit compris. Un des rôles importants de l'enseignante consiste justement à guider les élèves dans leur lecture, particulièrement lorsqu'il s'agit de textes plus denses et plus abstraits. Les interventions auront lieu, en fait, tout au long de la démarche. Ainsi, avant la lecture, l'enseignante peut stimuler les connaissances des élèves, leur demander de faire des prédictions sur le contenu, les amener à préciser leur intention de lecture, etc. Pendant la lecture, elle peut, par exemple, inciter les élèves à vérifier leurs prédictions de départ et à en formuler de nouvelles, et à relier le contenu du texte à leurs connaissances. Après la lecture, elle peut demander aux élèves de résumer le texte, de vérifier si leur objectif de lecture a été atteint, de porter un jugement sur le texte. Nous présentons dans ce chapitre un ensemble d'interventions pédagogiques à utiliser avant, pendant et après la lecture.

9.1 INTERVENTIONS AVANT LA LECTURE

Les interventions avant la lecture, connues également sous le nom de mise en situation, sont importantes pour l'ensemble de la classe, mais elles profiteront particulièrement aux élèves à risque. En effet, moins les élèves sont habiles, plus grande est la nécessité de la préparation à la lecture. Il est vrai que la mise en situation demande du temps, mais il est souvent préférable de « passer du temps » à préparer un texte que de « perdre du temps » à faire lire aux élèves un texte qu'ils ne comprendront pas faute de préparation.

La mise en situation comporte essentiellement trois éléments :
- la détermination de l'intention de lecture ;
- la mise en branle de la motivation à lire le texte ;
- la stimulation et l'organisation des connaissances.

9.1.1 Intention de lecture

Il est pertinent de prendre l'habitude de souligner le rôle de l'intention de lecture dans la mise en situation afin que les élèves réalisent jusqu'à quel point celle-ci est importante. L'insistance sur cet aspect est particulièrement cruciale avec les élèves à risque qui ne cherchent pas de sens dans leur lecture et qui n'ont qu'une vague idée de la notion d'intention de lecture. Au début, l'enseignante suggère des intentions, puis, graduellement, elle amène les élèves à déterminer leur propre intention de lecture.

9.1.2 Motivation

Avant de faire lire le texte, il faut également s'assurer que les élève veulent le lire : ne pas vouloir lire le texte ou ne pas savoir lire auront des effets similaires. Il faut vérifier si la nature du texte peut motiver les élèves (choix du thème, anecdotes, lien avec les connaissances, support visuel, activités, etc.). Chez les élèves à risque, la motivation peut jouer un rôle de première importance dans la façon d'aborder le texte. Toutefois, la mise en situation elle-même ne doit pas être plus intéressante que le texte à lire sans quoi celui-ci pourrait décevoir les élèves.

9.1.3 Activation des connaissances

Stimuler les connaissances antérieures consiste à rendre ces connaissances immédiatement disponibles dans la mémoire des élèves, c'est-à-dire à faire prendre conscience aux élèves de ce qu'ils savent déjà sur le contenu du texte à lire. Il ne s'agira pas de se demander ce que les élèves ne savent pas et que l'on pourrait leur enseigner, mais plutôt ce que les élèves connaissent déjà des concepts contenus dans le texte et de quelle façon on pourrait utiliser cette connaissance comme point d'ancrage pour présenter l'information nouvelle pour eux. Les principes qui suivent sont susceptibles d'être utiles à l'enseignante dans l'activation des connaissances.

Choisir des concepts-clés

Pour que la préparation à la lecture soit efficace, elle doit porter essentiellement sur les « concepts-clés » du texte à lire. Ce ne sont pas toutes les connaissances et toutes les expériences concernant un thème qu'il faut partager durant cette période de préparation, mais uniquement celles qui sont pertinentes et cruciales pour la compréhension du texte.

Prenons comme exemple une étude réalisée par des chercheurs qui ont comparé, pour un même récit, deux types de préparation à la lecture (Beck et McKeown, 1986). Le texte met en scène d'abord une dame qui, en voyant une étoile filante, fait le vœu d'obtenir une étable pour ses animaux, ensuite un raton laveur qui vient chaque soir à sa porte pour voir s'il y a de la nourriture et enfin des bandits qui ont l'intention de voler les animaux de cette dame. Le raton laveur, dans sa quête de nourriture nocturne, suit les bandits et grimpe dans un arbre pour se mettre à l'abri. Ceux-ci l'aperçoivent et prennent son masque pour le masque d'un autre voleur. Effrayés, ils relâchent les animaux qu'ils s'apprêtaient à voler. Ils fuient et laissent tomber un sac d'argent. Le raton laveur ramasse le sac et se rend comme d'habitude à la maison de la dame où il le laisse tomber, car il ne le trouve pas intéressant. En voyant le sac, la dame croit que son vœu est exaucé et utilise cet argent pour faire construire une étable. Le manuel suggérait une discussion sur le raton laveur dans laquelle on le présentait comme un animal **habile** et **enjoué** ; habile parce que, dans l'histoire, il est capable de saisir le sac d'argent avec ses pattes de devant, et enjoué, parce qu'il a joué un mauvais tour aux voleurs en les effrayant avec son masque. Cependant, pour comprendre l'histoire, il fallait comprendre le concept de **coïncidence** et d'**habitude**, puisque c'est l'habitude du raton laveur qui a permis à la coïncidence de se produire. Les élèves qui ont reçu une préparation centrée sur ces concepts ont mieux compris l'essentiel de l'histoire que les élèves avec qui l'enseignante a suivi les indications du manuel.

Stimuler les connaissances

Il est important que les élèves soient actifs au cours des activités de stimulation des connaissances. Il ne faut pas penser qu'il suffit simplement de présenter de l'information aux élèves pour enrichir leurs connaissances. Nous suggérons ci-dessous quelques interventions plus spécifiques concernant les élèves à risque :

– Inciter l'élève à risque à faire part au groupe de ses connaissances. Il ne faut pas attendre que tous les autres élèves aient déjà donné leurs idées ; l'élève n'aura probablement rien à ajouter, car tout ce qu'il connaît sur le sujet aura déjà été mentionné par d'autres élèves.

– Éviter de trop miser sur les expériences vécues par quelques élèves seulement. Ainsi, à propos d'un texte sur la tour Eiffel, si l'on demande « Qui a déjà visité Paris ? », un seul élève au plus aura vécu l'expérience et les autres écouteront son compte rendu de façon passive. Malheureusement, les élèves en difficulté se retrouvent souvent parmi ceux qui n'ont pas eu la chance de vivre des expériences variées.

– Lorsque l'on sait qu'un élève à risque possède des connaissances précises sur un sujet, en profiter pour le valoriser en choisissant un texte pour lequel il sera très actif dans la mise en situation.

Organiser les connaissances

Une fois les connaissances des élèves stimulées et ramenées à leur mémoire, il faut en faciliter l'organisation pour qu'ils les utilisent au moment de la lecture. En effet, il est plus facile de rattacher une connaissance à un tout organisé qu'à un ensemble d'informations éparses. Même si la tendance courante en classe est de limiter la préparation à la lecture à l'étape de la stimulation des connaissances, il est primordial de poursuivre l'activité d'organisation de ces connaissances afin que les élèves puissent établir des liens entre les différents concepts mentionnés au cours de la période de stimulation. La carte sémantique, ou constellation sémantique, est un bon moyen d'organiser visuellement les idées générées par les élèves. La partie 4, consacrée à l'écriture, fournit un exemple concret de constellation sémantique.

Afin de faciliter la tâche d'organisation pour les élèves à risque, on peut leur demander d'écrire sur de petits cartons les différentes idées générées

par le groupe et leur faire regrouper physiquement les étiquettes sur leur bureau.

9.1.4 Vocabulaire et mise en situation

De façon générale en classe, mais particulièrement avec les élèves à risque, on a tendance à expliquer une bonne partie des mots de vocabulaire nouveaux avant la lecture. Cependant, cette façon de procéder, si elle peut être efficace à l'occasion, laisse les élèves passifs et ne les incite pas à chercher activement le sens de mots nouveaux dans des textes.

Nous suggérons à l'enseignante une stratégie d'enseignement du vocabulaire dans laquelle les élèves sont actifs et engagés dans un processus de réflexion :

– Choisir, dans le texte, 6 à 10 mots que les élèves ne connaissent probablement pas ou des mots qui ont plusieurs sens.

– Inscrire les mots au tableau en laissant entre ceux-ci un espace suffisant pour écrire une définition.

– Demander aux élèves la définition des mots ; s'ils ne la connaissent pas, leur demander de faire une hypothèse.

– Après la lecture du texte, amener les élèves à comparer leurs définitions initiales avec celles qu'ils ont dégagées du texte.

– Discuter avec les élèves des indices utilisés pour trouver le sens des mots nouveaux.

Pour ne pas interférer avec la compréhension, il est suggéré d'utiliser la stratégie avec modération et de faire relire le texte après l'activité de vocabulaire.

9.2 INTERVENTIONS PENDANT LA LECTURE

Les interventions durant la lecture ne sont pas indépendantes des interventions effectuées avant la lecture. En effet, les activités de mise en situation devraient aider les élèves à se centrer sur le sens du texte durant la lecture. Certains élèves, cependant, ne se rendent pas compte du fait que, pour comprendre le texte, ils doivent réutiliser les connaissances activées durant cette période ; ces élèves auront donc besoin du soutien de l'enseignante durant la lecture.

Les paragraphes qui suivent présentent des principes d'intervention ainsi que des activités qui se prêtent bien aux interventions durant la lecture, comme la pensée à voix haute et l'enseignement réciproque.

9.2.1 *Principes généraux d'intervention pendant la lecture*

Il n'est pas nécessaire d'intervenir pendant toutes les activités de lecture. Par exemple, il n'y aura pas d'intervention pendant les lectures personnelles des élèves. Les interventions ne seront pas nécessaires non plus lorsque le texte est très facile pour les élèves. Cependant, lorsque l'enseignante prévoit que les élèves éprouveront certaines difficultés avec un texte, il est pertinent d'intervenir pendant la lecture.

Concrètement, les élèves liront d'abord un ou deux paragraphes (en silence ou parfois à haute voix), puis, par ses questions, l'enseignante orientera les élèves vers différents aspects du texte qui pourraient n'être pas compris sans son intervention. L'objectif des interventions pendant la lecture sera également d'amener les élèves à intégrer les stratégies de lecture qu'ils ont apprises. Pendant la lecture, les interventions suivantes seront donc appropriées :

– Amener les élèves à évaluer leurs prédictions et à en formuler d'autres.
– Aider les élèves à déterminer les sources de difficultés et à choisir des stratégies susceptibles de résoudre ces difficultés (gérer leur compréhension).
– Aider les élèves à établir des relations entre des parties du texte (inférences).
– Inciter les élèves à établir des liens entre le contenu du texte et leurs connaissances.
– Amener les élèves à distinguer les informations importantes de celles qui sont moins importantes.

– Demander aux élèves de résumer des parties de texte.
– Encourager les élèves à poser des questions.

9.2.2 *Pensée à voix haute*

Utiliser la pensée à voix haute (*think aloud*) est une bonne façon d'aider les élèves à prendre conscience de ce qui se passe dans leur tête en lisant. Cette méthode consiste, d'une part, à dire tout haut ce que nous avons compris en lisant un texte particulier et, d'autre part, à décrire les moyens employés pour comprendre (Baumann, Jones et Seifert-Kessell, 1993).

La méthode a été utilisée en recherche dans le but de voir comment agissaient les bons lecteurs en cours de lecture. Elle a ensuite été suggérée comme technique d'intervention auprès des élèves en difficulté. Même si la pensée à voix haute est habituellement utilisée en situation individuelle, il est possible de s'en servir avec tout un groupe d'élèves. Concrètement, on peut demander aux élèves de lire un paragraphe silencieusement, puis inviter un élève à dire à voix haute ce qui s'est passé dans sa tête durant la lecture de ce paragraphe. Les autres élèves peuvent alors comparer leurs propres stratégies à celles qui sont mentionnées. Un autre élève continue avec le paragraphe suivant et exprime à son tour ce qui se passe dans sa tête en lisant. Au début, il est préférable d'utiliser des paragraphes très courts et même des phrases seulement. Cette activité est particulièrement bénéfique pour l'élève à risque, car elle permet à ce dernier de prendre conscience des stratégies utilisées par ses pairs et de réfléchir sur sa propre façon de faire.

9.2.3 *Enseignement réciproque*

L'enseignement réciproque a été précisément mis au point pour des élèves qui éprouvaient des difficultés de compréhension, plus particulièrement des élèves qui savaient décoder, mais qui ne comprenaient pas le sens des textes. Contrairement à l'enseignement traditionnel dans lequel le dialogue est mené par l'enseignante et est orienté vers un ou des élèves, dans l'enseignement réciproque, tous les membres du sous-groupe participent au dialogue, chacun à tour de rôle ayant la responsabilité de guider la discussion sur la portion de texte lue.

L'enseignement réciproque vise l'application de quatre stratégies de lecture particulières : questionner, prévoir, clarifier, résumer (Palincsar et Klenk, 1992).

Poser des questions permet aux élèves de découvrir graduellement ce qui fait l'essentiel d'une bonne question.

Faire des prédictions consiste à prévoir ce qui viendra ensuite dans le texte. Pour ce faire, les élèves doivent activer leurs connaissances antérieures.

Clarifier un texte permet aux élèves de prêter attention aux éléments qui peuvent le rendre difficile à comprendre. Cela est particulièrement important pour les élèves qui ne réalisent pas quand ils comprennent ou quand ils ne comprennent pas un texte.

Résumer un texte est une bonne façon de se centrer sur les éléments les plus importants d'un texte et d'intégrer l'information fournie par ce dernier.

Le tableau 9.1 présente de façon schématique l'ensemble de la démarche de l'enseignement réciproque.

Terminons en soulignant qu'un ensemble considérable de recherches confirment l'avantage de l'enseignement réciproque par rapport à d'autres façons de procéder (Meloth et Deering, 1994). Nous suggérons donc fortement à l'enseignante d'intégrer l'enseignement réciproque dans ses interventions auprès des élèves à risque.

9.3 INTERVENTIONS APRÈS LA LECTURE

Les activités après la lecture ne doivent pas être considérées comme des activités d'enrichissement à faire « s'il reste du temps ». Elles occupent une place importante dans l'apprentissage de la lecture. Les objectifs de ces activités dépendent des

---

TABLEAU 9.1
Étapes de l'enseignement réciproque

- L'enseignante lit le titre du texte et demande aux élèves de lui dire ce qu'ils pensent trouver ou aimeraient trouver dans le texte. Elle résume les prédictions du groupe et ajoute les siennes, s'il y a lieu.
- L'enseignante lit le premier paragraphe du texte à voix haute.
- L'enseignante pose une question sur le contenu et demande au groupe de répondre à la question. Elle invite les élèves à proposer d'autres questions.
- L'enseignante résume ce qu'elle a lu en donnant l'essentiel du paragraphe et elle explique comment elle est arrivée à ce résumé. Elle invite le groupe à commenter son résumé.
- L'enseignante discute avec le groupe pour clarifier certains mots ou certaines idées qui pourraient être vagues ou ambiguës.
- L'enseignante prépare le passage au paragraphe suivant en demandant aux élèves des prédictions sur la suite du texte.
- L'enseignante choisit un élève qui sera le professeur pour le paragraphe suivant.

---

types de textes. S'il s'agit de textes utilitaires, l'information pourra être appliquée dans une tâche ou une situation. S'il s'agit de textes littéraires, l'objectif sera d'encourager les élèves à réfléchir sur leur lecture et à réagir au texte. Dans la section qui suit, nous présenterons deux activités types, le rappel de texte et les discussions en petits groupes ou « clubs du livre ».

9.3.1 Rappel de texte

Le rappel consiste à demander à un élève de lire un texte et de le redire ensuite dans ses propres mots. Le fait d'avoir à redire le texte exige des élèves qu'ils organisent l'information pour la rendre de façon personnelle. La sélection qu'ils font de cette information révèle leur manière de comprendre l'histoire.

La technique du rappel s'est révélée efficace pour améliorer la compréhension des élèves, particulièrement celle des élèves en difficulté. Des chercheurs ont montré que des résultats positifs

LECTURE

peuvent être obtenus sans qu'il y ait intervention directe sur la façon de faire un rappel. En effet, on a demandé à des élèves en difficulté de quatrième année de lire un texte silencieusement et d'en faire le rappel sans que l'enseignante intervienne. Après quatre séances, on a constaté une amélioration quantitative et qualitative du rappel chez les élèves (Gambrel, Hoskinen et Kapinus, 1991).

Il est certain qu'un rappel de texte individualisé demande beaucoup de temps, c'est pourquoi il peut être fort intéressant de faire travailler les élèves en équipes. Les élèves sont groupés deux à deux et lisent silencieusement un texte ; un premier élève redit l'histoire dans ses propres mots, et l'autre l'écoute. Il est important de donner à celui qui écoute un rôle actif. Son objectif sera de désigner un aspect qu'il a aimé dans la façon dont son partenaire a redit l'histoire. Pour lui faciliter la tâche, l'enseignante peut remettre à l'élève une grille qui contient des éléments dont il faut tenir compte dans le rappel d'une histoire (voir la figure 9.1). Les éléments de cette grille peuvent de plus aider celui qui écoute à structurer son propre rappel lorsque viendra son tour de redire une histoire.

9.3.2 Discussions en petits groupes

L'activité proposée ici est complète en elle-même ; nous l'avons toutefois placée avec les suggestions d'interventions après la lecture, car son originalité réside dans la discussion qui suit la lecture du texte.

Cette activité, appelée « club du livre » ou « cercle de lecture », consiste pour les élèves à lire un roman jeunesse et à discuter par la suite de chacun des chapitres en petits groupes. Dans ces discussions, l'accent est mis non seulement sur la compréhension de l'histoire, mais également sur la perception et les sentiments des élèves à l'égard de texte lu. Outre le fait d'amener les élèves à réagir de façon plus approfondie au cours d'une lecture, cette activité contribue à développer le sens des responsabilités, le leadership et des habiletés sociales (Danielson et Tighe, 1994 ; Raphael *et al.*, 1992).

Cette activité est particulièrement pertinente pour les élèves à risque, et ce, à plusieurs titres : 1) elle les place dans une situation signifiante de lecture ; 2) elle leur donne l'occasion de lire un roman complet en leur fournissant un encadrement qui les aide ; 3) elle leur permet de réaliser qu'ils ne sont pas les seuls à ne pas comprendre des parties de l'histoire ; 4) elle leur donne la chance de discuter sur leur lecture sans être évalués.

Choix du livre

Il faut s'assurer de disposer de plusieurs exemplaires (quatre ou cinq) de quelques romans jeunesse. L'enseignante donne un bref aperçu de chaque livre et laisse les élèves faire un premier choix. Elle leur demande de classer les livres par ordre de préférence et leur signale que les regroupements tiendront compte de ces choix le plus possible. Elle forme ensuite des sous-groupes en s'assurant que les élèves à risque soient répartis à travers les différents sous-groupes.

Lecture

On vérifie le nombre de chapitres des différents livres de façon à pouvoir déterminer le nombre des séances. On comptera habituellement entre 6 et 10 séances, en estimant que les élèves liront un ou deux chapitres à la fois selon leur longueur. Il est important que tous les sous-groupes arrivent au dernier chapitre en même temps.

Les élèves lisent leur chapitre en classe durant des cours réservés à cette fin. On peut offrir aux élèves à risque différents types de soutien durant la lecture des chapitres, par exemple la lecture jumelée, la lecture avec un tuteur, etc.

Écriture

Les élèves prennent des notes dans un petit carnet au cours de la lecture. L'enseignante peut préparer, par exemple, un carnet dont chaque page

FIGURE 9.1
Grille d'analyse par les pairs

Nom : _____   Date : _____

J'ai écouté _____ .

Choisis un point que ton ou ta partenaire a bien réalisé :

• Il ou elle a parlé des personnages.   _____

• Il ou elle a parlé du temps et du lieu.   _____

• Il ou elle a parlé des événements importants de l'histoire.   _____

• Son histoire a un commencement.   _____

• Son histoire a une fin.   _____

Souligne à ton ou ta partenaire un élément que tu as apprécié dans son histoire.

Source : Adaptée de Koskinen *et al.* (1988).

comporte une partie lignée réservée aux commentaires et une partie non lignée réservée aux dessins (voir la figure 9.2). Il est avantageux de présenter, au début ou à la fin du carnet, une liste de suggestions de ce qu'il peut contenir :

– « Dis ce que tu as le plus aimé ou le moins aimé. »
– « Dis ce que tu n'as pas compris. »
– « Parle des personnages et de leurs qualités. »
– « Compare les personnages entre eux. »
– « Compare un personnage d'un livre avec un personnage d'un autre livre. »
– « Décris le problème d'un personnage et prédis comment il va régler son problème. »
– « Dis pourquoi tu penses que l'auteur a écrit ce livre. »
– « Pose une question à l'auteur. »
…

Discussion

La discussion se fait en sous-groupes après la lecture de chaque chapitre et dure de 20 à 30 minutes. Il n'y a pas de leader désigné au point de départ. La discussion se fait à partir des carnets personnels.

On peut être porté à penser que, puisque les élèves ne sont pas évalués, ils seront tentés de perdre leur temps ou de discuter de façon superficielle. Au contraire, l'expérience a montré que les élèves pouvaient aborder un large éventail de thèmes de discussion. Ainsi, les élèves peuvent : 1) clarifier un élément ambigu ; 2) discuter du thème central de l'histoire ; 3) faire des liens avec d'autres textes ; 4) critiquer l'auteur ; 5) déterminer le but de l'auteur ; 6) faire des liens avec leur expérience personnelle et leurs connaissances.

FIGURE 9.2
Exemple de carnet de lecture d'élève de troisième année

Références bibliographiques

Baumann, J.F., Jones, L.A., et Seifert-Kessell, N. (1993). Using think aloud to enhance children's comprehension monitoring abilities. *The Reading Teacher, 47*, 3, 184-193.

Beck, I., et McKeown, M. (1986). Instructional research inreading: A retrospective. In J. Orasanu (dir.), *Reading comprehension* (pp. 113-115). Hillsdale, NJ: Lawrence Erlbaum.

Danielson, K.E., et Tighe, P. (1994). Generating response to literature with at-risk third grade students. *Reading Horizons, 34*, 3, 257-278.

Gambrell, L.B., Koskinen, P.S., et Kapinus, B.A. (1991). Retelling and the reading comprehension of proficient and less-proficient readers. *Journal of Educational Research, 84*, 6, 356-362.

Koskinen, P.S., Gambrell, L.B., Kapinus, B.A., et Heathington, B.S. (1988). Retelling: A strategy for enhancing students' reading comprehension. *The Reading Teacher, 41*, 9, 892-898.

Meloth, M.S., et Deering, P.D. (1994). Task talk and task awareness under different cooperative learning conditions. *American Educational Research Journal, 31*, 1, 138-165.

Palincsar, A.S., et Klenk, L. (1992). Fostering literacy learning in supportive contexts. *Journal of Learning Disabilities, 25*, 4, 211-225, 229.

Raphael, T.E., McMahon, S[di], Goatley, V.J., Bentley, J.L., Boyd, F.B., Pardo, L.S., et Woodman, D.A. (dir.) [1992]. Research directions: Literature and discussion in the reading program. *Language Arts, 69*, 1, 54-61.

LECTURE

CHAPITRE 10

Évaluation en lecture

Jocelyne Giasson

L'évaluation du lecteur à risque, comme de tout lecteur d'ailleurs, est une tâche complexe qui peut être considérée sous différents angles. Dans ce chapitre, nous présenterons d'abord des principes d'évaluation et un modèle d'évaluation informelle en lecture qui regroupe les différents aspects de l'évaluation. Nous proposerons ensuite deux modes d'évaluation particulièrement pertinents pour l'élève à risque : le portfolio et l'évaluation dynamique. Enfin, nous terminerons le chapitre avec l'entrevue métacognitive.

10.1 PRINCIPES DE L'ÉVALUATION EN LECTURE

L'évaluation en lecture devrait présenter quatre caractéristiques principales : elle devrait être continue, multidimensionnelle, étroitement reliée à l'apprentissage et collaborative.

Évaluation continue. On sait bien que l'apprentissage évolue dans le temps, mais on a souvent tendance à évaluer les élèves à la fin d'une étape, à la fin de l'année. Il importe de faire la différence entre mesurer le produit de l'apprentissage et mesurer le processus d'apprentissage dans le temps.

Évaluation multidimensionnelle. L'apprentissage varie aussi selon les différentes situations ; l'évaluation doit tenir compte de ce fait. Il faut prendre en considération différents aspects de la lecture comme l'intérêt, la motivation, le développement métacognitif, etc.

Évaluation étroitement reliée à l'apprentissage. Pour respecter ce principe, il faudrait éviter de demander à un élève de faire durant l'évaluation quelque chose qu'on ne lui aurait pas demandé de faire durant l'apprentissage.

Évaluation collaborative. Enfin, l'évaluation doit favoriser la réflexion active et collaborative entre l'enseignante et l'élève. Lorsque l'enseignante partage l'évaluation avec l'élève, celui-ci voit comment un expert procède pour évaluer et apprend ainsi à s'auto-évaluer plutôt qu'à compter sur l'évaluation extérieure. L'évaluation collaborative crée un lien de partenariat dans l'apprentissage.

10.2 MODÈLE D'ÉVALUATION INFORMELLE EN CLASSE

Les évaluations en lecture varient selon leur structure. Elles peuvent se situer sur une échelle qui va

FIGURE 10.1
Modèle d'évaluation en lecture

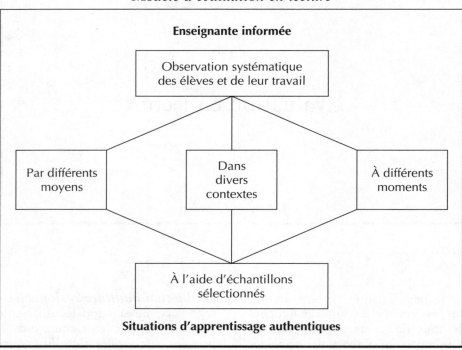

Source : Traduite et adaptée de Wolf (1993).

des observations informelles recueillies durant les situations d'apprentissage aux tests officiels de fin de cycle. Entre ces deux extrêmes, on trouve une variété de mesures semi-structurées. La figure 10.1 présente un modèle intégrant différents aspects de l'évaluation semi-structurée.

Enseignante informée. Plus on s'éloigne des tests formels pour se rapprocher des tests construits par l'enseignante, plus il est important de connaître le programme de lecture, l'enseignement, le développement des élèves ainsi que le rôle du langage et du contexte social dans l'apprentissage.

Observation systématique. Depuis toujours, les enseignantes utilisent l'observation pour évaluer l'habileté à lire de leurs élèves et pour adapter ensuite leur enseignement à leurs besoins. Cette évaluation se fait la plupart du temps dans

le cadre des activités régulières de la classe, au cours des activités d'apprentissage : les discussions de classe, l'analyse des méprises, les questions posées en classe, les entrevues informelles, la qualité du travail quotidien seront des sources de renseignements précieuses pour l'enseignante.

À l'aide d'échantillons sélectionnés. L'enseignante peut se fier à sa mémoire pour garder un souvenir des observations, mais il est souvent fort utile de noter brièvement certaines observations que l'on ne veut pas oublier. Sans une certaine forme de prise de notes, une partie de ce qui a été observé risque d'être oubliée ou retenue d'une façon qui ne sera pas vraiment conforme à la production ou à la situation originale. Les principes suivants peuvent faciliter la prise de notes : 1) décrire un événement précis ; 2) le rapporter plutôt que de l'évaluer ou l'interpréter ; 3) le relier à d'autres éléments connus sur l'élève.

Pour simplifier sa tâche, l'enseignante peut sélectionner des observations qui lui semblent pertinentes dans sa classe et les rédiger sous forme de liste.

Situations d'apprentissage authentiques. L'élève doit être évalué dans des situations réelles d'apprentissage. Pour que les données recueillies soient utiles, la tâche ne doit être ni trop facile ni trop difficile.

Par différents moyens. L'observation peut porter sur les comportements de l'élève, ses productions et ses verbalisations. On peut donc combiner des moyens d'évaluation comme l'entrevue, l'observation de l'élève et l'analyse de ses productions.

Dans divers contextes. Un élève ne réagit pas de la même manière dans tous les contextes ni devant des genres de textes différents. Par exemple, un élève peut comprendre aisément des récits, mais éprouver de la difficulté avec les textes informatifs.

À différents moments. Le développement de l'élève est toujours inégal. L'élève peut progresser régulièrement pendant une période, se mettre à tourner en rond, puis, soudainement, faire des bonds prodigieux comme si tout s'était mis en place. Les notes que prend l'enseignante lui permettent de situer le comportement de l'élève dans une perspective plus globale.

Afin d'intégrer de façon concrète les différentes facettes de ce modèle d'évaluation, nous proposons ici une séquence à expérimenter pour évaluer les élèves à risque en lecture (Maria, 1990) :

– Formuler une hypothèse sur les raisons pour lesquelles un élève éprouve de la difficulté à comprendre les textes.
– Varier systématiquement les facteurs comme les types de textes, le format des tests et la quantité d'aide.
– Recueillir et noter les données dans les différentes conditions.
– Interpréter les données ; déterminer comment tel ou tel élève pourrait bénéficier d'une intervention.

– Formuler de nouvelles hypothèses à soumettre à la vérification.

Par exemple, une enseignante pose l'hypothèse que tel élève ne comprend pas dans les situations où le texte ne l'intéresse pas. Elle observe son comportement devant différents textes : des textes qui l'intéressent particulièrement et d'autres qui ne l'intéressent pas du tout. Elle interprète alors les données et planifie son intervention. Il ne faut pas oublier qu'il est nécessaire d'observer l'élève plus d'une fois dans un même contexte. Une décision prise à partir d'une seule observation est aussi peu fiable qu'une décision prise à partir d'un seul élément dans un test.

10.3 PORTFOLIO

Le portfolio est un dossier que les artistes utilisent pour accumuler des échantillons de travaux à présenter à un éventuel employeur. Au cours des dernières années, on a suggéré de transposer l'idée du portfolio dans les classes du primaire ; le portfolio scolaire aura comme fonction de recueillir des échantillons qui serviront de base à l'évaluation des élèves (Calfee et Perfumo, 1993). Cependant, même s'il est théoriquement possible de n'utiliser que le portfolio comme outil d'évaluation en classe, nous suggérons de faire de ce dernier un outil complémentaire mais non exclusif.

10.3.1 Premières formules de portfolio

Le portfolio peut être considéré comme une formule nouvelle en éducation ; cependant, certaines enseignantes utilisent peut-être déjà des formes embryonnaires de portfolio. En effet, il existe au primaire des dossiers d'écriture dans lesquels on accumule les différents textes des élèves, autant les premières versions que les versions finales. Le dossier d'écriture est habituellement considéré par les enseignantes comme un bon moyen de suivre l'évolution de l'élève. Telle enseignante utilise-t-elle peut-être déjà un dossier d'écriture dans sa classe ? Dans ce cas, il ne lui restera qu'à élargir son dossier à la lecture.

Il existe également une certaine tradition de rencontres individuelles avec l'élève sur la lecture. Ces rencontres durent habituellement de quatre à six minutes, tous les 10 jours, et tournent autour de la liste de livres que l'élève a lus depuis la dernière rencontre. L'enseignante cible habituellement un livre que l'enfant a lu. Elle écoute d'abord ce que l'enfant a à lui dire sur son livre. Elle peut ensuite lui poser des questions sur le thème du livre, les caractéristiques des personnages, etc. Si elle utilise déjà la rencontre individuelle avec l'élève, il ne lui restera qu'à agrandir l'éventail des échantillons sur lesquels travailler durant la rencontre.

10.3.2 *Contenu du portfolio*

Le portfolio peut contenir des échantillons choisis soit par l'élève, soit par l'enseignante. Pour permettre une certaine comparaison entre les portfolios, on peut s'assurer de la présence de certains éléments identiques dans tous les dossiers ; il ne faudrait cependant pas que le portfolio se résume au cumul des travaux notés de la semaine. Par ailleurs, chaque portfolio comprendra des éléments personnels qui ne se retrouveront pas dans les autres documents.

Le tableau 10.1 présente quelques exemples d'éléments à placer dans un portfolio.

10.3.3 *Gestion du portfolio*

Le portfolio doit être accessible à l'élève et à l'enseignante.

TABLEAU 10.1
Exemples d'éléments à placer dans un portfolio

- Des réactions écrites à la suite d'une lecture
- Un dessin illustrant un texte
- Un carnet de lecture
- Du travail quotidien
- Différentes versions de textes
- Des cassettes (lecture enregistrée, par exemple)
- Une liste de livres lus (auteurs et titres)
- Des observations de l'enseignante
- L'auto-évaluation de l'élève
- Des notes élaborées conjointement

Plusieurs rencontres doivent être prévues autour du portfolio : au moins une rencontre par étape. Ces rencontres sont importantes pour tous les élèves ; ceux-ci apprécient que leur enseignante leur consacre du temps individuellement. Dans cette rencontre, il ne s'agit pas seulement d'évaluer, mais également de discuter avec l'élève ; il faut amener l'élève à parler de lui et de son travail de façon à pouvoir le soutenir et l'aider.

Pour les élèves à risque, il serait bon de prévoir une évaluation plus assidue et d'augmenter au besoin la durée et la fréquence des rencontres individuelles.

10.4 *ÉVALUATION DYNAMIQUE*

L'évaluation dynamique ou interactive est particulièrement adaptée pour les élèves à risque. Elle présente l'avantage d'associer une situation d'évaluation à une situation d'enseignement.

10.4.1 *Caractéristiques de l'évaluation dynamique*

La principale caractéristique de l'évaluation dynamique est de fournir à l'élève une certaine forme d'aide qui lui permettra de donner son rendement optimal. Dans une évaluation traditionnelle, les élèves travaillent seuls et n'ont qu'une seule chance de démontrer leurs capacités. Si on procure à l'élève un environnement qui l'aide davantage, on aura une meilleure idée de son potentiel d'apprentissage.

10.4.2 *Exemple d'évaluation dynamique*

L'évaluation dynamique peut s'utiliser à partir de n'importe quelle stratégie de lecture. Nous présentons ici un exemple détaillé qui porte sur les stratégies de préparation à la lecture ; la même démarche peut être appliquée avec les autres stratégies de lecture (Paratore et Indrisano, 1987).

Objectif de l'évaluation

L'objectif de la présente évaluation est de répondre à quatre questions :
– L'élève possède-t-il des connaissances sur le sujet traité dans le texte ?
– Si oui, l'élève utilise-t-il ces connaissances pour faire des prévisions logiques ?
– Si l'élève manque d'information sur le contenu, est-il capable d'utiliser l'organisation du texte pour faire des prévisions logiques ? (Dans une histoire, l'élève prévoit-il que l'auteur va présenter un problème, une résolution... ? Dans un texte informatif, l'élève prévoit-il que l'auteur va présenter une séquence, une description, une relation de cause à effet... ?)
– L'élève est-il capable de se donner une intention de lecture en se posant des questions appropriées sur le texte ?

Démarche

L'enseignante (ou l'orthopédagogue) lit le titre du texte et pose à l'élève les deux questions suivantes :
– « Quelles informations ou idées penses-tu que l'auteur pourrait inclure dans un texte qui porte un titre comme celui-ci ? »

– « À quelles questions voudrais-tu que l'auteur réponde dans le texte ? »

Si l'élève donne des réponses limitées à ces deux questions, l'enseignante intervient en donnant comme exemples des réponses acceptables.

Après une discussion sur la stratégie, l'élève est encore invité à répondre à la question. S'il donne une réponse acceptable, l'enseignante lui présente un autre passage et lui pose de nouveau les deux questions précédentes afin de voir s'il arrive à utiliser la stratégie sans modèle et sans aide.

La réponse de l'élève permet de planifier les interventions ultérieures, interventions qui peuvent aller d'un enseignement explicite à un simple encouragement à généraliser l'utilisation de la stratégie.

10.5 *ENTREVUE MÉTACOGNITIVE*

L'entrevue métacognitive est utile pour connaître la conception que l'élève se fait de la lecture ainsi que de ses forces et faiblesses. Les connaissances métacognitives s'évaluent habituellement à l'aide d'une entrevue ou d'un questionnaire. Nous présentons ici une grille de questions susceptibles d'aider l'enseignante à préciser la conception que l'élève se fait de la lecture (voir la figure 10.2).

LECTURE

FIGURE 10.2
Entrevue sur la conception de la lecture

Nom : _____

Niveau scolaire : _____

1. Lorsque tu lis et qu'il y a quelque chose que tu ne comprends pas, que fais-tu ? Fais-tu parfois autre chose ? _____

_____

2. Penses-tu que (nom de l'enseignant ou de l'enseignante de l'élève) est une personne qui lit bien ? _____

_____

3. Nomme-moi une personne que tu connais qui est un bon lecteur ou une bonne lectrice. Qu'est-ce qui fait que cette personne lit bien ? _____

_____

4. Penses-tu que cette personne rencontre parfois des choses qu'elle ne comprend pas en lisant ?

5. (Si l'élève répond oui.) Lorsque cette personne rencontre des choses qu'elle ne comprend pas, que penses-tu qu'elle fait ? _____

_____

(Si l'élève répond non.) Suppose que cette personne rencontre des choses qu'elle ne comprend pas ; que penses-tu qu'elle ferait ? _____

_____

6. Si un de tes amis avait des problèmes en lecture, que ferais-tu pour l'aider ? _____

_____

7. Que ferait ton enseignant ou ton enseignante pour aider cet élève ? _____

_____

8. Qu'aimerais-tu améliorer en lecture ? _____

_____

9. Penses-tu que tu lis bien ? _____

_____

Références bibliographiques

Calfee, R.C., et Perfumo, P. (1993). Student portfolios : Opportunities for a revolution in assessment. *Journal of Reading*, 36, 7, 532-537.

Maria, K. (1990). *Reading comprehension instruction.* Parkton, ML : York Press.

Paratore, J.R., et Indrisano, R. (1987). Intervention assessment of reading comprehension. *The Reading Teacher*, 40, 8, 778-784.

Wolf, K.P. (1993). From informal to informed assessment : Recognizing the role of the classroom teacher. *Journal of Reading*, 36, 7, 518-523.

LECTURE

PARTIE IV

Écriture

CHAPITRE 11

Fondements d'une didactique rénovée de l'écriture

Claude Simard

Au cours des 15 dernières années, la manière de voir l'enseignement de l'écriture a beaucoup évolué à la suite de l'implantation du programme de français de 1980 axé sur la communication et à la lumière des recherches qui se sont multipliées dans le domaine. Nous essaierons ici de résumer les idées et les notions-clés qui se dégagent de ce mouvement de recherche et de rénovation.

11.1 PRINCIPES DE BASE

11.1.1 Premier principe

Au même titre que la lecture, l'écriture se définit essentiellement comme une activité de construction de sens. Pour le très jeune enfant comme pour l'adulte, pour l'élève faible comme pour l'élève fort, l'écriture doit avant tout correspondre à un acte d'expression, de communication et, dans le cas de textes d'imagination, de création.

Cette conception a des incidences pédagogiques très claires : plutôt que de transcrire des mots isolés ou des phrases artificielles, l'élève de tous les âges et de tous les rythmes d'apprentissage doit autant que possible écrire des textes dans des situations signifiantes. Les situations

d'écriture signifiantes en classe obéissent aux mêmes conditions que les situations d'écriture qui se rencontrent dans la vie courante : 1) elles portent sur des sujets qui suscitent l'intérêt ; 2) elles découlent d'une intention véritable, le texte à produire devant remplir un but déterminé (divertir, raconter, expliquer, informer, convaincre, etc.) ; 3) elles s'adressent à des destinataires réels autres que seulement l'enseignante correctrice.

11.1.2 Deuxième principe

Le savoir-écrire ne se borne pas à tracer avec soin des lettres sur du papier ni à orthographier correctement ; il s'agit d'une compétence beaucoup plus vaste et plus complexe. D'après la distinction opérée par Smith (1982), le sujet écrivant accomplit deux tâches générales : la composition, qui est le travail de l'auteur, et la transcription, qui relève du secrétaire. Chacune de ces tâches suppose la prise en compte de plusieurs dimensions dont le tableau 11.1 donne un aperçu.

Pour former des scripteurs accomplis, l'école n'a pas d'autres choix que de transmettre une vision juste et élargie du savoir-écrire. Tout le long du cursus scolaire, elle doit donc sensibiliser

TABLEAU 11.1
Les divers aspects de l'écriture

Composition (auteur)	Transcription (secrétaire)
• Adaptation du texte à la situation et aux lecteurs • Organisation générale du texte (pertinence des idées, cohérence, respect des caractéristiques du genre de texte) • Style (ton, manière de s'exprimer traduisant sa personnalité ou un souci artistique) • Syntaxe (correction et variété de la construction des phrases) • Lexique (propriété des mots utilisés)	• Calligraphie (lisibilité du tracé des lettres) • Orthographe (d'usage et d'accord) • Ponctuation et majuscules • Découpage en paragraphes • Typographie (choix des caractères, emploi de titres et de sous-titres, disposition du texte sur la page, insertion de dessins, de tableaux, de schémas)

l'apprenant à l'ensemble des composantes de l'écriture, ce principe s'appliquant autant à l'élève en difficulté qu'à l'élève ordinaire.

11.1.3 Troisième principe

Le phénomène de l'écriture ne concerne pas seulement son résultat, soit un texte achevé, mais aussi tout le travail en amont. La recherche actuelle a éclairé un pan longtemps négligé bien qu'essentiel de l'écriture, soit ce que fait le scripteur quand il écrit. Les actions que l'on exécute pour rédiger un texte sont nombreuses et variées. À la suite de Hayes et Flower (1980), on distingue trois grandes opérations intervenant dans le processus d'écriture : 1) la planification, où l'on cerne le but du discours et où l'on élabore une sorte de canevas de base ; 2) la mise en texte, qui correspond à la rédaction proprement dite ; 3) la révision, durant laquelle on se relit pour corriger ce qui ne va pas de manière à obtenir une meilleure version finale.

Même si telle ou telle opération peut dominer à un moment donné (rassembler ses idées surtout au début, corriger surtout à la fin), le processus d'écriture n'est nullement linéaire. Les opérations rédactionnelles n'apparaissent pas forcément l'une à la suite de l'autre : elles se chevauchent et

peuvent être reprises autant de fois que nécessaire. Ainsi, en rédigeant, le scripteur peut être amené à penser à de nouveaux aspects et à modifier en conséquence son plan de départ ; de même, au cours de la mise en texte, d'une phrase à l'autre, il peut effectuer de fréquentes corrections pour alléger la révision complète de son brouillon.

Traditionnellement, l'école a peu regardé l'activité de l'élève scripteur et a concentré plutôt ses interventions sur ses textes une fois terminés. Or il importe de s'attarder en plus à la manière dont il s'y prend pour écrire afin de l'aider à mettre au point de bonnes méthodes de travail, à acquérir des stratégies d'écriture efficaces. Cela est particulièrement vrai pour l'élève à risque qui ne sait guère comment s'y prendre pour écrire. Pour devenir un bon pâtissier, il ne suffit pas de déguster des pâtisseries ni de connaître les ingrédients entrant dans leur confection ; il faut aussi et surtout savoir les préparer en apprenant à manier les ustensiles de cuisine, à mesurer et à mélanger les ingrédients, à travailler et à cuire la pâte, à dresser et à garnir un gâteau, etc. Il en va de même pour devenir un bon scripteur.

Le tableau 11.2 montre la forme que peut prendre le processus d'écriture en classe et précise un certain nombre d'opérations avec lesquelles les élèves sont appelés à se familiariser.

TABLEAU 11.2
Le processus d'écriture dans le cadre scolaire

Préécriture (préparation et mise en situation) • Éventuellement, les élèves lisent des textes en lien avec le projet d'écriture. • Ils choisissent un ou des sujets qui les intéressent. • Ils font appel aux connaissances qu'ils possèdent déjà à propos de leur projet. • Ils identifient le destinataire à qui ils veulent s'adresser. • Ils précisent leur intention de communication (le but du texte). • Ils déterminent le genre de texte convenant à leur projet.	Planification
Brouillon • Les élèves rédigent une première version. • Ils mettent d'abord l'accent sur le contenu plutôt que sur la forme.	Mise en texte
Amélioration du brouillon • Chaque élève relit son texte de façon critique à partir de critères bien définis. • Les élèves peuvent échanger leurs textes en équipe ; ils participent de façon constructive aux discussions portant sur les textes de leurs camarades. • Ils modifient leurs textes en tenant compte des commentaires et des réactions de l'enseignante et de leurs camarades. • Durant cette phase, ils apportent des changements relevant de la composition (du fond) et moins de la transcription (de la forme).	Révision
Mise au point • Les élèves corrigent la version finale de leurs textes. • Ils s'entraident pour ce travail de correction. • À cette étape, l'attention porte surtout sur les aspects relevant de la transcription (orthographe, grammaire, ponctuation, calligraphie…).	
Mise au propre et diffusion • Les élèves transcrivent leurs textes au propre sur un support approprié. • Ils communiquent la version finale aux destinataires choisis.	Publication

Source: D'après Tompkins (1994).

11.1.4 Quatrième principe

Même si elle suppose des savoirs généraux, la compétence écrite est composite et varie selon la tâche à réaliser et spécialement selon le genre de texte à produire. D'une tâche d'écriture à l'autre, les exigences ne sont pas les mêmes. La nature du destinataire peut jouer beaucoup : on ne s'adresse pas à un ami comme on s'adresse à un supérieur ou à un étranger. Le degré de liberté offert par la consigne est un autre facteur important : inventer une histoire de toutes pièces ou poursuivre un récit déjà élaboré sollicitent différemment l'esprit d'invention. La référence à une documentation préalable peut également transformer le travail de composition : il est beaucoup plus contraignant et difficile d'écrire un compte rendu résumant l'information recueillie sur un animal à la suite de la lecture de divers textes documentaires que d'exprimer dans son journal intime son amour pour les chats.

Un des paramètres dont le poids compte le plus concerne le type de texte. Chaque type de texte oriente de façon particulière le travail de rédaction et réclame des savoirs spécifiques. Un poème ne s'écrit bien évidemment pas comme un procès-verbal, pas plus qu'un mode d'emploi ne se rédige comme une fable. Il existe bien des façons de classer les écrits. En combinant les points de vue de divers auteurs (entre autres, Britton *et al.,* 1975 ; Adam, 1990), nous proposons la typologie schématisée par la figure 11.1. Trois grandes catégories sont reconnues avec des sous-catégories. À un bout se trouvent les textes de création, centrés sur l'imaginaire ; à l'autre se présentent les textes utilitaires, plus dépendants de la vie courante et de l'actualité ; au centre nous avons placé les textes expressifs, dont la subjectivité leur confère un caractère plus privé et plus libre. Appliquées aux écrits réels, ces catégories, forcément réductrices et incomplètes, peuvent s'avérer inadéquates ; elles peuvent en outre se recouvrir, une fable par exemple formant un récit à visée argumentative (moralisatrice) ou un poème exprimant souvent l'univers intérieur de l'auteur. Il faut prendre cette typologie simplement comme une esquisse pour guider l'enseignement.

Dans la classe de français, tous les élèves, quel que soit leur âge et quel que soit leur rendement scolaire, ont besoin de se mesurer à différentes tâches d'écriture pour acquérir une compétence écrite polyvalente et flexible. Au cours de l'année, en écrivant toutes sortes de textes, des cartes, des poèmes, des lettres personnelles, des consignes de jeu, des affiches incitatives, des « recherches », etc., ils apprendront à élargir leur répertoire de stratégies d'écriture et de connaissances sur l'écrit. Par exemple, le conte ou la légende leur permettront de développer leur imaginaire tout en les initiant au passé simple, alors que la production de textes informatifs les habituera à structurer logiquement leur pensée à travers le maniement d'un vocabulaire spécialisé. La diversification des genres de textes favorise la formation de scripteurs capables de s'adapter à de multiples situations d'écriture.

11.1.5 Cinquième principe

En tant qu'habileté à produire des textes, l'écriture ne s'acquiert que par un entraînement régulier à la rédaction de textes. Chacun a pu constater dans sa vie qu'un savoir-faire passe par la pratique. La pratique dont il est principalement question en écriture ne renvoie ni aux exercices répétitifs ni aux dictées. Il s'agit bien de la production de textes à part entière. Le jeune âge n'est nullement un obstacle. Des expériences pédagogiques (Tompkins, 1994 ; Chignier et Moreau, 1990 ; Girard, 1989) attestent que la réalisation d'écrits véritables peut commencer déjà avec de jeunes enfants de cinq ou six ans. De même que les élèves forts ou faibles ne deviennent bons lecteurs que s'ils sont mis dans des situations réelles et complètes de lecture (voir la partie 3, consacrée à la lecture), ils ne peuvent apprendre à écrire que s'ils sont placés dans des situations réelles et complètes d'écriture. Se contenter d'isoler pour l'élève à risque les composantes du savoir-écrire dans des exercices spécifiques ne lui permettrait pas de maîtriser l'essentiel, soit la gestion simultanée de ces diverses composantes en contexte de rédaction. La pénurie pédagogique ne profite à personne, pas plus en écriture que dans les autres matières.

FIGURE 11.1
Types de textes

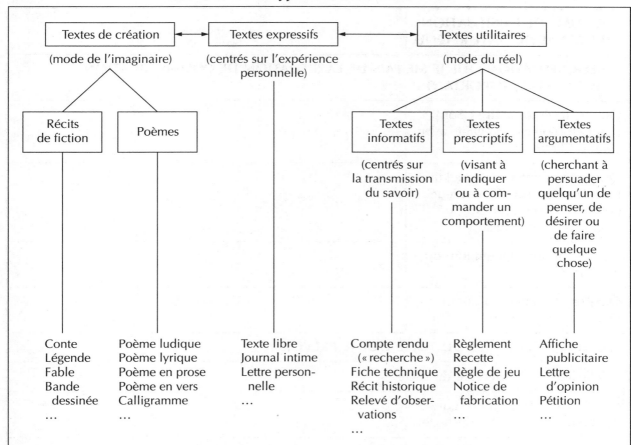

La psychologie cognitive (pour une revue, voir Tardif, 1992 ; Pagé, 1990) a révélé qu'une habileté complexe s'acquiert seulement si l'apprenant la pratique dans les conditions où elle s'exerce normalement. Bien des enseignantes ont constaté que les élèves peuvent commettre de nombreuses erreurs pour une règle d'orthographe qu'ils appliquent par ailleurs correctement dans leurs dictées. C'est qu'ils ne parviennent pas encore à mettre en œuvre le mécanisme d'application de la règle pendant qu'ils doivent produire des idées, formuler des phrases, choisir leurs mots, etc. Pour atteindre cet objectif fondamental, le seul moyen est de s'habituer à mettre l'orthographe tout en rédigeant.

Le cœur de l'enseignement-apprentissage de l'écriture est donc la composition fréquente de textes par les élèves. Concrètement, cela signifie qu'on leur propose au moins une situation d'écriture par semaine. Certains auteurs (Tompkins, 1994 ; Graves, 1983) insistent sur le principe que les élèves soient engagés chaque jour dans une tâche d'écriture (de planification, de mise en texte ou de révision), en classe de langue ou dans une autre matière.

Pour aider l'enseignante à planifier des situations d'écriture, nous proposons une trame de préparation empruntée à l'équipe de Jolibert (1988). Une grille vierge est d'abord fournie (voir la figure 11.2) pour être éventuellement repro-

FIGURE 11.2
Guide de planification d'une situation d'écriture

1. RÉSUMÉ DE LA SITUATION ET GENRE DE TEXTE RETENU	
2. REPRÉSENTATION QUE JE ME FAIS DE LA SITUATION DE COMMUNICATION (PARAMÈTRES IMPORTANTS)	
Qui est le **destinataire** ? Son statut est-il ou non à égalité avec celui de l'élève ?	
Qui est le **scripteur** ? À quel titre les élèves écriront-ils (en leur nom personnel, au nom du groupe, comme amis...) ?	
Quel est le **but** (l'intention) du discours ?	
Quel est le **thème** du discours ? De quoi parlera-t-on ?	
3. CARACTÉRISTIQUES DU TEXTE QUE JE PRÉVOIS	
• **Structure d'ensemble du texte**	
Organisation générale (esquisse des parties principales du texte)	
Présentation matérielle (allure typographique, présence ou non d'illustrations, etc.)	
• **Aspects linguistiques particuliers**	
• Choix des pronoms • Temps verbaux • Structures syntaxiques particulières • Lexique qui convient au ton à adopter • Points d'orthographe et de ponctuation à surveiller • Etc.	

Source : D'après Jolibert (1988).

duite. Elle est ensuite illustrée par un exemple d'utilisation portant sur une situation de production de bandes dessinées (voir la figure 11.3).

11.1.6 Sixième principe

L'étude systématique des savoirs et des savoir-faire propres à l'écriture a beaucoup plus de chances d'être fructueuse si elle met l'accent sur la compréhension et si elle se fait en relation constante avec la production de textes. Sur les activités globales d'écriture en classe se greffent inévitablement des moments d'acquisition systématique de connaissances et de stratégies. Les connaissances correspondent à des savoirs portant sur les diverses composantes de la langue et des discours, comme l'orthographe, la grammaire, la ponctuation ou les caractéristiques des types de textes. Les stratégies constituent plutôt des savoir-faire rendant le scripteur capable d'accomplir des tâches rédactionnelles concrètes comme faire un plan, se représenter ses lecteurs, reformuler une phrase jugée boiteuse, réviser la ponctuation d'un passage, etc. Chez les sujets compétents, connaissances et stratégies fonctionnent en une sorte de symbiose.

Les activités spécifiques d'acquisition de connaissances et de stratégies peuvent s'intégrer aux activités globales d'écriture ou se réaliser à des moments séparés. Cependant il est essentiel de toujours se préoccuper du réinvestissement, en situation de rédaction, des connaissances et des stratégies étudiées. Sinon le transfert risque de ne pas se produire. De plus, pour être pleinement opératoires et transférables, les connaissances comme les stratégies doivent être reliées les unes aux autres et former dans l'esprit du sujet des réseaux organisés, à défaut de quoi on aboutit à un savoir éparpillé et inefficace (sur l'importance de la structuration des apprentissages, voir la partie 5, consacrée aux mathématiques).

À propos de l'intégration des apprentissages, il faut insister sur la nécessité de mettre en évidence les relations entre lecture et écriture pour l'acquisition de la langue écrite (voir Masseron, 1990). Les deux phénomènes fonctionnent en interac-

tion. Ainsi, en lisant un conte, on peut observer que le tiret indique, dans un dialogue, un changement d'interlocuteur, puis réinvestir cette connaissance tirée de la lecture lors de la rédaction d'un récit. Le principe en cause ici se formulerait ainsi : lire pour mieux écrire et écrire pour mieux lire, ou encore : mieux lire en prenant le point de vue d'un scripteur et mieux écrire en se mettant à la place d'un lecteur.

Pour la mise au point des stratégies d'écriture, nous suggérons la même démarche que celle qui est proposée en compréhension écrite (voir la partie sur la lecture). Au lieu de conseils vagues et abstraits, il convient d'enseigner explicitement les stratégies et de les illustrer de manière concrète auprès des élèves. En plus de leur montrer en quoi elles consistent, il faut surtout leur faire saisir quand et comment elles s'appliquent, et pourquoi elles sont utiles.

En ce qui concerne les connaissances, qu'il s'agisse de celles qui relèvent du code linguistique (la forme des lettres, l'orthographe d'usage, l'orthographe grammaticale, la ponctuation, la syntaxe, le lexique) ou de celles qui concernent les discours (les éléments d'une situation de communication, les structures de textes, les modes de présentation typographique, etc.), l'essentiel à atteindre est leur appropriation par l'élève plutôt que leur seule mémorisation. Les formes et les règles linguistiques doivent bien sûr être mémorisées, mais cette mémorisation ne sera solide que si elle repose sur une bonne compréhension des contenus étudiés. La construction des connaissances par l'apprenant est favorisée par une démarche inductive qui amène ce dernier à observer, à manipuler et à analyser des faits de langue pour en dégager les principes de fonctionnement, et à confronter ses observations et ses conceptions avec celles de ses camarades (relire la partie théorique sur le socio-constructivisme).

La figure 11.4 illustre l'interaction à maintenir entre les activités globales d'écriture et les activités spécifiques d'acquisition de connaissances et de stratégies. À remarquer que ce modèle didactique peut s'actualiser à travers différents modes de conduite de la classe, le travail individuel comme le travail de groupe. L'élève doit avoir

ÉCRITURE

ÉCRITURE

FIGURE 11.3
Exemple d'utilisation de la grille de planification

1. RÉSUMÉ DE LA SITUATION ET GENRE DE TEXTE RETENU	*Mes élèves de 4e année rédigeront de courtes bandes dessinées pour leurs camarades de 2e année.*

2. REPRÉSENTATION QUE JE ME FAIS DE LA SITUATION DE COMMUNICATION (PARAMÈTRES IMPORTANTS)

Qui est le **destinataire**? Son statut est-il ou non à égalité avec celui de l'élève?	*Les destinataires sont des lecteurs débutants, d'où nécessité d'avoir un style facile, adapté à leur capacité réduite.*
Qui est le **scripteur**? À quel titre les élèves écriront-ils (en leur nom personnel, au nom du groupe, comme amis...)?	*Mes élèves ont tout que grands camarades désireux de faire plaisir aux plus jeunes et de leur donner le goût de lire.*
Quel est le **but** (l'intention) du discours?	*Divertir nos camarades de 2e en leur offrant des textes intéressants.*
Quel est le **thème** du discours? De quoi parlera-t-on?	*Grande diversité possible de sujets, la seule contrainte étant que les histoires mettent en scène des parents et des enfants dans leur quotidien.*

3. CARACTÉRISTIQUES DU TEXTE QUE JE PRÉVOIS

• **Structure d'ensemble du texte**	
Organisation générale (esquisse des parties principales du texte)	*récit* *Comme tout ~~écrit~~, la bande dessinée obéit à une structure narrative.*

État initial	Transformation	État final

Présentation matérielle (allure typographique, présence ou non d'illustrations, etc.)	*• Importance de l'image (travail sur les plans).* *• Histoire tenant en une seule planche (travail sur l'enchaînement des vignettes).*

• **Aspects linguistiques particuliers**	
• Choix des pronoms • Temps verbaux • Structures syntaxiques particulières • Lexique qui convient au ton à adopter • Points d'orthographe et de ponctuation à surveiller	*• Le plus souvent "je" et "tu" (ou "vous") dans les dialogues.* *• Généralement le présent, mais possiblement aussi le passé composé ou le futur.* *• Mots courants simples à lire et onomatopées.* *• Accord des verbes avec le pronom sujet, choix du bon point selon le type de phrase (. ! ?), point d'exclamation avec les interjections.*

FIGURE 11.4
Cadre d'enseignement-apprentissage de l'écriture

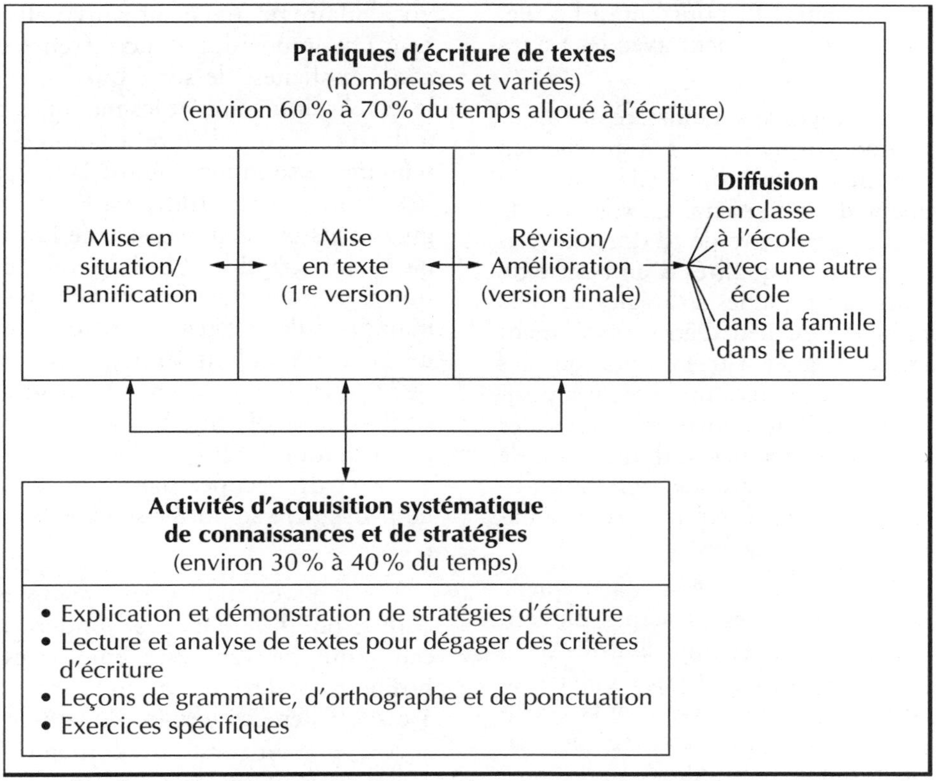

Pratiques d'écriture de textes
(nombreuses et variées)
(environ 60 % à 70 % du temps alloué à l'écriture)

Mise en situation/ Planification	Mise en texte (1re version)	Révision/ Amélioration (version finale)	**Diffusion** en classe à l'école avec une autre école dans la famille dans le milieu

Activités d'acquisition systématique de connaissances et de stratégies
(environ 30 % à 40 % du temps)

- Explication et démonstration de stratégies d'écriture
- Lecture et analyse de textes pour dégager des critères d'écriture
- Leçons de grammaire, d'orthographe et de ponctuation
- Exercices spécifiques

l'occasion d'écrire seul. Cependant le travail en équipe ou collectif (avec tout le groupe-classe) peut faciliter le processus d'écriture en répartissant entre les élèves les tâches de planification, de rédaction, de correction et de diffusion. En outre, en s'observant et en discutant, les élèves peuvent découvrir de nouveaux savoirs et affiner leur capacité rédactionnelle.

11.1.7 Septième principe

Formant depuis longtemps le nœud gordien de l'enseignement de l'écrit, l'évaluation doit être repensée en profondeur si on veut qu'elle serve vraiment à l'apprenti scripteur. Pour bien des enseignantes, évaluer les textes des élèves équivaut à une corvée si lourde qu'elles s'empêchent

de les faire écrire de peur de crouler sous le poids des corrections. Nous verrons plus loin des moyens pour alléger la correction des textes. De l'autre côté, les élèves perçoivent l'écriture comme une activité dénuée de sens ayant pour seule raison d'être l'attribution d'une note sur la base de critères qu'ils ne comprennent pas toujours.

Un système scolaire ne peut éliminer toute évaluation sommative, car il ne peut éviter de sanctionner à un moment donné les apprentissages. Mais cela signifie-t-il pour autant que l'ensemble des activités d'écriture en classe doive aboutir à une notation ? La véritable rétribution que l'auteur peut retirer de son texte réside dans le plaisir, la compréhension de la vie et la relation avec l'autre que lui permet l'expression écrite. Dans un contexte normal de lecture, est-ce qu'il nous viendrait à l'esprit de donner 8 sur 10 à tel poème de Verlaine ou 7 sur 10 à tel éditorial de Lise Bissonnette ? Jamais ! Et pourtant, à l'école, c'est ce que l'on fait couramment avec les textes des élèves...

Ainsi que le recommande le ministère de l'Éducation, l'évaluation formative est à privilégier. Dans le domaine du savoir-écrire, celle-ci est liée au développement de la capacité de révision de l'élève. Elle doit lui permettre de se doter de critères sûrs pour cerner les qualités d'un bon texte à tous les niveaux ainsi que les stratégies les plus efficaces à employer. Au lieu d'être uniquement négative, c'est-à-dire axée sur la notation des erreurs, elle doit prendre aussi un caractère positif et faire ressortir les points forts et les réussites des élèves. Tous ces principes ont une grande importance pour l'élève à risque dont le sentiment d'incapacité a été renforcé par des évaluations dévalorisantes continuelles.

Pour aider l'enseignante à voir dans quelle mesure elle applique tous ces principes didactiques, nous lui suggérons de remplir la grille de la figure 11.5 deux ou trois fois durant l'année scolaire. Ce questionnaire indique les points essentiels à considérer pour assurer un enseignement de l'écriture fonctionnel et stimulant.

11.2 ÉLÈVES À RISQUE EN ÉCRITURE

Les difficultés que peut éprouver un scripteur apprenti touchent les divers aspects du savoir-écrire : calligraphique, orthographique, grammatical, textuel, etc.

Sur le plan du processus d'écriture, les élèves à risque planifient très peu leurs textes, cernent mal leur intention de communication, ont de la peine à structurer leurs idées et n'arrivent pas à prévoir les besoins des lecteurs. Ils rédigent par à-coups, petit bout par petit bout, sans regarder ce qui précède et sans guère penser à ce qui va suivre. Ils ont de la peine à détecter leurs erreurs et ne révisent pour ainsi dire pas leurs brouillons. Ils se relisent selon ce qu'ils croient avoir écrit plutôt que selon ce qu'ils ont écrit effectivement.

Généralement courts, les textes des élèves à risque comprennent des phrases simples et un vocabulaire relativement pauvre. Ils donnent souvent une impression d'incohérence et ne sont pas assez explicites, de sorte que, pour comprendre, le lecteur doit combler les manques en s'évertuant à deviner ce que l'élève a voulu dire. Le style a tendance à se rapprocher de la langue orale familière, car, comme il lit peu, l'élève à risque n'est guère sensibilisé au registre de l'écrit. Sur le plan de la transcription, l'orthographe et la ponctuation s'avèrent médiocres, sans parler du tracé maladroit des lettres qui rend le texte pénible à déchiffrer. Vers huit ou neuf ans, ces conventions de l'écrit commencent à s'automatiser chez l'enfant normal ; chez l'élève en difficulté, ce n'est pas du tout le cas, si bien que son attention, encore trop occupée par la mécanique de l'écrit, ne peut guère se porter sur l'élaboration du contenu.

Les interventions à mener auprès de l'élève à risque ne diffèrent pas fondamentalement de celles qui peuvent être employées avec l'élève ordinaire. L'élève qui accuse des retards scolaires a essentiellement besoin d'une aide pédagogique accrue et d'un suivi plus soutenu. Dans certains cas, il est nécessaire de diminuer le niveau de difficulté pour s'adapter à ses compétences réduites et revenir à des apprentissages de base qui n'ont pas encore été bien fixés. Dans les chapitres qui suivent, on trouvera des suggestions d'interventions didactiques pour chacun des volets de l'enseignement de l'écriture.

11.3 ÉVOLUTION DE L'ENFANT-SCRIPTEUR

Le tableau 11.3 donne une idée de ce que l'on peut attendre des élèves du primaire en expression écrite. À noter que ce document décrit des tendances générales et ne tient nullement compte des variations individuelles marquées qui peuvent s'observer en écriture. Ces tendances peuvent en outre être modifiées sous l'influence de l'enseignement.

FIGURE 11.5

Grille d'auto-évaluation de ses pratiques pédagogiques en écriture

Légende :	1	**Pas en application dans ma classe**
	2	**Partiellement en application dans ma classe**
	3	**Déjà en application dans ma classe**

	1	2	3
1. Création d'attitudes positives et d'habitudes en écriture			
a) Je planifie des moments d'écriture libre durant la semaine.	___	___	___
b) Je profite des occasions d'écriture offertes dans toutes les matières.	___	___	___
c) J'écris devant les élèves aussi souvent que possible.	___	___	___
d) Je favorise l'expression écrite dans ma classe.	___	___	___
e) Je partage avec mes élèves mon intérêt pour l'écriture.	___	___	___
f) Je propose aux élèves des situations d'écriture motivantes et authentiques (intention véritable, destinataire réel, sujet intéressant).	___	___	___
g) Je réalise au moins un projet d'écriture par semaine.	___	___	___
h) J'évite de blâmer les enfants à cause de leurs erreurs.	___	___	___
i) Je félicite les élèves pour les aspects positifs de leurs textes.	___	___	___
2. Interventions avant la mise en texte			
a) J'amène les élèves à préciser leur intention d'écriture.			
b) J'active leurs idées et je les aide à les organiser.	___	___	___
c) Je les invite à s'engager dans leur projet d'écriture.	___	___	___
d) Je vise le développement de l'autonomie des élèves dans les stratégies de planification.	___	___	___
e) Je réalise des activités préparatoires de lecture afin d'amener les élèves à dégager des critères d'écriture.	___	___	___
3. Interventions lors de la rédaction et de la révision			
a) Je demeure disponible pendant la rédaction du brouillon pour aider les élèves.	___	___	___
b) Je leur suggère au besoin des reformulations pour les amener à mieux rendre leur intention d'écriture.	___	___	___
c) S'il y a lieu, je leur rappelle les consignes de départ.	___	___	___
d) J'attire leur attention sur certaines faiblesses de leurs textes (ambiguïté, information manquante, erreurs d'orthographe, etc.) qu'ils devraient corriger.	___	___	___
e) Je m'efforce de rendre les élèves autonomes en leur montrant à utiliser des outils de révision (grille de correction, grammaire, dictionnaire, etc.).	___	___	___

É
C
R
I
T
U
R
E

→

ÉCRITURE

FIGURE 11.5 *(suite)*
Grille d'auto-évaluation de ses pratiques pédagogiques en écriture

	1	2	3

4. Enseignement des connaissances et des stratégies en écriture

a) Je dis aux élèves pourquoi la stratégie enseignée est utile.

b) Je montre comment utiliser la stratégie cible.

c) Je guide les élèves dans l'utilisation de la stratégie cible.

d) Je favorise leur autonomie dans l'utilisation de la stratégie cible.

e) J'amène les élèves à construire eux-mêmes les connaissances relatives au code linguistique en privilégiant une démarche heuristique (ou inductive).

f) Je tiens compte de leurs connaissances antérieures, même erronées, quand j'aborde une notion.

g) Je favorise le transfert des connaissances linguistiques en situation réelle de pratique d'écriture.

h) Je suscite la mise en relation des connaissances.

i) Je m'efforce de relier ce qui est vu en lecture à ce qui est vu en écriture.

5. Choix des textes

a) J'amène les élèves à rédiger différents types de textes (narratifs, poétiques, informatifs, expressifs, etc.).

b) Je soumets aux élèves des projets d'écriture de différents niveaux de difficulté adaptés à leurs capacités.

c) Je tire parti des autres matières scolaires pour trouver des situations signifiantes d'écriture de textes utilitaires.

d) Je fais une place importante aux textes d'imagination (contes, poèmes, etc.).

6. Organisation de l'enseignement (les divers modes de conduite de la classe)

a) J'utilise le grand groupe pour l'étude collective des notions nouvelles, la présentation des projets d'écriture, les synthèses et les récapitulations, etc.

b) J'utilise le travail en équipes de trois ou quatre pour certains projets exigeant la réalisation de tâches diverses (le journal scolaire, par exemple), pour les discussions sur le processus d'écriture, etc.

c) J'utilise les dyades (équipes de deux) pour faciliter la recherche d'idées, pour alléger le travail d'écriture, pour assurer le point de vue critique d'un autre, etc.

d) J'utilise le travail individuel pour habituer l'élève à écrire seul, pour renforcer sa propre autonomie, pour les projets d'écriture de textes expressifs où chaque sujet s'investit personnellement, etc.

→

FIGURE 11.5 (suite)
Grille d'auto-évaluation de ses pratiques pédagogiques en écriture

	1	2	3

7. Évaluation

a) Mon évaluation est continue.

b) Mon évaluation est surtout formative.

c) Mon évaluation est multidimensionnelle : elle touche à plusieurs aspects.

d) Mes interventions évaluatives visent le développement de la capacité d'auto-évaluation de l'élève.

e) Je rencontre régulièrement chaque élève pour regarder son dossier d'écriture et discuter avec lui de son habileté et de sa motivation à écrire.

La lecture du tableau 11.3 peut aider à mieux situer les difficultés de l'élève à risque en écriture. Ce tableau montre en outre que l'apprentissage de l'écrit est une entreprise ardue et complexe qui demande beaucoup d'effort et de temps. Comme le fixait le programme de français de 1979, l'ordre primaire « vise à faire de l'écolier un scripteur moyen et à le préparer à devenir [au secondaire] un bon scripteur ». Avec les élèves du primaire, les objectifs à viser ne peuvent donc pas être ambitieux ; ils doivent plutôt toucher l'essentiel et relever des apprentissages fondamentaux. Mieux vaut asseoir une base solide chez le jeune scripteur que dissiper son énergie en tentant en vain de lui faire acquérir trop de choses. Particulièrement en orthographe et en ponctuation, l'attention de l'enseignante et de l'élève doit se concentrer sur les éléments principaux, par exemple, pour la deuxième année, le point en fin de phrase plutôt que la virgule.

TABLEAU 11.3
Évolution de l'enfant-scripteur

	Scripteur débutant (6-7 ans environ)	Scripteur apprenti (8-9 ans environ)	Scripteur moyen (10-11 ans environ)
Calligraphie et maîtrise de l'espace graphique	• Premières explorations de l'acte graphique et de la page. • Au départ, rythme très lent, lettres mal formées et disproportionnées. • Les textes des tout-petits qui ont une faible conscience de l'écrit sont conçus dans diverses directions : à gauche, à droite, au bas de la page, en diagonale, à la verticale…	• Les possibilités graphomotrices s'améliorent. Le tracé est moins maladroit, plus uniforme. Le rythme d'écriture s'accélère. • Disposition du texte mieux gérée et plus variée. Horizontalité et parallélisme des lignes plus nets.	• La vitesse d'écriture a doublé par rapport au début. • Écriture plus souple, plus aisée. La forme des lettres s'éloigne des modèles pour devenir plus personnelle. • Si cela est travaillé en classe, possibilité de jouer avec les diverses ressources typographiques (choix des caractères, mise en relief, etc.).
Orthographe, grammaire et ponctuation	• L'enfant invente des graphies. Il essaie d'écrire le mot comme il le prononce avec les moyens rudimentaires qu'il possède. La graphie manque souvent d'indices. Par exemple, plusieurs emploient le nom des lettres pour représenter les sons : « JTM » = « Je t'aime ». Les symboles ne sont pas toujours en ordre et les lettres sont parfois inversées. • Au début, il n'y a pas d'espace entre les mots, sous l'influence de l'oral. Quand l'enfant saisit la nécessité de séparer les mots, ses divisions ne sont pas toujours certaines.	• D'après le programme, l'apprentissage systématique de l'orthographe grammaticale commence vers la 3e année. Comme les automatismes demandent du temps pour se développer, les enfants vont commettre encore plusieurs erreurs même dans des structures fondamentales (déterminant + nom + adjectif + verbe). • La division des mots est mieux maîtrisée, mais il reste des découpages ou des amalgames erronés (« au par avant », « plutard »).	• En principe, les élèves à la fin du primaire devraient posséder environ 3000 mots courants en orthographe d'usage et être capables d'appliquer consciemment ou par automatisme les règles grammaticales de base au programme. En réalité toutefois, même en 6e année, une bonne partie des élèves commettent encore en moyenne 14 erreurs sur 100 mots écrits. Les erreurs d'ordre grammatical prédominent.

→

ÉCRITURE

TABLEAU 11.3 (suite)
Évolution de l'enfant-scripteur

	Scripteur débutant (6-7 ans environ)	Scripteur apprenti (8-9 ans environ)	Scripteur moyen (10-11 ans environ)
	• La ponctuation est en bonne partie ignorée à cause des différences énormes entre les signes démarcatifs de l'écrit et de l'oral (mélodie et accent). L'enfant tente de rappeler la voix par divers moyens originaux : capitales agrandies, lettres plus foncées, etc. En 2e année, le point et la majuscule commencent à apparaître de façon moins aléatoire.	• Dans l'ensemble, la ponctuation demeure épisodique. Le point et la majuscule sont mieux utilisés. La virgule n'est guère employée. Les enfants affectionnent le point d'exclamation et les signes de dialogue qui leur rappellent les traits du langage oral. Cependant le recours à ces signes n'est pas toujours adéquat.	• Si elle n'a pas été travaillée efficacement à l'école, la ponctuation restera un problème. À l'heure actuelle, il est faux de dire que les enfants de 6e année maîtrisent beaucoup mieux la ponctuation que ceux de 3e. On a estimé que l'amélioration était d'à peu près 20 %. Les élèves plus vieux ont cependant mieux conscience de l'endroit où un signe est requis.
Vocabulaire (lexique)	• Recours à des mots simples, très courants *(être, avoir, faire, dire, aller, grand, beau)*. • Répétition fréquente des mêmes mots. • Peu de sensibilité aux niveaux de langue *(bouette* sera préféré à *boue)*.	• Début d'utilisation du sens figuré des mots. • Dans les textes d'information, apparition de termes plus précis. • Recours plus fréquent à des caractéristiques simples (nombre, couleur, dimension). • Présence d'expressions familières. • Apparition d'expressions humoristiques ou ironiques.	• Augmentation de mots à sens figuré. • Qualification des êtres et des choses plus fine, à l'aide par exemple d'expressions de manière : « comme un bolide », « à pas de loup ». • Maîtrise plus grande du vocabulaire spécifique d'un thème, d'un domaine. • Termes d'appréciation ou de jugement, l'enfant devenant plus critique. • Développement de l'humour, apparition des jeux de mots.

→

TABLEAU 11.3 (suite)
Évolution de l'enfant-scripteur

	Scripteur débutant (6-7 ans environ)	Scripteur apprenti (8-9 ans environ)	Scripteur moyen (10-11 ans environ)
Syntaxe	• Phrases courtes, surtout des indépendantes juxtaposées. Peu de subordination. • Constructions proches de l'oral : par exemple, reprise du sujet (« le gàrçon, il a… », négation incomplète (« je veux pas »). • Pour caractériser, recours aux structures attributives (« mon chat est gentil ») plutôt qu'à l'épithète (« mon gentil chat »).	• Phrases un peu plus longues. La subordination se développe, notamment l'usage des complétives (« il pense que… »). NOTE : Quels que soient l'âge ou le niveau scolaire, l'emploi des subordonnées varie principalement selon la tâche d'écriture et le type de texte. Ainsi une discussion ou l'explication d'une règle de jeu entraîneront une plus grande proportion de subordonnées qu'une narration. • Les structures attributives l'emportent encore sur l'épithète. • Brusque accroissement de la coordination dû à une surutilisation de mots-liens tels que *et, puis, alors, après.*	• La phrase s'allonge encore en même temps que la subordination s'accroît. • Recherche de constructions plus concises par l'application de la procédure d'effacement et par la combinaison de phrases « Il entra et s'assit. » « Le premier a pris un jus, le deuxième de l'eau. » • Plus grande variété de mots-liens. • Certains problèmes subsistent, notamment la construction des relatives (*dont, auquel…*) et la gestion des phrases complexes comprenant plusieurs subordonnées.
Longueur et organisation générale du texte (structure d'ensemble, cohérence, etc.)	• Les textes sont généralement courts (quelques phrases). La difficulté d'écrire un texte plus long tient aux problèmes graphomoteurs et orthographiques du petit ainsi qu'à son manque d'expérience du monologue. À l'oral, la gestion du discours est en effet partagée par deux ou plusieurs personnes. • Deux types de textes sont préférés. D'abord des écrits descriptifs où l'enfant répertorie, énumère ce qu'il sait ou aime	• Allongement des textes dû entre autres à une plus grande maîtrise de l'orthographe et de la calligraphie. • Les récits attirent encore beaucoup les enfants, notamment ceux où ils racontent les événements de leur vie. La structure reste linéaire. Le récit fictif peut poser des problèmes aux enfants moins imaginatifs, ceux dont on dit qu'« ils n'ont pas d'idées ». Si l'école n'initie pas le jeune à la poésie, les enfants laissés à	• Les textes peuvent être assez étendus (deux pages manuscrites ou plus). • Les récits sont plus étoffés et peuvent comporter plusieurs épisodes. On perçoit mieux les mobiles qui animent les personnages. Les dialogues s'insèrent mieux dans la trame : ils font avancer l'action et nous renseignent mieux sur la psychologie des protagonistes. Certains enfants peuvent davantage utiliser l'histoire à des fins symboliques ou morales. Les textes infor-

→

ÉCRITURE

TABLEAU 11.3 *(suite)*
Évolution de l'enfant-scripteur

	Scripteur débutant (6-7 ans environ)	Scripteur apprenti (8-9 ans environ)	Scripteur moyen (10-11 ans environ)
	à propos d'un sujet donné. L'information n'est pas toujours partagée en catégories. Plus le texte est long, plus il est chaotique : on parle d'espèces de chiens, de leur entraînement, on revient aux espèces pour finir avec les chats. L'enfant aime aussi produire des textes narratifs. Les personnages sont peu élaborés, leur rôle dans l'histoire n'est pas toujours clair. La structure du récit est souvent incomplète : le texte se limite à la situation initiale ou la résolution manque.	eux-mêmes ne comprendront pas l'intérêt et la beauté du texte poétique ; ils se rabattront sur des clichés (« ça rime », « c'est écrit en lignes étroites », « ça parle de la nature »). Les textes descriptifs ou informatifs par lesquels « on apprend des choses » peuvent intéresser les enfants de cet âge. Ces textes seront mieux structurés. Cependant, à cause de sa capacité discriminative encore imparfaite, l'enfant pourra inclure des détails non pertinents ou omettre les éléments essentiels. Enfin, les élèves de 3e ou 4e année peuvent exprimer leurs opinions à l'écrit, mais l'argumentation écrite est encore malaisée pour eux. Ils juxtaposent des opinions sans trop les appuyer et ont de la peine à prévoir les objections. En fait, leurs textes d'opinion présentent un caractère plutôt injonctif que proprement argumentatif. • Les procédés de reprise se développent. On remarque un emploi plus important des pronoms anaphoriques (*il, elle, le, la, les*). Toutefois l'enfant ne réussit pas toujours à bien déterminer ce à qui ou à quoi le pronom renvoie.	matifs sont mieux articulés. Toutefois les élèves parviennent plus facilement à décrire comment sont les choses qu'à expliquer pourquoi tel phénomène se produit. Le texte explicatif reste donc difficile. Au sujet de l'argumentation, les enfants sont plus aptes à discuter, mais un travail soutenu doit se poursuivre. • Les liens entre les phrases sont mieux ménagés. L'enfant commence à varier et à mieux utiliser les connecteurs. Certains élèves recourent à des synonymes ou à des génériques pour reprendre un élément déjà mentionné.

→

TABLEAU 11.3 *(suite)*
Évolution de l'enfant-scripteur

	Scripteur débutant (6-7 ans environ)	Scripteur apprenti (8-9 ans environ)	Scripteur moyen (10-11 ans environ)
Paramètres de la situation de communication (sens de l'auditoire, engagement du scripteur)	• Le jeune enfant recrée le contexte de communication par le dessin. En fait l'écrit se construit sur la base du dessin qui porte en grande partie la signification. Vers la 2e année, la plupart des enfants vont délaisser le dessin comme principal support du message. • Le petit n'écrit guère pour une autre personne. Il écrit plutôt en fonction de lui-même. La conscience du lecteur s'amorce vers la 2e année. • Dans ses récits, l'enfant n'a pas tendance à exprimer des émotions ou des jugements. Il se borne souvent à l'indication des actions ou des événements.	• Les enfants comprennent de plus en plus que le texte doit se suffire à lui-même pour la transmission du sens. Un mouvement de décentration s'amorce. L'enfant devient plus sensible aux besoins du lecteur. Toutefois il a encore de la difficulté à prévoir les questions que celui-ci pourra se poser en lisant le texte. • En général, les histoires des enfants de 3e reflètent plus la simple chronologie que leurs réactions personnelles. Ils s'engagent encore peu dans leurs écrits. Vers la 4e année, on peut trouver plus de sentiments, d'émotions, même des jugements moraux.	• L'enfant maîtrise davantage les régimes énonciatifs. Contrairement aux plus petits, il aura ainsi moins tendance à mêler style direct et style indirect (ex. : « C'est l'hiver et Renart n'a rien mangé. Il se dit qu'il a très faim parce qu'il n'a pas trouvé de poules. Il ne veut pas rentrer à la maison, car il se demande ce qu'Hermeline, **ma** femme, va dire. »). • L'enfant est capable d'un plus grand engagement personnel. D'autre part, il peut mieux tenir compte des caractéristiques de la situation de communication et de ses lecteurs. En somme, plus d'attention à soi et aux autres.
Attitudes face à l'écrit et processus d'écriture (méthodes de planification, de rédaction et de révision)	• Le petit écrit comme il joue : plus pour l'activité elle-même que pour le produit fini. L'inverse s'amorcera vers la 2e année. • Les enfants n'éprouvent guère d'anxiété face à l'écriture. La plupart veulent écrire, mais ils écrivent surtout pour eux-mêmes. Cet égocentrisme explique leur confiance. Avec le développement de la conscience de soi et la peur d'être jugé, certains blocages peuvent apparaître en 2e année. • L'enfant contrôle son écriture par la parole. Il a besoin de parler pour	• La préparation du texte est encore précipitée. Spontanément, les enfants de cet âge ne pensent guère à leur texte avant de prendre le crayon. La phase d'écriture ressemble toujours à un processus d'addition de phrases successives ; rarement l'élève retourne en arrière pour avoir une vue d'ensemble de ce qui a déjà été écrit. Les liens entre la lecture et l'écriture du brouillon ne sont donc pas vraiment saisis. Peut-être à cause de l'insistance des maîtres sur les « fautes » d'orthographe, la révision est vue	• Bien guidés par l'enseignante, les élèves recourent plus aisément à divers moyens de planification ou de révision (codes, méthodes de documentation, etc.). Graduellement, ils sortent de la stratégie d'addition (regard en avant) pour se diriger vers une stratégie d'exploration du déjà dit (regard vers l'arrière). Les modifications apportées au texte, d'abord essentiellement concrètes (ajouts, ratures, flèches pour déplacer un mot, etc.), commencent à s'intérioriser et à se réaliser dans la tête. L'enfant

ÉCRITURE

→

ÉCRITURE

TABLEAU 11.3 *(suite)*
Évolution de l'enfant-scripteur

	Scripteur débutant (6-7 ans environ)	Scripteur apprenti (8-9 ans environ)	Scripteur moyen (10-11 ans environ)
	écrire. Il parle pour demander un renseignement orthographique, pour relire son texte, pour expliquer à ses amis le sens de son message… • Vivant dans l'ici et maintenant, l'enfant planifie peu son texte. C'est en parlant ou en dessinant qu'il va écrire. Son processus d'écriture ne dépasse guère l'épisode de la rédaction comme telle. Il regarde peu avant et après la production du premier jet. Si on donne au petit l'occasion de lire son texte à un ami, il peut constater que son message ne contient pas toute l'information nécessaire en discutant avec l'autre (quand l'entretien, bien sûr, ne ressemble pas à un dialogue de sourds). À partir de la 2e année, l'élève, en se relisant, peut s'apercevoir qu'il doit ajouter des choses. Dans la plupart des cas, la révision se traduit par des additions.	d'abord comme une correction. L'enfant ne comprend pas toujours que la révision ne vise pas uniquement à vérifier l'orthographe, mais qu'elle peut contribuer à améliorer un texte et à en explorer toutes les possibilités. La majorité des modifications apportées au texte constituent des ajouts. • Selon le contexte pédagogique plus ou moins stimulant dans lequel ils évoluent, les élèves de cet âge aimeront ou détesteront écrire. Vers la 3e année, ils sont plus soucieux de leur image et prennent au sérieux les commentaires de leurs camarades en même temps qu'ils deviennent plus critiques envers eux-mêmes. Devant des imperfections relevées dans son texte, l'enfant peut éprouver des malaises, de l'inquiétude. C'est une période de vulnérabilité que l'enseignante doit veiller à faire traverser positivement pour éviter des blocages permanents face à l'écriture.	arrive progressivement à pouvoir examiner mentalement diverses façons de dire une chose.

Références bibliographiques

Adam, J.-M. (1990). *Éléments de linguistique textuelle, théorie et pratique de l'analyse textuelle.* Liège : Mardaga.

Britton, J., Burgess, T., McLeod, A., Martin, N., et Rosen, H. (1975). *The development of writing abilities (11-18).* London : MacMillan Education.

Chignier, J., et Moreau, P. (1990). Écrire en grande section ou au cours préparatoire, est-ce écrire ? *Les Cahiers du CRELEF,* 30, 61-79.

Girard, N. (1989). *Lire et écrire au préscolaire.* Laval : Mondia.

Graves, D.H. (1983). *Writing : Teachers and children at work.* Postsmouth : Heineman Educational Books.

Hayes, J.R., et Flower, S. (1980). Identifying the organization of writing processes. In L.W. Gregg et E.R. Steinberg (dir.), *Cognitive processes in writing* (pp. 3-30). Hillsdale (NJ) : Lawrence Erlbaum.

Jolibert, J. (1988). *Former des enfants producteurs de textes.* Paris : Hachette.

Masseron, C. (1990). L'élaboration d'un texte long : l'exemple du genre fantastique en 4e. *Pratiques,* 66, 3-58.

Pagé, M. (1990). Progrès des sciences du langage utilisables en didactique de la langue maternelle. In G. Gagné, M. Pagé et E. Tarrab, *Didactique des langues maternelles. Questions actuelles dans différentes régions du monde* (pp. 130-151). Bruxelles : De Boeck.

Smith, F. (1982). *Writing and the writer.* New York : Holt, Rinehart and Winston.

Tardif, J. (1992). *Pour un enseignement stratégique. L'apport de la psychologie cognitive.* Montréal : Les Éditions Logiques.

Tompkins, G.E. (1994). *Teaching writing : Balancing process and product* (2e édition). New York : Merrill.

Lectures suggérées

Voici une liste de livres à caractère pratique qui prolongent et complètent le présent volet sur l'écriture :

Éva (groupe) [1991]. *Évaluer les écrits à l'école primaire.* Paris : Hachette.

Garcia-Debanc, C. (1990). *L'élève et la production d'écrits.* Metz : Centre d'analyse syntaxique de l'Université de Metz.

Jolibert, J. (1988). *Former des enfants producteurs de textes.* Paris : Hachette.

Tompkins, G.E. (1994). *Teaching writing : Balancing process and product* (2e édition). New York : Merrill.

ÉCRITURE

CHAPITRE 12

Éveil du goût d'écrire

Claude Simard

La motivation constitue le terreau de tout apprentissage. Un environnement pédagogique stimulant conduit l'élève à aimer écrire et à concevoir l'écriture comme une activité gratifiante plutôt que comme une corvée scolaire. La classe peut devenir une véritable « communauté écrivante » où chacun et chacune s'engagent dans des projets d'écriture collectifs et dans la rédaction de textes personnels. Il est essentiel de cultiver chez l'élève le sentiment de ce qu'on pourrait appeler l'« autorat », c'est-à-dire de l'amener à se voir lui-même comme un auteur, comme un scripteur à part entière.

12.1 RÔLE DE SCRIPTEURE ET D'INTERLOCUTRICE JOUÉ PAR L'ENSEIGNANTE

L'enseignante soucieuse de former des scripteurs motivés communique son intérêt pour la langue écrite et profite de toutes les situations pour mettre en évidence l'utilité de l'écrit et ses multiples avantages. Par exemple, à l'occasion de l'envoi d'une lettre aux parents, elle peut faire observer que l'écrit rend possible la multiplication d'un message. Ou encore, après avoir affiché au mur une règle grammaticale, elle peut amener les élèves à constater que l'écrit, contrairement à l'oral qui s'envole, est permanent et peut servir d'aide-mémoire.

Le plus souvent possible, l'enseignante prend le temps d'écrire en présence de ses élèves ; elle peut, entre autres, réaliser devant eux une carte de souhaits à un ami, une lettre destinée aux parents, etc. Elle n'hésite pas non plus à écrire avec les enfants dans le cadre des projets d'écriture qu'elle leur soumet. Elle peut ainsi composer elle-même un poème durant un atelier de poésie ou se lancer avec les enfants dans la production d'une bande dessinée.

Le destinataire privilégié des textes des enfants reste l'enseignante dans la mesure évidemment où règne une relation de confiance entre elle et ses élèves. Sans jamais oublier son rôle de formatrice et de professeure de langue, l'enseignante reçoit les textes des élèves non seulement en tant que manifestations d'un apprentissage en cours, mais aussi en tant que discours porteurs de sens auxquels il convient de répondre personnellement. Devant un texte d'enfant, au lieu de se contenter de signaler les erreurs, elle pense à souligner l'emploi approprié de tel mot, la beauté de telle image, le choix pertinent de telle information, la

ÉCRITURE

fin originale de telle histoire, l'émotion suscitée par l'expression de tels sentiments et bien d'autres qualités. En somme, l'enseignante a à réagir comme une lectrice authentique et pas seulement comme une correctrice. Durant la période de lecture de textes d'enfants, tout en suggérant des améliorations à apporter, pourquoi ne pas féliciter un élève pour ses trouvailles ? L'enseignante peut profiter de ce moment pour lire elle-même un texte d'enfant qui lui a particulièrement plu ou un texte qu'elle a elle-même rédigé pour le soumettre à l'appréciation de ses élèves.

12.2 CRÉATION DE RÉSEAUX DE COMMUNICATION

Une des conditions essentielles à l'acquisition d'attitudes positives face à l'écriture est d'instaurer de véritables circuits de communication. Les textes des élèves qui ont fait l'objet d'un travail soutenu sont diffusés et lus pour de vrai au lieu de mourir au bureau de l'enseignante sous son crayon rouge inquisiteur. Voici les principaux réseaux de communication pour les textes des élèves (pour une vue plus complète, se reporter à la figure 12.1).

12.2.1 La classe elle-même

La classe elle-même est sans doute le réseau le plus simple et le plus riche à exploiter. Les élèves peuvent s'échanger leurs textes, les afficher sur un mur prévu à cette fin, les placer au coin-lecture.

Un circuit qui jouit d'une grande faveur auprès des enfants est la **lecture de textes** : à un moment déterminé durant la semaine, les élèves qui le désirent lisent devant le groupe-classe un texte de leur cru et reçoivent les remarques de leurs camarades. Pour créer une forme de rituel et donner plus de relief à l'activité, on peut inviter le jeune scripteur à s'asseoir sur une chaise réservée aux écrivains et appelée pour cette raison « **chaise de l'auteur** » (Beer-Toker, Huel et Richer, 1991).

Les élèves peuvent aussi envoyer des textes à l'enseignante non pas tant pour être corrigés que pour communiquer réellement avec elle : un message demandant de l'aide face à une difficulté d'apprentissage, un petit mot de remerciement pour une sortie très appréciée, une suggestion pour améliorer le fonctionnement de la classe, etc. Une **boîte aux lettres** peut être installée dans la classe pour ce genre de communications avec l'enseignante ou avec les autres élèves.

Pour renforcer l'image de l'écriture en tant qu'activité d'expression et de communication, l'éducatrice peut tenir avec l'enfant un **journal dialogué** (Tompkins, 1994), particulièrement avec les élèves en difficulté. L'élève relate dans un cahier tout ce qui lui paraît digne d'être consigné. Cela peut toucher sa vie familiale, sa vie scolaire, les activités qu'il a appréciées, les difficultés qu'il a éprouvées, les choses qu'il a apprises, les lectures qu'il a faites (Lebrun, 1994), etc. Régulièrement, l'enfant remet son journal à l'éducatrice qui lui répond en écrivant ses commentaires dans le cahier. Cette dernière joue en quelque sorte le rôle de confidente. Dans ses commentaires, elle doit avant tout réagir aux propos de l'enfant. À mesure que s'établit la confiance, l'enseignante peut intégrer à son message des remarques sur la forme, soit sur la ponctuation, l'orthographe, la calligraphie, etc.

12.2.2 Jumelage avec une classe de l'école ou d'une autre école

La troisième année peut, par exemple, envoyer des contes aux amis de première année. Quant à la **correspondance interscolaire** (Thomas et Salaün, 1983), il s'agit d'une structure dont la mise en place demande plus d'organisation, mais qui est exploitable tout au long de l'année et qui donne lieu à toutes sortes d'envois (recueil de légendes, textes documentaires sur la région, lettres personnelles à l'élève avec qui on est jumelé, etc.).

12.2.3 Publication

À certains moments, pour valoriser encore plus le travail des élèves, on peut publier leurs textes et les offrir aux amis, aux parents, aux enseignants,

FIGURE 12.1
Réseaux de communication écrite et sources de sujets d'écriture

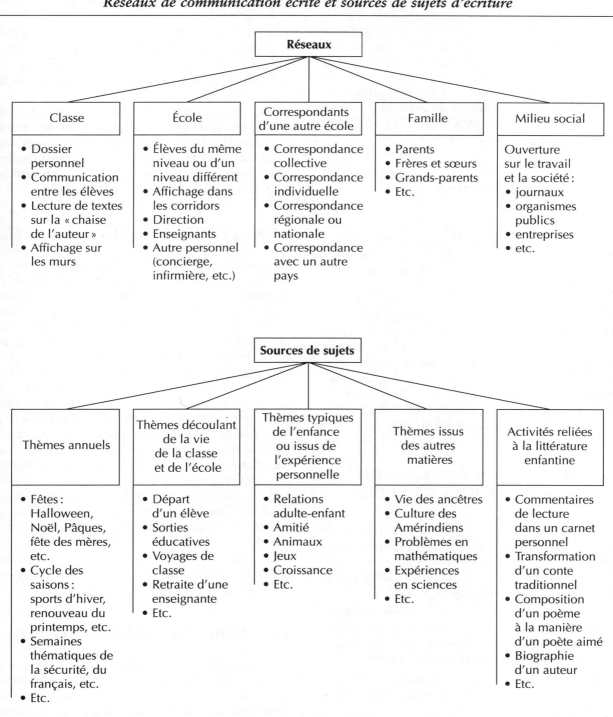

ÉCRITURE

voire au grand public. Le **journal scolaire** (Tran et Trudel, 1983) constitue un canal déjà connu et très polyvalent : il peut permettre la diffusion des nouvelles de la classe ou de l'école, prendre la forme d'un numéro spécial sur la poésie, le conte ou un thème scientifique, ou servir de livre d'or qu'on conserve précieusement comme souvenir de la classe. On peut aussi faire **imprimer un choix de textes sous forme de livre ou d'album**. Le traitement de texte s'avère d'un précieux secours pour ce type d'entreprise.

12.2.4 Dossier d'écriture

Chaque élève devrait disposer d'un dossier personnel d'écriture (l'équivalent du portfolio en lecture) dans lequel il peut ranger toutes ses productions écrites, ses brouillons comme ses textes au propre (Tompkins, 1994). Ces textes ne sont pas tous destinés à la diffusion ; certains, plus intimes, n'ont nullement besoin d'être livrés aux autres. Régulièrement, durant l'année, l'enseignante rencontre chaque élève et, à partir des textes contenus dans le dossier, discute avec lui de son attitude face à l'écriture, des sujets sur lesquels il aime écrire, des types de textes qu'il préfère, des progrès qu'il accomplit et des faiblesses qui lui restent encore à surmonter.

12.3 NOMBREUSES OCCASIONS AUTHENTIQUES D'ÉCRIRE

Pour écrire en classe, il n'est guère besoin de manuels. Il suffit d'exploiter les multiples occasions qui se présentent au fil de l'année scolaire. L'enseignante peut puiser des thèmes d'écriture à diverses sources (voir la figure 12.1) :

– les thèmes annuels comme les fêtes de l'Halloween, de Noël, etc., les semaines spécifiques de la nutrition, du français, etc., les événements ponctuant le rythme des saisons ;

– les thèmes reliés à la vie de la classe tels que l'hospitalisation d'un camarade, une sortie éducative ;

– les thèmes marquants de l'univers enfantin comme la vie familiale, les amis, la croissance, les dinosaures ;

– les thèmes suscités par les autres matières comme l'élaboration d'une règle de jeu en éducation physique, la rédaction de problèmes en mathématiques, la réalisation d'une recherche en histoire ;

– les activités nées de l'exploitation de la littérature de jeunesse (Ottenwaelter *et al.*, 1988) comme la critique de livres dans un carnet personnel (voir la partie sur la lecture), la transformation d'une histoire lue, la création d'un poème à la manière d'un poète aimé.

12.4 SUPPORTS VARIÉS ET ADAPTÉS

En classe, les supports de l'écrit distillent souvent l'ennui à cause de leur caractère uniforme et monotone. Au lieu de toujours faire écrire les enfants dans des cahiers d'écolier ou sur des feuilles lignées volantes, l'école gagnerait à sortir de ces fournitures surannées et à profiter de toutes les ressources des papeteries modernes. On choisira de grands panneaux de carton blanc pour communiquer une enquête à tous les élèves de l'école, on prendra plutôt un papier fin de couleur pour envoyer une carte de Saint-Valentin à un ami, on donnera au papier un aspect de manuscrit antique pour inscrire une recherche sur les pharaons, etc. Les outils scripteurs enrichissent également la trousse à outils des élèves : le stylo, le feutre de couleur, le pinceau, le pochoir, les caractères de machine à écrire ou d'imprimante. Outre qu'elle procure du plaisir, la diversité du matériel d'écriture élargit la compétence de scripteur de l'enfant, en ce sens qu'elle lui apprend à adapter la forme concrète de ses messages à leur nature et à leur contexte.

12.5 AIDE AUX ÉLÈVES À RISQUE

Pour empêcher les blocages face à l'écrit dus à la peur de « faire des fautes », il convient, au lieu de se braquer sur les conventions de l'orthographe, de la ponctuation ou de la calligraphie, de mettre d'abord l'accent sur l'acte d'expression et de communication à la source de l'écriture. Les premiers commentaires à adresser à l'enfant à propos de ses textes devraient concerner le contenu du message de préférence à la forme. Cette insistance sur le fond évitera à l'enfant de considérer ses textes comme des ramassis de fautes sans valeur et l'amènera à les voir au contraire comme des productions ayant du sens qu'il peut retravailler et améliorer.

L'éducatrice profite de toutes les occasions pour valoriser le jeune scripteur qui manque d'assurance, en lisant par exemple ses textes aux autres, en vérifiant si une de ses productions écrites paraîtra dans le journal scolaire ou en l'encourageant à venir lire un de ses textes sur la « chaise de l'auteur ».

Un des principaux problèmes du mauvais scripteur vient du fait qu'il semble ne pas avoir d'idées, qu'il ne sait pas quoi dire. L'adulte doit donc l'aider à trouver des sujets qui pourraient l'inspirer. Pour y arriver, le plus simple est de faire appel aux sentiments, aux expériences et aux souvenirs de l'enfant, en l'invitant à parler de sa vie, d'événements qui l'ont marqué, de sa famille, de ses parents, de ses amis, de ses loisirs, de ses jouets ou de ses animaux préférés, etc. On peut aussi lui suggérer de demander des conseils à un camarade qui n'est jamais en panne d'idées. L'enfant peut également prendre l'habitude de noter, dans son dossier d'écriture, les sujets qui lui viennent à l'esprit au cours de la semaine.

12.6 STIMULATION VENANT DU MILIEU FAMILIAL

Il faut miser sur tous les petits gestes propres à valoriser l'écrit au sein du milieu familial.

Régulièrement, les parents des enfants du premier cycle devraient leur lire des histoires à l'heure du coucher. Il n'y a pas de plus beau moment que la lecture du soir aux côtés de son enfant. Avec les plus vieux, l'adulte continue à discuter de l'importance de la lecture et à s'informer des livres qu'ils aiment.

Tout au long de l'année, les parents peuvent rédiger à l'intention de leurs enfants de courts messages : mots d'amour, d'encouragement, billets indiquant les tâches à accomplir, cartes de souhaits, notes à l'enseignante, etc.

Pour faire comprendre à l'enfant que l'écriture est un travail, ils peuvent corriger devant lui un texte dont ils ne sont pas satisfaits et qu'ils désirent améliorer.

S'ils en ont conservé, ils peuvent montrer à l'enfant des textes qu'ils ont eux-mêmes écrits lorsqu'ils étaient écoliers.

Références bibliographiques

Beer-Toker, M., Huel, C., et Richer, R. (1991). La chaise de l'auteur et le traitement de texte : leurs effets sur la démarche d'écriture d'élèves en difficulté. *Revue des sciences de l'éducation*, XVII, 3, 465-484.

Lebrun, M. (1994). Le journal dialogué : pour faire aimer la lecture. *Québec français*, 94, 34-36.

Ottenwaelter, M.-O., *et al.* (1988). *Écrire des textes*. Paris : Armand Colin-Bourrelier.

Thomas, A., et Salaün, M. (1983). La correspondance. In « *Croqu'Odile, Crocodile* » *ou pour une pédagogie relationnelle de lecture-écriture* (pp. 87-95). Paris : Casterman.

Tompkins, G.E. (1994). *Teaching writing : Balancing process and product* (2e édition). New York : Merrill.

Tran, E., et Trudel, M.-J. (1983). Le journal scolaire : une institution coopérative. *Liaisons*, 8, 2, 35-38.

ÉCRITURE

CHAPITRE 13

Initiation à l'ensemble du processus d'écriture

Claude Simard

La lecture du tableau sur l'évolution de l'enfant-scripteur (voir le tableau 11.3) révèle que les élèves du primaire, spécialement ceux du premier cycle, ont une vague idée des différentes actions à mener pour composer un texte. Il importe donc, dès le début de la scolarité, d'aider l'écolier à se représenter globalement les principales phases du processus d'écriture.

13.1 PERSONNAGES DE L'ÉCRITURE

Un moyen pour concrétiser les tâches du scripteur est de recourir à l'analogie en faisant correspondre un personnage à chaque grande opération rédactionnelle (voir la figure 13.1). Ainsi, la planification sera assumée en même temps par le **fou-inventeur**, qui trouve les matériaux bruts du texte, et par l'**architecte**, qui sélectionne les idées et les ordonne en fonction du projet à réaliser. La mise en texte relèvera du **menuisier**, dont le rôle consiste à formuler les phrases et à construire le texte. Enfin la révision réclamera les services du **juge**, qui relit le texte, l'évalue et le corrige en vue de l'améliorer.

Une fois que les enfants auront bien identifié chaque personnage, ils verront progressivement qu'ils peuvent jouer deux rôles en même temps, par exemple le menuisier peut être aidé, durant la mise en texte, par l'architecte, qui voit à structurer les idées en découpant bien les paragraphes, ou encore par le juge, qui apporte des corrections au fur et à mesure que le texte s'élabore.

Au fil des expériences d'écriture, les enfants prendront également conscience que ces rôles n'ont pas la même importance selon les situations et les types d'écrits. L'apport du fou-inventeur est ainsi capital pour imaginer des histoires, alors que ce personnage intervient beaucoup moins quand il s'agit d'écrire un texte informatif à partir d'une documentation préétablie.

13.2 EMPLOI D'OUTILS RÉCAPITULATIFS

Pour rappeler aux jeunes scripteurs les diverses actions qu'ils doivent accomplir, l'enseignante peut leur fournir des aide-mémoire qu'elle affiche à un mur de la classe ou qu'elle distribue à chaque enfant (voir le tableau 13.1).

Le genre d'outil illustré par le tableau 13.1 a l'inconvénient de présenter le processus d'écriture d'une façon plutôt linéaire, étape après étape.

FIGURE 13.1
Personnages de l'écriture

Les rôles que je joue quand j'écris un texte			
 Le fou-inventeur	 L'architecte	 Le menuisier	 Le juge
• J'invente en laissant libre cours à mon imagination. • Je trouve des idées. • Je les mets en vrac sur papier.	• Je choisis les meilleures idées selon mon projet et mon lecteur. • Je mets mes idées en ordre. • J'élabore un plan pour me guider.	• Je construis des phrases bien faites. • Je choisis de bons mots. • Je fais des liens entre mes phrases. • Je mets les « clous », les lettres et les signes de ponctuation, aux bons endroits.	• Je relis mon texte et je l'évalue. • Je corrige les erreurs d'orthographe et de ponctuation. • Je change les mots, les phrases ou les paragraphes qui ne conviennent pas. • Je consulte au besoin le dictionnaire ou la grammaire.

Source : D'après Guérette (1985) et Flower (1981).

Avec des débutants, une telle segmentation semble presque inévitable pour l'identification de chacune des composantes du processus d'écriture. Malgré tout, l'aide-mémoire du tableau 13.1 inclut des éléments d'intégration. Entre autres, à l'étape du brouillon, il signale à l'élève qu'il doit relire son premier jet pour voir si tout se tient et lui suggère même de modifier son plan initial en fonction des idées neuves qu'il a pu trouver au fil de la rédaction.

13.3 SCRIPTEURE MODÈLE : L'ENSEIGNANTE

La technique pédagogique par laquelle l'enseignante agit en tant que scripteure modèle (Bou-dreau, 1991) est très simple et peut être utilisée plusieurs fois durant l'année.

Comme l'expression l'indique, l'enseignante écrit un texte devant ses élèves (ce peut être une carte de vœux, une lettre, un conte, etc., le genre variant selon les circonstances). En même temps qu'elle rédige, elle dit à voix haute les questions qu'elle se pose, les incertitudes qu'elle rencontre et les stratégies qu'elle applique pour résoudre ses problèmes. Grâce à cette technique, les enfants peuvent observer, sur le vif, un scripteur avancé en train d'écrire, ce qui est plutôt exceptionnel pour eux puisque leur contact avec l'écrit provient la plupart du temps de textes déjà achevés. Ils peuvent ainsi mesurer tout le travail que néces-

TABLEAU 13.1
Aide-mémoire résumant le processus d'écriture

Ce que j'ai à faire quand j'écris un texte

Préparation
- Je réfléchis à ce que sera mon texte.
- Je me questionne sur ce que je veux dire en pensant à la personne qui me lira.
- Je note mes idées sur papier.
- J'esquisse un plan.

Brouillon
- J'écris une première version de mon texte.
- En écrivant mes phrases, j'essaie de ne pas faire d'erreurs. Cependant je ne pense pas seulement à l'orthographe, je pense surtout à ce que je veux dire.
- En cours de rédaction, je me relis pour voir si mon texte se tient.
- Au besoin, je modifie mon plan de départ à mesure que mon texte se précise.

Révision
- Je relis attentivement mon texte en entier deux ou trois fois.
- J'ajoute les idées qui manquent.
- Je change les mots qui ne vont pas.
- Je corrige l'orthographe et la ponctuation en vérifiant dans ma grammaire et mon dictionnaire.
- Je vérifie le découpage en paragraphes.
- Je demande à quelqu'un d'autre de réviser mon texte.

Mise au propre
- Je choisis le type de papier et de crayon qui convient.
- Pour la version finale de mon texte, je soigne l'écriture afin que mes lecteurs me lisent sans peine.
- Je dispose bien mon texte sur la page.
- J'ajoute une ou des illustrations si nécessaire.

Diffusion
- J'envoie mon texte à mon ou mes destinataires.
- Je recueille des commentaires de mes lecteurs si possible.

---

site la production d'un texte, de sa conception à sa révision finale.

13.4 RENCONTRE AVEC DES ÉCRIVAINS

Au Québec, le nombre d'écrivains pour la jeunesse n'a cessé de croître depuis les 10 dernières années. Bien des enfants en connaissent et éprouvent beaucoup d'admiration à leur égard.

La rencontre avec un écrivain constitue un temps fort dans l'initiation de l'enfant au monde de l'écrit. En plus de ce qu'ils apprennent sur son œuvre et sa vie, les enfants retirent beaucoup des commentaires qu'un écrivain peut livrer sur sa manière d'écrire. Leur vision du processus d'écriture s'en trouve souvent démystifiée et enrichie, car le témoignage de l'écrivain leur fait comprendre qu'un texte ne se rédige pas en coulant sous la plume comme par magie, mais qu'au contraire il naît d'un patient labeur plein de recherches et de repentirs. L'idéal est de demander à l'écrivain d'apporter en classe de ses manuscrits pour les faire voir aux élèves.

Pour organiser une rencontre d'écrivain, on peut s'adresser à l'Union des écrivains (3492, av. Laval, Montréal, H2Y 3C8, tél. : 1-514-849-8540) ou à Communication Jeunesse (5307, boul. Saint-Laurent, Montréal, H2S 1S5, tél.: 1-514-273-8176).

13.5 INTERVENTIONS POUR LES ÉLÈVES À RISQUE

On notera que les différentes interventions quant à la perception globale du processus d'écriture s'adressent à tous les élèves de la classe. Pour les élèves à risque, il faut s'assurer, en situation d'écriture, que chacun effectue toutes les opérations rédactionnelles sans en négliger aucune et qu'il sait tirer parti des outils qu'on lui fournit comme les aide-mémoire ou la métaphore des personnages de l'écriture.

Des recherches (Carrier, 1992) indiquent que l'élève en difficulté bénéficie réellement de l'utilisation de moyens concrets et visuels comme ceux que nous venons de décrire pour la compréhension du fonctionnement du processus d'écriture.

13.6 OPÉRATIONS GÉNÉRALES ET OPÉRATIONS SPÉCIFIQUES

Le processus d'écriture suppose des opérations générales ainsi que des opérations spécifiques variant selon les discours. Ainsi, quel que soit le type de texte, la phase de révision amène le scripteur à vérifier l'adaptation de son texte au lecteur visé, à éliminer les contradictions ou à corriger les erreurs d'orthographe; par contre, il ne pourra pas évaluer de la même façon la structure d'ensemble d'un récit de fiction ou d'un texte informatif ni appliquer les mêmes critères touchant le choix du vocabulaire selon qu'il s'agira d'un poème ou d'une lettre administrative.

Pour ne pas alourdir le présent guide, nous ne toucherons pas à tous les genres de textes qui pourraient être traités au primaire. En raison des techniques propres à l'image, la bande dessinée ne sera pas retenue, la poésie non plus à cause de son ampleur et de ses particularités linguistiques (voir Jolibert, 1992). Dans les deux prochains chapitres, nous illustrerons les stratégies d'écriture spécifiques en nous limitant aux genres et catégories suivants : le conte pour les textes d'imagination ; le texte libre pour les textes expressifs ; le compte rendu documentaire (appelé couramment la « recherche »), la lettre de demande ou d'invitation et la recette pour les textes utilitaires.

Références bibliographiques

Boudreau, G. (1991). Écrire devant les élèves ou l'enseignante modèle-scripteure. *Vie pédagogique*, 73, 44-47.

Carrier, L. (1992). *Évaluation d'un programme d'intervention cognitive sur le processus d'écriture auprès d'élèves en difficulté d'apprentissage.* Mémoire de maîtrise. Québec : Université Laval.

Flower, B.S. (1981). Madman, architect, carpenter, judge : Roles and the writing process. *Language Arts, 58,* 7, 834-836.

Guérette, V. (1985). Savoir écrire, c'est savoir jouer quatre personnages. *Québec français*, 58, 50-53.

Jolibert, J. (1992). *Former des enfants lecteurs et producteurs de poèmes.* Paris : Hachette.

CHAPITRE *14*

Planification

Claude Simard

Le jeune scripteur n'est pas porté à planifier son texte. Il a tendance à écrire tout de suite en jetant directement sur papier ce qui lui vient à l'esprit. Le scripteur avancé accorde au contraire beaucoup d'importance à la planification. L'écriture ne commence pas seulement au moment où les premiers mots sont tracés sur papier, elle se met en œuvre dès que l'esprit s'emploie à imaginer ce qui est à faire pour exécuter la tâche et à quoi ressemblera le texte à produire. Souvent expédiée, hélas ! dans les classes, la préparation constitue une période essentielle dont la qualité garantit le succès de toute l'activité.

14.1 MISE EN SITUATION

Le programme de français recommande de commencer tout projet d'écriture par une mise en situation (appelée aussi « mise en train »). Prenant la plupart du temps l'aspect d'un échange oral entre l'enseignante et les élèves, la mise en situation remplit au moins trois fonctions. Elle sert d'abord à susciter l'intérêt des élèves et à les motiver à participer au projet d'écriture. Elle permet également de fixer le mode de travail ; par exemple, dans le cas d'une recherche documentaire, il faut décider si chaque élève devra traiter un sujet particulier ou si un même sujet sera abordé sous différents aspects répartis entre plusieurs équipes. Enfin et surtout, grâce à l'animation de l'enseignante, la mise en situation doit amener les élèves à se faire une idée assez nette du discours visé, à se représenter les paramètres de la situation (le but, le sujet et le destinataire de la communication) ainsi que les caractéristiques du texte lui-même telles que l'ordre des parties, le genre d'écrit, les points de grammaire à surveiller et la présentation matérielle.

L'animation de la mise en situation doit autant que possible conduire les élèves à s'interroger à propos de leur tâche d'écriture. Plutôt que d'imposer aux élèves de suivre passivement un cadre préétabli, il vaut mieux chercher à les rendre plus autonomes en les habituant à se poser eux-mêmes les questions soulevées par la production d'un texte.

Ce questionnement doit mettre en évidence la relation entre le texte à rédiger et la situation dans laquelle celui-ci s'inscrit. Les principales questions que l'élève a à intégrer à ses conduites de scripteur se ramènent à celles-ci :

– But de la communication : « Pourquoi est-ce que j'écris ? Est-ce que c'est pour informer, pour divertir ou pour exprimer ce que je ressens ou ce que je pense ? »

– Destinataire : « À qui est-ce que je m'adresse ? Est-ce que je connais bien mon lecteur ? Qu'est-ce que je dois lui dire pour qu'il soit intéressé et qu'il me comprenne bien ? »

– Statut du scripteur : « À quel titre est-ce que j'écris ? En mon nom personnel ou au nom d'un groupe ? »

– Contenu : « Qu'est-ce que je veux dire au juste ? Quelles sont les idées les plus importantes que je désire exprimer ? Quels sont les principaux mots que j'aurai à employer ? »

– Genre de texte : « Quelle sorte de texte conviendrait à mon projet ? Quelles sont les caractéristiques principales de ce genre de texte ? Quels critères dois-je respecter pour en produire un bon ? »

14.2 REMUE-MÉNINGES ET CONSTELLATION DE MOTS

Pour faciliter la recherche d'idées, certaines méthodes comme le remue-méninges s'avèrent tout indiquées. En classe, chacun y va de sa suggestion ; les bonnes idées sont notées au tableau puis ensemble on essaie de les regrouper et de les structurer.

La constellation de mots (Tompkins, 1994), appelée aussi carte sémantique, carte d'explora-tion ou, de façon plus imagée, « toile d'araignée », offre une présentation visuelle du contenu et du vocabulaire du texte en préparation. On place le mot-thème au centre du tableau ou d'une feuille. Le jeu des analogies fait surgir d'autres mots associés qu'on encercle de manière à former un réseau. À la fin, on sélectionne les meilleures idées en les numérotant éventuellement d'après l'ordre dans lequel on compte les aborder dans le texte. Les figures 14.1 et 14.2 donnent des exemples pour un texte informatif et pour un récit biographique.

14.3 CANEVAS DE BASE

Un autre moyen pour aider le jeune scripteur à préparer son texte est d'élaborer avec lui un canevas résumant les éléments essentiels du texte à produire. Il faut éviter cependant les plans trop détaillés qui risquent de devenir des carcans plutôt que des guides lors de la rédaction. La figure 14.3 fournit un canevas pour l'élaboration d'un conte.

14.4 PRÉPARATION PROPRE À CERTAINS TYPES DE TEXTES

Traditionnellement, le plan précisait les choses à dire. Comme l'écriture ne se réduit pas à « avoir

FIGURE 14.1
Constellation pour un texte informatif

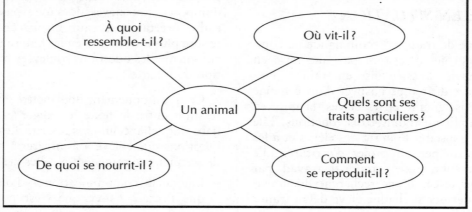

FIGURE 14.2
Constellation pour un récit biographique

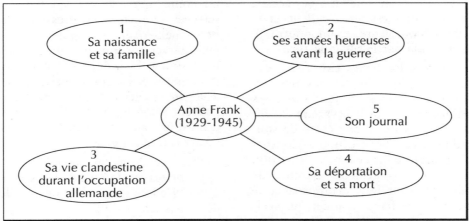

des idées », il convient de recourir à d'autres types de plans pour cerner les diverses composantes du savoir-écrire : des plans d'action rappelant le processus de production (voir le tableau 13.1), des plans de situation définissant les paramètres de la communication écrite (qui écrit à qui et pourquoi ?) ou des plans de texte centrés sur les caractéristiques essentielles du genre d'écrit choisi (voir la figure 14.3).

Pour le **récit de fiction**, il existe toutes sortes de techniques d'invention d'histoires (Rodari, 1979). L'espace manque pour les décrire toutes.

Citons quelques-unes de celles qui facilitent la tâche à l'enfant en lui permettant de prendre appui sur une structure déjà donnée : 1) compléter une histoire dont on a enlevé la fin ou dont on fournit seulement le début ; 2) imaginer la suite d'un conte connu (Qu'est-ce qui est arrivé à Cendrillon après son mariage ? Il paraît qu'en vieillissant ses pieds rapetissèrent tellement qu'elle ne trouvait plus de chaussures à sa pointure.) ; 3) transformer un conte traditionnel en changeant le rôle d'un personnage (le Chat botté est maladroit et conduit son maître d'un

FIGURE 14.3
Canevas pour un conte

MON CONTE		
Pour t'aider à imaginer ton conte, remplis le tableau en écrivant tes réponses ou en dessinant.		
Le lieu et le temps	**Les personnages**	**L'action**
Où et quand se déroule l'histoire ?	Qui est le personnage principal, le héros, et comment est-il ?	Qu'est-ce qui se passe ? Quel problème le héros a-t-il et comment cela se termine-t-il ?
	Y a-t-il d'autres personnages ? Est-ce qu'ils aident ou nuisent au héros ?	

ennui à l'autre) ou en y introduisant un anachronisme (le Petit Poucet ne vole pas les bottes de sept lieues, mais une énorme motocyclette); 4) mélanger deux contes connus (la Belle et le pauvre Pinocchio). Pour le récit, on pourra se reporter également à la partie sur la lecture.

En ce qui concerne les **textes expressifs**, qui naissent d'un cadre plus libre et revêtent un caractère plus personnel, ils se prêtent à diverses mises en situation en raison de leur variété. Il peut s'agir en effet d'un poème, d'une carte de souhaits, du récit d'un événement vécu, d'un journal intime, etc. L'important dans ce type de situation écrite est de susciter l'engagement personnel de l'enfant. Les sujets doivent donc se rapprocher de sa vie quotidienne (une fête, un jouet, un accident, une peine, une personne aimée, un succès, un projet, un désir, etc.). Durant la phase de préparation, l'enseignante amène les enfants à se concentrer sur le thème. Elle peut suggérer quelques points pour développer le sujet, fournir des éléments déclencheurs comme des illustrations évocatrices et créer une atmosphère de détente en faisant jouer une musique apaisante.

Les **comptes rendus documentaires** (les « recherches ») constituent sans aucun doute les activités d'écriture impliquant le plus de travail préalable en lecture. La préparation de ce genre de textes exige en effet l'acquisition d'habiletés spécifiques de lecture telles que savoir consulter une table des matières ou un index, savoir repérer l'information cherchée dans le texte à l'aide de repères typographiques (intertitres, mots soulignés, caractères gras, etc.), savoir dégager l'idée principale, savoir résumer l'essentiel d'un passage et le consigner sous forme de notes. Si ces habiletés ne sont pas suffisamment acquises par l'élève, ses textes documentaires se réduiront à de la copie et à du placage.

14.5 ACTIVITÉ MÉTHODIQUE DE LECTURE : LE TRI DE TEXTES

Les enfants du primaire ont une connaissance restreinte des types d'écrits. Aussi ont-ils besoin d'être initiés aux caractéristiques de base des genres de textes qu'on leur demande de composer. Comment faut-il disposer graphiquement une lettre ? Quels types de personnages évoluent dans un conte merveilleux ? Un texte informatif en sciences admet-il l'expression de sentiments personnels ? Autant de points que le scripteur ne peut parvenir à trancher que s'il possède des critères sûrs et bien définis. La prise de conscience des critères de fonctionnement des types de textes nécessite des activités méthodiques de lecture, qui peuvent selon le cas se réaliser avant la mise en train d'une activité d'écriture ou même pendant l'élaboration du projet.

Dans ce domaine, une des activités les plus appropriées est le **tri de textes** (Garcia-Debanc, 1989). L'enseignante propose aux élèves une série de courts textes qu'ils doivent classer selon leurs différences ou leurs ressemblances, des consignes de travail plus précises étant formulées selon les objectifs visés. Par exemple, pour la reconnaissance du conte, les textes d'observation peuvent réunir, dans un premier temps, des contes d'animaux avec des textes documentaires sur les animaux de manière à faire constater aux enfants la différence de traitement d'un même thème d'après l'opposition fiction/réalité. Dans un deuxième temps, on leur demandera de dégager, en lisant cinq contes merveilleux, les sortes de personnages et d'événements appartenant au genre ; ils pourront ainsi relever la présence d'êtres surnaturels (fées, ogres, sorcières…) et d'actions magiques (métamorphoses, sorts, disparitions…). Si les enfants désirent envoyer une lettre d'invitation à quelqu'un de l'extérieur, l'activité de tri de textes consistera à rassembler un certain nombre de lettres officielles mettant en évidence le mode de disposition épistolaire. Le résultat de l'observation pourra déboucher sur un schéma typographique (voir les figures 14.4 et 14.5) qui, comme les autres outils élaborés en classe, sera conservé par l'enfant dans son dossier personnel d'écriture.

14.6 INTERVENTIONS POUR LES ÉLÈVES À RISQUE

La phase de préparation du texte correspond à l'un des moments où l'élève en difficulté a le plus

FIGURE 14.4
Schéma de lettre issu de l'observation de textes

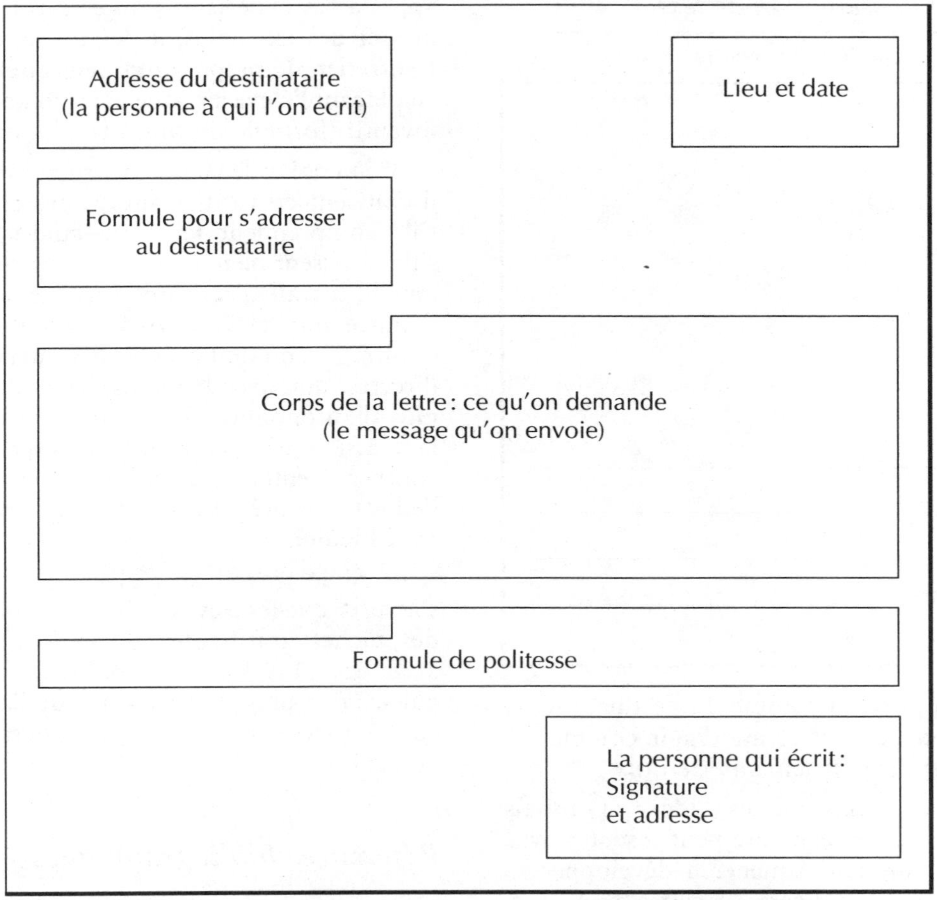

Adresse du destinataire (la personne à qui l'on écrit)	Lieu et date
Formule pour s'adresser au destinataire	

Corps de la lettre : ce qu'on demande
(le message qu'on envoie)

Formule de politesse

La personne qui écrit :
Signature
et adresse

besoin de soutien. Laissé à lui-même, il peut régresser et se décourager. Les mauvais scripteurs manifestent des incapacités sérieuses au chapitre de la planification : ils saisissent mal les consignes, ils oublient les paramètres de la situation d'écriture, parfois même le type de texte à composer, ils ne parviennent pas à mobiliser leurs connaissances sur le projet en cours, ils restent obnubilés par la hantise de la transcription (netteté du tracé, fautes d'orthographe, etc.). Les suggestions qui suivent peuvent aider à prévenir ces écueils.

1° Comme les élèves à risque ont tendance à perdre de vue les paramètres de la situation d'écriture, il faut constamment les inciter à y penser en leur faisant voir l'influence que ceux-ci exercent sur le texte. Si les consignes sont fournies au départ, l'enfant faible a souvent besoin que l'enseignante les lui explique en privé et lui rappelle de s'y référer tout le long de l'élaboration du projet. Dans chaque situation d'écriture, l'éducatrice doit s'assurer que l'enfant se pose au moins les trois questions de base : QUI ? (à qui je m'adresse ?), QUOI ? (qu'est-ce que je veux dire sur le sujet ?), POURQUOI ? (pourquoi j'écris ce texte ?). On peut lui suggérer de noter rapidement ses réponses sur papier, ou, ce qui est plus simple, de les dire mentalement ou à voix haute. En ce

FIGURE 14.5
Schéma de recette issu
de l'observation de textes

Modèle de recette
Ingrédients
_____
_____
_____
_____
Préparation
_____
_____
_____
_____
_____

qui touche la prise en compte du destinataire, le jeu de rôle où l'enfant essaie d'agir comme s'il était le lecteur peut également être utile.

2° Dans les cas de « pannes d'idées » (« Je sais pas quoi dire »), l'enseignante peut discuter avec l'enfant de manière à l'amener à développer sa pensée en découvrant diverses facettes d'un sujet. Si l'élève veut, par exemple, raconter une partie de pêche, on peut lui suggérer de décrire l'endroit où il est allé, le temps qu'il faisait, les sentiments qu'il a éprouvés, etc. Pour un récit, on peut lui soumettre le début d'une histoire et explorer avec lui ce qui pourrait arriver aux personnages. De la même façon qu'en situation de lecture, il faut activer les connaissances de l'enfant en faisant appel à ses expériences antérieures, à ses souvenirs, à des exemples, à des textes déjà lus, etc. **L'entretien de préparation** peut aussi se dérouler en plaçant l'élève à risque avec un autre élève plus inventif (formule du tutorat).

3° Du point de vue de la structuration du texte, il convient de vérifier auprès des enfants faibles s'ils comprennent les plans-guides proposés et s'ils saisissent bien en quoi ces instruments facilitent le travail d'écriture. Spécialement en début d'année où l'élève à risque manifeste très peu d'initiative, on doit prévoir des interventions plus directes, qui, avec le temps, laisseront de plus en plus d'autonomie à l'apprenant. Par exemple, si la classe utilise la trame de préparation d'un conte présentée ci-dessus (voir la figure 14.3), l'éducatrice prévoira la remplir avec les enfants en difficulté.

4° Si le travail se réalise en équipe, il faut s'assurer que les élèves à risque se voient attribuer des tâches gratifiantes et qu'ils soient jumelés avec des plus forts qui pourront vraiment les aider. Pour plus de précision sur l'apprentissage coopératif et le tutorat, on consultera la partie sur la lecture.

Références bibliographiques

Gardia-Debanc, C. (1989). Le tri de textes : modes d'emploi. *Pratiques*, 62, 3-51.

Rodari, G. (1979). *Grammaire de l'imagination. Introduction à l'art d'inventer des histoires*. Paris : Les éditeurs français réunis.

Tompkins, G.E. (1994). *Teaching writing : Balancing process and product* (2e édition). New York : Merrill.

CHAPITRE 15

Mise en texte et révision

Claude Simard

Nous avons réuni dans un même chapitre la mise en texte et la révision en raison des liens étroits existant entre les deux. Contrairement à la planification, qui relève de la conception, ces deux opérations rédactionnelles portent sur un matériau tangible qui, tout en orientant la tâche d'écriture, reste à achever et à améliorer.

15.1 MISE EN TEXTE

La mise en texte est l'opération rédactionnelle qui a été le moins étudiée. Durant cette phase, le rôle de l'enseignante est relativement effacé puisque l'enfant a besoin de plus de latitude pour rédiger son texte.

Avant que les élèves ne se mettent à écrire, l'éducatrice peut, s'il y a lieu, rappeler à toute la classe les consignes et les critères d'écriture établis lors de la période de planification. Elle peut éventuellement signaler quelques points d'orthographe ou de ponctuation déjà étudiés dont l'enfant pourrait surveiller l'application dès la composition du brouillon. À cette étape, les enfants gardent bien à l'esprit qu'ils rédigent un premier jet à retravailler par la suite.

Les interventions didactiques durant la rédaction correspondent à des suggestions données individuellement selon les besoins de chacun. Voici quelques exemples de conseils (d'après Calkins, 1986) particulièrement utiles à l'élève à risque :

- Ne t'arrête pas à chaque mot pour l'orthographe afin de ne pas perdre tes idées. Essaie d'écrire correctement ce que tu connais, pour le reste tu vérifieras plus tard.
- Évite d'effacer : rature puis continue, cela prend moins de temps. Si tu veux ajouter un mot, ne recopie pas ta phrase, ajoute-le simplement au-dessus de la ligne à l'endroit approprié. Si tu veux déplacer un mot ou une phrase, indique-le par une flèche.
- En cours de rédaction, relis parfois ton texte depuis le début pour en avoir une vue d'ensemble et faire en sorte que toutes tes phrases se suivent bien.
- Pense à ton lecteur : en écrivant, demande-toi si tu lui donnes toutes les informations pour qu'il te comprenne bien.

Avec l'élève en grave difficulté, l'enseignante peut recourir à la **dictée à l'adulte** (Rebard, 1987). Employée normalement avec des petits de maternelle ou de première année, cette technique pédagogique consiste pour l'adulte à transcrire ce que lui dicte l'enfant, tout en modifiant au besoin la formulation pour la rendre plus proche du style écrit. En fait, l'adulte assume le travail de transcription alors que l'enfant se concentre sur la composition (pour ces concepts, se reporter au chapitre 11).

Le **format du brouillon** est également à considérer (Tompkins, 1994 ; Jolibert, 1988). Celui-ci doit être aéré afin de laisser de l'espace pour les corrections et les ajouts : l'élève se réserve des marges assez grandes et laisse un large interligne entre les lignes du texte.

Déjà au cours de la mise en texte, l'éducatrice peut mener des actions pédagogiques concernant la révision, en vue de faire constater à l'enfant que le processus d'écriture n'est pas linéaire, mais que ses phases peuvent au contraire s'emboîter. Par exemple, l'enseignante, après avoir lu le brouillon de l'élève, peut lui signaler un passage obscur ou lui suggérer une formulation plus adéquate en recourant à l'une ou à l'autre **opération linguistique**, soit en ajoutant, en effaçant, en changeant ou en déplaçant un mot ou un groupe de mots.

15.2 RÉVISION

15.2.1 Variété et sélection des critères à observer

La révision vise l'amélioration du contenu et de la forme du texte. Même si, au primaire, la correction de l'orthographe vient gruger une bonne partie de l'énergie des élèves, les autres composantes du savoir-écrire telles que l'adaptation à la situation et la structure du texte ne doivent pas être oubliées. Si la révision se ramène à la seule correction orthographique, l'enfant acquerra une image réductrice, uniquement formelle, de l'écriture.

Le jeune scripteur a de la peine à réviser lui-même son texte en raison de son manque de connaissances et de l'effort de décentration que suppose l'objectivation d'un discours écrit. Il ne peut guère assumer la tâche tout seul, de sorte qu'il faut lui procurer un encadrement aussi soutenu que ce qui a été proposé pour la planification.

Le scripteur apprenti ne sait pas trop ce qu'il doit observer dans un texte ; en soi, la consigne « relis ton texte et corrige-toi » ne signifie pas grand-chose pour lui. Il a besoin d'être initié aux critères de bonne formation d'un texte. Certains critères sont généraux, comme la délimitation des phrases par la majuscule et le point, d'autres varient en fonction de la situation d'écriture.

Les critères applicables au moment de la révision doivent évidemment correspondre à ceux qui ont été retenus au cours de la planification et de la mise en texte. L'**explicitation des critères** apparaît comme une des clés essentielles à leur intégration par les élèves (Garcia-Debanc, 1990). Si les qualités à atteindre ne sont pas bien perçues par les jeunes scripteurs, il est illusoire de leur demander d'en vérifier la présence dans leurs textes.

Une foule d'aspects demandent à être regardés à l'étape de la révision d'un texte. Cela va des règles d'orthographe et de ponctuation jusqu'à la pertinence et à l'organisation du contenu en passant par la syntaxe des phrases, la propriété du vocabulaire et la clarté de la présentation. L'ampleur de la tâche déborde les capacités réduites des jeunes scripteurs. Pour leur simplifier le travail de révision et éviter de les placer dans un état de surcharge mentale vite démoralisant, il vaut mieux, dans une situation d'écriture, sélectionner à leur intention un nombre limité de points à examiner. Le principe suivi ici consiste à travailler peu de choses à la fois, mais à les traiter en profondeur. Il convient en outre de considérer le type de diffusion prévu pour le texte. La correction sera plus ou moins poussée selon, par exemple, qu'il s'agit d'un texte envoyé à des correspondants ou d'un texte intime n'intéressant que l'élève qui l'a écrit.

15.2.2 Exemple illustrant la démarche de correction

Soit le brouillon qui apparaît dans l'encadré suivant, produit par Vincent en début de troisième année (la consigne était d'écrire un conte).

Supposons qu'on a travaillé avec les enfants la notion de récit, que par des activités de lecture systématique ils ont pris conscience du fait

> **Le roi victor**
> *Il était une fois un roi super-riche.*
> *Il s'apelait victor. Il avait tout ce q'il voulai.*
> *Il abitait un grand château entouré d'un lac avec*
> *des crocodile.*
> *Il mangait 10 fois par jour.*
> *Il étais plus gros qu'un éléphant.*
> *Fin*

qu'une histoire ne se limite pas à décrire des personnages comme le texte de Vincent, mais raconte en plus des événements que ceux-ci vivent. On pourra, dans un premier temps, amener Vincent à constater que son conte est inachevé et qu'il devrait, pour le compléter, inventer une suite où le roi Victor affronterait un problème à propos, par exemple, de sa grosseur démesurée. L'effort de révision pourrait ainsi se concentrer sur la structure du récit.

Sur le plan de l'orthographe et de la ponctuation, on ne peut demander à un jeune scripteur de tout corriger. L'autocorrection par l'enfant doit toucher en priorité les cas qui ont été suffisamment étudiés en classe et pour lesquels l'élève peut trouver par lui-même la solution. Les autres cas sont signalés et corrigés par l'enseignante. Pour le texte de Vincent écrit en début d'année, on pourrait s'attendre à ce que celui-ci, avec au besoin un code de correction, un dictionnaire et une grammaire, porte son attention sur les noms propres (Victor), la structure déterminant pluriel + nom pluriel (des crocodiles) et la forme *que*, en admettant que ces cas ont été vus déjà dans des leçons d'orthographe grammaticale ou lexicale.

L'éducatrice corrigerait à la mine les autres fautes (d'usage : « s'apelait », « abitait », « mangait », et de conjugaison « il voulai » et « il étais ») ; au vu de ces erreurs, elle pourrait éventuellement planifier une leçon de grammaire sur les finales de l'imparfait ou prévoir une activité sur les possibilités orthographiques des mots à initiale vocalique (*h* ou voyelle ?). La figure 15.1 illustre le mode de mise au point orthographique à privilégier pour les textes destinés à être diffusés.

FIGURE 15.1
Mode de correction selon le type d'erreur

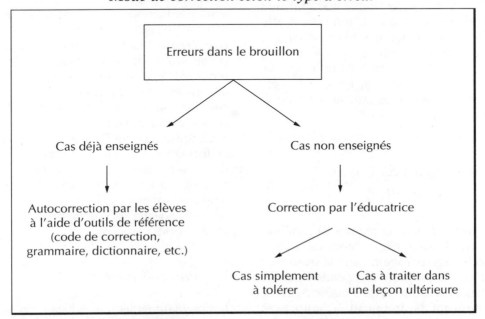

Source : D'après Primeau (1980).

Même révisé, un texte d'un jeune enfant atteint rarement la perfection. Une fois que les points visés ont été améliorés, des maladresses peuvent subsister ; elles seront retravaillées dans des activités ultérieures. Regardons, à titre d'illustration, la version définitive du conte de Vincent :

Le roi Victor
Il était une fois un roi super-riche.
Il s'appelait Victor. Il avait tout ce qu'il voulait.
Il habitait un grand château entouré d'un lac avec
des crocodiles. Il mangeait 10 fois par jour. Il
était plus gros qu'un éléphant. Un jour, il tomba
dans le lac. Il était si gros qu'il a calé au fond.
Les crocodiles ont été bien contents de le manger.
Fin

L'histoire possède maintenant une action et un dénouement. L'orthographe a été corrigée, et par l'enfant, et par l'éducatrice. Il reste cependant des défauts, mais ils sont tout à fait acceptables compte tenu du niveau de l'enfant : le texte n'est pas divisé en paragraphes selon les épisodes du récit, l'action et le dénouement sont précipités, les phrases sont construites par simple juxtaposition alors que plusieurs d'entre elles pourraient être fusionnées, la concordance des temps n'est pas toujours respectée (« tomba » ~ « a calé »), l'expression « super-riche » trahit l'influence de l'oral familier. Pour le moment, l'essentiel a été atteint et on interviendra plus tard sur les faiblesses qui restent.

15.2.3 Divers modes de travail pour la révision

Le travail de révision peut se réaliser de différentes manières en classe. Chaque mode de travail apporte un éclairage particulier sur le processus de révision, tout en comportant cependant certaines limites. Les mêmes outils de révision peuvent être utilisés d'un mode de travail à l'autre ; ces outils seront présentés plus loin.

Autocorrection par l'élève seul

À l'aide d'une grille de révision, l'élève peut essayer d'évaluer et d'améliorer ses propres brouillons. C'est la forme de révision la plus exigeante, car elle demande beaucoup d'autonomie.

Autocorrection guidée par l'enseignante

L'enseignante aide l'enfant à réviser son texte. Elle lui signale les erreurs qu'il peut lui-même corriger, analyse les raisonnements qu'il tient pour modifier ses textes et, au besoin, rectifie certaines conceptions et certaines stratégies inadéquates. Pour les cas que l'enfant ne peut pas encore traiter, l'éducatrice fournit elle-même les réponses en les expliquant brièvement. Cette forme d'aide convient particulièrement aux élèves à risque. Il faut cependant que les interventions de l'éducatrice diminuent graduellement pour éviter que l'enfant ne reste à la remorque de l'adulte.

Révision par les pairs

Placés en équipes de deux, les élèves s'échangent leurs productions et essaient d'évaluer le texte de leur camarade à partir des critères qui devaient être respectés. Cette formule est avantageuse dans la mesure où le sens critique de l'élève s'exerce plus facilement sur les productions d'autrui. Toutefois, les commentaires et les suggestions des pairs ne sont pas toujours pertinents, puisque les évaluateurs sont eux-mêmes des scripteurs encore malhabiles (Garcia-Debanc, 1984). D'autre part, la formation des équipes réclame beaucoup de doigté à cause du risque que les conflits de personnalité déteignent sur l'évaluation des textes. Nous renvoyons encore à la partie sur la lecture pour plus de détails sur l'apprentissage coopératif et le tutorat.

Révision collective

L'enseignante met au tableau un ou plusieurs textes d'élèves. Elle a obtenu au préalable l'accord des auteurs pour que leurs productions écrites soient corrigées en groupe. Pour ménager les susceptibilités, les textes peuvent rester anonymes. Selon les circonstances, l'enseignante peut procéder seule à la révision des brouillons choisis (l'activité correspond alors à une démonstration) ; elle peut aussi tenter d'amener les élèves, par un questionnement approprié, à discerner les points forts et les points faibles des textes ainsi qu'à proposer des suggestions d'amélioration. La correction collective peut se réaliser avec toute la classe ou une partie de celle-ci.

Commentaires des destinataires

Certains circuits de communication permettent aux élèves de recueillir les commentaires des personnes à qui sont adressés les textes, ce qui constitue pour eux une bonne occasion de mesurer les effets produits par leurs textes chez des lecteurs véritables. Par exemple, on interroge les élèves de première année avec qui la classe est jumelée pour savoir s'ils ont bien compris et aimé les histoires qu'on leur a envoyées. Un des types de textes qui se prête le mieux à l'objectivation des effets de lecture est sans doute les textes prescriptifs comme les règles de jeu ou les notices de fabrication. Si le lecteur n'arrive pas à jouer ou à fabriquer l'objet en question, le scripteur est forcé de constater que ses consignes sont obscures et qu'il doit les reformuler.

Relecture différée

Avant de procéder à la révision du texte, il peut être bon de laisser dormir le brouillon afin de prendre une certaine distance. Un temps d'arrêt entre la composition du brouillon et la révision permet à l'enfant de relire son texte tel qu'il est écrit plutôt qu'à partir de ce qu'il a en tête dans l'immédiat. On peut remettre le travail de réécriture à l'après-midi si le premier jet a été composé le matin ou encore au lendemain ou au surlendemain si on est certain que l'intérêt des enfants ne fléchira pas.

15.2.4 Outils de révision

Nous avons distingué plus haut (voir le chapitre 13) des opérations rédactionnelles générales et des opérations spécifiques. De même, certains outils de révision sont communs à l'ensemble des textes, d'autres sont particuliers à l'un ou l'autre type textuel, selon qu'on touche des composantes standardisées comme l'orthographe et la ponctuation ou des aspects se modifiant en fonction du contenu et de la forme du discours retenu (choix et ordre des idées, lexique, typographie, etc.). Les figures 15.2 à 15.5 offrent quatre **grilles de révision** relevant de quatre genres de textes différents : la lettre, la recette, le texte documentaire et le conte. La première partie se rapporte au contenu et à l'aspect général du texte, la deuxième touche l'orthographe et la ponctuation. Pour cette partie, nous avons surtout tenu compte des faits de langue caractéristiques du type de texte en cause.

Il faut bien comprendre que de tels outils, pour devenir vraiment utiles aux élèves, doivent être construits avec eux. L'enfant doit comprendre à quoi au juste renvoie tel ou tel critère, sinon il appliquera ces grilles de façon mécanique sans vraiment réfléchir. Pour s'assurer que l'élève fait bien les vérifications nécessaires, on peut l'obliger à laisser des traces de ses révisions, en inscrivant les numéros des points vérifiés aux endroits correspondants sur son brouillon.

La mise au point de l'orthographe et de la ponctuation est facilitée par le recours à des **codes de correction**. Le code de correction est appliqué par l'enfant lui-même sur son brouillon, par un pair ou encore par l'enseignante.

Le code de correction peut revêtir diverses formes. On peut se servir d'un système de couleurs où chaque couleur renvoie à une catégorie linguistique : le rose pour la ponctuation, le vert pour le genre, le jaune pour le nombre, le bleu pour la conjugaison, l'orangé pour les homophones et le rouge pour l'orthographe d'usage. Cela risque cependant de causer des maux de tête à l'enfant daltonien…

On peut aussi utiliser des symboles alphabétiques, chaque lettre correspondant à un fait de langue donné : le sigle GNC pour l'accord en

ÉCRITURE

ÉCRITURE

FIGURE 15.2
Grille pour réviser une lettre officielle

Vérifie chaque point et essaie de voir quelles corrections il faudrait apporter pour les points auxquels tu as répondu NON.	OUI	NON	REMARQUE
Texte			
1. On trouve en haut, à droite :			
• le lieu			
• la date			
2. On trouve en haut, à gauche :			
• le nom du destinataire			
• son adresse			
3. On trouve une formule de salutation au début.			
4. Le corps de la lettre exprime bien le message à transmettre.			
5. Une formule de politesse (« Au revoir », « Merci de votre gentillesse ») est mise à la fin.			
6. La lettre est signée.			
7. Si une réponse est attendue, l'adresse de retour est indiquée sous la signature.			
8. La présentation de la lettre est claire : chaque partie correspond à un bloc de texte facilement repérable.			
Orthographe et ponctuation			
9. Les noms propres sont écrits avec une majuscule.			
10. Les verbes commandés par *vous* se terminent par -*ez* (sauf pour « vous êtes », « vous dites » et « vous faites »).			
11. Les phrases commencent par une majuscule et se terminent par un point.			
12. Dans les cas où il y avait hésitation, l'orthographe des mots a été vérifiée dans le dictionnaire.			

FIGURE 15.3
Grille pour réviser une recette

Vérifie chaque point et essaie de voir quelles corrections il faudrait apporter pour les points auxquels tu as répondu NON.	OUI	NON	REMARQUE
Texte			
1. Il y a un titre.			
2. Tous les ingrédients sont énumérés l'un au-dessus de l'autre.			
3. On trouve ensuite un paragraphe qui dit comment faire.			
4. Toutes les actions à réaliser sont indiquées.			
5. Les consignes sont dans l'ordre et faciles à comprendre.			
Orthographe et ponctuation			
6. Les verbes sont à l'infinitif (*-er, -ir, -oir, -re*).			
7. Après les déterminants *les*, *des*, *deux*, etc., le nom est au pluriel.			
8. Le nom des ingrédients est bien écrit comme dans le dictionnaire.			
9. Les phrases commencent par une majuscule et se terminent par un point.			

ÉCRITURE

ÉCRITURE

FIGURE 15.4
Grille pour réviser un texte documentaire

Vérifie chaque point et essaie de voir quelles corrections il faudrait apporter pour les points auxquels tu as répondu NON.	OUI	NON	REMARQUE
Texte			
1. Le titre convient au sujet.			
2. Le texte est divisé en différentes parties qui sont signalées par des sous-titres.			
3. Toutes les informations données sont exactes.			
4. Les phrases n'ont pas été copiées d'un livre.			
5. On explique au lecteur les mots plus difficiles.			
6. Des illustrations complètent le texte.			
Orthographe et ponctuation			
7. Les verbes de la troisième personne sont au singulier ou au pluriel selon le sujet qui les commande.			
8. Les adjectifs sont bien accordés avec les noms.			
9. Les compléments déplacés en début de phrase sont suivis d'une virgule à moins qu'ils ne soient très courts.			
10. Les mots plus rares sont écrits correctement.			

FIGURE 15.5
Grille pour réviser un conte

Vérifie chaque point et essaie de voir quelles corrections il faudrait apporter pour les points auxquels tu as répondu NON.	OUI	NON	REMARQUE
Texte			
1. Le titre convient à l'histoire.			
2. Quelque chose se passe au cours de l'histoire ; un changement a lieu entre le début et la fin.			
3. L'histoire tourne autour d'un personnage principal. Elle raconte comment le héros atteint son but.			
4. Le héros est aidé dans son projet par un objet magique ou un autre personnage ami.			
5. Le héros doit vaincre un adversaire.			
6. Le conte sera bien compris et aimé par les personnes auxquelles on le destine.			
Orthographe et ponctuation			
7. Les verbes sont bien écrits, spécialement ceux au passé simple.			
8. Les dialogues sont marqués par un tiret à chaque changement de personnage.			
9. Les incises dans les dialogues (« dit-il », « s'écria-t-elle ») sont encadrées par des virgules.			

ÉCRITURE

ÉCRITURE

genre ou en **n**ombre et la **c**onjugaison, le sigle MUPH pour la **m**ajuscule, l'**u**sage, la **p**onctuation et les **h**omophones.

Une autre méthode consiste à ajouter, dans les grilles de révision, les éléments du code linguistique que l'enseignante voudrait faire vérifier par l'enfant, comme le montrent les figures 15.2 à 15.5.

15.2.5 *Interventions pour les élèves à risque*

L'élève en difficulté a besoin d'une aide spéciale au moment de la révision en raison de son manque de capacité à objectiver les faits de langage.

Pour lui alléger la tâche, l'enseignante peut réduire les exigences en diminuant le nombre de points à corriger dans le brouillon. Par exemple, au lieu de passer en revue tous les critères de la grille de révision, elle peut demander à l'élève d'en regarder quelques-uns qu'elle juge plus à sa portée. Elle continuera à insister sur ces points durant les autres projets d'écriture tant et aussi longtemps qu'ils ne seront pas suffisamment intégrés.

L'élève à risque ne sait guère exploiter une grille de révision. L'éducatrice doit donc, surtout en début d'année, la lire avec lui et lui montrer comment s'en servir en lui expliquant en quoi l'outil permet une amélioration du texte.

Sur le plan orthographique, au lieu de repérer et corriger elle-même toutes les erreurs, l'enseignante gagne à réaliser avec l'enfant l'équivalent de la **mini-entrevue** en mathématiques (voir la partie sur les mathématiques). En demandant à l'enfant de dire pourquoi il a écrit tel mot de telle ou telle façon, elle peut arriver à mieux cerner, à travers les verbalisations de l'enfant, le fonctionnement de sa grammaire interne et, par là, mieux adapter ses interventions à l'état des connaissances de l'élève.

La situation de révision avec l'adulte apparaît comme le meilleur moment pour montrer à l'enfant les stratégies de correction et de consultation. Ainsi, devant un mot mal orthographié, l'enseignante exécute devant l'élève les différentes actions à mener pour trouver l'orthographe correcte dans le dictionnaire. Devant un accord mal fait, elle lui explique la démarche à suivre pour repérer, analyser et corriger l'erreur, puis lui montre comment vérifier dans une grammaire. Après la démonstration, elle invite l'enfant à appliquer la même procédure pour un autre mot ou un autre cas d'accord.

En situation de révision par les pairs, l'élève faible se jumelle avec un camarade plus fort avec qui il s'entend bien. En situation de révision devant toute la classe, l'élève à risque doit accepter volontiers que son brouillon soit corrigé devant les autres et doit bien saisir que l'activité est réalisée pour servir à l'ensemble des élèves et nullement pour le dévaloriser. Cependant, il faut éviter de toujours prendre les textes des élèves en difficulté pour la correction en groupe, afin de ne pas renforcer leur sentiment d'infériorité et d'échec.

Références bibliographiques

Calkins, L.M. (1986). *The art of teaching writing*. Portsmouth, NH : Heineman.

Garcia-Debanc, C. (1984). Une évaluation formative en pédagogie de l'écriture. *Pratiques*, 44, 21-52.

Garcia-Debanc, C. (1990). *L'élève et la production d'écrits*. Metz : Centre d'analyse syntaxique de l'Université de Metz.

Jolibert, J. (1988). *Former des enfants producteurs de textes*. Paris : Hachette.

Primeau, G. (1980). L'orthographe au primaire : une démarche pratique. *Québec français*, 40, 22-28.

Rebard, M.-T. (1987). *Un apprentissage personnalisé de la langue écrite : la dictée à l'adulte*. Paris : Université de la Sorbonne.

Tompkins, G.E. (1994). *Teaching writing : Balancing process and product* (2e édition). New York : Merril.

CHAPITRE 16

Aspects normatifs de l'écriture : grammaire, orthographe et ponctuation

Claude Simard

Les normes de la transcription écrite déterminent la face visible des textes. Elles relèveraient donc d'un domaine censément plus facile à assimiler car directement observable. En fait, leur apprentissage s'avère problématique et soulève des obstacles de taille, surtout pour les écoliers inexpérimentés du primaire. Le nombre des conventions à respecter est considérable. Les concepts grammaticaux sous-tendant les règles d'accord et de ponctuation sont abstraits et relativement complexes. De surcroît, les jeunes francophones ont à maîtriser un des systèmes orthographiques les plus compliqués de l'Occident.

L'enseignement de la grammaire, de l'orthographe et de la ponctuation du français mériterait un long développement qui n'entrerait pas dans le cadre du présent guide. Nous nous limiterons ici à indiquer quelques balises.

16.1 PRIORITÉ À DONNER AUX RÈGLES DE BASE ET UTILITÉ DU MÉTALANGAGE

Il est illusoire de penser que les enfants du primaire pourraient parvenir à posséder toutes les règles du français écrit. Cet idéal excède leurs capacités ainsi que le temps accordé à l'appren-

tissage de l'écrit à l'école. L'ordre primaire vise d'abord et avant tout l'acquisition des structures fondamentales du français écrit, par exemple savoir écrire « a mangé » et non « a manger » dans tous les contextes avant d'apprendre l'accord du participe passé avec le complément d'objet direct antéposé. Pour avoir une idée plus précise des contenus d'apprentissage relevant du primaire, on se reportera au dernier programme du ministère de l'Éducation et de la Science (1994).

Face à la nécessité de désigner les faits de langue, l'enfant a besoin d'une terminologie grammaticale adéquate. Au lieu de parler de « mot d'action », mieux vaut recourir au terme consacré *verbe*. Les expressions imagées, en apparence plus accessibles à l'enfant, risquent au contraire de l'induire en erreur. Ainsi, la plupart des jeunes enfants refuseront de classer dans la catégorie des « mots d'action » le verbe *être* ou le verbe *dormir* parce que ces mots n'évoquent aucune idée d'activité ou de mouvement.

Le tableau 16.1 propose une terminologie de base utilisable avec les élèves du primaire. Sur les moyens à prendre pour l'apprentissage du métalangage, on consultera avec profit les propositions didactiques de Vandendorpe (1985) et de Chartrand et Paret (1985).

TABLEAU 16.1
Terminologie grammaticale de base pour le primaire

Lettres et signes	• Accent aigu • Accent grave • Accent circonflexe • Tréma • Cédille	• Apostrophe • Trait d'union • Minuscule • Majuscule
Signes de ponctuation	• Point • Point d'interrogation • Point d'exclamation	• Virgule • Deux-points et guillemets • Tiret (de dialogue)
Espèces de mots	• Nom • Nom propre • Déterminant • Adjectif	• Pronom • Verbe • Mot-lien (ou mot de liaison)
Formes	• Mot invariable • Genre • Masculin • Féminin • Nombre • Singulier	• Pluriel • Forme simple (du verbe) • Forme composée (du verbe) • Terminaison (finale)
Construction de la phrase et fonctions	• Phrase déclarative • Phrase interrogative • Phrase exclamative • Phrase affirmative • Phrase négative	• Groupe (du nom, du verbe) • Sujet • Complément • Attribut
Conjugaison	• Indicatif présent • Passé composé • Passé simple • Imparfait • Futur • Futur proche • Conditionnel	• Subjonctif • Impératif • Participe présent • Participe passé • Auxiliaire • 1re, 2e, 3e personne

16.2 DÉMARCHE INDUCTIVE

La connaissance ne peut pas être assimilée passivement par l'apprenant: il a à la construire lui-même. Plus que la démarche déductive magistrale, la démarche inductive de découverte favorise le processus de construction des connaissances grammaticales par l'apprenant, et ce, pour trois raisons principales: 1) elle amène l'élève à se questionner sur des faits de langue et par là l'habitue à objectiver des phénomènes linguistiques; 2) elle sollicite sa participation active en le conduisant à trouver lui-même des solutions aux problèmes posés; 3) elle l'amène à vérifier ses explications à l'aide d'exemples concrets et à confronter ses conceptions avec celles d'autres personnes, l'enseignante ou les pairs.

Plus longue en général que l'exposé magistral, la démarche inductive comporte différentes étapes:
– **La constitution et l'observation d'un recueil d'exemples.** L'attention des élèves est dirigée sur un ensemble d'exemples illustrant un phénomène linguistique. Ce corpus peut être élaboré par les enfants ou l'enseignante. Selon les besoins de l'activité, il peut correspondre à une liste de mots isolés ou de phrases détachées, ou

encore à un texte d'un élève ou d'un manuel choisi à cette fin.

- **L'analyse des exemples.** Guidés par les questions et les consignes de l'enseignante, les élèves analysent les exemples en vue de comprendre le fonctionnement du fait de langue étudié. Ce travail d'analyse peut entraîner des essais de comparaison et de classification ainsi que des manipulations linguistiques d'addition, de soustraction, de déplacement ou de substitution (Gosselin et Simard, 1980).
- **La formulation et la vérification d'hypothèses d'explication.** À la fin de l'analyse des exemples, les élèves arrivent à dégager certaines constantes et à proposer une explication. Leur constat est confronté avec de nouveaux exemples afin d'être vérifié.
- **La verbalisation explicite de la connaissance.** Les enfants formulent dans leurs propres mots la notion étudiée. Si cela n'a pas déjà été fait,

l'enseignante introduit à cette étape le métalangage utilisé en grammaire pour parler du fait de langue en question. Comme le symbolisme en mathématiques (voir à ce sujet la partie 5 sur les mathématiques), le métalangage n'est utile que si les concepts qu'il désigne ont été manipulés et compris par les enfants. Sinon, il ne s'agit que d'étiquettes vides.

- **La consignation de ce qui a été appris.** En vue de pouvoir y recourir plus tard, particulièrement en situation d'écriture, la règle ou la notion étudiées sont consignées dans un outil de référence. Cet outil peut être un manuel de grammaire, une affiche placée à un mur de la classe ou simplement un carnet individuel.

Pour illustrer la démarche, nous fournissons, dans la figure 16.1, un modèle simple de leçon inductive. À remarquer que la leçon est présentée pour être réalisée individuellement ; on pourrait l'adapter pour un travail collectif ou en équipe.

FIGURE 16.1
Leçon inductive sur la finale des verbes avec **vous**

Déroulement de la leçon	Commentaires
Partie A : Découverte de la règle 1. Lis le texte suivant une fois en entier. **Une drôle de recette** *Hé ! les amis, vous rêvez de devenir invisibles ? Voici une recette qu'une vieille et horrible sorcière utilisait pour disparaître la nuit lorsque quelqu'un la poursuivait.* *Vous mettez sur un feu une grande marmite que vous remplissez de mélasse. Vous ajoutez trois moustaches de chat noir, un œil de crapaud et une peau de serpent. Pendant que vous brassez le tout, vous dites lentement : « Mélasse de chat, de crapaud et de serpent, vous me rendrez invisible en un instant ! » Quand le mélange est refroidi, vous le versez délicatement sur la tête. Attention ! si vous voulez vraiment disparaître, vous devez attendre qu'il fasse très noir... Un dernier conseil : si vous n'êtes pas certains de réussir, vous feriez mieux de mettre de vieux vêtements...*	Un texte humoristique sert de base à l'observation. Avant son étude sur le plan grammatical, l'enseignante fait discuter les élèves sur son contenu. →

FIGURE 16.1 *(suite)*
Leçon inductive sur la finale des verbes avec vous

Déroulement de la leçon	Commentaires
2. Relis le texte en encerclant *vous* chaque fois qu'il se présente et en soulignant le verbe qui s'accorde avec *vous*.	Analyse du texte à partir de consignes qui centrent l'attention de l'enfant sur le fait de langue à observer.
3. Comment se terminent les verbes que tu as soulignés ? Écris ici ce que tu observes. _____ _____ _____ _____	
4. Compare ta réponse avec celle de tes camarades. Ensemble, essayez de trouver une règle sur laquelle vous serez tous d'accord. Améliore, s'il y a lieu, la réponse que tu as donnée au numéro précédent. _____ _____ _____ _____	Première vérification par la comparaison de ses observations avec celles d'un camarade.
5. Inscris la page où l'orthographe des verbes avec *vous* est présentée dans ta grammaire. Page : _____	Deuxième vérification à l'aide du manuel de grammaire. Cette consultation correspond en même temps à la consignation de la règle.
6. Par rapport à ce qui est indiqué dans la grammaire, la règle que vous venez de rédiger prévoit-elle tous les cas ? Complétez-la si c'est nécessaire. _____ _____ _____ _____ _____	Les élèves, en consultant leur grammaire, sont amenés à préciser leur formulation en ajoutant une exception : « vous faites ».

→

FIGURE 16.1 (suite)
Leçon inductive sur la finale des verbes avec vous

Déroulement de la leçon	Commentaires
Partie B : Consolidation et application 1. En cherchant dans des journaux ou des livres, trouve cinq phrases illustrant la règle de *vous*. Retranscris-les ici. ——————————— ——————————— ——————————— ——————————— 2. Ton ami veut lancer une invitation à toute l'école. Mais il a de la difficulté avec son orthographe. Aide-le en corrigeant la finale des verbes avec *vous*. Barre le verbe mal écrit et récris-le au-dessus. *Si vous ête prêts à venir en aide aux affamés de l'Afrique, venez à l'église paroissiale, samedi soir à 20 h. Vous aurai toute l'information nécessaire. Il faut que tous, vous vous montrier généreux.* 3. À l'aide des expressions qui te sont données, retranscris cette recette de salade de fruits en utilisant le pronom *vous*. Si tu as la moindre hésitation, consulte ta grammaire. *Prendre de beaux fruits frais. Les peler. Les couper en petits morceaux. Les mélanger dans un grand bol. Presser un demi-citron sur le tout. Enfin ajouter du sirop d'érable.* *Vous prenez de beaux fruits frais.* ———	Toute cette partie constitue une étape d'exercisation et de prolongement. Les exercices, plutôt que d'être simplement notés, doivent être discutés avec les élèves afin de leur donner l'occasion d'affiner leur connaissance de la règle et leurs stratégies d'application. Ces exercices peuvent bien sûr être faits à différents moments. L'idée voulant qu'on évite de présenter des graphies erronées à l'enfant de peur qu'il ne les mémorise demande à être nuancée. Il ne suffit pas de voir une graphie une fois pour la retenir à jamais. Cet exercice de correction d'erreurs d'orthographe place l'enfant dans une situation semblable à celle dans laquelle il se trouve quand il révise ses propres textes. L'impératif *venez* permettra de faire observer aux enfants que, lorsqu'on donne un ordre à d'autres personnes, le verbe prend *-ez* parce qu'il dépend encore de *vous* sous-entendu. L'enseignante pourra faire constater que, malgré l'écran *les* entre *vous* et le verbe, l'accord se fait de la même façon.

ÉCRITURE

Les leçons et les exercices ne servent guère si les connaissances qu'on y acquiert ne sont pas réinvesties dans les activités d'écriture de textes. Après l'étude d'une notion nouvelle, l'enseignante veille à la rappeler et à la faire appliquer dans toutes les occasions où elle se présente. Par exemple, si les élèves avaient à rédiger un règlement, l'enseignante devrait insister sur le respect de la règle **vous** sujet → finale verbale -**ez**, avant la mise en texte et durant la révision. Le transfert ne s'opère que par l'application répétée des règles de la langue en situation globale d'écriture.

16.3 MISE AU POINT DE STRATÉGIES EN ORTHOGRAPHE LEXICALE

Des études (Lalande, 1988 ; Olivier, 1989) laissent voir que les scripteurs habiles, en plus de posséder un répertoire assez étendu de mots auxquels ils ont accès spontanément, disposent de divers moyens particuliers d'analyse graphique ou de vérification pour les mots incertains ou nouveaux. L'enseignement de l'orthographe lexicale doit donc amener l'élève à acquérir un bon bagage de mots écrits courants et en même temps lui faire mettre au point diverses stratégies favorisant une meilleure compréhension du fonctionnement général du système orthographique.

Le tableau 16.2 fournit un classement des principales stratégies en orthographe lexicale à faire acquérir au primaire. En classe, l'enseignante fait régulièrement penser aux élèves d'y recourir en situation d'étude systématique comme en situation de rédaction. Pour mettre en évidence l'une ou l'autre stratégie, elle peut réaliser des leçons inductives comme celle qui est présentée dans le tableau 16.3.

16.4 FONDEMENT DE LA PONCTUATION : LA SYNTAXE

Toutes les enquêtes révèlent que la ponctuation constitue la principale faiblesse des jeunes en français écrit. Des efforts supplémentaires sont donc à déployer pour améliorer la situation.

TABLEAU 16.2
Stratégies en orthographe lexicale

Décomposition du mot
- Retrouver les mots formant un mot composé : *arc*, *en* et *ciel* dans *arc-en-ciel*.
- Identifier les préfixes et les suffixes : -*ette* dans *fourch**ette**, *hach**ette**...

Recours aux dérivés et aux familles lexicales
- Relier les mots de même famille : *terre, terrain, déterrer, enterrer...*
- Penser au féminin pour trouver la finale muette du masculin : *cont**ente*** → *content*, *ron**de*** → *rond*.

Regroupement de mots présentant une ressemblance graphophonétique
- /s/ = **t** dans *notion, attention, solution...*
- /o/ = **eau** dans *cham**eau**, *bur**eau**, *pinc**eau**...*

Repérage de difficultés particulières
- Observer le **m** muet de *auto**m**ne*, les deux **n** de *so**nn**e*, l'accent circonflexe sur le **e** de *f**ê**te...*

Recours à une règle d'usage
- La consonne **s** entre deux voyelles se prononce /z/, mais deux **s** entre deux voyelles se prononcent /s/ : *pri**s**on* mais *fri**ss**on*.
- On met *m* devant *p* et *b* avec les voyelles nasales : *bra**n**che* mais *cha**m**bre*.

Prise en compte du sens en cas d'homophonie
- *Ma **mère** est allée à la **mer**.*

Confrontation de graphies différentes
- Comparer sur papier différentes façons d'écrire le mot et choisir celle qui semble la bonne : ~~vilage~~ – *village*.

Vérification d'hypothèses orthographiques à l'aide du dictionnaire
- Vérifier si le mot oral /foto/ s'écrit avec un *f* ou un *ph*.

Les moyens didactiques employés pour l'enseignement de la ponctuation s'avèrent généralement insuffisants et inadéquats. Ainsi, le conseil de se référer aux pauses durant la lecture n'est pas vraiment généralisable puisque celles-ci dépendent trop des habitudes et du débit de chacun. En fait, les règles de ponctuation relèvent en bonne partie du fonctionnement syntaxique de la phrase, et c'est ce qu'il faut mettre en évidence auprès des élèves. Par exemple, la clé pour saisir l'emploi de la virgule avec les compléments cir-

TABLEAU 16.3
Leçon inductive sur les valeurs de la lettre g

Déroulement de la leçon	Commentaires
1. L'enseignante écrit au tableau la liste de mots suivante : *glissade gauche gant géant* *guitare geste gomme légume* *gilet guide guerre* *grappe girafe aigu*	En orthographe d'usage, une simple liste de mots courants suffit comme corpus de départ.
2. Elle demande aux élèves de se diviser en équipes et de classer les mots selon le son équivalant à la lettre *g*. On aboutit à un classement de ce genre :	L'analyse du corpus se fait en équipes d'abord, puis en grand groupe. Elle se réalise en trois temps : 1ᵉʳ classement d'après le son ;

g dur		g doux
glissade *guide*		*gilet*
guitare *gant*		*geste*
grappe *gomme*		*girafe*
gauche *guerre*		*géant*
légume *aigu*		

Déroulement de la leçon	Commentaires
3. Elle demande ensuite aux élèves d'essayer de voir quand *g* est dur et quand il est doux en regardant la lettre qui le suit. Les enfants sont ainsi amenés à préciser leur premier classement :	2ᵉ classement d'après l'entourage ;

g dur	g doux
Devant une consonne : *glissade grappe* Devant les voyelles *a*, *o* et *u* : *guitare gomme* *gauche guerre* *guide légume* *gant aigu*	Devant les voyelles *i* et *e* : *gilet geste* *girafe géant*

Déroulement de la leçon	Commentaires
4. L'enseignante efface ensuite le *u* de *guitare*, *guide* et *guerre*, et demande aux enfants ce qui arrive : le *g* dur devient doux. Cela permet aux élèves de saisir le rôle de *u* après *g* devant les voyelles *i* ou *e*.	3ᵉ classement d'après la valeur de *u* après *g*.

→

TABLEAU 16.3 *(suite)*
Leçon inductive sur les valeurs de la lettre g

Déroulement de la leçon	Commentaires
5. On formule la règle d'usage : *G* devant une consonne ou devant *a, o* ou *u* est dur (se prononce « gue ») : *grappe, gant, gomme, légume.* *G* devant les voyelles *i* ou *e* est doux (il se prononce « je ») : *girafe* ; pour être dur avec *i* ou *e*, il faut lui ajouter *u* : *guitare.*	Étape de l'explicitation de la règle.
6. L'enseignante fait appliquer la règle en invitant les élèves à trouver l'orthographe de quelques mots : *gala, général, gigue, gorge, guimauve.*	La règle devient stratégie en permettant d'orthographier en partie des mots inconnus. Une activité ultérieure pourrait porter sur la valeur de *e* qui adoucit *g* devant *a* et *o* : *nageant, nageoire.*

constanciels réside dans l'observation de la mobilité de certains compléments : un groupe déplacé en tête de phrase est suivi d'une virgule signalant qu'il n'occupe pas sa position habituelle : comparer « Luc écoute de la musique depuis une heure » à « Depuis une heure, Luc écoute de la musique ».

16.5 QUELQUES MOTS SUR LA CONSULTATION D'OUVRAGES DE RÉFÉRENCE ET SUR LA CALLIGRAPHIE

La consultation des grammaires ou des dictionnaires nécessite l'acquisition d'habiletés techniques qui ne peuvent se développer que par un entraînement systématique et régulier. Trop souvent on s'imagine que ces habiletés, en apparence simples, voire élémentaires, s'acquièrent spontanément. Or, il n'en est rien. Ce n'est pas parce qu'un enfant peut réciter son alphabet par cœur qu'il maîtrise pour autant l'ordre alphabétique dans un dictionnaire. Il ne saura pas nécessairement comment procéder pour classer des mots commençant par la même lettre. Il n'aura pas

forcément une perception concrète de la place des lettres sur la tranche du dictionnaire pour ouvrir son livre à peu près au bon endroit. L'enfant du primaire a besoin d'être initié à la consultation d'ouvrages de référence par des exercices appropriés et doit être habitué à consulter une grammaire ou un dictionnaire dans des situations d'écriture (sur cette question, se référer à Gosselin et Simard, 1981).

Que de débats et de discussions futiles ont été menés à propos de la calligraphie ! Souvent, au premier cycle du primaire, on a monté en épingle cet apprentissage parce qu'on oubliait que l'écriture constitue d'abord un acte d'expression et de communication avant d'être un acte graphomoteur. Il ne faut évidemment pas négliger la calligraphie. Les qualités à acquérir au primaire sont la lisibilité du tracé ainsi que la vitesse du geste de la main. Si l'enfant, dans son écriture, manifeste d'une façon ou d'une autre ces comportements, l'essentiel est atteint, et il ne faudrait pas l'ennuyer parce que la boucle de son *l* est un peu trop ouverte ou que la queue de son *p* est un peu trop courte !

16.6 INTERVENTIONS POUR LES ÉLÈVES À RISQUE

Sur le plan de l'orthographe, de la ponctuation et même de la calligraphie, les enseignantes se sentent souvent dépassées devant les textes des élèves faibles, tant ils fourmillent d'erreurs. Le défi est de savoir par où commencer devant un pareil fouillis, de cibler les apprentissages prioritaires à assurer, en somme d'établir un plan d'intervention.

Deux moyens principaux s'offrent pour évaluer la compétence de l'élève en vue de déterminer l'action pédagogique qui lui conviendrait. Le premier est l'**analyse des erreurs** dans ses textes. Celle-ci permet de repérer les cas fréquents qu'il maîtrise le moins bien. L'erreur est en fait un révélateur de la pensée de l'apprenant. Le second moyen renseigne non pas tant sur les erreurs commises par l'enfant que sur la manière dont il comprend et applique les règles de la langue écrite. Il s'agit de la **mini-entrevue** dont il a déjà été fait mention (voir le chapitre 15) et qui peut se réaliser soit à l'aide d'une dictée, soit à partir d'un texte de l'enfant.

Une fois les objectifs fixés — ces objectifs touchant des notions essentielles et étant en nombre limité —, tous les efforts pédagogiques doivent se concentrer sur leur atteinte. En plus des activités régulières (projets d'écriture, leçons de grammaire, etc.), l'enseignante peut prévoir des exercices supplémentaires d'appoint en vue de renforcer tel ou tel apprentissage. Pour stimuler l'enfant et en même temps suivre ses progrès, on peut consigner ses résultats sur une feuille de route ou un **graphique personnel** (voir la figure 16.2). L'enfant peut ainsi visualiser l'évolution de ses performances et mieux savoir où il s'en va (Simard, 1984). Un des principaux problèmes de l'élève en difficulté réside dans le sentiment qu'il éprouve de ne maîtriser d'aucune façon son apprentissage. Il a l'impression qu'il est soumis à toutes sortes de contraintes extérieures inaccessibles et qu'en situation de réussite comme d'échec c'est le hasard qui joue. Un contrôle continu des apprentissages contribue à lui donner plus de prise sur son activité d'apprenant. Le genre d'outil présenté dans la

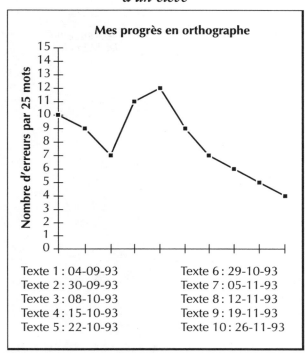

FIGURE 16.2
Graphique du rendement orthographique d'un élève

Mes progrès en orthographe

Nombre d'erreurs par 25 mots

Texte 1 : 04-09-93   Texte 6 : 29-10-93
Texte 2 : 30-09-93   Texte 7 : 05-11-93
Texte 3 : 08-10-93   Texte 8 : 12-11-93
Texte 4 : 15-10-93   Texte 9 : 19-11-93
Texte 5 : 22-10-93   Texte 10 : 26-11-93

figure 16.2 peut s'appliquer autant aux activités de production de textes qu'aux activités systématiques (dictées ou exercices) et porter sur des points précis (conjugaison, accord de l'adjectif, etc.) comme sur la compétence orthographique générale.

Références bibliographiques

Chartrand, S., et Paret, M.-C. (1989). Enseignement de la grammaire : quels objectifs ? quelles démarches ? *Bulletin de l'ACLA, 11,* 1, 31-38.

Gosselin, M., et Simard, C. (1980). *Cinq opérations linguistiques.* Montréal : Éditions Ville-Marie.

Gosselin, M., et Simard, C. (1981). *Introduction pratique aux dictionnaires.* Montréal : Éditions Ville-Marie.

Lalande, J.-P. (1988). *Élaboration d'un modèle théorique de l'apprentissage de l'orthographe lexicale au primaire.* Thèse de doctorat. Montréal : Faculté des sciences de l'éducation de l'Université de Montréal.

ÉCRITURE

Ministère de l'Éducation et de la Science (1994). *Programme d'études. Le français. Enseignement primaire.* Québec : Gouvernement du Québec. (Document 16-2444.)

Olivier, F. (1989). *Le scripteur de sixième année et ses stratégies en orthographe lexicale.* Mémoire de maîtrise. Québec : Faculté des sciences de l'éducation de l'Université Laval.

Simard, G., *et al.* (1984). *Apprendre l'orthographe grammaticale au secondaire.* Sherbrooke : Éditions Naaman.

Vandendorpe, C. (1985). Terminologie grammaticale et activités d'analyse au primaire. *Québec français*, 58, 54-60.

ÉCRITURE

CHAPITRE 17

Évaluation du savoir-écrire

Claude Simard

Le savoir-écrire compte parmi les compétences les plus difficiles à évaluer en raison de sa complexité, de sa polymorphie et de la subjectivité inhérente à l'appréciation d'un texte (De Landsheere, 1992). Comme il a été souligné au chapitre 11, l'évaluation du savoir-écrire n'a de sens au primaire que si elle aide vraiment les élèves à améliorer leurs textes et si elle permet à l'enseignante de mieux répondre à leurs besoins de formation.

17.1 PRIMAUTÉ DE L'ÉVALUATION FORMATIVE

L'évaluation sommative, inévitable dans l'institution scolaire, vise la sanction officielle des apprentissages. Pour l'expression écrite, elle doit se réaliser dans les mêmes conditions que les activités régulières de production de textes : l'enfant suit la même démarche (mise en situation pour la recherche des idées, mise en texte, révision et écriture du texte au propre) et a le droit de consulter tous les outils nécessaires (guide de planification, grille de révision, dictionnaire, grammaire, etc.).

Conformément aux recommandations du ministère de l'Éducation, c'est cependant l'évaluation formative qui doit être favorisée. Elle s'intègre en effet mieux au processus d'enseignement-apprentissage en procurant à la fois à l'apprenant et à l'enseignante un retour d'information utile sur ce qui a été acquis et sur ce qui reste à acquérir.

L'évaluation formative du savoir-écrire se passe en grande partie durant la phase de révision, car elle implique le développement de la capacité du scripteur à objectiver ses propres textes. Elle concerne également la phase de planification puisque c'est principalement à ce moment qu'on détermine les critères à remplir en vue de rendre son intention de communication. Pour en savoir plus sur la mise en œuvre de l'évaluation formative en écriture, on pourra se reporter aux chapitres 14 et 15 du présent ouvrage, qui concernent la révision et la planification.

Rappelons ici que l'évaluation formative du savoir-écrire doit être à la fois positive et négative, c'est-à-dire qu'elle doit permettre de reconnaître les points forts et les points faibles, les réussites et les lacunes des élèves.

Elle doit en outre posséder un caractère multidimensionnel en couvrant autant que possible l'ensemble des composantes de l'expression écrite, tant celles qui se situent au niveau du mot que celles appartenant aux plans de la phrase et du texte dans sa globalité. À titre indicatif, le tableau 17.1 résume les principales dimensions à considérer pour apprécier la qualité d'un discours écrit. Ces critères doivent bien sûr être adaptés au type de texte retenu. À ce sujet, nous renvoyons le lecteur aux grilles spécifiques présentées au chapitre 15.

17.2 À PROPOS DES GRILLES DU MINISTÈRE DE L'ÉDUCATION

Malgré leur valeur, les grilles du MEQ ne conviennent pas vraiment à la pratique courante de l'enseignement.

D'abord, elles ont été conçues surtout pour l'évaluation sommative, en vue de servir à dresser un portrait du savoir-écrire des élèves de façon relativement technique. Comme les critères qu'elles contiennent se veulent généraux, ils ne permettent pas de cerner les traits propres à chaque genre de texte. Se demander par exemple si « les éléments d'information sont regroupés logiquement » n'aide guère à cerner l'organisation d'un récit fondée sur l'interaction de personnages autour d'événements. Enfin leur maniement est lourd à cause de nombreux points à vérifier et des calculs à faire pour la plupart des critères. Elles prennent beaucoup trop de temps pour pouvoir être employées dans toutes les activités d'écriture en classe. Il vaut mieux, pour chaque situation d'écriture, définir avec les enfants un nombre limité de critères bien adaptés aux composantes du projet à réaliser (ÉVA, 1991).

17.3 ÉVALUATION DU PROCESSUS D'ÉCRITURE AUTANT QUE DES TEXTES PRODUITS

Les outils qui ont été suggérés jusqu'à maintenant concernent essentiellement l'évaluation des textes. Mais l'évaluation du savoir-écrire ne se limite pas aux seules productions des élèves. Il convient en

TABLEAU 17.1
Questions pour évaluer un texte

Adaptation à la situation
- Le texte est-il bien adapté à la situation ?
- Convient-il au lecteur visé ?

Structure générale du texte
- Le texte est-il bien structuré et cohérent ?
- Le contenu est-il suffisant et pertinent ?
- Les parties du texte sont-elles bien ordonnées et bien liées ?

Style
- Le texte est-il agréable à lire ?
- Manifeste-t-il une certaine originalité ?
- Selon le cas, fait-il preuve d'imagination et de créativité ?

Syntaxe et vocabulaire
- Les phrases sont-elles correctement construites ?
- Les temps verbaux sont-ils bien employés ?
- Les mots-liens sont-ils bien choisis ?
- Les référents des pronoms sont-ils facilement repérables ?
- Le vocabulaire est-il adéquat (précis ou évocateur selon le cas) ?
- Y a-t-il des traits de la langue familière qui ne conviendraient pas au type de discours en cause ?

Orthographe et ponctuation
- Les règles d'orthographe grammaticale au programme sont-elles respectées ?
- L'orthographe d'usage des mots courants répond-elle aux normes ?
- Les règles de ponctuation au programme sont-elles bien appliquées ?

Présentation graphique
- La calligraphie est-elle lisible ?
- La disposition du texte est-elle agréable et pertinente ?

plus d'analyser l'activité rédactionnelle de l'enfant si on veut agir efficacement sur ses stratégies d'écriture. Nous proposerons quatre instruments d'évaluation du comportement de l'élève-scripteur : la grille d'auto-évaluation de ses stratégies, la grille d'observation pour l'enseignante, la feuille de route pour la classe, enfin le dossier personnel d'écriture.

La **grille d'auto-évaluation de ses stratégies de scripteur** (figure 17.1) permet à l'élève de prendre

FIGURE 17.1
Grille d'auto-évaluation de ses stratégies de scripteur

Comment j'ai écrit mon texte

Date : _____

1. J'ai écrit : _____
                    (indiquer le type d'écrit)

J'ai mis : _____
                 (indiquer le temps)

J'ai écrit (coche la bonne case) :
- seul ❑
- en équipe ❑

2. Les consignes :
- m'ont facilité la tâche ❑
- ont été difficiles à comprendre ❑
- m'ont peu aidé ❑

3. J'ai rencontré des difficultés pour :
- trouver des idées ❑
- faire un plan ❑
- commencer à écrire ❑
- rédiger des phrases ❑
- écrire les mots sans erreur ❑
- corriger et améliorer mon brouillon ❑

4. Quand j'ai eu des difficultés :
- j'ai demandé à l'enseignant ou à l'enseignante ❑
- j'ai demandé à des amis ❑
- j'ai utilisé le matériel à ma disposition (plan, dictionnaire)
  sans faire appel à une autre personne ❑

5. J'ai réécrit mon texte parce que :
- mon brouillon ne me satisfaisait pas ❑
- l'enseignant ou l'enseignante me l'a demandé ❑
- les amis de la classe n'avaient pas tout compris ❑
- il y avait trop d'erreurs d'orthographe ❑

6. Pour réviser mon texte :
- j'ai utilisé le dictionnaire ❑
- j'ai utilisé la grammaire ❑
- j'ai utilisé mes outils de travail personnels
  (fiches, cahier, affiches murales, etc.) ❑
- ce qui m'a été le plus utile, c'est _____
  _____

7. Bilan
- Ce que j'ai mieux réussi, c'est_____
  _____
- Ce que je devrais améliorer la prochaine fois, c'est _____
  _____

Source : D'après Garcia-Debanc (1984).

ÉCRITURE

conscience de ses propres méthodes de rédaction et de cerner les stratégies inefficaces qu'il devrait modifier. L'enfant, à la fin d'une production écrite, remplit la grille seul ou avec l'aide de l'enseignante s'il éprouve de la difficulté.

Au lieu de faire remplir la grille comme telle, on peut se servir des indications qu'elle renferme pour animer une mini-entrevue avec un enfant en particulier ou une discussion collective avec toute la classe.

La **grille d'observation de l'enfant-scripteur** (figure 17.2) est destinée à l'enseignante. À cause du temps assez long que cet outil requiert, on peut en restreindre l'utilisation aux élèves à risque afin de mieux diagnostiquer leurs faiblesses et d'y remédier.

La **feuille de route en écriture** (figure 17.3) est constituée par un grand tableau dans lequel on consigne, d'une activité d'écriture à l'autre, des observations utiles sur chaque élève de la classe, de manière à pouvoir mieux suivre son évolution au cours de l'année. Encore une fois, l'emploi de cet outil peut être réservé aux élèves en difficulté

à cause de l'investissement de temps que cela réclame.

Il a déjà été question du **dossier personnel d'écriture** (voir le chapitre 12). Ce dossier contient tous les textes de l'élève, soit les textes libres et les textes rédigés dans le cadre des projets de classe ; on trouve ces documents dans leur version préliminaire et leur version définitive, ce qui permet de mesurer l'évolution de la capacité de révision. Le dossier renferme aussi tous les documents de travail élaborés en classe : plans, résumés des caractéristiques des textes touchés, grilles de révision, questionnaires d'auto-évaluation, etc.

Régulièrement, l'éducatrice examine avec l'enfant le contenu de son dossier et discute avec lui de ses progrès en écriture, de son intérêt pour l'expression écrite et des points qui restent à améliorer. Elle peut s'en servir aussi aux réunions de parents, afin de leur brosser un portrait plus fidèle de leur enfant en tant que scripteur. Enfin, l'élève peut à l'occasion apporter son dossier à la maison pour le montrer à ses parents et leur faire apprécier le travail accompli en classe.

ÉCRITURE

FIGURE 17.2
Grille d'observation de l'enfant-scripteur

Nom de l'élève : _____

Titre de l'activité d'écriture : _____

Date : _____

1. Attitudes durant l'activité
❑ L'enfant est crispé, angoissé.
❑ Il manifeste du plaisir à écrire.
❑ Il demande sans cesse l'approbation de l'adulte.
❑ Il hésite à soumettre son texte à l'un de ses camarades.
❑ Il n'éprouve pas beaucoup d'intérêt pour la tâche demandée.
❑ Il n'a pas le goût que son texte soit placé dans un réseau de communication.

2. Aides utilisées
❑ Il recourt exclusivement à l'adulte pour résoudre ses difficultés.
❑ Il s'adresse à ses pairs pour trouver une solution.
❑ Il recourt spontanément au dictionnaire ou à la grammaire.
❑ Il consulte ses outils de travail personnels (fiches, cahier, etc.).

3. Nature des difficultés
❑ Au démarrage, il dit manquer d'idées.
❑ Il n'arrive pas à établir un plan.
❑ Il se lasse rapidement au fil de l'activité.
❑ Il a du mal à choisir entre divers points, il revient souvent sur ses décisions et ne parvient pas à s'en tenir à une direction cohérente.
❑ Durant la mise en texte, il s'arrête très souvent : il efface, rature ou perd son temps.
❑ Il manque de confiance dans l'orthographe des mots ou la pertinence de ses idées.
❑ Il accepte difficilement de retravailler ses brouillons.
❑ Il a du mal à présenter un travail propre.
❑ Il transfère peu dans les activités d'écriture les connaissances abordées dans les leçons ou les exercices de grammaire ou d'orthographe.

4. Nature des interventions pédagogiques efficaces
L'élève réussit mieux :
❑ s'il travaille en équipe ;
❑ si sa tâche est définie précisément ;
❑ si on lui donne l'occasion d'expliciter d'abord son projet ;
❑ s'il reformule oralement ce qu'il a écrit ;
❑ si l'adulte écrit un moment avec lui ;
❑ s'il a la permission d'écrire dans le lieu de son choix, chez lui par exemple ;
❑ s'il peut recourir à l'ordinateur ;
❑ si_____

5. Bilan
Évolution constatée : _____
_____
_____

Interventions possibles : _____
_____
_____

Source : D'après Garcia-Debanc (1984).

FIGURE 17.3
Aperçu d'une feuille de route en écriture pour des élèves faibles de 5e année

Activités d'écriture / Élèves	Titre : texte libre / Date : 10 septembre	Titre : Les oiseaux (documentaire) / Date : fin septembre et début octobre	Titre : Une légende régionale / Date : mi-octobre
Lisa	A de la difficulté à choisir un sujet.	À la planification, ai travaillé avec elle la division du sujet en sous-thèmes. A eu l'air d'apprécier ce genre d'aide.	Révélation ! A produit un beau récit grâce à une grand-mère très bonne conteuse.
Martin	Se met tout de suite à l'écriture, mais s'essouffle vite.	Soutien fourni durant la mise en mots pour qu'il développe davantage ses idées.	N'a pas bien saisi les caractéristiques de la légende. Confusion avec le conte. À approfondir en lecture.
Marie-Pierre	Texte très personnel, sensible. Orthographe cependant déficiente, surtout l'accord du verbe.	Absente.	Imagination fertile, à canaliser mieux. Code toujours faible. Surveiller la ponctuation de base (point et tiret de dialogue).
Jacques	Pas du tout intéressé. Semble perdu. N'a écrit que deux phrases.	Le texte informatif l'intéresse davantage. Point à améliorer : le regroupement de l'information et les paragraphes, la lisibilité de la calligraphie.	Décidément, les textes expressifs ou imaginaires ne sont pas son fort. À travailler en lecture. En situation libre, lui proposer des sujets de science ou de technique.

Références bibliographiques

De Landsheere, G. (1992). *Évaluation continue et examens. Précis de docimologie.* Liège : Labor.

Éva (groupe) [1991]. *Évaluer les écrits à l'école primaire.* Paris : Hachette.

Garcia-Debanc, C. (1984). Une évaluation formative en pédagogie de l'écriture. *Pratiques,* 44, 21-52.

PARTIE V

Mathématiques

CHAPITRE 18

Quelques principes de base

Jean J. Dionne

Dans le présent chapitre, nous voulons établir les principes généraux qui fondent les propositions avancées dans cette partie sur les mathématiques. Cohérence oblige, ces principes rejoignent dans leur esprit plusieurs de ceux énoncés dans les parties touchant la lecture et l'écriture.

Dans la première section, qui traite de la place des élèves et du rôle de l'enseignante, nous verrons comment l'activité des premiers s'avère centrale dans l'apprentissage, sans pour autant exclure la seconde du processus. La deuxième section permettra justement de voir comment cela peut se concrétiser dans une pratique pédagogique, ce qui nous conduira à une série de réflexions sur le sens que les élèves donnent ou, hélas, ne donnent pas à ce qu'ils font en mathématiques, sur la place que l'enseignement magistral peut encore légitimement prendre, sur la mémorisation de connaissances, sur le rôle de l'erreur... C'est à partir de ces réflexions que l'on commencera à brosser, dans un troisième temps, un premier portrait de l'élève à risque, ce qui nous amènera à aborder la question de la compréhension en mathématiques.

18.1 PLACE DES ÉLÈVES ET RÔLE DE L'ENSEIGNANTE DANS L'APPRENTISSAGE DES MATHÉMATIQUES

Pour les élèves qui les apprennent comme pour les mathématiciens qui les inventent ou les découvrent, les mathématiques sont fondamentalement « à faire », lance André Revuz (1980) dans un livre percutant sur l'enseignement des mathématiques. La connaissance mathématique ne peut se transmettre, précise-t-il encore, seul l'élève peut la construire pour lui-même en s'appuyant sur son activité physique et mentale en même temps que sur les interactions à l'intérieur du groupe auquel il appartient. Ces propos résument une large part des perspectives actuelles en didactique des mathématiques, perspectives socio-constructivistes accordant aux enfants une place prépondérante dans l'élaboration de leurs savoirs. Cela se manifeste notamment par l'importance dévolue à la résolution de problèmes, au point d'en faire l'approche pédagogique à privilégier. Celle-ci se veut avant tout l'occasion pour l'élève d'une rencontre avec des mathématiques vivantes et signifiantes, occasion aussi d'une activité intellectuelle personnelle et authentique.

Cette tendance ne signifie cependant pas l'exclusion de l'enseignante du processus, car si cette dernière doit se faire plus discrète, son intervention demeure tout de même essentielle : son rôle est de rendre la construction possible, de réunir les conditions favorables à sa réalisation. Par exemple, l'enseignante peut proposer, sous forme d'un problème suscitant un certain intérêt, une donnée susceptible de conduire vers telle notion mathématique. Mais ce n'est pas à elle de paver le chemin. Elle est là plutôt pour soutenir la démarche personnelle des élèves par des remarques ou des questions, pour éventuellement relancer l'activité par des interventions judicieuses lorsque la réflexion s'enferre dans des voies peu fructueuses, mais sans enlever aux élèves l'occasion d'explorer librement les pistes qui se présentent à leur imagination. Cela ne l'empêche pas d'attirer l'attention sur tel phénomène particulier, d'aider ses élèves à prendre du recul par rapport à leurs actions et réflexions, à élaborer des synthèses. En un mot, l'enseignante n'est pas un simple catalyseur qui facilite une réaction sans y prendre une part active, mais son activité ne remplace pas celle des élèves, servant plutôt à la soutenir et, au besoin, à l'orienter.

18.2 ET DANS LA « VRAIE VIE » ? UN REGARD PRATIQUE

Voilà, sommairement résumé, l'idéal théorique qui devrait inspirer l'enseignement des mathématiques. Mais, aurait pu dire La Palice, la pratique de l'enseignement n'est pas théorique ! Elle doit se vivre dans une vraie classe, avec de véritables enfants, et composer avec une foule de contraintes dont le caractère pédagogique n'est pas toujours évident. D'où la nécessité d'approches réalistes dans lesquelles, si l'on s'accorde encore à reconnaître l'activité des enfants comme pivot de l'apprentissage, on accepte toutefois qu'ils ne doivent pas sans cesse tout réinventer. Au contraire, l'enseignement demeure possible. Et non seulement possible, il s'avérera aussi fructueux et efficace, à condition de respecter certains principes dont nous voulons faire état à travers les réflexions et exemples présentés dans les paragraphes qui suivent.

18.2.1 Les mathématiques : des réponses sans questions ?

Un problème fondamental mine l'enseignement des mathématiques : celles-ci apparaissent trop souvent comme une collection d'outils capables de satisfaire des besoins mal ressentis, de fournir des réponses à des questions jamais posées. Cette collection d'outils, les enfants n'en perçoivent ni la nécessité ni l'intérêt. Ils font des mathématiques strictement parce qu'on le leur commande et que c'est au programme. Ainsi, au moment d'aborder la mesure, on les précipite habituellement dans des activités de mesurage — estimation, mesure avec des unités non conventionnelles, etc. —, tenant pour acquis que ces enfants savent ou devinent ou finiront par comprendre les raisons de tout cela.

Pourtant, puisque nous voulons insister sur le rôle des élèves dans leur apprentissage, au point de chercher à les amener à une reconstruction des notions par une activité mathématique authentique, il paraît primordial que cette activité soit clairement justifiée à leurs yeux. D'où la nécessité de leur permettre une prise de possession des questions et problèmes qui en sont à l'origine. Cette prise de possession doit être l'affaire des enfants eux-mêmes, s'appuyer sur ce qu'ils sont, ce qu'ils vivent, sur leurs préoccupations. Alors seulement l'activité et les produits qui en découleront pourront avoir du sens. Ainsi, plutôt que de tout de suite les lancer dans le mesurage, pourquoi ne pas d'abord leur faire prendre conscience des motifs qu'ils pourraient avoir de mesurer ? Non pas **nos** motifs, mais **les leurs**. Non pas en expliquant que ces motifs existent ou en racontant l'histoire de la mesure, mais en partant des expériences mêmes des enfants avec les grandeurs. Lequel n'a jamais eu à galoper derrière un adulte pressé et qui se déplaçait vite sur ses longues jambes ? Lequel n'a pas eu à porter des vêtements un peu trop grands lorsque neufs et trop petits quelques mois plus tard ? Voilà des points de départ susceptibles d'accrocher les élèves, de leur faire prendre conscience de la présence des grandeurs dans leur vie quotidienne et de l'intérêt qu'il y a à ce que ces grandeurs soient adaptées, ce qui suppose que l'on puisse les mesurer. Alors l'activité de mesure aura un sens pour eux, alors elle pourra devenir **leur** activité, et non une série de gestes à poser parce que l'enseignante le dit ou que le programme l'exige.

18.2.2 *Activités signifiantes*

Il devient alors possible de mettre sur pied des séances de travail sur la mesure, lesquelles, sans nécessairement différer beaucoup des activités habituelles, prendront néanmoins un relief nouveau du fait que les élèves comprennent les questions et les problèmes qui ont appelé la création des outils qu'ils y bâtissent. La comparaison de grandeurs, d'abord approximative puis de plus en plus précise, l'élaboration d'un système de mesure fondé sur des unités non conventionnelles, les problèmes d'estimation deviennent autant d'occasions de proposer des défis qui accroîtront, chez les élèves, la conviction de la nécessité de la mesure et les amèneront à mettre au point des procédures qui auront du sens à leurs yeux et les prépareront aux stratégies et aux conventions plus universelles. On sait par exemple l'importance de s'entendre sur un étalon de mesure; au lieu de simplement proclamer cette importance, il est possible de la faire sentir aux élèves en demandant à une équipe de mesurer une longueur puis de communiquer le résultat à un autre groupe par un téléphone imaginaire. Sans entente préalable sur une unité de mesure commune, la communication devient difficile, voire impossible, puisque les gens ne sont alors pas censés se voir.

Une telle approche exige certes un peu plus de temps au départ, mais ce temps est vite récupéré : en effet, les outils dont les enfants prennent ainsi possession en les « inventant », les connaissances acquises, la compréhension élaborée ont toutes les chances d'être à la fois durables et transférables, car tout devient porteur de sens, les utilisateurs ayant aussi joué le rôle de créateurs de ce qu'ils utilisent.

18.2.3 *Enseignement magistral, mémorisation, erreurs...*

Vient ensuite le temps des synthèses et de l'acquisition de ce que l'on pourrait appeler les savoirs « consacrés » ou « institutionnalisés », qu'il s'agisse de connaissances — le système international de mesure, par exemple — ou de stratégies : on mesure plus commodément avec une règle où les centimètres sont bien juxtaposés, alignés et comptés qu'avec des trombones, par exemple. Les élèves sont alors prêts à recevoir ces savoirs institutionnalisés puisqu'ils en ont compris la pertinence et ont mis au point un bagage qui les rend aptes à les intégrer et à leur donner du sens. Mesurer avec une règle, ce n'est pas seulement lire un nombre sur une échelle, mais cela correspond à une opération où l'on a « recouvert » une longueur à l'aide d'unités toutes semblables puis dénombré celles-ci. De là, les élèves seront prêts à poursuivre dans une belle continuité avec la mesure des surfaces et des volumes qui seront respectivement couvertes ou remplis d'unités convenablement choisies.

On le constate, une approche ainsi conçue accepte des présentations magistrales ; celles-ci s'avèrent efficaces dans la mesure où on a laissé aux élèves l'occasion d'y associer une signification et où on leur en a donné les moyens. Leur activité et leurs expériences antérieures leur ont d'abord permis de saisir le problème auquel on leur propose une solution et leur activité les a aussi préparés à comprendre la pertinence de cette solution.

Dans cette perspective, il est admis que l'on fasse mémoriser des choses aux élèves, qu'on leur demande d'appliquer certaines règles ou recettes plus mécaniques. Ils ne peuvent ni ne doivent sans cesse tout reconstruire, tout réinventer. Quelle économie de connaître ses tables de multiplication ou de pouvoir utiliser un algorithme pour trouver rapidement le produit de 237 et 98 sans devoir passer par l'addition répétée ! Ces habiletés ne peuvent toutefois prendre de sens que dans un processus qui permet avant tout à l'élève de bien saisir ce qu'est la multiplication, ce à quoi elle correspond et peut servir.

Une dernière remarque peut être ajoutée ici qui préparera en même temps la suite. Régulièrement, au cours d'activités mathématiques, verra-t-on des élèves commettre des erreurs. Trop souvent, l'erreur est perçue comme une mauvaise solution à corriger, à rendre conforme, comme une anomalie à laquelle on ne s'arrête guère sinon pour provoquer sa disparition, son remplacement par quelque chose de plus acceptable. Il s'avère pourtant plus fructueux d'accepter l'erreur comme une étape, peut-être pas nécessaire, mais non plus anormale, dans la démarche d'un élève qui s'approprie la connaissance. Car, dans la plupart des cas, l'erreur n'est pas gratuite, un simple fruit du hasard, mais plutôt le produit logique et cohérent de la pensée du sujet, de son bagage de connaissances qui n'est pas encore adapté à une situation nouvelle. Dans cette perspective, on a tout intérêt à reconnaître dans l'erreur une source précieuse de renseignements sur les processus de pensée du sujet qui apprend, source dont on peut profiter pour mieux comprendre ces processus. Ainsi perçue, l'erreur devient occasion de progrès pour l'élève puisqu'elle lui donne l'occasion de prendre conscience des conflits qui existent entre sa pensée et une situation qu'il doit appréhender et qui exige un élargissement de ses connaissances, prise de conscience dont nous avons déjà reconnu la nécessité pour le progrès de ces mêmes connaissances.

18.3 ÉLÈVE À RISQUE EN MATHÉMATIQUES : UN PREMIER REGARD

À l'instar des autres élèves, celui qui éprouve des difficultés commet des erreurs. Il en commet même plus souvent et pendant plus de temps : ses pairs ayant depuis longtemps compris une notion ou maîtrisé une opération, le malheureux s'y heurte encore à répétition. En boutade, à partir du paragraphe précédent, on pourrait aller jusqu'à conclure que l'élève à risque est choyé puisque, pour lui, les occasions de progrès se font vraiment nombreuses. La fréquence des erreurs qu'il commet n'est cependant pas sa caractéristique la plus fondamentale même si elle demeure la

plus manifeste : c'est plus une conséquence qu'autre chose. Conséquence dont on pourra d'ailleurs profiter, comme on le verra plus loin. Mais pour l'instant, ayant à l'esprit un point de vue plus préventif que curatif, essayons de caractériser l'élève faible en fonction de ce que l'on a vu sur l'apprentissage dans la perspective proposée ci-dessus.

18.3.1 *Un élève passif*

Les mathématiques, avons-nous insisté, se construisent par l'activité des élèves. C'est justement là que le bât blesse : l'élève à risque en mathématiques se révèle, à des degrés divers, le plus souvent passif : il manque d'autonomie, n'a pas mis au point de méthode efficace de travail. Il éprouve du mal à se mettre à l'action, ne sait par où commencer, ne trouve pas quoi faire. Réussit-il à démarrer qu'il abandonne souvent trop tôt ; ce peut être parce qu'il ne sait déjà plus où donner de la tête, ou alors parce que, manquant de concentration, il se laisse tout de suite distraire et perd le fil, ou encore, problème fréquent, parce qu'il ne croit plus en ses possibilités de succès. Peu importe la raison, il décroche. Ou alors, dans le meilleur des cas, il se met à la remorque de l'activité des autres, accepte ce qui est construit sans participer lui-même à la genèse, et donc sans en saisir ni les tenants ni les aboutissants. Il n'y a, de sa part, aucune véritable prise de possession du problème, il ne perçoit guère l'intérêt de le résoudre, encore moins la nécessité de trouver une solution. Les actions accomplies autour de lui pour élaborer cette solution demeurent sans but réel, faute d'une raison solide les justifiant, hors le fait qu'on est à l'école et qu'on y attend normalement des élèves qu'ils trouvent des réponses. Les seules disponibles viennent d'autrui, de sorte qu'elles n'ont guère de signification à ses yeux.

Lui présente-t-on les savoirs institutionnalisés qu'il n'est évidemment pas prêt à les recevoir. Il fait comme avec les productions de ses pairs : il les saisit très à peu près, faute de comprendre les raisons de leur existence, les mémorise de son mieux, c'est-à-dire mal, et se retrouve bientôt à la tête d'une collection de mauvais outils dont il a une idée approximative de l'utilité et dont il comprend plus ou moins le mode d'emploi. Pour lui, les mathématiques se résument à des notions floues et à des règles à appliquer mécaniquement et qui sont fondées sur le vide le plus désolant.

18.3.2 *Un élève à accompagner*

Comment intervenir alors ? L'élève à risque n'a pas nécessairement besoin d'activités différentes de celles proposées à ses pairs. Il lui faut avant tout des appuis plus suivis, et parfois mieux adaptés, afin que ces activités deviennent vraiment siennes. Il s'agit en somme de lui fournir un meilleur accompagnement afin qu'il entre en action et qu'il poursuive cette action jusqu'à ce qu'il puisse en recueillir des fruits. Cela exigera parfois une simplification des tâches proposées, tantôt il faudra l'aider à mieux organiser son action et ses réflexions, tantôt un retour en arrière s'imposera afin de « revisiter » des notions déjà explorées. Les erreurs que l'élève risque fort de commettre en cours de route seront également prises en considération dans l'esprit décrit plus haut : elles constitueront autant de signes des faiblesses de l'enfant en même temps que des indices sur ses processus de pensée, des points de départ pour une reconstruction de ses connaissances et une amélioration de ses stratégies. Nous reviendrons là-dessus, avec des suggestions concrètes tirées d'expériences vécues.

Pour l'instant, nous allons clore ce chapitre en nous arrêtant à un autre aspect important de l'apprentissage des mathématiques, celui de la formation des concepts et de leur compréhension.

18.4 COMPRENDRE LES MATHÉMATIQUES[1]

Le programme de mathématiques pour le primaire (ministère de l'Éducation du Québec, 1980) propose quatre grandes catégories d'objectifs terminaux : la formation de concepts, le développement d'habiletés techniques, l'exploration de notions et l'utilisation des connaissances. Par

la suite, on y affirme sans équivoque le rôle central de la première, autour de laquelle gravitent, de façon plus ou moins implicite, toutes les activités mathématiques. Et l'on poursuit :

> L'enfant doit devenir capable d'expliquer le concept [...] dans son propre vocabulaire ou à l'aide du langage mathématique, de le transposer d'une forme de langage à une autre, de l'illustrer à l'aide d'un schéma ou d'exemples ; en d'autres mots, il doit le comprendre (p. 11).

Ces derniers mots reflètent bien les intentions partagées par une large proportion des maîtres qui se proposent effectivement d'enseigner pour faire comprendre. Mais pourquoi la compréhension est-elle si importante dans l'apprentissage des mathématiques ? Et, question encore plus ardue : qu'est-ce que comprendre ?

18.4.1 *Pourquoi la compréhension ?*

En mathématiques comme ailleurs, l'apprentissage, s'il se veut fécond, doit être autre chose qu'une simple mémorisation de bribes de savoirs. Nous en avons déjà convenu, il s'avère certes utile de pouvoir se rappeler certaines définitions ou appliquer mécaniquement quelques algorithmes, de réussir des calculs rapides grâce aux tables d'addition ou de multiplication. Mais tout cela ne constitue que des atomes de connaissances et devient rapidement un fardeau écrasant pour la mémoire si rien d'autre ne vient la soutenir. Ce soutien, la mémoire le trouvera dans la compréhension.

---

1. La plupart des réflexions de cette section sont inspirées des travaux du Centre interuniversitaire de recherche en enseignement des mathématiques (CIREM), auquel appartiennent des professeurs de quatre universités québécoises : Jacques C. Bergeron, de l'Université de Montréal, Jean J. Dionne, de l'Université Laval, Nicolas Herscovics, de l'Université Concordia et Nicole Nantais, de l'Université de Sherbrooke, et un certain nombre de collaborateurs et collaboratrices. Nous présentons en bibliographie plusieurs publications de ces personnes, publications qui ont servi dans la préparation de plusieurs sections de cette partie du guide sur les mathématiques.

Par compréhension, nous entendons d'abord la structuration de la connaissance, c'est-à-dire l'établissement de relations entre les divers éléments de cette connaissance. Plus nombreux et plus riches seront ces liens, plus grande sera la compréhension : car ceux-ci permettent aux savoirs de se donner mutuellement du sens et rendent possible la déduction et le transfert. Ainsi, un enfant qui doit multiplier 12 par 9, mais qui ne se souvient plus du résultat par cœur, pourra tout de même y arriver s'il a établi des liens entre addition et multiplication. Et s'il se rappelle que 3 fois 12 donne 36 et qu'il y a trois 3 dans 9, il réussira même à effectuer le calcul très rapidement en additionnant 36 + 36 = 72, puis 36 + 72 = 108. Voilà des connaissances structurées, c'est-à-dire reliées entre elles en un réseau qui permet de passer de l'une à l'autre.

De même, on ne pourrait s'attendre à ce que tous connaissent par cœur une formule pour calculer l'aire de la figure 18.1.

Par contre, une décomposition en figures plus simples, comme celle illustrée à la figure 18.2, permet de résoudre le problème.

De nouveau, nous voyons ici intervenir des liens entre éléments de connaissance : en se référant aux cas connus, on est arrivé à mettre au point une

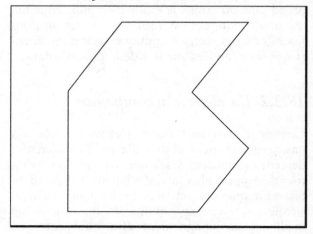

FIGURE 18.1
Représentation d'une aire

stratégie de calcul d'aire s'appliquant à la situation inusitée de départ. C'est là un bel exemple de déduction et de transfert.

Pour vraiment parler de compréhension, on doit ajouter à cette idée de structuration des savoirs la reconnaissance de certains principes fondamentaux souvent appliqués de façon implicite. Ainsi, dans le dernier exemple, le recours à des formules diverses correspondant à des formes différentes n'aurait pas de sens pour l'élève

FIGURE 18.2
Décomposition d'une aire en figures plus simples

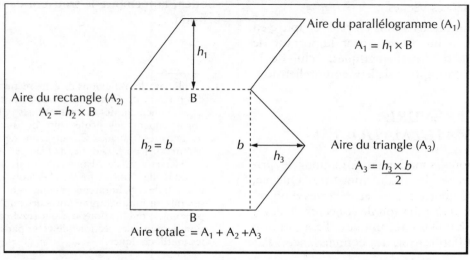

Aire du parallélogramme (A_1)

$A_1 = h_1 \times B$

Aire du rectangle (A_2)
$A_2 = h_2 \times B$

h_1

B

$h_2 = b$ b

h_3

Aire du triangle (A_3)

$A_3 = \dfrac{h_3 \times b}{2}$

B
Aire totale = $A_1 + A_2 + A_3$

n'ayant pas saisi le principe de l'**invariance** de l'aire d'une figure par rapport au découpage de cette figure en parties dont on considère la réunion, c'est-à-dire pour un élève qui n'aurait pas encore pris conscience que l'aire n'est pas modifiée si on la calcule en pièces détachées. La découverte de tels principes est affaire d'expériences personnelles, mais sera favorisée par des situations pédagogiques adéquates et les interactions entre pairs.

Les exemples proposés fondent la réponse à notre question sur la nécessité de la compréhension : seule cette compréhension peut engendrer le pouvoir d'invention nécessaire à l'élève pour affronter des situations nouvelles, seule elle peut rendre possible l'évolution ultérieure de ses connaissances.

18.4.2 *Définir la compréhension ?*

Mais encore faut-il préciser de façon pratique ce qu'on entend par comprendre. On sait déjà que c'est plus que de passer de *off* à *on*, d'« allumer », comme on entend parfois. C'est aussi plus que l'application mécanique de règles mémorisées. Nous venons de parler de structuration des connaissances : c'est scientifiquement intéressant, mais qu'est-ce que ça apporte sur le plan de la pédagogie pratique ? À ce chapitre, les extraits du programme que nous avons cités disaient un peu plus : l'enfant a compris lorsqu'il peut nous expliquer dans ses propres mots... Cette dernière description s'avère davantage satisfaisante puisqu'elle s'attache à la pensée de l'enfant et fournit un critère pour la juger. Mais elle demeure en même temps trop générale, laissant place à toutes sortes d'explications : un élève qui expose en détail la mécanique de l'algorithme de l'addition a-t-il pour autant vraiment donné du sens à ce qu'il doit faire ? Et peut-on être assuré que le **concept d'addition** est vraiment compris ? Hélas, rien n'est moins sûr, comme l'a montré le cas d'une fillette qui pouvait facilement réussir une addition (avec retenue, s'il vous plaît !) en appliquant l'algorithme dont elle décrivait minutieusement chaque étape, mais qui s'est révélée incapable d'associer l'opération qu'elle venait

d'effectuer à une action d'ajout ou de réunion[2]. Que devrait donc pouvoir expliquer l'élève qui a compris tel ou tel concept ? Quelles seraient les manifestations vraiment significatives de cette compréhension ? Voilà les questions fondamentales auxquelles il faut maintenant répondre.

Pour y arriver, Herscovics et Bergeron (1982) ont élaboré divers modèles spécifiquement conçus pour décrire la compréhension de schèmes conceptuels mathématiques. Inspirés de l'épistémologie génétique de Piaget et s'appuyant sur des analyses fouillées, tant sur le plan mathématique que sur les plans psychologique et pédagogique, ces modèles présentent la compréhension comme un processus dans lequel l'enfant construit par étapes la signification qu'il se donne du concept. Ce processus est décrit sous forme de modes ou de niveaux qui traduisent différentes façons de comprendre. C'est ce que nous présenterons dans le prochain chapitre.

Références bibliographiques

Herscovics, N., et Bergeron, J.-C. (1982). Des modèles de la compréhension. *Revue des sciences de l'éducation,* VIII, 3, 576-596.

Ministère de l'Éducation du Québec (1980). *Programme d'études. Primaire. Mathématique.* Québec : ministère de l'Éducation du Québec, Direction générale du développement pédagogique.

Revuz, A. (1980). *Est-il impossible d'enseigner les mathématiques ?* Paris : PUF.

Lecture suggérée

Revuz, A. (1980). *Est-il impossible d'enseigner les mathématiques ?* Paris : PUF.

---

2. Elle n'a même pas réussi à représenter à l'aide de jetons l'un ou l'autre des deux nombres (17 et 19) auxquels elle appliquait par ailleurs si bien l'algorithme.

CHAPITRE *19*

Modèle utilisé
pour définir la compréhension
des concepts mathématiques

Jean J. Dionne,
avec la collaboration de Lucie Deblois

Dans ce chapitre, nous proposons l'un des modèles de compréhension élaborés par Herscovics et Bergeron (1982), modèle enrichi de quelques éléments empruntés à des travaux plus récents (Herscovics et Bergeron, 1988). Ce modèle, appelé modèle constructiviste par ses créateurs, fournit un cadre dans lequel on peut définir des critères précis de compréhension pour chacune des notions mathématiques et constitue donc un outil de référence éminemment pratique, proposant des pistes pour l'apprentissage en même temps que des balises pour l'évaluation.

Cette présentation sera précédée d'un certain nombre de remarques sur l'importance de l'arithmétique au primaire et sur le rôle central de la numération positionnelle : c'est en effet cette notion que nous avons retenue pour illustrer nos propos sur le modèle. Nous compléterons ce chapitre par une série de réflexions sur l'enseignement, réflexions directement inspirées par ce que nous aurons dit de la compréhension, et nous continuerons, dans la dernière section, à préciser le portrait de l'élève en difficulté, portrait déjà esquissé dans le chapitre précédent (voir la section 18.3).

19.1 ARITHMÉTIQUE ET NUMÉRATION POSITIONNELLE AU PRIMAIRE

19.1.1 Arithmétique au primaire

Sans y occuper tout l'espace, l'arithmétique[1] demeure, nul n'en doute, le « gros morceau » des mathématiques du primaire. D'abord par le temps qu'on suggère d'y consacrer : autour de 50 % de celui accordé aux mathématiques, suivant les recommandations du programme du MEQ (ministère de l'Éducation, 1980). Et aussi par le nombre d'objectifs qui en traitent directement : en troisième année par exemple, 28 des 52 objectifs intermédiaires de contenu portent sur l'un ou l'autre de ses aspects, alors qu'en sixième, on en trouve encore plus du quart qui lui sont consacrés. Mais, de nature statistique, ces premières constatations, si elles sont révélatrices, n'en demeurent pas moins superficielles, quasi

---

1. Par arithmétique, on entend le système des nombres naturels et des quatre opérations : addition, soustraction, multiplication et division.

M
A
T
H
É
M
A
T
I
Q
U
E
S

accessoires. Car elles ne disent que très peu sur l'essentiel de l'histoire.

En effet, c'est davantage par son caractère de fondement que l'arithmétique se révèle importante (ministère de l'Éducation du Québec, 1980, p. 14):

> [car elle] constitue en quelque sorte le tronc principal sur lequel viennent se greffer et s'articuler la majeure partie des mathématiques du primaire.

> C'est avec l'étude des nombres naturels qu'on abordera les premières notions de nombre, de numération et d'opération, et c'est à partir de ces premiers concepts qu'on passera à l'étude des nombres rationnels et des entiers relatifs. Les premières activités de mesure et de géométrie ne pourront pas également échapper à l'utilisation des nombres naturels.

Le rôle central de l'arithmétique se voit clairement affirmé dans cette citation. Mais cette dernière dit davantage: on y reconnaît cet accent, souvent porté tout au long de notre propos, sur la nécessaire articulation des connaissances mathématiques; dans cette articulation, que l'on veut explicite, l'arithmétique joue les pivots ou charnières, apparaît comme le point de rencontre des divers objets d'étude qui y trouvent une bonne part de leur signification.

19.1.2 Place centrale de la numération positionnelle

Or, phénomène bien connu, la numération positionnelle s'avère toujours l'élément le plus délicat dans la construction de l'arithmétique, un long point tournant dans son apprentissage. On sait depuis un moment que la plupart des difficultés éprouvées par les élèves trouvent là leur source, dans une compréhension encore incomplète, trop partielle, mal assurée de cette convention, base de notre système numérique[2]. Une série d'exemples récents le montrent d'ailleurs bien: aux fins d'une recherche menée en collaboration avec un groupe d'orthopédagogues, on a interviewé une vingtaine d'élèves du primaire éprouvant des difficultés diverses en mathématiques. On voulait, dans un premier temps, poser un diagnostic sur leur

cas, pour ensuite les aider à se dépêtrer de leurs problèmes. Or une majorité, peut-être une douzaine, de ces élèves avaient été aidés pour des difficultés au chapitre des opérations arithmétiques; chez tous ceux-là, sans exception, on a détecté une mauvaise compréhension de la numération positionnelle, alors que leur maîtrise des opérations était, à bien des égards, raisonnablement satisfaisante.

Ainsi, en troisième année, il y avait cette fillette qui remettait des additions pas toujours justes; pourtant, avait-on constaté, elle réussissait parfaitement avec du matériel, mais sur papier, elle obtenait des résultats parfois surprenants, comme le montre la figure 19.1.

FIGURE 19.1

	2	0	
127	354	488	372
+ 421	+ 473	+ 322	+ 325
548	719	7110	697

Elle faisait correctement ses ajouts dans chaque colonne, procédant toutefois de gauche à droite, ce qui n'était pas un problème en soi. Là où cela en devenait un, c'est lorsqu'elle plaçait aussi ses retenues en se déplaçant vers la droite: ainsi, ayant à effectuer 5 + 7 dans la colonne des dizaines du second exemple, elle trouvait bien 12, posait le 1 à la ligne de la réponse et retenait le 2 en colonne des unités. Comme c'est souvent le cas, ce n'est pas tant qu'elle ignorait ce qu'est une addition, au contraire elle le savait bien, mais sa façon de faire témoignait d'une méconnaissance des règles de la numération positionnelle ou, à tout le moins, de celles de la notation positionnelle: elle tentait de reproduire une procédure à laquelle elle n'avait manifestement pas attribué de signification.

---

2. Notons qu'il est ici question de numération positionnelle en général, et non de la seule notation positionnelle. Bien sûr, un grand nombre de problèmes apparaissent au chapitre de cette dernière, mais nous ne nous y limitons pas.

Un élève de sixième année se trompait régulièrement en effectuant des divisions. « Je lui en ai pourtant fait faire des dizaines », se plaignait son enseignante, ajoutant qu'elle avait expliqué et réexpliqué l'algorithme, hélas sans succès notable. Interrogé, l'élève a fait preuve d'une excellente compréhension de l'idée de division, mais à l'écrit, on a vu apparaître une foule d'erreurs comme dans la division de la figure 19.2.

FIGURE 19.2

```
4238  | 7
42      65
 38
 35
  3            Rép. : 65 r. 3
```

Dans ce cas, après avoir divisé ses 42 centaines, l'élève aurait dû indiquer qu'il ne pouvait partager ses 3 dizaines en écrivant un 0 au quotient, à la droite du 6, pour enfin procéder à la division des 38 unités. Mais cela suppose qu'il suive pas à pas le type d'unités (milliers, centaines, dizaines et unités proprement dites), qu'il manipule et vérifie si la position que prend le chiffre au quotient est bien celle qui correspond à sa valeur réelle. Handicapé par sa compréhension toute relative — cela a été constaté par ailleurs — de la numération positionnelle, cet élève n'était hélas pas en mesure de le faire et ne pouvait non plus profiter des explications, pourtant patientes, de son enseignante, car elles ne touchaient pas vraiment la bonne cible. Ce n'est qu'après avoir bien traité le cas de la numération positionnelle qu'on est revenu à la division : un bref rappel du fonctionnement de l'algorithme a alors suffi et les bizarreries ont disparu, car le fonctionnement de la règle obéissait maintenant à une logique maîtrisée par l'élève, au lieu de s'appuyer sur une mémoire débordée par la complexité d'un algorithme.

Ce ne sont que des exemples, choisis parce qu'ils pouvaient se décrire en quelques lignes. D'autres se sont avérés plus complexes, où il n'a pas été possible de comprendre et de démêler complètement l'écheveau des erreurs commises par les élèves. Chaque fois, cependant, on a eu des indications claires de faiblesses, souvent profondes, au chapitre de la numération positionnelle, et le travail effectué autour de ce thème a permis d'améliorer le sort des enfants qui ont participé à l'étude. La plupart des cas observés présentaient au départ des problèmes de nature algorithmique, comme ceux décrits ci-dessus. Ces problèmes témoignent du fait que trop souvent, lorsque l'élève travaille avec papier et crayon à appliquer les règles, il perd de vue le sens de l'opération à effectuer et aussi le sens à donner aux conventions d'écriture numérique, d'où les stratégies curieuses observées. De telles stratégies fautives apparaissent également au chapitre des manipulations et, à la clé des erreurs observées, on trouve constamment une mauvaise interprétation des principes de la numération positionnelle. En étant attentif à ces erreurs et en agissant dès que l'une ou l'autre semble devenir un peu systématique, on pourrait prévenir des problèmes qui, sans cela, ne pourront que s'aggraver.

19.2 MODÈLE CONSTRUCTIVISTE DE COMPRÉHENSION DES CONCEPTS MATHÉMATIQUES

On aura compris les raisons qui nous ont poussé à choisir la numération positionnelle pour illustrer notre présentation du modèle de compréhension des concepts mathématiques : nous lançant dans l'opération, aussi bien le faire autour d'une notion fondamentale. Avant d'aborder le modèle lui-même, ajoutons quelques remarques qui aideront à mieux comprendre la suite.

19.2.1 Comprendre la numération positionnelle

Pour que l'enfant arrive à une maîtrise intelligente de la numération positionnelle, il doit d'abord se donner une compréhension suffisante du concept de nombre comme mesure de quantité. Cette compréhension est décrite dans les textes de Herscovics et Bergeron (1988) donnés en référence ou encore dans le chapitre 1 de Therrien (1994).

Une fois que l'élève a compris la notion de petit nombre, la numération positionnelle lui permet de s'avancer vers les grands nombres, en lui fournissant :
– des structures pour organiser les grandes quantités : les divers ordres de groupement ;
– un système pour en rendre compte symboliquement : la notation positionnelle.

Greffées sur ces structures et sur le système symbolique, on trouve des procédures, comme divers types de dénombrement par bonds, qui serviront de fondements aux opérations.

L'élaboration des structures de regroupement doit permettre à l'enfant de percevoir la dizaine, la centaine, le millier, non plus seulement comme des groupements divers, mais aussi comme autant de **nouvelles unités de mesure** de la quantité. On comprend alors pourquoi la compréhension de l'idée de nombre est un préalable nécessaire : à la fois parce que c'est d'abord là que se construit le concept de mesure de quantité et parce que le dénombrement est essentiel à la « fabrication » et à l'usage des nouvelles unités. Plus cette « fabrication » sera concrète, mieux l'enfant prendra conscience de l'emboîtement des diverses unités et de la régularité de leur structure : 10 unités dans l'unité dizaine, 10 dizaines dans l'unité centaine, 10 centaines… Cette perception de la régularité est encore un élément essentiel de la compréhension du système de numération.

Par ailleurs, il ne faut pas perdre de vue que la numération positionnelle relève d'un certain nombre de conventions dont les deux plus importantes, déjà évoquées, ont respectivement trait à sa structure — le regroupement par 10 — et à son système symbolique, la notation par colonnes. On retrouve dans ces conventions culturelles les deux aspects fondamentaux de la numération positionnelle, l'aspect **sémantique** de la **valeur de position** et l'aspect plus **syntaxique** de la **notation positionnelle**. Ce dernier aspect est relatif au code et concerne les relations entre éléments de ce code : chiffres, positions. La connaissance de ces éléments rend possible la lecture et l'écriture des nombres. Pour sa part, le premier aspect, la valeur positionnelle, touche la signification des symboles en fonction de leur organisation : la valeur réelle attachée à un chiffre relève de sa position dans le nombre et de la valeur — 10 pour nous — de la base de numération. C'est là que lecture et écriture trouvent leur sens.

19.2.2 Portrait global du modèle de compréhension

Le modèle que nous proposons comprend quatre niveaux de compréhension : l'intuition, la compréhension procédurale, l'abstraction et la formalisation. Ces niveaux s'enchaînent, comme le montre le tableau 19.1, mais cela n'exclut pas la possibilité de va-et-vient entre les cases. Ainsi, la construction d'une abstraction appartenant au troisième niveau peut très bien rendre possible l'élaboration ou l'amélioration d'une procédure qui appartient au deuxième niveau, quoique, habituellement, le processus de compréhension se déroule suivant l'ordre indiqué en lisant le tableau de gauche à droite.

TABLEAU 19.1
Modèle constructiviste de la compréhension

Intuition	Compréhension procédurale	Abstraction	Formalisation

Nous allons maintenant regarder ce qui se cache à l'intérieur de chacune de ces cases en nous appuyant sur le cas de la numération positionnelle, que nous avons retenu comme exemple.

On pourra constater, au long de cette description du processus de compréhension de la numération, que les deux aspects — valeur et notation — sont sans cesse présents mais sans qu'il y ait toujours une véritable coordination entre eux. Certains critères de compréhension concerneront l'un ou l'autre de manière exclusive. Par contre, d'autres critères traduiront une amorce de rapprochement ou même une véritable intégration des deux aspects. Notons enfin que, dans le but de rendre cette lecture plus digeste, nous nous limiterons aux critères les plus fondamentaux de chaque niveau, l'idée étant ici avant tout d'expliciter le modèle et de montrer comment on peut travailler à l'intérieur de ce cadre.

Intuition

L'intuition constitue la toute première étape du processus de compréhension, représentant la première idée qu'une personne se fait d'une notion. Même si cette première idée demeure extrêmement imprécise, voire informe, elle s'avère fondamentale dans la signification que la personne pourra par la suite attribuer au concept : car elle est vraiment le point de départ de cette attribution et, sans elle, rien des constructions ultérieures ne se justifie. Regardons comment cette intuition se manifeste dans le cas de la numération.

Nous savons l'importance des regroupements dans l'organisation et la gestion des grandes pluralités. Or, problème fréquent, il est des enfants pour qui ces regroupements ne représentent qu'un pur artifice scolaire, faute d'avoir reconnu leur présence (paquets de fruits, douzaines d'œufs...) et leur utilité dans la vie courante. Il s'agit pourtant d'une constatation fondamentale pour saisir que les principes de la numération ne sont pas une invention gratuite. C'est pourquoi notre premier critère de la compréhension intuitive de la numération positionnelle est le suivant : **reconnaissance de l'existence et de l'utilité de regroupements d'objets dans la vie courante.**

Le deuxième critère a trait aux mots que l'enfant entend et utilise très tôt dans son milieu social : *dix* ou *dizaine, cent* ou *centaine, mille*... Sans que la référence soit précise, l'enfant associe des quantités grandes, et même très grandes, à ces termes. Il peut aussi concevoir qu'une dizaine représente moins que cent ou que mille, mais sans, par exemple, très bien distinguer le millier du million, qui, tous deux, représentent simplement des quantités immenses à ses yeux. D'où notre deuxième critère : **attribution d'une idée de quantité plus ou moins grande aux mots *dizaine, centaine, mille, million*...**

De même, sans qu'encore la référence soit précise ni que la comparaison de deux nombres soit toujours possible, l'enfant peut facilement cons-

tater que plus un nombre comprend de chiffres, plus il est grand ; cela constitue notre troisième critère : **établissement d'une relation entre la grandeur d'un nombre et la quantité de chiffres le composant.**

Voilà donc ce que nous entendons par compréhension intuitive, laquelle peut se décrire en général de la façon suivante.

La compréhension intuitive d'une notion :
– **se manifeste par des connaissances informelles, souvent rattachées à des préconcepts ;**
– **résulte d'une forme de pensée basée essentiellement sur la perception sensorielle, le plus souvent visuelle ;**
– **ne fournit que des approximations non numériques grossières.**

Compréhension procédurale

Vient le moment où les intuitions de départ ne suffisent plus, où la personne sent le besoin de les préciser, de les prolonger par des actions. C'est alors qu'elle commence à se doter de procédures. Celles-ci seront d'abord essentiellement physiques, puis se développeront ensuite sur un plan plus strictement mathématique. Déjà, dans certaines de ces procédures, on verra apparaître des coordinations entre les deux aspects — notation et valeur — de la numération positionnelle.

Une première procédure a trait à l'appréhension ou à la comparaison de quantités importantes d'objets bien physiques et prolonge la première intuition présentée ci-dessus, où l'enfant reconnaissait l'utilité de regroupements. Cette fois, l'élève agit sur la quantité pour rassembler en paquets identiques les objets donnés en vrac, puis il compte en faisant correspondre aux mots de la comptine soit un élément, soit un groupe. Cette procédure permet aussi la comparaison de plusieurs quantités entre elles, soit par l'établissement d'une relation terme à terme entre les paquets composant chacune de ces quantités, soit par le recours à un comptage des paquets formés. Sans faire intervenir la notation positionnelle, cette procédure favorise l'émergence de l'idée de valeur attachée tantôt à un paquet, tantôt à des éléments isolés. Elle constitue donc notre premier critère de compréhension procédurale : **appréhension ou comparaison de quantités fondées sur le regroupement d'objets et sur le dénombrement des paquets et des objets demeurés isolés, ou sur l'établissement d'une relation terme à terme entre les paquets.**

Les critères suivants touchent la lecture et l'écriture de nombres. Certaines procédures décrites s'avèrent sommaires, apparaissant comme des étapes vers le recours à des stratégies plus élaborées et plus efficaces.

Au chapitre de la lecture de grands nombres, comme il est difficile de saisir globalement un nombre de cinq chiffres par exemple, l'enfant aura tendance à regrouper ces chiffres par tranches plus faciles à cerner et à exprimer. Ces tranches ne seront pas nécessairement de trois chiffres au départ et donneront lieu à des lectures parfois surprenantes même si elles sont correctes, comme ce 54321 lu « cinq cent quarante-trois cent vingt et un ». Parfois, un enfant se contentera de lire des tranches sans y attacher de valeur positionnelle, disant, par exemple, « cinquante-quatre, trente-deux, un ». D'où le critère : **regroupement des chiffres par tranches pour lire un grand nombre.**

Le critère suivant touche l'écriture d'un nombre dicté ou illustré à l'aide d'un matériel. Les premières procédures s'appuient sur un découpage du nombre et sur un alignement des chiffres dans lequel on doit voir une juxtaposition méthodique sans qu'il y ait encore de référence nette à la valeur attachée à chaque position. Par exemple, l'enfant à qui l'on dicte « **six** mille **trois cent trente-deux** » retiendra surtout les parties en gras ici pour écrire correctement 6332, mais sans vraiment tenir compte des termes *mille* et *cent*. De sorte que, si on lui dicte « trois mille vingt-cinq », par exemple, il écrira 325, oubliant le zéro intercalaire. Ou alors, s'il tient compte du terme *mille*, il écrira 300025. On observe ici, dans chacun des cas, une forme de décomposition du nombre en petits nombres et sa recomposition par juxtaposition des morceaux. C'est un autre critère de compréhension procédurale : **découpage du grand nombre à écrire en « petits » nombres (inférieurs à 10 ou 100) et recomposition par juxtaposition des morceaux.**

Dans le cas du critère précédent, l'enfant écrivait un nombre en juxtaposant simplement les chiffres qui prenaient ainsi leur position par hasard. Dans le cas de ce nouveau critère, l'enfant fera vraiment correspondre une position à chaque chiffre, au lieu de simplement juxtaposer ceux-ci ; de même, il reconnaîtra chacune des positions et lui attribuera un chiffre : ainsi, lorsqu'on lui dictera « trois mille vingt-cinq », il pourra imaginer les centaines, même si celles-ci n'ont pas été dites, et en conserver la position par un zéro pour écrire correctement 3025. Cela s'appuie souvent sur une référence à une forme ou une autre de tableau de numération. Dans l'activité de lecture, l'enfant fera aussi correspondre chaque chiffre à sa position en tenant compte des zéros qui seront vraiment considérés comme des chiffres représentant « rien de quelque chose ». Tout cela se résume dans le critère : **identification et attribution d'un chiffre à chaque position du nombre et d'une position à chaque chiffre.**

Le critère suivant prolonge le tout premier critère présenté dans cette section sur la comparaison des quantités, ayant trait pour sa part à la comparaison de nombres. L'enfant tient ici compte, non seulement des chiffres, mais aussi du type d'unité que ces chiffres représentent de par leur position dans le nombre. Ainsi, comparant les nombres 980 et 908, l'enfant voit le 8 des dizaines dans le premier et le 8 des unités dans le second et juge 980 plus grand parce que le 8 y représente 8 dizaines ou 80. Il y a ici référence explicite à la quantité représentée par la position. De même, l'enfant peut comparer 20 dizaines et 2 centaines, puisqu'il tient compte non seulement du 20 et du 2, mais également des unités de mesure, dizaines et centaines, associées à ces quantités. C'est le critère de la **comparaison de nombres s'appuyant sur la valeur des chiffres, coordonnée avec leur valeur de position.**

Le prochain critère concerne la pluralité représentée par un nombre. On a constaté qu'il n'est pas d'emblée évident, pour l'enfant qui dit ou voit le nombre 432, que ce nombre représente 432 unités. Souvent, déformation « scolaire », il n'y voit que 4 centaines, 3 dizaines et 2 unités. Il doit alors recomposer la pluralité. Deux stratégies sont habituellement rencontrées. La première est une stratégie de comptage, mais d'un comptage adapté aux diverses unités de mesure de quantité présentes dans le nombre : pour 432, l'enfant comptera par exemple 100, 200, 300, 400... 410, 420, 430... 431, 432. La seconde stratégie fait plutôt appel aux opérations, soit la multiplication (pas toujours explicite) et l'addition : 4 centaines, c'est 400 ; 3 dizaines, c'est 30 et 2 unités... ça fait 400 + 30 + 2 = 432. C'est ce que nous résumons dans l'énoncé d'un sixième critère : **association de la pluralité au nombre par le recours soit à un comptage adapté (par 1, 10, 100... selon le cas), soit aux opérations.**

Le dernier critère retenu à ce niveau procédural a directement trait aux opérations. L'enfant transforme un nombre par ajout, retrait ou opération de partage en respectant les règles de l'échange entre les divers types d'unités : centaines, dizaines ou unités proprement dites. Cela s'effectue le plus souvent à l'aide d'un matériel. Ce dernier critère peut se traduire ainsi : **opérations d'ajout, de retrait ou de partage d'une quantité avec application des principes de l'échange entre divers types d'unités.**

La définition générale de la compréhension procédurale se déduit naturellement des cas qui précèdent où l'on a vu l'enfant partir de ses intuitions pour les raffiner en stratégies de plus en plus sophistiquées. Nous pouvons la résumer de la manière suivante.

La compréhension procédurale d'une notion a trait à l'acquisition de procédures que l'enfant peut relier à ses connaissances intuitives et utiliser de façon appropriée.

Abstraction

L'expérience acquise au cours de l'élaboration puis de l'utilisation des procédures conduit l'enfant à des découvertes : il remarque certaines propriétés des regroupements, notamment le fait que les quantités ne sont pas affectées par certaines transformations, il généralise certaines observations...

Ce sont là les fondements des critères que nous allons maintenant décrire avec des mots comme *invariant, réversibilité, généralisation*, autant de termes servant à caractériser l'abstraction.

Les premiers critères s'attachent à différents invariants que l'enfant doit construire pour gérer de grandes quantités. Ainsi, l'élève doit arriver à reconnaître l'équivalence de deux pluralités même si elles sont présentées différemment : 10 éléments ou un paquet de 10, c'est la même chose en termes de quantité, 100 jetons est équivalent à 10 dizaines ou à une centaine de jetons, etc. Cela requiert plus que la seule conservation de la quantité : il y a aussi une forme de réversibilité derrière ce type de constructions, l'enfant sachant par exemple qu'il lui est toujours loisible de défaire un paquet de 100 pour y retrouver les dizaines, ou même les unités. La construction d'un tel invariant émerge notamment de l'expérience acquise à partir de la toute première procédure décrite plus haut. C'est le critère de la **reconnaissance de l'équivalence de quantités organisées différemment.**

Le critère présenté ci-dessus est fort utile au moment de comparer deux quantités distinctes. Il en est un deuxième qui lui ressemble, sauf qu'il se rapporte à une seule quantité dont on transforme l'organisation. Même si ce critère peut aussi légitimement apparaître comme un cas particulier du précédent, l'importance de telles transformations dans la construction de la numération positionnelle nous amène à en faire un critère distinct : **reconnaissance de la conservation de la pluralité à travers les différentes illustrations d'un nombre.**

Nous avons plus haut évoqué l'équivalence de quantités organisées différemment. Ces équivalences peuvent se généraliser : par exemple, si 100 unités font 1 centaine ou 10 dizaines, de même 300 unités correspondent à 3 centaines ou à 30 dizaines. En raison de la nécessaire présence de l'addition ou de la multiplication, même si cette dernière prend bien souvent la forme peu évoluée du comptage, un autre critère s'ajoute à la collection : **généralisation des relations d'équivalence prenant appui sur l'addition ou la multiplication.**

Une autre généralisation joue un rôle non négligeable dans toute cette démarche de prise de possession des nombres, c'est celle qui amène à reconnaître la régularité de la base dix, aussi loin que l'on aille dans les grands nombres. Cette régularité est de nature conventionnelle. L'enfant la construit d'abord en passant de la dizaine à la centaine et, un peu plus tard, à l'unité de mille. Ces étapes permettent le recours aux manipulations. Mais au-delà des milliers, la présence d'un matériel risque plus d'encombrer qu'autre chose, de sorte que l'enfant doit prolonger sa construction en s'appuyant sur une extension intériorisée des gestes posés sur les objets. Nous retenons donc le critère : **reconnaissance généralisée de la régularité de la base dix**.

Le critère suivant est aussi une généralisation : l'enfant comprend comment utiliser aux ordres supérieurs (mille, million…) les termes existant à l'ordre unitaire : il juxtapose les mots *un, deux…, dix, vingt…, cent, deux cents* aux termes *mille, millions…* pour former une comptine sans fin. Traduisant une forme de reconnaissance de la régularité des positions à travers les divers ordres, puisqu'on a des dizaines de millions comme on a des dizaines tout court, ce critère s'énonce comme suit : **généralisation aux ordres supérieurs des relations, des termes et des notations qui existent à l'ordre unitaire**.

Le critère qui suit évoque quelque chose d'implicitement présent derrière ce que nous venons de décrire. Il a trait au nombre comme mesure de quantité. Un peu comme l'enfant doit voir le centimètre, le décimètre et le mètre comme des unités de mesure de longueur, il doit aussi reconnaître l'unité, la dizaine, la centaine, etc. comme autant d'unités de mesure de la quantité. Et comme pour les longueurs, l'enfant doit concevoir, par exemple, qu'une unité de mesure de quantité comme la centaine ne contient pas uniquement des paquets de 10, mais aussi et simultanément des unités. En termes mathématiques, il doit saisir qu'il y a eu itération de l'opération regroupement par 10 et que, dans cette itération, chacun des types d'unités touchés demeure présent. C'est la **reconnaissance de l'inclusion des**

différentes unités de mesure de la quantité (unité, dizaine, centaine, unité de mille…).

Un dernier critère découle directement de ce qu'on a retenu au chapitre des procédures : on y a vu que l'enfant ne reconnaît pas toujours 432 unités derrière le nombre 432. Il lui faut parfois décomposer en unités pour s'en assurer et il n'est pas rare qu'un sujet se montre tout surpris de sa découverte lorsqu'il arrive au bout de la procédure de dénombrement. Après quelques expériences, l'enfant finit toutefois par se persuader que tout nombre dit traduit la quantité des unités que l'on retrouverait en procédant à la décomposition et au dénombrement de ce nombre. D'où le critère de la **reconnaissance du principe du cardinal : le mot-nombre exprime la quantité d'unités incluses dans le nombre**.

Ces derniers critères nous amènent à une définition générale de l'abstraction :

L'abstraction a trait :
- **soit à la construction d'invariants par rapport à des transformations spatio-temporelles ;**
- **soit à la réversibilité des actions physiques ou mentales (par exemple, enlever est perçu comme l'inverse d'ajouter) ;**
- **soit à la composition des transformations (ainsi, une suite d'ajouts peut se réduire à un seul) et des opérations ;**
- **soit à la généralisation (par exemple, l'enfant qui découvre la commutativité de la réunion d'ensembles quelconques).**

Formalisation

La dernière composante du modèle, la formalisation, se rapporte bien évidemment au symbolisme. Son importance est telle en mathématique qu'on ne peut y échapper, surtout lorsqu'on choisit de parler de numération positionnelle ! Le processus de compréhension doit cependant être bien engagé avant de confier ce symbolisme de manière trop précise à la mémoire de l'enfant, sans quoi il risque de devenir un obstacle plutôt qu'un appui à la construction de la connaissance.

Le premier critère permet à l'enfant d'utiliser de façon conventionnelle les termes *dizaine, cen-*

taine, *unité de mille* et d'y associer les groupements correspondants. Ce qui distingue ce critère de celui de la composante intuitive, c'est que les termes sont ici entendus comme des unités de mesure de quantité et non simplement comme des termes désignant de façon imprécise de grandes quantités. C'est donc le critère de **l'utilisation conventionnelle des termes** *unité, dizaine centaine, unité de mille, million, etc.*

Le deuxième critère touche autant la lecture que l'écriture de nombres. La notation positionnelle est considérée comme une convention de langage qui permet d'exprimer simplement les quantités. Elle se trouve donc pleinement liée à la valeur positionnelle, l'enfant reconnaissant la valeur relative des chiffres composant le nombre : ainsi, il sait que le 4 de 49 représente une quantité plus grande que le 9, ou que le 1 de 129 traduit une quantité plus grande que le 29. C'est la **reconnaissance de la valeur relative des chiffres dans un nombre et la coordination des deux aspects de la numération positionnelle, valeur et position, tant à la lecture et à l'écriture que dans les opérations.**

De façon générale, voici comment l'on peut décrire la formalisation.

La formalisation a trait au recours à la symbolisation de notions pour lesquelles une certaine compréhension procédurale ou un certain degré d'abstraction existent déjà.

Deux autres caractéristiques sont aussi associées à la formalisation :
- celle de confiner une notion dans une définition formelle ;
- celle de construire une axiomatisation ou de donner une preuve formelle, interprétations qui, au niveau primaire, peuvent être respectivement liées à la découverte d'axiomes et à la recherche de justifications mathématiques.

19.2.3 *Pistes fournies par le modèle de compréhension*

Cette description de la compréhension de la numération positionnelle, que l'on retrouve sous forme condensée dans le tableau 19.2, n'a rien de définitif. Des recherches actuellement en cours permettront vraisemblablement de préciser, de raffiner et d'éclaircir plusieurs des critères proposés tout en assurant une cohérence renforcée à l'ensemble. Mais déjà on y trouve des pistes intéressantes auxquelles nous donnerons des couleurs pratiques dans le prochain chapitre.

Parmi ces pistes, nous pouvons déjà retenir que, malgré son caractère conventionnel, la numération positionnelle s'appuie, au chapitre de l'intuition, sur un réflexe naturel consistant à regrouper les objets lorsqu'ils sont nombreux : la convention n'est donc pas totalement artificielle, ce qu'il faut bien souligner aux élèves. À partir de là, le processus de construction s'élabore sur deux plans : celui de la numération proprement dite, avec l'élaboration des divers ordres de regroupement, et celui de la notation et des manipulations symboliques. Ces deux plans se fondent peu à peu en un seul, alors que l'enfant coordonne valeur et notation.

Les points tournants de cette construction se situent au niveau de l'abstraction, plus particulièrement dans la reconnaissance de l'équivalence de quantités organisées différemment et de la conservation de la pluralité à travers les différentes illustrations d'un nombre. Ces invariants et quelques autres éléments — comme la perception de l'inclusion des diverses unités de mesure de quantité — bien reconnus, l'élève peut plus facilement coordonner ses connaissances de la numération avec les règles rattachées aux diverses opérations, même si cette coordination n'est pas toujours évidente et apparaît comme une source de difficultés dont nous aurons à tenir compte au chapitre de nos propositions pratiques.

19.3 QUELQUES PRINCIPES À RETENIR DU MODÈLE THÉORIQUE

Si on laisse de côté la numération positionnelle pour s'arrêter au modèle de compréhension lui-même, il est possible d'en dégager un certain nombre de principes utiles pour l'enseignement.

TABLEAU 19.2
Compréhension du concept de numération positionnelle

Intuition	Compréhension procédurale	Abstraction	Formalisation
• Reconnaissance de l'existence et du rôle utile du regroupement d'objets dans la vie courante • Attribution d'une idée de quantité plus ou moins grande aux mots *dizaine, centaine, mille, million...* • Établissement d'une relation entre la grandeur d'un nombre et la quantité de chiffres le composant	• Saisie ou comparaison de quantités par le regroupement d'objets puis par le dénombrement ou l'établissement d'une relation terme à terme • Regroupement des chiffres par tranches pour lire un grand nombre • Découpage du grand nombre à écrire en « petits » nombres (inférieurs à 10 ou 100) et recomposition par la juxtaposition des morceaux • Identification et attribution d'un chiffre à chaque position du nombre et d'une position à chaque chiffre • Comparaison de nombres s'appuyant sur la valeur des chiffres coordonnée avec leur valeur de position • Association de la pluralité au nombre par le recours à un comptage adapté (par 1, 10, 100... selon le cas) ou aux opérations • Opérations d'ajout, de retrait ou de partage d'une quantité avec application des principes de l'échange entre divers types d'unités	• Reconnaissance de l'équivalence de quantités organisées différemment • Reconnaissance de la conservation de la pluralité à travers les différentes illustrations d'un nombre • Généralisation des relations d'équivalence • Reconnaissance généralisée de la régularité de la base dix • Généralisation aux ordres supérieurs des relations, des termes et des notations qui existent à l'ordre unitaire • Reconnaissance de l'inclusion des différentes unités de mesure de la quantité (unité, dizaine, centaine, unité de mille...) • Reconnaissance du principe du cardinal : le mot-nombre exprime la quantité d'unités incluses dans le nombre	• Utilisation conventionnelle des termes, *unité, dizaine, centaine, unité de mille, million...* • Reconnaissance de la valeur relative des chiffres dans un nombre et coordination des deux aspects — valeur et position — de la numération positionnelle, tant à la lecture et à l'écriture que dans les opérations

19.3.1 *Importance de la manipulation*

Le premier principe rappelle l'importance de la manipulation ; c'est en effet par son activité physique que l'enfant apprend d'abord et c'est littéralement en « touchant des doigts » les concepts qu'il arrive le mieux à se les approprier. Peu à peu, les images physiques et les actions concrètes s'intériorisent respectivement en représentations et en opérations mentales. Aussi faut-il considérer que la manipulation n'est jamais une perte de temps et accepter qu'un enfant puisse y revenir au besoin, sans conclure qu'il y a régression, car elle constitue la base des mathématiques construites au primaire, le fondement de la signification que leur attribue l'enfant.

19.3.2 *Continuité des apprentissages*

Du premier principe, on voit poindre le deuxième qui affirme la nécessaire continuité des apprentissages. Pour favoriser l'intériorisation, il faut éviter les coupures entre les diverses composantes de la compréhension. C'est dans la continuité que doit notamment s'opérer le passage du monde physique au monde plus spécifiquement mathématique, puisque le sens attribué aux mathématiques émerge de ce qui aura été réalisé à ce premier plan. C'est d'ailleurs ce que nous dit le modèle :

– Des intuitions sont issues les premières procédures, actions physiques comme le regroupement d'objets pour favoriser l'appréhension d'une grande quantité ;
– Ces actions se prolongent en procédures d'abord plutôt physiques, puis mathématiques, comme le comptage adapté des éléments de la pluralité, lesquelles permettent à leur tour des expériences conduisant à la découverte d'invariants et de généralisations touchant d'abord les quantités physiques. C'est ainsi que l'enfant saura que la réorganisation de la structure d'une pluralité ne change pas la quantité des objets la composant ;
– Ce type de constatation, qui porte sur la pluralité physique, se prolonge à son tour en abstractions plus spécifiquement mathématiques :

si, au premier chef, l'enfant juge que la quantité n'est pas affectée par une restructuration donnée, il arrive par la suite à conclure que l'objet mathématique « nombre », associé à cette quantité par la procédure de dénombrement, ne sera pas changé non plus ;
– La formalisation permet enfin d'exprimer tout cela.

On voit, dans cette description sommaire du processus de compréhension, comment les étapes de sa construction sont reliées les unes aux autres. Il faut à tout prix tenir compte de ces relations : ainsi, il ne suffit pas de laisser les enfants manipuler le matériel pendant un temps pour ensuite le ranger et passer « aux choses sérieuses, aux vraies maths », comme on l'entend hélas parfois. Car dans ces conditions, l'enfant peut difficilement établir les liens entre ce qu'il a accompli avec le matériel et ce qu'on lui demande ensuite de réaliser « en maths ». Ces mathématiques sont alors considérées comme un univers à part, au lieu d'apparaître comme un outil pouvant servir à appréhender la réalité, à l'exprimer ou à la traduire, et éventuellement à agir sur elle. On retrouve ici l'idée du sens que l'enfant doit pouvoir attribuer aux mathématiques qu'il fait.

La continuité n'est pas seulement nécessaire dans cette démarche de construction d'un concept. Il faut également la retrouver entre les concepts. Car les mathématiques ne sont pas des connaissances disparates, mais bien un réseau de connaissances qui se donnent mutuellement du sens. Ainsi, le concept de nombre est essentiel au développement de la notion d'addition, laquelle contribue en retour à développer le sens du nombre. De même la multiplication va se révéler utile dans le calcul d'aires, lequel vient à son tour enrichir l'idée de situation multiplicative. Ce sont les relations de ce type qu'il convient de respecter, en les mettant en lumière au lieu de trop souvent présenter les mathématiques de façon éparpillée : un peu d'arithmétique ici, de la géométrie par là, et puis des statistiques...

On l'a vu, l'enfant apprend en s'appuyant sur ce qu'il sait déjà, et c'est à partir des connaissances acquises qu'il attribue une signification à ce qu'il apprend. Il faut en tenir compte en proposant des activités qui respecteront ce principe, usé peut-être, mais toujours d'actualité : partir du connu pour aller vers l'inconnu.

19.3.3 *Place du formalisme*

Le troisième principe a trait à l'introduction du symbolisme. Nous l'avons dit, celui-ci joue un rôle important en mathématiques. Au point que pendant longtemps — et cela se perpétue hélas encore à bien des endroits — l'enseignement des mathématiques se passait surtout au niveau de ce symbolisme, les mathématiques se voyant réduites à des écritures et à des manipulations de symboles. On confondait alors les notions mathématiques avec un ensemble de signes et on se méprenait en assimilant la manipulation correcte de ces signes à la compréhension des transformations mathématiques qu'elle exprime. C'est ainsi qu'on a cru pendant longtemps qu'un élève, telle la fillette dont il est question à la section 18.4.2, qui pouvait réussir une addition avec retenue sans parvenir — on ne l'a découvert que plus tard — à associer l'opération sur papier à une action d'ajout ou de réunion, possédait une excellente compréhension de ses mathématiques.

On sait maintenant que le formalisme ne constitue pas en lui-même une démarche d'apprentissage, pas plus qu'il ne constitue à lui seul une méthode de solution en résolution de problèmes. Il est plutôt un achèvement, la dernière étape, celle qui consiste à exprimer à travers règles et symboles mathématiques quelque chose — un concept, une procédure ou une abstraction — qui a été construit ailleurs ou autrement, à travers des expériences physiques ou mentales. Et, en accord avec le modèle, si l'on parle de compréhension formelle, cela ne signifie pas simplement « usage correct » des symboles et formules, mais usage de ces notations pour traduire une certaine compréhension procédurale ou abstraite. C'est ainsi que la formalisation apparaît, dans le modèle, à la fin du tableau.

Mais attention ! Cela ne signifie en rien qu'il faille attendre la fin du processus de compréhension pour laisser les enfants avoir recours aux symboles. Ici encore, il faut respecter le besoin de continuité afin de permettre aux élèves d'attacher un sens aux symboles utilisés. C'est pourquoi la symbolisation doit accompagner la construction de la compréhension et se développer, se raffiner à mesure que progresse celle-ci. Nous allons d'ailleurs illustrer ce principe au prochain chapitre, en y proposant des activités de construction de la numération positionnelle qui respectent les descriptions des niveaux du modèle de compréhension.

19.3.4 *Remarques*

Résumer ces quelques principes en un seul, ce serait parler, puisqu'il est partout question de sens à construire, d'un enseignement qui s'adresse avant tout à l'intelligence des élèves et non à leur seule mémoire. Ou, dit autrement, ce serait parler d'un enseignement qui est moins une question de savoirs à transmettre que de connaissances à faire reconstruire par l'élève. Nous retrouvons ici la perspective de départ où l'on se centre sur l'apprenant afin de le guider dans la construction de ses schèmes conceptuels, et ce, en s'appuyant sur les connaissances préalablement acquises. Chaque pas devient alors une extension des connaissances accumulées, ce que Piaget (1948/1979) décrivait comme de « continuels dépassements des élaborations successives ». L'élève a ainsi plus de chances d'éviter certaines discontinuités cognitives, car il peut relier ses connaissances entre elles, les structurer, c'est-à-dire « comprendre ». Nul besoin alors de tout mémoriser, car la pérennité des savoirs est assise sur une base plus solide. La mémoire peut et doit encore intervenir, mais sans occuper toute la place, ni même se retrouver à l'avant-scène.

Une dernière et très brève remarque. Le modèle décrit la façon dont une personne construit sa compréhension. Cela ne signifie toutefois pas qu'elle doive le faire seule. Au contraire, on sait de façon certaine que la présence d'un groupe ne peut que l'aider, grâce aux interactions qui peuvent alors s'établir, aux déséquilibres et conflits cognitifs que la présence d'autres personnes suscite. Ces phénomènes et bien d'autres qui naissent au sein d'une collectivité constituent autant de moteurs des progrès de la connaissance chez les membres de cette collectivité. Il serait dommage de n'en pas profiter. En ce sens, il faut voir le **modèle** comme **implicitement socio-constructiviste** même si ses créateurs l'ont simplement baptisé modèle constructiviste.

19.4 ÉLÈVE À RISQUE EN MATHÉMATIQUES : LE PLAN COGNITIF

Nous avons, plus haut, caractérisé l'élève à risque en disant que son activité se révèle peu efficace sur le plan de l'apprentissage. Cela le force à accepter docilement les savoirs produits en dehors de lui-même : il les mémorise au mieux, sans avoir la chance d'y accrocher beaucoup de sens. De sorte que, pour lui, l'apprentissage devient avant tout affaire de mémoire. Il n'y a pas de véritable construction de connaissances au sens où nous venons de la décrire, non plus que de véritable organisation de celles-ci en réseau cognitif. La « matière mathématique » n'est pour cet élève qu'un amas de règles, aussi diverses qu'éparpillées, à retenir. Il y a celles de la numération positionnelle. Il y a les « petites » additions, il y a les additions de nombres à deux chiffres, il y a les additions de nombres à deux chiffres avec retenue…, et la nomenclature est quasi sans fin : soustractions sans emprunt, soustractions avec emprunt, soustractions où le plus grand nombre comporte des zéros… On serait étonné si l'on voyait à quel point ces élèves arrivent à compartimenter les savoirs en une multitude de cas[3] sans les organiser, sans y établir la moindre structure.

Ce qui nous amène à préciser, sur le plan cognitif cette fois, notre caractérisation de l'élève à risque. Au long des pages qui précèdent, nous avons constamment évoqué l'importance de la continuité dans la construction des schèmes conceptuels, continuité qui doit exister autant à l'intérieur d'un schème donné qu'entre les divers schèmes ou notions. Compte tenu de ce qui vient d'être dit, les problèmes des élèves en difficulté peuvent être décrits comme des **trous cognitifs**, qui représentent une absence d'éléments de connaissance, et des **discontinuités cognitives**, lorsque les liens ne sont pas établis entre des éléments de connaissance par ailleurs présents.

Deux brefs exemples pour illustrer cela :
- Une des procédures d'addition consiste à reconnaître les deux termes à additionner, 5 et 4 par exemple, puis à compter à partir du premier terme : 5… 6, 7, 8, 9. C'est ce que l'on appelle la procédure du *counting on*. Mais on a observé que plusieurs enfants ne pouvaient utiliser cette procédure parce qu'ils ne conservaient pas le nombre. À cause de ce « trou » dans leur compréhension du nombre, même après avoir bien reconnu les deux termes, 5 et 4, ils se sentaient obligés de tout recompter à partir de 1 : 1, 2, 3, 4, 5… 6, 7, 8, 9. Le trou devenait donc un obstacle les empêchant d'accéder à une stratégie plus efficace pour additionner.
- La fillette qui additionnait 19 et 17 sur papier sans par ailleurs pouvoir « faire 19 » avec des jetons avait un net problème de discontinuité cognitive. On pourrait, dans son cas, parler d'une coupure entre la mathématique des symboles et les mathématiques de la vie, car, dans la cour de récréation, elle pouvait par exemple fort bien compter ses pas pour mesurer une distance. Sans doute n'a-t-elle jamais lié ce qu'elle pouvait réaliser concrètement à ce qu'on lui proposait sur le plan symbolique.

La description relativement détaillée de la compréhension des concepts que permet le modèle ouvre ici des avenues intéressantes ; elle rend d'abord possible le dépistage de ces éventuels trous et discontinuités dans la construction par l'élève d'un concept donné, en précisant les

---

3. Une orthopédagogue nous rapportait les propos d'un enfant qui distinguait les additions où des 9 apparaissaient dans l'un ou l'autre des termes de celles où il y avait des 7 : « Avec le 9, c'est facile. Si tu as 9 + 6, tu écris en bas 1 de moins (que le 6, ai-je compris), pis tu mets 1 en retenue. Mais avec le 7, c'est pas pareil, j'sais jamais quoi faire, i'faut tout le temps compter. »

étapes de cette construction et en mettant en évidence les relations, pas toujours linéaires, avons-nous signalé, qui existent entre ces étapes. Elle facilite de même le repérage des coupures qui peuvent apparaître dans le réseau des concepts : un garçon avait, par exemple, relativement bien saisi le fonctionnement des regroupements et échanges dans la numération positionnelle en base dix, mais éprouvait beaucoup de mal avec les soustractions lorsqu'un ou des zéros apparaissaient au premier terme. En travaillant avec lui, on a pu se rendre compte d'une absence de lien entre ce qu'il avait compris en numération et ce qu'il devait faire pour soustraire dans ces cas particuliers. Il s'était donc rabattu sur sa seule mémoire pour se doter d'une règle qui lui disait de transformer les 0 en 9 lorsqu'il empruntait « par-dessus » ces 0. La règle lui permettait d'arriver à des réponses le plus souvent justes, mais pas toujours, car il s'égarait parfois de façon surprenante, lorsque par exemple un zéro apparaissait au second terme. Quand on lui a demandé de justifier sa procédure, il n'a pu que la décrire approximativement, car elle demeurait parfaitement in-signifiante (le trait d'union est voulu ici) à ses yeux. On l'a alors amené à lier les emprunts qu'il devait réaliser à l'idée, déjà saisie au chapitre de la numération positionnelle, de défaire en succession des milliers en centaines, ces centaines en dizaines, etc. Sa règle a ainsi pris du sens et est, du même coup, devenue inutile, sa compréhension des principes de la numération lui permettant dorénavant de se débrouiller intelligemment plutôt que mécaniquement.

Même avec le secours du modèle comme guide, le repérage des trous et discontinuités demeure délicat : il exige des approches de l'évaluation qui se démarquent de ce que l'on rencontre le plus souvent. Nous traiterons de cet aspect d'un point de vue pratique dans le chapitre sur l'évaluation.

Une fois repérés les problèmes de l'élève, il faut intervenir. Nous avons déjà précisé certaines façons de le faire pour l'aider aussi efficacement que possible : la stratégie globale consiste moins à lui proposer des activités différentes qu'à lui fournir des appuis plus suivis lors des activités régulières. Ces considérations générales sur

l'intervention demeurent, mais nous pouvons maintenant les prolonger à la lumière de nos derniers propos, dépassant ce qui était surtout, mais pas exclusivement, de l'ordre du **comment faire** pour s'orienter vers le **quoi faire** sur le plan même des concepts.

Trop souvent, lors d'interventions auprès d'élèves faibles, on ne s'attaque qu'aux manifestations superficielles des difficultés, c'est-à-dire à la performance déficiente dans les opérations algorithmiques, réduisant les mathématiques à des procédures mécaniques. C'est d'ailleurs ce qu'on aurait pu faire dans le cas, tout juste évoqué, des problèmes du garçon avec l'algorithme de soustraction : aider cet enfant à expliciter plus clairement la règle qu'il s'était donnée et l'entraîner, par la répétition, à appliquer cette règle rapidement et correctement. Il serait ainsi parvenu à une forme de succès… jusqu'à ce que, d'autres règles s'accumulant, sa mémoire commence à le trahir et que de nouveaux problèmes apparaissent, et qu'en même temps s'installe chez lui la conviction que les mathématiques ne sont pas pour lui, qu'il n'est pas assez intelligent pour se les approprier[4].

Par contre, l'exemple le montre, il est possible d'intervenir sur un autre plan, celui-là même de la compréhension. Au cours des activités, on peut aider l'élève à prendre conscience de certains phénomènes, de certaines propriétés et à établir des liens pour appliquer là où il le faut ce qu'il sait. Il s'agit de l'amener, en somme, à utiliser ses habiletés intellectuelles, ce qui a des retombées au chapitre même de ses capacités à opérer, retombées plus durables que celles de l'entraînement de nature mécaniste décrit au paragraphe précédent. Dans ce type d'intervention, les descriptions fournies par le modèle, explicitant les étapes de la structuration des connaissances, constituent à la fois des pistes et des balises précieuses. Les propositions d'activités du prochain chapitre constituent justement des exemples concrets du type d'intervention que nous suggérons.

---

4. Alors que le vrai problème serait, dans un tel cas, de ne pas s'être adressé à son intelligence.

Références bibliographiques

Herscovics, N., et Bergeron, J.-C. (1982). Des modèles de la compréhension. *Revue des sciences de l'éducation,* VIII, 3, 576-596.

Herscovics, N., et Bergeron, J.-C. (1988). An extended model of understanding. *Proceedings of the tenth Annual Meeting of PME-NA*, Dekalb, Illinois, 15-22.

Ministère de l'Éducation du Québec (1980). *Programme d'études. Primaire. Mathématique.* Québec : ministère de l'Éducation du Québec, Direction générale du développement pédagogique.

Piaget, J. (1948/1979). *Où va l'éducation ?* Paris : Denoël/ Gonthier.

Therrien, Denis, *et al.* (1994). *La mathématique au primaire.* Cap-Rouge (Québec) : Presses Inter Universitaires.

Lecture suggérée

Therrien, Denis, *et al.* (1994). *La mathématique au primaire.* Cap-Rouge (Québec) : Presses Inter Universitaires.

M
A
T
H
É
M
A
T
I
Q
U
E
S

Construction des concepts mathématiques : l'exemple de la numération positionnelle

Jean J. Dionne

Le modèle de la compréhension présenté au chapitre précédent décrit, d'un point de vue théorique, comment l'élève construit sa compréhension des concepts mathématiques. Mais en pratique, que devrait-on faire ? Comment cela se traduit-il ? Comment, en tant qu'enseignante, favoriser cette construction chez l'enfant ? La démarche proposée peut se résumer en quatre petits paragraphes correspondant aux quatre niveaux du modèle :

- Dans un premier temps, s'interroger sur les idées de base, souvents simples et concrètes, qui peuvent donner du sens au concept, puis imaginer et présenter des situations, aussi simples et concrètes, qui les mettent en évidence.

- Proposer ensuite des défis et des problèmes qui conduiront à l'élaboration de procédures prolongeant ces premières intuitions ;

- Ne pas hésiter à mettre en lumière les diverses abstractions construites par les élèves. On peut même pousser la réflexion individuelle et collective par des questions, des remarques, des problèmes conduisant à des conflits cognitifs, tout en sachant qu'on ne pourra franchir le pas de l'abstraction à la place des élèves ;

- Tout au long des activités, demander régulièrement aux enfants de rendre compte par écrit de ce qu'ils ont fait, inventé, mis au point.

Voilà ce que nous voulons ici illustrer en apportant des suggestions d'activités bien concrètes. Les exemples proposés — car ce ne sont que des exemples — portent sur la numération positionnelle, retenue à cause de son importance capitale.

20.1 D'ABORD UNE QUESTION D'INTUITION

Les élèves arrivent en classe avec, déjà, une certaine expérience de la numération positionnelle. On leur a parfois expliqué les conventions de base, ils ont sans doute utilisé certains matériels de manipulation qui ont rendu plus concret le principe du regroupement en paquets et, dans bien des cas, ils ont abordé les « paquets de paquets ». Parallèlement, ils ont commencé à explorer puis à utiliser la notation positionnelle. Pour beaucoup, cependant, cela reste fondamentalement scolaire : ils le font parce qu'on l'exige, que c'est au programme, sans beaucoup s'interroger sur l'intérêt véritable, la nécessité de la chose. Et pourtant !...

Pourtant, s'il est une réaction naturelle, fréquente, courante, c'est bien de regrouper des objets lorsqu'il y en a beaucoup. Les enfants eux-mêmes le font spontanément et l'on retrouve dans les gestes qu'ils posent alors les justifications fondamentales du fonctionnement de la numération positionnelle. Sauf que cela ne peut s'expliquer de façon fructueuse : il faut leur en faire prendre conscience autrement que par un discours aussitôt dit, aussitôt oublié… D'où les activités qui visent à leur rappeler des expériences, à stimuler leur réflexion et, ultimement, à leur permettre de rapprocher les mathématiques de leur « vraie vie ». Ces activités se situent au niveau des intuitions de base; elles peuvent paraître simplistes, mais, l'expérience l'a démontré, elles s'avèrent plus qu'utiles au chapitre des images mentales, elles aident les enfants dans leur construction du sens attribué à la numération et à la notation positionnelles. C'est le cas de la première activité proposée au bas de la page.

La deuxième activité touche la perception visuelle de petites et de plus grandes quantités. Quelques précisions s'imposent à propos de cette deuxième activité. Il doit d'abord être clair qu'on ne veut pas suggérer ici un retour à l'étude des bases autres que la base dix. Si nous travaillons avec des groupements par cinq, c'est strictement parce qu'il est ainsi possible de travailler avec une structure qui accroche bien l'œil.

Cela dit, l'activité s'avère riche. Toute simple, elle n'en présente pas moins une forme de regroupement qui peut se répéter à diverses échelles et s'étendre très loin. L'idée d'une telle organisation ne fait pas partie de l'expérience ordinaire des enfants, pas plus que la numération d'ailleurs, laquelle est amenée par l'école. Par contre, en donnant une orientation particulière à l'idée de regroupement, qui, elle, fait partie de l'expérience courante, l'activité vient enrichir cette expérience.

La troisième activité (page 222) est du type réflexion collective et/ou enquête, et vise toujours à enrichir l'intuition qui pousse à regrouper les objets lorsqu'ils deviennent nombreux. Il s'agit de faire constater aux élèves qu'il s'agit d'une façon d'agir très généralisée dans la « vraie vie ». Nous proposons l'activité comme un projet en trois temps, mais on pourra jouer à son gré avec les modalités, les adaptant aux besoins des élèves.

On sent ici l'intention d'un rapprochement entre ce que les élèves ont à faire en mathématiques et ce qui se passe dans la vie. Toutefois, l'efficacité de la démarche suppose que cette activité ne demeure pas une parenthèse, mais s'intègre bien dans la suite : il faudra la rappeler, l'évoquer lorsque les enfants avanceront dans leur construction de la numération positionnelle.

Les trois exemples d'activités proposés dans cette première tranche peuvent être utilisés indépendamment les uns des autres. Il est aussi possible de les relier en une séquence plus continue : démarrer par exemple avec la deuxième activité,

ACTIVITÉ 1

Remettre à chaque enfant une poignée de jetons (une centaine). Chacun doit déterminer combien il en a reçu. On verra alors apparaître une foule de stratégies :
- certains compteront les jetons 1 à 1 ;
- d'autres les dénombreront par groupes de 2 ou de 3 ;
- d'aucuns compteront par ajouts de paquets pas toujours égaux : on pourrait, dans leur cas, parler de petites additions successives de tantôt 2, tantôt 3 jetons ;
- quelques-uns se feront de petites piles de 3, 5 ou 10 jetons pour ensuite compter les piles…

Avec l'aide de l'enseignante, les élèves dressent alors une liste des stratégies auxquelles ils ont eu recours, précisant les avantages et les inconvénients de chacune. Celles où l'on compte par paquets ont l'avantage d'une rapidité accrue, mais les risques d'erreurs sont un peu plus grands, notamment lorsque les paquets ne sont pas identiques. La stratégie des « piles » est peut-être un peu plus longue, mais, au moins, si on est distrait à un moment donné, on n'est pas obligé de tout reprendre à zéro.

Toutefois, au-delà des stratégies particulières, les élèves remarqueront qu'une bonne partie d'entre eux auront eu recours à une forme ou une autre de regroupement, que cela aura augmenté leur efficacité dans la gestion de la quantité déposée sous leurs yeux. Ici, l'enseignante peut aider à cette prise de conscience.

ACTIVITÉ 2

Il s'agit de présenter pendant une fraction de seconde, à l'aide d'un rétroprojecteur par exemple, des figures reproduites en un certain nombre d'exemplaires et de demander aux enfants de déterminer combien il y en a. On commence avec les huit cas représentés dans la figure 20.3, lesquels ne devraient pas poser trop de problèmes... tant que l'on ne dépasse pas sept petits triangles. Au-delà, la tâche devient difficile, surtout lorsqu'on arrive avec quelque chose comme ce que l'on trouve à la figure 20.4... Pagaille complète !

Par contre, il existe des moyens de dépasser les toutes petites quantités : c'est une simple question d'organisation. Les élèves le constateront en reprenant l'expérience avec des configurations analogues à celles proposées dans la figure 20.5 : la régularité dans la présentation permet de s'y retrouver littéralement en un coup d'œil même si les pluralités en jeu sont de 9, 10, 12, 20 et même 25. On peut même alors penser à organiser de très grandes pluralités comme celle de la figure 20.4 :

– on commence avec un premier élément ▲ *qu'on associe à d'autres en une organisation facile à capter d'un coup d'œil, comme dans la figure 20.1 ;*

– on répète l'opération en conservant la même structure mais en y regroupant des figures identiques à celle que l'on vient de constituer (figure 20.2) ;

– on recommence l'opération et il devient possible pour les enfants de capter facilement la pluralité de la figure 20.6.

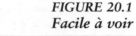

FIGURE 20.1
Facile à voir

FIGURE 20.2
5 fois 5

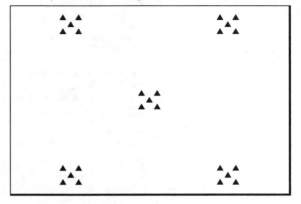

FIGURE 20.3
Huit cas simples

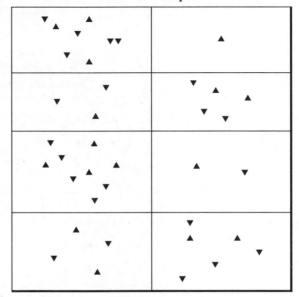

FIGURE 20.4
Pagaille complète !

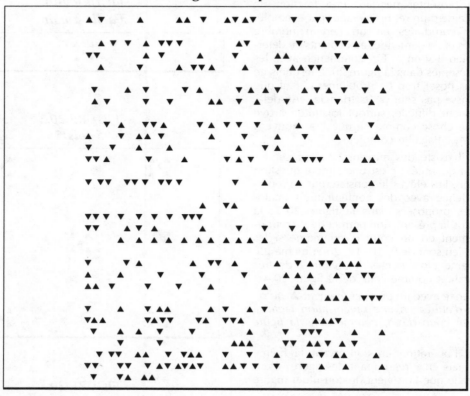

FIGURE 20.5
Quand les choses s'organisent

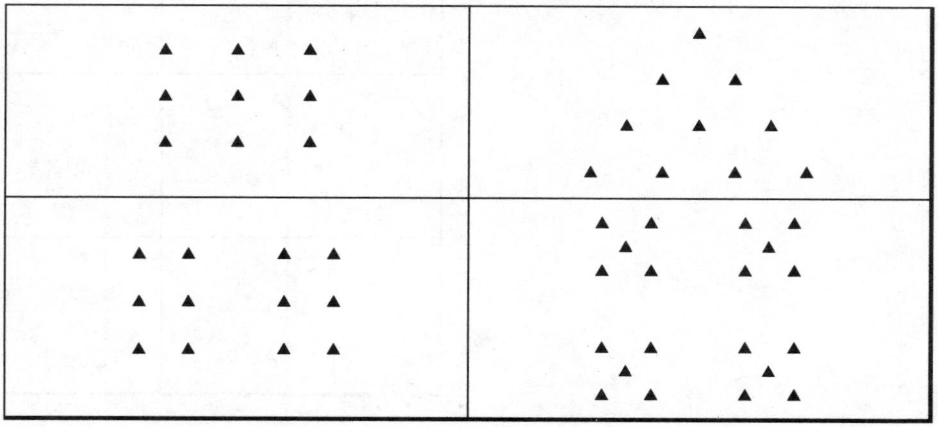

FIGURE 20.5 *(suite)*
Quand les choses s'organisent

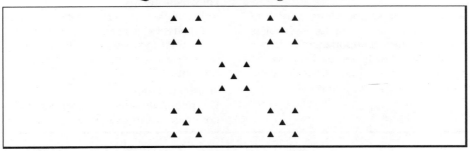

FIGURE 20.6
5 fois 5

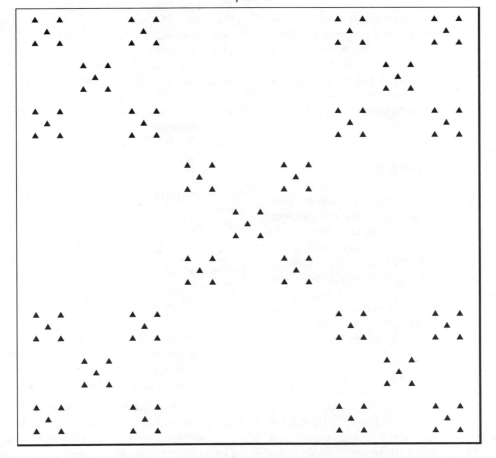

ACTIVITÉ 3

Premier temps

Réflexion collective en classe pour dresser une liste d'exemples où, dans la vie courante, des objets sont regroupés en paquets d'importance variable : les douzaines d'œufs, les livres par rayons de bibliothèque, tout ce que l'on place dans des caisses… Ce premier temps sert de démarreur.

Deuxième temps

Individuellement ou en petites équipes, les élèves « enquêtent » dans leur milieu de vie — l'école, mais aussi la maison et « le monde extérieur » — pour trouver un maximum d'exemples de regroupements.

Troisième temps

De retour en classe, on procède à la mise en commun des trouvailles.

---

celle sur la perception visuelle, puis enchaîner avec la première, où l'enfant compte, et généraliser avec la troisième, regard porté sur la vie quotidienne. Ou alors, on pourrait commencer avec la vie quotidienne et se rapprocher de l'activité des enfants en procédant dans l'ordre trois, deux, un…

Peu importe l'ordre finalement retenu, de telles activités, comme d'autres que l'on peut imaginer, fournissent une base à la signification que les enfants attribueront à la numération positionnelle. Celle-ci cesse dès lors d'apparaître comme un artifice scolaire pour devenir une application particulière d'une stratégie courante.

20.2 ÉLABORATION DE PROCÉDURES

Dans la section précédente, nous visions le développement des intuitions ou, plus exactement, leur mise en lumière, car elles appartiennent déjà à l'expérience des enfants. Ces intuitions s'avèrent essentielles à l'apprentissage d'un concept mais demandent toutefois à être précisées et articulées méthodiquement pour devenir pleinement utiles. D'où l'élaboration de procédures et, plus tard, d'abstractions ; les premières procédures sont physiques, puis plus spécifiquement mathématiques.

Comme certaines remarques déjà émises ont pu le laisser entendre, nous allons ici nous concentrer essentiellement sur la base dix. Pendant un temps, les chercheurs ont cru que l'étude de bases diverses aiderait les élèves à mieux maîtriser les principes de la numération ; cet espoir a été

déçu et, entre-temps, les élèves en difficulté sont ceux qui ont peut-être le plus pâti de cette mode temporaire.

Notre première activité au chapitre des procédures, l'activité 4, est quasi « bébête »… Mais en même temps, elle s'est révélée efficace lors de multiples interventions auprès d'élèves à risque ; il serait donc encore plus « bébête » de les en priver, comme d'en priver l'ensemble des élèves. On pourrait décrire cette activité comme l'organisation d'une grande quantité par une structuration en unités, en dizaines, en centaines, ce qu'elle est vraiment. Mais elle est davantage, car les élèves vont ici se fabriquer un matériel personnel tout en se munissant de ces si précieuses images mentales. On remarquera l'effort pour lier ce qui est ici proposé à ce qui a précédé : il est important de le consentir.

Avec cette activité, tout en se dotant d'un matériel, les enfants touchent littéralement des doigts la dizaine et la centaine : quelle meilleure façon d'en prendre possession que d'en fabriquer ? Plus loin, lorsqu'une difficulté surviendra, on pourra alors faire référence aux gestes posés :

– Combien as-tu mis de jetons dans l'enveloppe blanche ?

– Qu'as-tu placé dans l'enveloppe brune ?

– Combien de **jetons** se trouvent enfermés dans l'enveloppe brune ?

– Et dans quatre enveloppes brunes ?

De telles questions amènent les enfants à s'appuyer sur des références tangibles puis, peu à peu, sur leur intériorisation sous forme d'images mentales, au lieu de chercher à appliquer mécani-

---

ACTIVITÉ 4

Matériel (par enfant) :
- Approximativement 250 jetons (ou cure-dents, ou bâtonnets…)
- Environ 25 enveloppes blanches ordinaires
- 2 ou 3 enveloppes brunes pouvant contenir les blanches

Il s'agit, pour les enfants, d'organiser la quantité de jetons fournis :
- On s'appuie sur les expériences antérieures pour lancer l'opération : on veut amener les enfants à faire des regroupements, mais, autant que possible, l'idée doit venir d'eux ;
- Cette idée lancée, les enfants vont faire des regroupements divers ;
- La question se pose alors : comment une personne pourrait-elle facilement découvrir la quantité précise de jetons organisée par une telle ou un tel ? Une certaine standardisation dans la formation des paquets et des paquets de paquets rendrait les choses plus claires ;
- Là, il devient possible d'expliquer qu'il existe une telle convention et que l'on s'est entendu pour regrouper par 10.

La consigne devient donc de regrouper les jetons par 10, de placer chaque groupe dans une enveloppe blanche et de cacheter celle-ci. Cette consigne s'étend aux enveloppes blanches ainsi remplies : à leur tour, celles-ci sont regroupées par 10 et chaque paquet enfermé dans une enveloppe brune. **Il importe que les enfants fassent eux-mêmes les choses, s'y engageant intellectuellement et physiquement. Ainsi, ce ne serait pas rendre service à un élève absent que de préparer ses enveloppes à sa place.**

En plaçant par exemple sur une table 2 enveloppes brunes, 4 enveloppes blanches et 6 jetons, on peut alors jouer à répondre à des questions du type suivant :
- Combien y a-t-il de jetons sur la table ? (réponse probable : 6)
- Et si on compte aussi ceux qui sont dans les enveloppes ?
- Et si je voulais ajouter 51 jetons, combien d'enveloppes brunes pourrais-je utiliser ? Combien d'enveloppes blanches ?
- Etc. (Ce genre de jeu présente une foule de possibilités.)

Les enfants répondent et, au besoin, peuvent vérifier leurs réponses en tentant des expériences, en faisant ou en défaisant des enveloppes.

On peut prolonger l'activité en amenant les élèves à se lancer des défis individuels ou par équipes, à se poser des questions entre eux… Si tout se passe bien, on pourrait même aller plus loin et se demander, en grand groupe, ce qu'il faudrait faire si on se retrouvait avec, par exemple, plus de 2000 jetons (on aurait alors plus de 20 enveloppes brunes !…).

---

quement des règles apprises par cœur auxquelles plusieurs n'arrivent pas à donner vraiment de sens.

On peut imaginer plusieurs variantes du matériel ici suggéré, sans compter les matériels commerciaux comme les blocs dits multibases : avec eux, on gagne peut-être le temps de la fabrication, mais on en perd aussi le bénéfice[1].Ce qui n'empêche pas ces matériels de rendre de grands services : ils permettent notamment de diversifier les représentations offertes aux élèves.

Une remarque capitale s'impose cependant. Mis à part l'abaque et les autres représentations, déjà plus symboliques que vraiment concrètes, de la numération, **les divers matériels, s'ils incarnent convenablement les principes de la numération, n'ont par ailleurs rien de positionnel !** Peu importe l'ordre dans lequel ils sont placés, 2 enveloppes blanches, 3 jetons et 1 enveloppe brune, ou encore, 2 barres multibases, 3 petits cubes et 1 plaque représentent toujours 123. Trop souvent, au cours de manipulations, on insiste auprès des enfants pour qu'ils disposent le matériel dans l'ordre qui correspond à celui de la notation positionnelle **alors que rien ne l'exige encore, sinon ce**

---

1. D'autres matériels sont « faits maison » : si les enfants ne participent pas à cette fabrication, ils perdent, comme avec le matériel commercial, les bienfaits de la construction, le produit leur étant transmis achevé. L'enseignante consciencieuse se montrera donc ici paresseuse et fera faire le travail plutôt que de tout préparer à l'avance.

qu'on a dans la tête, ce qu'on sait qui viendra au chapitre de l'écriture. Pour les enfants commence alors une mathématique insensée puisqu'ils ne peuvent trouver de justification à ce qui est exigé et qui apparaît comme un pur caprice, une lubie comme l'école en amène hélas souvent.

Une fois le matériel préparé, les activités vont se multiplier, favorisant chez les élèves la prise de possession de la numération positionnelle qui leur deviendra plus familière. On retrouve ici beaucoup des exercices scolaires « classiques » sur la numération avec, toutefois, une petite différence : au lieu de travailler strictement au niveau de l'écrit, les élèves manipulent. Nous sommes d'abord au palier physique et c'est pourquoi on y parle de quantité plutôt que de nombre. Notons enfin que ce qui est coiffé du titre activité 5 est en réalité une petite banque d'activités.

Jusqu'ici, tout s'est passé au palier physique et l'on a parlé de quantité. Avec la suite, les liens avec le palier plus spécifiquement mathématique vont s'établir. Encore ici, on pourra constater qu'il n'y a pas de rupture avec ce qui précède, que notre souci de continuité dans les apprentissages demeure bien réel.

Les élèves, même ceux de deuxième ou de troisième année, ont déjà une certaine expérience du formalisme même s'ils n'ont pas toujours attaché toute la signification qu'il faudrait à ce qu'ils écrivent ou manipulent sur le plan symbolique. D'où la nécessité de travailler ces aspects. L'activité 6 proposée aux pages 226-227 n'est pas, en fait, vraiment une activité, c'est plutôt la description d'une démarche ; et pour être efficace, elle devrait être menée en parallèle avec ce qui est suggéré dans l'activité 5. L'idée de base est plutôt simple encore une fois : on veut que l'enfant exprime symboliquement les actions qu'il exécute sur le plan physique, ce qui lui permettra, à moyen terme, de remplacer les actions physiques par des actions symboliques tout en donnant vraiment du sens aux symboles et aux transformations qu'il leur fait subir.

20.3 CONSTRUCTION DES ABSTRACTIONS

Contrairement à ce que l'on peut parfois croire, le passage à l'abstraction ne se fait pas simplement en privant les élèves de matériel. Le mot *abstrait* ne doit pas être entendu au seul sens superficiel de « contraire de concret ». Abstraire, c'est vraiment dépasser le concret, aller au-delà de celui-ci : l'enfant qui saisit que même si on déplace les objets d'une collection à l'intérieur de celle-ci, la quantité d'objets présents n'est pas changée, a fait une abstraction. L'enfant qui dégage une règle générale à partir de quelques expériences particulières a aussi construit une abstraction. Comme celui qui arrive à « défaire » mentalement une action qu'il vient de réaliser (réversibilité).

Quelles sont les abstractions les plus importantes si l'on pense à la numération positionnelle[2] ? Il y a d'abord celles du palier physique, qui ont trait à l'idée de quantité et à celle d'organisation de la quantité :

– L'enfant pourra, par exemple, reconnaître que deux quantités sont identiques même si elles sont organisées différemment ; ou, ce qui se rapproche de cela, qu'une même quantité peut voir sa présentation — sous forme d'unités, de dizaines, de centaines, etc. — modifiée (les centaines défaites en dizaines, par exemple) sans que la quantité elle-même soit changée.

– De même, l'enfant étendra le principe du regroupement par 10 à toutes les quantités, aussi grandes soient-elles, au-delà même de la centaine, jusqu'à l'infini.

Ces abstractions sur la quantité s'étendront à des abstractions plus proprement mathématiques portant sur les nombres et leur organisation dans la numération positionnelle :

---

2. On retrouve ici des critères déjà énumérés au chapitre précédent, plus théorique. Il n'est sans doute pas inutile de les reprendre brièvement dans ce nouveau contexte pratique.

ACTIVITÉ 5

1. Comparer des quantités. Par exemple, comparer :
   a) 4 centaines, 2 dizaines et 8 unités à 4 centaines, 8 unités et 5 dizaines ;
   b) 11 dizaines, 3 centaines et 0 unité à 2 centaines, 1 unité et 21 dizaines ;
   c) 5 unités et 6 centaines à 3 centaines, 5 unités et 30 dizaines.

Il est ici possible de varier les cas et les pièges. Face à chacun, les élèves émettent leurs opinions et les expliquent (dans une certaine classe, les élèves pariaient...), puis vérifient celles-ci en utilisant le matériel.

2. Ordonner des quantités.
L'activité se déroule comme celle de comparaison, mais fait intervenir plus de deux nombres chaque fois.

3. Ajouter à une quantité ou retrancher d'une quantité. Par exemple :
   a) J'ai 6 dizaines, 8 unités et 2 centaines. J'ajoute 2 unités. Qu'est-ce que cela donne ?
   b) J'ai 3 dizaines, 1 centaine et 5 unités. J'enlève 2 dizaines. Que devient ma quantité ?
   c) Et si, au lieu de 2 dizaines (que je replace), je voulais enlever 4 dizaines ?...
   d) J'ai 2 centaines, 4 dizaines et 6 unités. Je double cette quantité. Qu'est-ce que cela me donne en tout ?

On se trouve près des opérations ici, même si les tâches ne sont pas présentées en termes d'addition ou de soustraction.

4. Transformer une quantité.
Plusieurs des exemples ci-dessus amènent l'enfant à transformer sa quantité, à se fabriquer une nouvelle centaine avec 10 dizaines ou à défaire une dizaine en unités... Mais rien n'empêche de proposer des tâches qui portent spécifiquement sur de telles transformations. Cela s'est avéré particulièrement fructueux avec Yann. Nous résumons l'expérience :

– Prépare-moi la quantité 3 centaines, 2 dizaines et 3 unités.
Yann place 3 enveloppes brunes, 2 enveloppes blanches et 3 jetons.
– Maintenant, montre-moi une autre façon de « faire » cette quantité.

Après bien des hésitations, après avoir fait répéter la consigne, s'être lancé en posant 4 enveloppes brunes, s'être repris, Yann arrive finalement à 2 enveloppes brunes, 12 enveloppes blanches et ses 3 jetons.
– Penses-tu qu'il y a d'autres façons de représenter cette quantité ?

Yann trouve facilement : 1 enveloppe brune, 22 enveloppes blanches, 3 jetons. On poursuit alors avec une première question-clé :
– Peux-tu me donner beaucoup, beaucoup de façons de « faire » cette quantité ?

La réponse est longue à venir, surtout que Yann ne pense pas tout de suite à défaire les dizaines en unités, mais l'élève arrive finalement à une belle série de représentations. La question suivante est d'autant plus « vicieuse » qu'elle n'était pas prévue : le « vice » a payé, comme on va le voir...
– Quelle est la plus grande quantité ici (désignant toutes celles étalées sur la table) ?

La longue exploration que la question suscite conduit Yann à une découverte fondamentale : toutes les quantités sont égales et correspondent à 323 unités, car « si j'ai 3 centaines, 2 dizaines et 3 unités, ou toutes les autres, c'est juste comme si j'avais 323 jetons ».

5. Opérer sur des quantités.
On retrouve ici quelque chose d'analogue à ce que l'on avait au numéro 3, sauf que l'on utilise explicitement les termes *addition* et *soustraction*. On peut aussi se permettre de situer les tâches dans des contextes de problèmes simples.

ACTIVITÉ 6

Après un certain temps où on a laissé les élèves travailler sur le plan physique comme cela est décrit dans l'activité 5, on ajoute une consigne : préparer des comptes rendus décrivant les quantités et les transformations qu'elles ont subies. Si, par exemple, l'enfant doit retrancher 4 dizaines de la quantité 3 dizaines, 1 centaine et 5 unités qu'il représente par 3 enveloppes blanches, 1 enveloppe brune et 5 jetons, il devra alors exprimer cette quantité par écrit, exprimer de même les actions de retrait et, finalement, le résultat de ces actions.

On peut ici rencontrer divers degrés de complexité dans ces représentations :

– certains vont dessiner enveloppes et jetons, marquer d'un X ce qu'ils enlèvent, et dessiner aussi le résultat, comme dans la figure 20.7 (niveau 1) ; d'autres pourront utiliser une combinaison de chiffres et de dessins, comme dans la figure 20.8 (niveau 2) ;
– quelques-uns vont remplacer les dessins ci-dessus par les mots *enveloppes* (avec mention du type : brune ou blanche) et *jetons*, ou alors, pour les plus avancés, par les mots *centaines, dizaines, unités*, comme dans la figure 20.9 (niveau 3) ;
– certains, enfin, recourront à la notation positionnelle et, sophistication ultime, exprimeront le retrait à l'aide de l'algorithme de soustraction (niveau 4).

La liste de stratégies de représentation possibles n'est pas exhaustive, mais elle décrit quelques étapes d'une évolution que l'on observe fréquemment chez les élèves. Le rôle de l'enseignante est d'assister l'enfant au long de cette évolution :

– elle aura parfois à l'empêcher d'avancer ou même à le forcer à reculer si elle s'aperçoit que l'enfant utilise une représentation par imitation de ses voisins, sans en avoir vraiment saisi le pourquoi et le comment ;
– elle pourra, en d'autres temps, pousser à la roue, suggérant par exemple le recours au tableau de numération ou à l'abaque pour aider au passage du niveau 2 au niveau 3.

À mesure que les élèves gagneront en assurance, ils délaisseront les manipulations physiques pour se limiter aux transformations symboliques, avec, pendant les périodes de transition, des va-et-vient entre le concret et le symbolique. Et c'est dans cette démarche qu'ils vont peu à peu élaborer leur compréhension plus strictement mathématique : se développera l'idée de valeur positionnelle des chiffres dans le nombre, la comparaison des grands nombres viendra prolonger celle des quantités décrite plus haut, les opérations d'ajout ou de retrait seront effectuées sur les nombres comme expressions de la quantité et non sur les seules quantités, etc.

Il est absolument essentiel que l'enseignante ne valorise pas trop tôt ni trop fort le fonctionnement au niveau symbolique : cela pourrait empêcher certains élèves de revenir au besoin vers les manipulations. Il ne doit y avoir aucune « honte » à agir ainsi, puisque le rôle de l'écriture est de rendre compte de ces manipulations, qu'elles aient été faites concrètement ou simplement virtuellement. Une telle attitude aura aussi comme conséquence de changer pour le mieux l'image des mathématiques véhiculée en classe où, trop souvent hélas, elles sont perçues comme une activité de manipulation de symboles et non de concepts.

FIGURE 20.7
Représentation purement imagée du nombre

FIGURE 20.8
Représentation par l'image associée au nombre

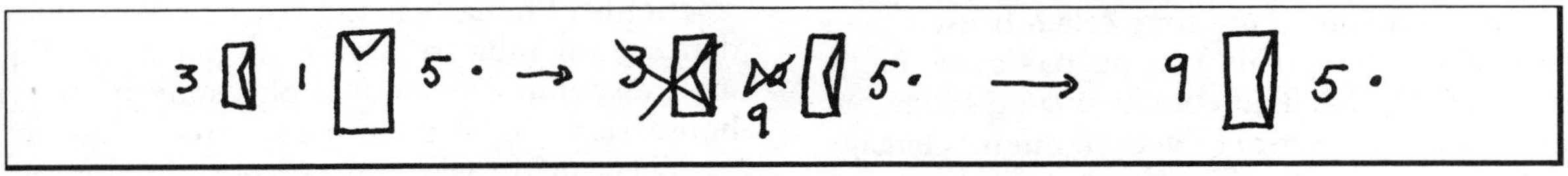

FIGURE 20.9
Représentation par le mot associé au nombre

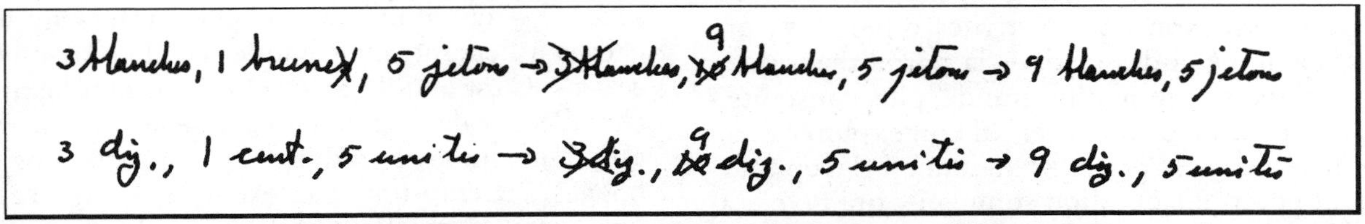

- l'enfant coordonnera la valeur rattachée au chiffre et celle liée à sa position dans le nombre dans l'expression de pluralité ;
- il percevra les divers groupements comme autant d'unités de mesure de la quantité ;
- il reconnaîtra l'inclusion de ces diverses unités de mesure de la quantité et pourra dès lors effectuer les transformations de l'une à l'autre.

On ne peut abstraire à la place des enfants. Bien sûr, on peut tenter de leur « dire » ces abstractions de sorte qu'ils réussiront bien souvent à les répéter. Mais un jour on aura la surprise que l'un ou l'autre élève, après avoir correctement récité sa leçon, n'en affirmera pas moins que « 908, c'est ben plus que 908 unités parce que, dans 908, il y a 9 centaines, alors que dans l'autre, c'est rien que des unités » … L'abstraction, c'est vraiment un ensemble de découvertes que l'enfant doit effectuer à son rythme, qu'on ne peut facilement accélérer, tout au plus peut-on les favoriser. On pourrait proposer quelques activités spécifiques, mais l'expérience a montré que c'est encore en effectuant des tâches comme celles suggérées ci-dessus et en affrontant des situations de résolution de problèmes comme celles qui seront présentées un peu plus loin que les enfants construisent le plus efficacement leurs abstractions.

20.4 PLACE DE LA FORMALISATION

Cela a été dit et répété, mais on n'insistera jamais trop : la formalisation, et en particulier la symbolisation qui est omniprésente en mathématiques, n'est, ne sera, ne saurait être un outil d'apprentissage en soi. Tout au plus doit-elle apparaître comme un objectif ultime, une sorte de « cerise sur le gâteau », un couronnement de la démarche qu'elle permet d'exprimer.

Ce qui n'implique pas qu'il faille attendre à la toute fin du processus d'apprentissage avant de permettre aux élèves d'écrire : si on veut qu'ils donnent un sens à ce qu'ils font au niveau symbolique, la formalisation doit accompagner la démarche d'apprentissage. Il s'agit non de remplacer la manipulation, mais d'abord de la décrire, jusqu'au moment où l'élève arrivera à résoudre les problèmes sur le seul plan formel, non parce qu'il aura mémorisé les règles, mais parce que ses images mentales seront devenues suffisamment fortes et organisées pour lui permettre d'évoluer à ce niveau. Ce principe doit d'ailleurs être clair en ce qui concerne les suggestions d'activités qui précèdent et devra le demeurer lorsque nous aborderons la partie consacrée à la résolution de problèmes.

20.5 CAS DE L'ÉLÈVE À RISQUE

Et l'élève à risque dans tout cela ? Il est là, au milieu des autres, mais peu ou pas actif. Nous l'avons décrit plus haut comme une personne qui n'arrive pas à se mettre en action, qui ne s'engage pas beaucoup intellectuellement. D'où la tentation de le juger paresseux et de gagner du temps en lui dictant une règle, en lui expliquant une solution toute faite. Alors qu'il a besoin de tout autre chose. Non pas d'activités différentes, on s'est expliqué là-dessus dans la partie théorique, mais d'une attention plus grande, plus constante. Il ne sait par où commencer ? Il faut explorer avec lui, mais non à sa place. Abandonne-t-il trop tôt ? Il faut poser une question stimulante qui ravivera son intérêt au lieu de tout simplement le forcer à poursuivre par la contrainte. Il ne sait plus vers où diriger sa réflexion ? Il faut décortiquer le problème, poser des jalons intermédiaires. En somme, il s'agit d'adapter questions et tâches à sa capacité du moment.

Là où le bât blesse chez la plupart des élèves en difficulté, c'est dans l'établissement de liens entre les différents concepts qu'ils ont à apprendre, entre les tâches qu'ils ont à effectuer : leur univers de connaissances demeure terriblement fractionné. En mathématiques, ces élèves ont tendance à se rabattre sur le niveau symbolique, mais un symbolisme qui le plus souvent ne symbolise rien. Or, il est toujours très aléatoire de marcher sur du vide, on ne contrôle alors ni ce que l'on fait ni ce à quoi l'on peut arriver. La tâche de la personne qui veut alors accompagner un tel enfant est une tâche de construction de sens : il s'agit non pas d'expliquer le sens des choses à l'enfant, mais d'aider celui-ci à trouver ce sens. C'est là qu'il faudra bien souvent l'empêcher d'écrire des symboles, le ramener à des manipulations, lui faire traduire ces manipulations en images… L'emprunt, par exemple, avant d'être une dizaine que l'on prélève sur la deuxième colonne, c'est une enveloppe blanche dont on extrait des jetons. Rien ici n'est, en somme, différent de ce qui a été proposé plus haut, mais cela exige une démarche plus minutieuse, plus attentive, dans laquelle on devra sans cesse s'assurer que chaque étape franchie est bien appuyée, solidement liée à la précédente. Alors seulement pourra-t-on parler de compréhension, c'est-à-dire d'une connaissance structurée.

CHAPITRE 21

Pour une intervention stimulante : la résolution de problèmes

Jean J. Dionne,
avec la collaboration de Hermelle Vézina

Nous avons déjà beaucoup insisté sur la nécessité de rendre les élèves actifs, au point de reconnaître dans cette activité des enfants une des clés, sinon le moteur même de leur apprentissage des mathématiques. C'était là toute l'essence de cette idée, quasi pamphlétaire, lancée dès le début : les mathématiques ne s'enseignent pas, l'important, c'est d'en faire. Cette idée trouve un merveilleux écho dans l'accent mis sur la résolution de problèmes qui, depuis quelques années, est venue animer le monde des mathématiques scolaires, au point de justement conférer un sens nouveau à l'expression « enseignement des mathématiques ».

21.1 NATURE ET RÔLES DE LA RÉSOLUTION DE PROBLÈMES

Il est plusieurs façons de voir et d'utiliser la résolution de problèmes.

Certains ne la considèrent qu'au seul chapitre des applications, n'y reconnaissant qu'une occasion de mettre à l'épreuve des notions et des techniques déjà acquises. Elle se voit alors reportée à la toute dernière étape : à la conclusion d'une séquence, on fournit à l'élève une série de problèmes, espérant qu'il puisse les solutionner en appliquant de façon immédiate les connaissances acquises au cours de cette séquence. L'élève le sait bien, qui ne cherche pas au-delà de ses derniers apprentissages pour trouver la solution attendue. Choisit-il avec bonheur l'opération qui convient, effectue-t-il correctement et exactement les calculs ? Il est alors jugé compétent et reçoit les meilleures notes. Sa solution s'avère-t-elle moins adéquate ? On attribuera ses difficultés à une mauvaise assimilation des savoirs proposés, qu'on le forcera à revoir sans remettre en cause la valeur des problèmes qu'on lui a soumis ni sa compréhension desdits problèmes. Comme l'affirme Jean Grignon (1990, p. 29), dont les écrits ont inspiré une large part de nos réflexions sur la question :

On est essentiellement dans un contexte d'application. La résolution est reportée à plus tard, après plusieurs apprentissages. Il arrive qu'en classe on passe plusieurs jours, même quelques semaines, sans présenter de problèmes à résoudre aux élèves : on ne présente que des exercices. On considère que les élèves ne sont jamais prêts. On maintient l'hypothèse qu'une bonne connaissance des notions et des techniques fera de l'élève un bon solutionneur de problèmes[1].

C'est là méconnaître la valeur de la résolution de problèmes, mal en saisir la nature et ignorer ses apports potentiels, comme le souligne le ministère de l'Éducation du Québec (1988, pp. 51 et suivantes) :

> La résolution de problèmes est à la fois une habileté de base à développer chez l'élève et un moyen à privilégier dans l'enseignement de la mathématique [...] pour développer des connaissances mathématiques [...] des habiletés intellectuelles [...] des attitudes socio-affectives [...] des stratégies de résolution de problèmes[2].

On reconnaît dans ce passage deux rôles fondamentaux à la résolution de problèmes : elle est d'abord un **moyen d'enseigner les mathématiques**, une façon d'aborder les concepts, une approche pédagogique permettant aux enfants d'élaborer leurs connaissances, de développer leurs habiletés. Elle est par ailleurs elle-même une **habileté à acquérir et à développer**. En un mot, considérant ces rôles, on peut conclure que la résolution de problèmes doit être au centre de l'enseignement des mathématiques, le pilier de l'activité mathématique bien comprise.

21.2 NOTION DE PROBLÈME

Si on veut parler de façon claire de résolution de problèmes, quelques précisions sur la notion même de problème s'imposent.

21.2.1 Un problème n'est pas un exercice

Notre première précision sera négative : un problème n'est pas un exercice.

Par exercice, nous entendons une **application routinière, immédiate, mécanique d'une règle, d'une opération, d'une formule ou d'une combinaison de ces éléments**. Un exercice fait moins appel à l'intelligence qu'à la mémoire et vise habituellement l'usage correct d'une habileté de premier niveau[3]. L'intérêt du recours aux exercices n'est pas nul, mais il demeure mince. Ceux-ci peuvent servir à fixer des automatismes auxquels les élèves ont été préalablement initiés ou favoriser la mise en œuvre de certaines définitions ou de certaines propriétés apprises en classe. Cependant, les exercices deviennent rapidement abrutissants et risquent d'éloigner des mathématiques, d'abord parce qu'ils en donnent une image faussée et aussi parce que les élèves s'en lassent vite.

21.2.2 Mais alors ... qu'est-ce qu'un problème ?

Il n'est pas facile de définir ce qu'est un problème. D'abord parce que c'est une notion relative. Prenons, par exemple, l'énoncé suivant : « Jacques a 2 pommes et Charlotte en a 3. Combien ont-ils de pommes ensemble ? » Cet énoncé peut être un problème pour un élève de première année, mais s'avérer un exercice parfaitement insipide pour l'enfant un tout petit peu plus expérimenté[4]. Il nous faut donc faire montre de nuances dans nos propos.

---

1. Cet ouvrage de Jean Grignon est sans prétention mais d'une réelle profondeur. Comme on le constatera, il a servi de référence pour plusieurs éléments du présent guide. Une nouvelle édition vient d'ailleurs d'être publiée par l'APAME (Association des promoteurs de l'avancement de la mathématique à l'élémentaire).
2. Ce guide sur la résolution de problèmes produit par le MEQ est remarquablement bien fait et devrait accompagner tout maître dans sa pratique de l'enseignement des mathématiques.

---

3. Il est plus facile de distinguer les niveaux d'habiletés dans la langue anglaise où l'on trouve le terme *abilities* pour parler des habiletés intellectuelles plus évoluées et le mot *skills* pour désigner les habiletés instrumentales, celles qui sont habituellement l'objet d'exercices.
4. Si cinq énoncés identiques à celui-là se suivent, ils deviennent très rapidement des exercices, même pour le débutant qui peut avoir vu un problème dans le premier.

Sans aller jusqu'à prétendre, en pensant au sens le plus lourd du terme, qu'un problème doit comporter quelque chose de douloureux, on admettra qu'il faut y retrouver un petit aspect dérangeant, une sorte de provocation, une stimulation ; il doit pousser à réfléchir, à se creuser un peu les méninges, il doit forcer à s'engager intellectuellement.

En réalité, **c'est la personne qui fait le problème**. C'est elle qui, intérieurement, perçoit des situations comme problématiques. C'est encore elle qui sent le besoin de résoudre le problème, qui a envie de s'y attaquer. Et c'est toujours elle qui, dans le processus de solution, met en jeu diverses composantes de ce qu'elle est : habiletés intellectuelles, bien sûr, mais aussi habiletés physiques, affectivité... pour ne rien dire des aspects sociaux, culturels.

Un problème n'existe donc pas en soi, dans l'absolu : les problèmes ne vivent que dans l'univers de quelqu'un. Et comme l'univers de l'enseignante est différent de celui de l'élève, ce dernier ne voit pas le problème d'après les perceptions qu'en a l'enseignante, mais il l'appréhende à sa façon, il le transforme pour se l'approprier. En un mot, il ne peut travailler que sur **son** problème, un problème qu'il a coloré de son intelligence, de son affectivité, de sa culture, de tout ce qu'il est.

Voilà des facteurs dont il faudra tenir compte. Ces considérations émises, on peut malgré tout tenter une définition de la notion de problème en pensant « enseignement des mathématiques » (ministère de l'Éducation du Québec, 1988, p. 11).

Pour un élève ou un groupe d'élèves, un problème en mathématiques est une situation où :

- il tente de répondre à une question posée ou d'accomplir une tâche déterminée, à la lumière de son expérience, ainsi que des informations qui lui sont fournies explicitement ou non ;
- il lui faut réellement chercher pour trouver un moyen de répondre à cette question ou d'accomplir cette tâche ;
- il doit faire appel à des mathématiques ou à des habiletés intellectuelles fréquemment utilisées en mathématiques pour y arriver.

Cette définition est longuement explicitée, exemples à l'appui, dans le guide dont elle est tirée. On y insiste notamment sur la nécessité d'une référence à une situation dont l'élève se construira une représentation mentale ; c'est à partir de cette représentation mentale et sur celle-ci qu'il travaillera, observation qui rejoint ce que nous disions plus haut sur l'appropriation du problème par l'élève. On parle aussi de la question soulevée ou de la tâche à accomplir, en expliquant que celle-ci ou celle-là peuvent parfois venir d'un élève ou émerger du groupe. Mais, élément essentiel, cette question, cette tâche doivent s'avérer exigeantes pour les personnes à qui elles s'adressent, il ne doit pas y avoir de solution qui apparaisse d'emblée, même si le problème est bien compris et si les connaissances nécessaires à la solution sont bien présentes. On retrouve ici un brin du caractère relatif des problèmes.

21.3 CATÉGORIES DE PROBLÈMES

On peut classer les problèmes en fonction de divers critères : le temps qu'exige leur solution, le contexte décrit, les données fournies, le nombre de solutions possibles, etc. Il vaut la peine de s'arrêter à chacune de ces catégories, car la connaissance que l'on s'en donne rend possible une fructueuse diversification des problèmes que l'on peut ensuite proposer aux élèves.

21.3.1 Problèmes « courts » et problèmes « longs »

Certains problèmes exigent plus de temps de résolution que d'autres. La catégorisation que l'on peut établir en fonction de ce facteur sera bien évidemment aussi relative que la notion de problème elle-même : tout dépend de la personne à qui l'on s'adresse, de son expérience, de ses connaissances.

En général, on s'entend cependant pour appeler **courts** les problèmes dont la résolution n'exige que le recours à des connaissances et à des habiletés déjà acquises : bien sûr, il faut encore organiser ce recours, combiner adéquatement ces connaissances et ces habiletés, ce qui exige quelques efforts et recherches, sans quoi on ne pourrait parler de problème ; mais le temps requis demeure limité, car on présume ici que la combinaison nécessaire a déjà été rencontrée et fait partie du bagage d'expériences du ou des « solutionneurs ». On trouvera ci-dessous un exemple de problème court.

Problème court

Chez Radio Shack, on annonce une réduction de 70 $ si on achète un ensemble comprenant un téléviseur à 283 $ et un magnétoscope à 312 $. Voyant cela, le gérant de chez Atlantique offre une réduction de 90 $ sur un ensemble comprenant un téléviseur à 278 $ et un magnétoscope à 328 $. Où vais-je acheter mon ensemble si je veux payer le moins cher possible ?

Quant aux problèmes **longs**, ils sont évidemment... plus longs : pas nécessairement dans leur énoncé, mais parce qu'ils exigent davantage de créativité, parce qu'ils demandent la mise au point de combinaisons nouvelles de connaissances et d'habiletés ; une telle « invention » de solution n'est possible que si l'on se dégage des voies connues ; elle force à plus de recherches, exige des raisonnements, toutes choses qui requièrent du temps. Voici un exemple de problème long.

Problème long
(portant sur l'étude de la symétrie)

Première partie : les **lettres magiques** (poser le problème aux enfants en faisant une démonstration)

Une lettre magique est une lettre qui reste semblable à elle-même lorsqu'on la regarde dans un miroir placé perpendiculairement à la surface où la lettre est tracée.

Trouve toutes les lettres magiques.

Deuxième partie : les **mots magiques**

Penses-tu qu'il puisse exister des mots magiques ? Comment les définirais-tu ? Trouves-en le plus possible, puis vérifie avec le miroir s'ils sont bien magiques.

Le hic, dans la première partie de ce problème, c'est que certaines lettres sont magiques lorsqu'on place le miroir en haut ou en bas de la lettre (B ou E par exemple), alors que d'autres sont magiques à gauche ou à droite (comme T ou A), certaines enfin combinant les deux types de magie (X, H...).

Dans la deuxième partie du problème, le jeu est de trouver les mots par raisonnement, le miroir ne devenant qu'un outil de vérification. Le problème est très ouvert : un mot magique ne sera-t-il qu'un assemblage de lettres ou devra-t-il avoir du sens ? Cela peut multiplier les catégories. On prolonge l'activité en cherchant les caractéristiques des mots magiques, des lettres magiques, ce qui peut mener jusqu'aux axes de réflexion.

21.3.2 *Contexte*

Du point de vue de son contexte, un problème peut être réel, réaliste, fantaisiste ou purement mathématique.

« Un contexte est **réel** s'il se produit effectivement dans la réalité » (ministère de l'Éducation du Québec, 1988, p. 26 ; l'exemple qui suit provient de la même source). Le contexte est déterminant pour ce qui est de l'intérêt que l'enfant accordera au problème et à sa résolution. Certains élèves seront plus sensibles à un jeu ou à une énigme. D'autres préféreront les énoncés plus traditionnels. Voici un exemple de problème réel.

Problème réel

Construis un système de repérage des chaises dans le gymnase pour le spectacle de fin d'année et représente-le à l'aide d'un plan du gymnase.

« Un contexte est **réaliste** s'il est susceptible de se produire réellement. Il s'agit d'une simulation de la réalité ou d'une partie de la réalité » (ministère de l'Éducation du Québec, 1988, p. 26). On trouvera ci-dessous un exemple de problème réaliste.

Problème réaliste

André a reçu en cadeau un livre d'aventures de 110 pages et un album de bandes dessinées de 46 pages. Il commence à lire son livre mais s'arrête après 33 pages. Il lit alors 15 pages de son album de bandes dessinées. Combien lui reste-t-il de pages à lire en tout ?

« Un contexte est **fantaisiste** s'il est le fruit de l'imagination et qu'il est sans fondement avec la réalité » (ministère de l'Éducation du Québec, 1988, p. 27). Voici un exemple de problème fantaisiste (Fortier, 1992).

Problème fantaisiste

Dans une ville, on trouve quatre banques. La banque A ne possède que des cents, la banque B, que des dollars et des cents, alors que la banque C ne dispose que de 10 cents. Quand à la banque D, elle offre toutes les sortes de pièces. Si tu veux obtenir exactement 2 dollars et 37 cents, à quelles banques peux-tu te présenter et que t'y donnera-t-on ?

« Un contexte est **purement mathématique** s'il fait exclusivement référence à des objets mathématiques : nombres, relations et opérations arithmétiques, figures géométriques, etc. » (ministère de l'Éducation du Québec, 1988, p. 27 ; le problème qui suit provient de la même source).

Problème purement mathématique

En utilisant les nombres 3, 28, 67 et 85 une seule fois chacun et les quatre opérations au choix, trouve une suite d'opérations qui te permettrait d'arriver le plus près possible de 2039. Tu peux utiliser ta calculatrice.

21.3.3 *Données*

Les données sont la matière de base du problème, les matériaux sur lesquels les élèves élaboreront et utiliseront leurs outils. Face à ces données, ils se sentiront aptes à résoudre le problème ou démunis : l'une et l'autre situation ne sont pas à dédaigner. La première aide au développement de la confiance, l'autre, plus inconfortable, peut, si l'élève se sent appuyé, déboucher sur des acquisitions intéressantes, et s'avère alors remarquablement formatrice.

Selon l'adéquation des données fournies au regard du processus de résolution, on peut distinguer des problèmes à données complètes, comportant des données superflues, des problèmes à données manquantes et des problèmes à données insuffisantes.

L'énoncé d'un problème à **données complètes** comme celui présenté ci-dessous fournit explicitement tous les renseignements nécessaires à la résolution.

Problème à données complètes

Sylvie compte ses pièces de 1 $. Si elle les dénombre par 4, il lui reste 2 pièces. Si elle les dénombre par 5, il lui en reste 1. Combien peut-elle avoir de dollars ? Attention, il y a plusieurs solutions possibles !

Le problème à **données superflues** propose des informations sans utilité au chapitre de la résolution. En voici un exemple.

Problème à données superflues

Les parents de Jacques l'amènent au cinéma avec ses deux sœurs. On y présente deux films : un documentaire de 30 minutes et un film d'aventures de 120 minutes. À l'entrée, on demande 8 $ par adulte et 4 $ par enfant. Combien les parents doivent-ils payer en tout pour les billets ?

Dans certains problèmes, dits à **données manquantes**, certaines des informations nécessaires ne sont pas fournies : les enfants doivent donc les trouver pour résoudre ce type de problèmes. En voici un exemple.

Problème à données manquantes

Quelle quantité de tapis faudrait-il acheter pour couvrir le plancher du hall d'entrée de ton école ?

Enfin, certains problèmes sont dits à **données insuffisantes** puisqu'on n'y fournit pas toutes les informations nécessaires à la résolution et que ces informations ne peuvent être trouvées par les élèves. Voici un exemple de ce type de problèmes.

Problème à données insuffisantes

Un hôtel de 10 étages comprend 405 chambres. Toutes les chambres des 5 premiers étages sont occupées, de même que 135 chambres des 5 derniers étages. Combien reste-t-il de chambres à louer ?

La différence entre données manquantes et données insuffisantes est parfois bien mince et un problème comme le dernier exemple proposé n'est pas sans intérêt sur le plan pédagogique. Les élèves peuvent d'abord constater qu'il n'y a pas le même nombre de chambres par étage (car 405 ne peut se répartir équitablement en 10), mais, de là, rien ne les empêche d'imaginer une répartition en tenant compte du rez-de-chaussée où il y a la réception, la salle à manger, etc. Il leur est donc possible de rebâtir le problème à leur façon. Pensons ici à Revuz qui insistait sur l'importance de savoir poser des problèmes.

21.3.4 Nombre de solutions

Ce ne sont pas toutes les situations problèmes qui ont une solution unique, et c'est une réalité que l'enseignement doit refléter. D'où l'intérêt des problèmes à solutions multiples, qui poussent les

élèves à élargir leur champ de vision et à relativiser les solutions qu'ils découvrent, ce qui peut aussi se produire avec des problèmes sans solution aucune. Il ne faut cependant pas abuser de ces derniers, au risque de voir les enfants assimiler les mathématiques à un jeu privé de sens.

On peut donc distinguer les problèmes selon qu'ils ont une, un certain nombre ou une infinité de solutions… ou alors, pas du tout de solution. Ainsi, on peut classer chacun des quatre exemples de problèmes suivants dans la catégorie appropriée.

Combien de solutions ?

1. Combien y a-t-il de carrés dans la figure ci-dessous ?

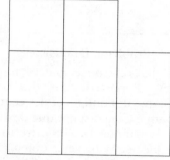

2. Trouve trois grands ou même très grands nombres qui, combinés en utilisant l'addition et la soustraction, peuvent donner 1.
3. Si on veut passer une seule fois sur chaque chemin, d'où peut-on partir pour parcourir tout le réseau de la figure ci-dessous et terminer à son point de départ ?

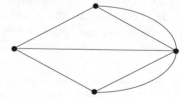

4. Dans une ferme, on voit des poules et des moutons. On compte 36 pattes en tout. Combien peut-il y avoir de moutons ? (Si ta réponse est 9, c'est que tu n'as pas bien tenu compte de l'énoncé : on voit des moutons **et** des poules…)

Ajoutons brièvement que si un élève déclare qu'un problème n'a pas de solution, il importe qu'il puisse justifier cette assertion. Sans quoi certains verront là une voie facile à emprunter lorsqu'ils voudront « se débarrasser ». Par contre, trouver la justification de l'absence de solution, lorsque le problème est vraiment insoluble, constitue un élément aussi formateur que la découverte de la solution d'un problème pour lequel il en existe une.

21.4 BANQUE DE PROBLÈMES

Pourquoi ne pas se doter d'une banque de problèmes ? Comme dans toute banque, on peut y faire des dépôts, des retraits, et c'est plein d'intérêt ! La banque de problèmes est un outil pédagogique qu'on peut élaborer petit à petit, avec des appels à la participation des enfants et à la collaboration des collègues. Une belle occasion d'échanges où tout le monde y trouve son compte (puisque l'on parle de banque).

Comme le signale Grignon (1990) dans son texte *Une banque de problèmes diversifiés* (pp. 154-160), qui nous a largement inspirés pour le contenu de cette section, les sources de problèmes soumis aux élèves peuvent être multiples. Il y a le manuel retenu, bien sûr, mais aussi les anciens manuels, de même que les recueils de problèmes et les revues pédagogiques comme les *Instantanés mathématiques* de l'APAME (Association des promoteurs de l'avancement de la mathématique à l'élémentaire). Et puis, il ne faudrait pas négliger la vie quotidienne, la nôtre et celle des gens qui nous entourent, dont les élèves : en étant, avec eux, un peu attentifs et imaginatifs, on pourra y trouver de quoi construire de petits bijoux.

En cours de route, il faut demeurer en éveil et se questionner sur ses pratiques : soumet-on ses élèves à une grande variété de problèmes ? Certains aspects des mathématiques l'attirant davantage, l'enseignante peut se demander si ses problèmes tournent trop autour des mêmes thèmes. Ses présentations sont-elles trop souvent semblables ? Et par le style de problèmes que l'on propose, ne favorise-t-on pas certains élèves alors que d'autres se retrouvent plus souvent qu'à leur

tour en situation d'échec ? Cette liste de questions pourrait s'allonger. Mais il convient de penser plutôt en termes de solutions aux problèmes pédagogiques ici soulevés en se donnant des critères pour juger de la qualité de sa banque. Une bonne banque devrait satisfaire la plupart de ceux que nous allons énumérer.

Un premier critère touche les diverses catégories de problèmes décrites à la section qui précède. Toutes doivent être bien représentées dans toutes les combinaisons possibles : problèmes courts à contexte réel avec solution unique et données complètes, problèmes longs à contexte réaliste, nombre fini de solutions et données manquantes, etc.

Mais il n'y a pas que ces catégories qui comptent. D'autres aspects importent, qui auraient d'ailleurs pu donner naissance à de nouvelles catégories. Ainsi, il faut aussi prendre en considération la présentation des problèmes : celle-ci peut emprunter de multiples formes, comme cela se passe dans la « vraie vie ». Cette présentation peut être orale, écrite, dessinée (sur acétate si l'on ne se sent pas l'âme d'un artiste), purement symbolique ou utiliser une combinaison de ces modes de communication. Cela devrait aider à sortir des problèmes trop aisément reconnus comme scolaires.

La difficulté des problèmes doit aussi varier. Bien sûr, elle change avec les personnes, et, l'expérience aidant, on arrive à prévoir l'effort que chacun devra consentir pour résoudre tel ou tel problème. La richesse de la banque permet alors d'adapter les problèmes aux efforts exigés qui doivent être tantôt grands, tantôt plus réduits pour ne pas tuer la bonne volonté. Il y a comme une stratégie du succès à établir ici.

À propos de stratégie, voilà un autre élément à prendre en compte. Un bon problème peut être abordé de plusieurs façons. Une méthode de résolution est-elle connue de l'élève, on peut alors inviter ce dernier à regarder s'il en existe d'autres. Sans compter que, dans une classe, on peut voir ressortir diverses stratégies : une mise en commun permet alors d'enrichir le bagage de chacun.

La participation s'avère un autre critère qui mérite attention. On rejoint ici des questions d'organisation et de gestion de classe. Le travail de résolution peut se faire individuellement ou en équipes de diverses tailles. On pourrait aussi parler de travail coopératif: cela se révèle particulièrement fructueux pour la réalisation de simulations ou, par exemple, pour des problèmes qui exigeraient la collecte de données auprès d'un certain nombre de personnes. Ce genre d'activités encourage les échanges, et le travail d'équipe amène l'acquisition de nouvelles habiletés.

Le matériel et la manipulation peuvent jouer un rôle non négligeable dans la résolution de problèmes. Notre mathématique est parfois très désincarnée; cela rend un mauvais service à l'élève, qui a davantage besoin de soutien concret, et nuit à celui qui n'en a peut-être pas besoin maintenant mais qui aura l'impression de régresser le jour où il en aura besoin. Et puis, beaucoup fonctionnent bien sur le plan formel sans avoir attaché toute la signification qu'il faudrait aux symboles manipulés. Les retours, même un peu forcés, au concret ne font habituellement aucun tort... Parmi les matériels, en plus des divers matériels de manipulation déjà évoqués, on peut aussi ranger les diverses sortes de papier (pointé, quadrillé, de construction, etc.), les instruments (rapporteur, équerre, compas, etc.), la calculatrice, l'ordinateur.

Le programme de mathématiques doit aussi guider l'enseignante dans ses choix de problèmes. L'importance relative des divers thèmes d'enseignement s'y trouve précisée et on devrait s'assurer que la banque de problèmes comprend des activités touchant chacun de ces thèmes, et ce, dans des proportions analogues à celles suggérées par le Ministère.

Enfin, au chapitre des habiletés requises, on sait qu'en résolution de problèmes, l'enfant se voit sollicité de multiples façons. Nous en reparlerons dans une prochaine section, mais disons pour l'instant que l'élève doit comprendre la situation, la transformer, la résoudre, communiquer démarche et réponse, autant de moments d'activité où il s'appuie sur des habiletés parfois semblables, parfois très diverses. Il faut en tenir compte pour permettre un développement complet des habiletés chez l'enfant et, en même temps, donner des chances égales à tous en fonction de leurs talents particuliers. On devra donc prévoir des situations qui amèneront à organiser des données, à estimer, à classer, à ordonner, à dénombrer, à composer et décomposer nombres et figures, à lire ou élaborer des tableaux, à illustrer, à calculer, à choisir des opérations et à les effectuer, à établir des équations, et j'en passe, et des meilleures...

Il ne faut pas se le cacher, comme le reconnaît d'ailleurs Grignon (1990, p. 160):

> Le travail qui est demandé pour l'organisation d'une banque de problèmes est énorme. L'enseignante pourra s'aider de banques existantes. Il n'en demeure pas moins qu'elle tirera beaucoup de plaisir et de profit si elle sait personnaliser sa banque au cours des ans.

On trouvera d'ailleurs dans le livre de Jean Grignon, qui, décidément, nous aura été fort utile, un tableau qui résume l'ensemble des critères énumérés ci-dessus.

21.5 STRATÉGIE DE RÉSOLUTION DE PROBLÈMES

D'entrée de jeu, une question: doit-on enseigner des stratégies? Beau sujet pour un long débat! Rassurez-vous, nous l'abrégerons en donnant une réponse qu'il faudrait sans doute nuancer, mais qui a le mérite de sa clarté. Si on parle d'enseigner des stratégies comme des recettes, il faut avoir beaucoup de réticences. Parce qu'on s'adresse alors à la mémoire, que celle-ci est, oh combien! faillible et que de telles recettes, si elles s'avèrent pratiques et souvent efficaces, ne permettent pas toujours l'adaptation à des situations nouvelles, situations nouvelles que l'on rencontre si souvent dans la résolution de problèmes bien comprise. Si, par contre, on parle de stratégies qui sont avant tout des schémas d'organisation du travail, des démarches souples et adaptables, des outils qui relèvent avant tout de l'intelligence et qui permettent à celle-ci de s'exercer plus fructueusement, alors nous pouvons dire oui sans trop de retenue, mais en demeurant vigilant pour que le programme ne soit pas trahi en cours de route.

La stratégie que nous proposons ici appartient à cette seconde catégorie : c'est une stratégie qui suggère des étapes dans la démarche de résolution de problèmes, étapes qui n'ont rien de strictement linéaires et à travers lesquelles on peut se déplacer en boucles, aller et venir, commencer, avancer, puis recommencer... Il ne faut surtout pas y voir une forme de pétrification des opérations de l'esprit en quelques énoncés : malgré une description, qui se veut précise, de la stratégie proposée et de son usage, il y a comme un flou, une aura de liberté intellectuelle qui doit demeurer autour de cette description dans laquelle ni l'élève « solutionneur » ni l'enseignante ne doivent se sentir emprisonnés.

Par ailleurs, cette stratégie n'est pas strictement originale : on la retrouve dans d'autres domaines, sous diverses formes. Ainsi, ce que propose Claude Simard dans la partie sur l'écriture s'en rapproche de façon évidente, et plusieurs connaissent sûrement des modèles analogues. *Réflecto* en est un exemple qui est valide pour le français comme pour les mathématiques. Mis au point par le psychologue Pierre-Paul Gagné, ce modèle est utilisé par les élèves de la Commission scolaire Port-Cartier et sans doute par d'autres élèves au Québec. Ajoutons qu'il existe des modèles de factures différentes ; Jean Grignon (1990) en propose un qui n'est pas sans intérêt.

Notre modèle comporte cinq temps. Les quatre premiers touchent directement la résolution du problème : on s'y occupe de **comprendre** le problème, de **planifier** des solutions possibles, d'**exécuter** ces plans, puis de **vérifier** ce que l'on obtient. Le dernier temps sera celui où l'on se préoccupera de **communiquer** la démarche et la réponse.

Une stratégie de résolution de problèmes

1. Comprendre le problème : l'étape des **explorateurs**

   Cette première étape est celle de la prise de possession du problème par l'élève. Prenons le cas fréquent du problème proposé par écrit. L'élève commence par le lire. Il doit ensuite s'en bâtir une image, distinguer les données de ce que l'on cherche, etc. Plusieurs sous-stratégies peuvent ici s'avérer utiles. On conseille à l'enfant :
   - de lire le problème à quelques reprises ;
   - de dessiner la situation (ce qui aide à la formation d'images mentales) ;
   - de s'expliquer à lui-même la situation : de quoi est-il question ? que sait-on ? que veut-on savoir ?

   Si le travail s'effectue en équipes, les membres de l'équipe peuvent aussi se l'expliquer entre eux.

   On peut aussi éliminer les données qui paraissent superflues, mettre en évidence celles qui paraissent utiles, les reformuler et reformuler la question.

2. Planifier : l'étape des **rêveurs**

   Vient ensuite le moment de penser résolution. Souvent, à cette étape, les enfants se montrent inhibés, ils ont l'impression qu'ils n'ont pas d'idées, ils n'osent pas. C'est pourquoi on définit l'étape des rêveurs comme celle de la liberté totale, le « moment des fous ». Toutes les idées ont droit de cité ! C'est le moment de sortir — en se gardant surtout très fort de porter des jugements — tout ce qui passe par la tête, aussi farfelu que cela puisse paraître.

   C'est aussi le moment de dresser des plans ; on peut le faire mentalement, mais aussi en dessinant, peut-être en complétant un dessin que l'on aurait commencé à l'étape précédente, en traçant un diagramme, un graphique, en faisant appel à un matériel de manipulation...

   La stratégie de la simplification peut aussi s'avérer efficace : simplification des données numériques ou, tâche plus complexe, simplification de la situation.

3. Exécuter les plans : l'étape des **réalisateurs**

C'est enfin le temps d'agir sur les données, de mettre en pratique ce qui a été imaginé à l'étape précédente. Un certain tri va déjà s'effectuer, certaines propositions pouvant par exemple s'avérer inapplicables. Il faut cependant se garder de juger et laisser sa chance au « coureur » ou à son idée. Il n'est pas impossible que certains retours en arrière soient nécessaires afin de préciser ou de modifier un élément ou l'ensemble d'un plan, ou pour faire produire un nouveau plan. On peut aussi revenir chez les explorateurs si on soupçonne qu'il manque un élément-clé pour qu'un plan devienne applicable ; peut-être se trouve-t-on face à un cas de données manquantes ou insuffisantes...

Au long de cette étape, il faut se montrer plus systématique dans ses actions et laisser des traces de son travail. Cela exige notamment :

– d'écrire ce que l'on cherche ;
– de préciser sous une forme ou une autre (dessin, équation) ce que l'on fait ;
– d'écrire aussi les calculs de façon suffisamment claire pour pouvoir s'y référer par la suite et les vérifier ;
– de ne pas oublier la réponse en cours de route !... Et plus encore s'il s'agit de plusieurs réponses.

4. Vérifier le travail : l'étape des **juges**

Le travail effectué ainsi que la ou les réponses ont-ils du sens ? Voici le moment d'en juger. Si on a retardé le moment de la critique, c'est pour ne pas étouffer l'imagi-nation, l'audace, l'invention. Mais maintenant qu'on est arrivé à quelque chose, on peut se permettre un jugement. Et si l'on n'est pas vraiment arrivé à un résultat, le jugement sur ce qui a été fait permettra peut-être de comprendre pourquoi cela n'a pas fonctionné. La vérification se fera sur deux plans :

– Un plan local où l'on s'arrête au travail des réalisateurs : ce qui devait être fait l'a-t-il été convenablement ? A-t-on respecté les plans (ceux-ci peuvent avoir évolué en cours d'exécution...) ? L'équation traduit-elle bien le problème ? Utilise-t-elle adéquatement les données ? Les calculs sont-ils exacts ?...
– Un plan plus général où, la démarche globale étant scrutée, on s'attachera davantage au travail des rêveurs. Leurs propositions étaient-elles adéquates ? Peut-on les revoir ? les améliorer ? Les résultats obtenus peuvent-ils les mettre sur la piste d'une autre démarche de résolution ?...

5. Communiquer les résultats : l'étape des **communicateurs**

Nous sortons de la résolution de problèmes proprement dite, mais cette étape n'en est pas moins capitale : à quoi sert-il de résoudre un problème si on ne peut expliquer ce qu'on a fait ni ce qu'on a obtenu ? Le communicateur vient couronner le travail des autres personnages, s'appuyant notamment sur les traces laissées par le réalisateur pour dresser un compte rendu de la résolution.

Nous avons, dans ce modèle, choisi d'associer chaque étape à un rôle, choix qui n'est pas sans raisons :

– La première était de bien séparer les tâches. Quelle meilleure façon que d'attribuer chacune à un personnage différent ? Il est alors plus facile à l'enfant de s'attacher à chaque tâche pour elle-même et, notamment, de retenir son jugement sur ce qu'il croit devoir faire, jugement qui, s'il est porté prématurément, risque d'inhiber et sa pensée, et son action.

– En outre, la présence des rôles aide certains enfants à agir plus librement, en particulier celui qui est peu sûr de lui-même ou qui a tendance à se dénigrer. Ce n'est plus seulement lui qui pense ou agit, c'est lui dans le personnage.

Il s'accorde alors une confiance, une liberté de penser et d'agir qu'il aurait parfois du mal à trouver autrement, s'il ne la « partageait » pas.

- Dans la même veine, le rôle du juge s'avère des plus profitables. Trop souvent en mathématiques, l'enseignante est le seul arbitre et l'élève compte sur elle pour approuver ou désapprouver son travail. En ce qui concerne l'autonomie, on pourrait trouver mieux et le rôle du juge est partie de ce mieux puisqu'il rapproche le lieu de contrôle de l'élève et en permet une intériorisation progressive.

- Enfin, cette organisation en rôles et tâches bien délimités s'adapte à merveille au travail en équipe et à l'apprentissage coopératif : les rôles y sont naturellement dévolus à chacun des membres de l'équipe, lesquels, d'une activité à l'autre, pourront changer de peau afin de développer à tour de rôle les habiletés particulières rattachées à chaque personnage.

21.6 RÔLE DE L'ENSEIGNANTE ET RÔLE DE L'ÉLÈVE

Comme le signale Grignon (1990), choisir la résolution de problèmes comme fondement de l'apprentissage confère un sens nouveau à l'expression « enseignement des mathématiques » et modifie en profondeur les rôles des acteurs, enseignante et élèves, de même que la nature de leurs rapports. Déjà, en reconnaissant la place centrale de l'activité de l'élève, nous accordions une part de responsabilité à ce dernier dans son apprentissage. En matérialisant cette reconnaissance dans la résolution de problèmes, nous affirmons la capacité des élèves de faire, comme le mathématicien qui crée ou découvre, des mathématiques qui soient autre chose qu'une application banale de connaissances ou de stratégies présentées d'en haut par une enseignante toute-puissante. Celle-ci doit alors accepter de partager son pouvoir et, tout n'étant plus prévisible, elle se retrouvera parfois en situation de recherche avec ses élèves, n'ayant pas de solution toute prête à une question qui aura pu surgir de l'activité de son groupe. C'est là une dynamique parfois insécurisante, autant pour elle que pour ses élèves, mais combien féconde lorsque comprise et acceptée.

Grignon (1990, p. 161) précise les rôles respectifs de l'enseignante et de l'élève. La première « se situe dans la peau de plusieurs personnages : elle observe un ou plusieurs élèves, elle est une ressource, elle participe à un échange, elle est en résolution de problèmes ». Avant l'intervention, elle s'interroge sur ce qu'elle va proposer à la sagacité des enfants : Est-ce bien un problème ou un simple exercice ? À quelle(s) catégorie(s) appartient-il ? Permet-il d'intégrer des éléments d'autres matières scolaires ? Quelles connaissances et habiletés amène-t-il à faire acquérir aux élèves ? Ses choix tiendront compte des préoccupations et des intérêts des enfants, afin de susciter une meilleure motivation. Et, dans ce choix, l'accent sera mis sur la qualité plutôt que sur la quantité.

Pendant le travail en classe, l'enseignante doit avant tout faire confiance à ses élèves et les laisser affronter eux-mêmes les difficultés, acceptant que ce genre de démarche exige du temps. Mais elle ne se tient pas à l'écart : elle observe ses élèves en action, les encourage à poursuivre, les soutient en les interrogeant au fil de leur démarche, conservant sans cesse le souci de leur faire acquérir une attitude de chercheur. En un mot, elle se montre une ressource active et non une dispensatrice de solutions toutes faites. Sa gestion de classe doit conduire à un climat favorisant les discussions, autant entre elle et ses élèves qu'entre les élèves eux-mêmes.

Quant à l'élève, il « est devenu mathématicien. Il conserve l'initiative dans la résolution des problèmes qu'il aura choisis. Il sera donc appelé à s'approprier la situation proposée et à utiliser toute sa compétence pour solutionner le problème. Il devra démontrer qu'il est de plus en plus autonome » (Grignon, 1990, p. 163). En un mot, on lui reconnaît des droits, mais ceux-ci s'accompagnent de devoirs, dont le premier est de participer activement. Cela exige d'abord que l'élève assume une certaine insécurité tout en gardant confiance en ses chances de succès. Il devra parfois accepter de l'aide et, à d'autres moments, consentir à en fournir en faisant part de ses stratégies. Pendant la résolution d'un problème, il doit pouvoir expliquer où il en est et comment il y est parvenu. S'il y a échec, il lui faut le reconnaître, puis ne pas hésiter à se reprendre avec un nouveau problème. Le problème résolu, l'élève doit pouvoir communiquer sa solution (rappelons la cinquième étape de notre stratégie), la comparer à d'autres et éventuellement poursuivre son travail en formulant des questions qui prolongent celui-ci.

Et Grignon (1990, p. 164) de conclure :

Ces rôles de l'enseignante et de l'élève définissent une dynamique dans les relations qu'ils entretiennent au moment de la résolution de problèmes. Cette dynamique transforme les conditions d'apprentissage en reconnaissant autant à l'élève qu'à l'enseignante une compétence dans la recherche de solutions. Reconnaître à l'élève une compétence, c'est lui donner du pouvoir et forcer une gestion participative.

21.7 ACCOMPAGNER L'ÉLÈVE À RISQUE DANS SA RÉSOLUTION DE PROBLÈMES

Que deviennent les élèves à risque dans ce contexte de résolution de problèmes ? Ils ne savent toujours pas très bien s'organiser, ne planifient guère. Face à un problème, sans doute habités par un sentiment d'urgence, ressentant le besoin d'obtenir de bons résultats, ils s'accorderont très peu de droit à la réflexion. Ils plongent immédiatement, se lançant dans une quête de réponses plutôt que dans une recherche de solutions : on les verra utiliser divers outils, effectuer des calculs, mais rien n'est vraiment orienté par le problème, par ce qu'on y donne, par ce qu'on y cherche. Cette activité ne dure guère, soit que l'élève trouve une réponse et qu'il s'en satisfasse sans plus se questionner, soit qu'il ressente vite la stérilité de ses efforts. De nouveau, une certaine passivité s'installe.

On voit, à cette description, que la stratégie que nous avons suggérée peut rendre des services à ces enfants. Par la division des tâches et les rôles qu'elle propose, elle peut les amener à une meilleure organisation, à une approche plus réflé-chie de la résolution de problèmes. Mais elle ne suffira pas à tout régler et, comme nous l'avons dit, l'élève à risque a besoin d'être mieux accompagné dans ce qu'il entreprend. Notons que les suggestions qui suivent, dont plusieurs sont inspirées d'un texte de Normand Caron (1987), peuvent s'appliquer à tout élève, qu'il soit en difficulté ou non ; même si elles se veulent des mesures d'appui particulier, elles peuvent aussi guider le comportement de l'enseignante auprès de l'ensemble de ses élèves.

Un problème est lancé :

Dans une ferme, on voit des poules et des moutons...
- Il y a 18 animaux, dit Stéphane.
- Oui ! Et j'ai compté 52 pattes en tout, continue Mylène.
... Combien de poules et de moutons y a-t-il dans cette ferme ?

Qu'observe-t-on avec les élèves moins forts ?
- Plusieurs ne font rien, n'abordent pas le problème, attendent que quelque chose se passe (cas 1).
- D'autres effectuent des calculs sans queue ni tête : $52 + 18$, $52 - 18$ ou, avec calculette, $52 \div 18$ (cas 2).
- Certains font un essai sans lui donner de suite : 9 poules, 9 moutons (cas 3).
- Certains y vont par essais et erreurs, non systématiquement et sans résoudre le problème. Ils ne prennent pas note des essais effectués pêle-mêle, ni ne précisent la signification des nombres : $5 \times 4 = 20$, $13 \times 2 = 26$, $11 \times 4 = 44$, $7 \times 2 = 14$... (cas 4).

En somme, ils n'ont guère de stratégies, ils recourent à un répertoire plutôt étroit de procédures dont ils saisissent mal le rôle et les applications, ces procédures étant souvent limitées à l'usage non réfléchi des algorithmes d'opérations arithmétiques. Comment les aider à se sortir de ce bourbier et les amener à une démarche où ils s'engageront intellectuellement ? Il s'agit de leur fournir des pistes en résistant à l'idée de gagner du temps et de résoudre à leur place un problème qui ne serait alors jamais devenu le leur. Ainsi :

- dans le cas 1, on pourrait demander à un élève d'expliquer le problème à sa façon ;
- pour le cas 2, la même approche peut s'avérer utile ; on invitera aussi l'enfant à oublier pour un temps les opérations arithmétiques ;
- on encouragera l'élève du type représenté par le cas 3 à poursuivre avec d'autres essais et à comparer les solutions obtenues avec les données du problème ;
- quant au cas 4, on suggérera une façon de classer et de noter les divers résultats obtenus.

Ce sont là des interventions ponctuelles, *ad hoc*, qui se veulent douces, encourageantes, dans le fil de ce que l'enfant a amorcé comme activité.

Cela nous amène à énoncer certains principes généraux qui prolongent ce qu'on a vu dans les pages précédentes. Dans ses interventions, l'enseignante devrait respecter les principes suivants :

- Se concentrer sur la démarche de l'élève, aussi imparfaite soit-elle, et non sur le modèle qu'elle a en tête. L'enfant essaie-t-il d'organiser quelque chose ? Manque-t-il de moyens pour organiser sa stratégie ?
- Attendre, pour intervenir, que l'élève le réclame. Il peut le faire explicitement, que ce soit verbalement ou non : un geste, un regard... Cela vaut tant que l'élève est actif. Une interruption de son activité est une forme d'appel au secours...
- Réagir au meilleur de sa connaissance en admettant que son intervention sera imparfaite. Croire en sa raison, mais aussi en son intuition. Les gestes spontanés sont souvent les plus pertinents.
- Demeurer attentive à toutes les erreurs, aux connaissances inadéquates, aux procédés mal utilisés : ils révèlent le degré de compréhension des enfants en même temps que la conception qu'ils ont des mathématiques.
- Tenir compte, enfin, de la composante affective, souvent bien fragile chez l'enfant en difficulté. Il importe notamment de lui reconnaître la même liberté de mathématicien qu'aux autres, bien qu'il ne sache pas en user aussi efficacement, et cette reconnaissance doit se sentir même si les interventions de l'enseignante se font souvent plus pressantes auprès de lui.

21.8 QUATRE GRILLES UTILES

En conclusion de ce chapitre sur la résolution de problèmes, nous proposons à l'enseignante quatre grilles d'auto-évaluation (voir les figures 21.1 à 21.4) qui sont autant d'occasions de se questionner sur la prise en charge de la résolution de problèmes dans sa classe. On peut les utiliser dans une démarche personnelle de réflexion, mais elles pourront aussi servir de grilles d'analyse et de discussions entre l'orthopédagogue et l'enseignante, dans l'esprit de la collaboration consultative. Une cinquième grille, touchant l'évaluation, viendra s'ajouter au chapitre suivant.

FIGURE 21.1
Élaboration d'une banque de problèmes pour la résolution de problèmes en classe

a) Mes élèves ont accès à une banque de problèmes clairement désignée.   ❑
   • Cette banque existe par elle-même.   ❑
   • Cette banque est formée en tout ou en partie par des renvois à des manuels
     ou à d'autres ouvrages, scolaires ou non.   ❑
   • Il y a une seule banque à laquelle tous ont accès.   ❑
   • Chaque élève a sa banque.   ❑

b) Les problèmes qu'on y trouve présentent diverses caractéristiques :
   • contexte varié (réel, réaliste, fantaisiste, purement mathématique)   ❑
   • données diverses (complètes, superflues, manquantes, insuffisantes…)   ❑
   • nombre de solutions (aucune, une seule, plusieurs, une infinité…)   ❑
   • présentation variée (énoncé oral, écrit, avec dessin, avec matériel…)   ❑
   • difficulté (facile, moyen, difficile…)   ❑
   • solution (courte, moyenne, longue…)   ❑
   • degrés visés (un seul, deux, trois…)   ❑

c) Les problèmes qu'on y trouve font appel aux stratégies suivantes :
   • utiliser du matériel   ❑
   • construire un dessin, un tableau…   ❑
   • établir une équation   ❑
   • chercher une régularité   ❑
   • travailler par essais   ❑
   • vérifier un grand nombre de possibilités   ❑
   • choisir une ou des opérations   ❑

d) Les problèmes qu'on y trouve couvrent l'ensemble des thèmes au programme
   dans des proportions qui me sont connues.   ❑

e) Ces problèmes me donnent des indications sur mon enseignement ; ces
   indications concernent :   ❑
   – les difficultés de l'élève (compréhension, exécution, motivation…)   ❑
   – les rétroactions à assurer à la suite d'une leçon   ❑
   – le style d'apprentissage de l'élève (aime travailler seul, en groupe ;
     préfére le calme…)   ❑

Source : Adaptée de Grignon et Laplante (1992).

FIGURE 21.2
Organisation de la résolution de problèmes en classe

a) Place de la résolution de problèmes dans le programme. À mon avis :
- elle occupe une place marginale et a présentement la force d'une mode ❑
- elle est une caractéristique du programme et peut occuper jusquà 25 % du temps réservé à l'apprentissage des mathématiques ❑
- elle est un élément fondamental du programme qui peut facilement occuper jusqu'à 60 % du temps ❑

b) Dans ma classe, les séances de travail réservées à la résolution de problèmes
- sont occasionnelles et irrégulières ❑
- sont régulières et peuvent même être fixes dans l'horaire ❑
- constituent l'essentiel du temps réservé à la mathématique ❑

c) Mes élèves travaillent :
- toujours seuls ❑
- toujours en équipes ❑
- parfois seuls, parfois en équipes ❑

d) Mes élèves ont accès :
- à un problème à la fois ❑
- à plusieurs problèmes à la fois ❑

e) Mes élèves ont accès :
- à du papier quadrillé et à diverses grilles ❑
- à du matériel de manipulation ❑

f) Mes élèves utilisent selon leurs besoins :
- la calculatrice ❑
- le micro-ordinateur ❑

g) Chaque élève a un cahier de bord dans lequel on trouve un nombre limité de problèmes solutionnés, clairement identifiés. ❑

h) Pour les mêmes problèmes, il existe en classe un cahier de bord commun regroupant à l'occasion, autour d'un même problème, des solutions variées trouvées par les élèves. ❑

i) Mes élèves sont informés des rôles des cahiers de bord. ❑

Source : Adaptée de Grignon et Laplante (1992).

MATHÉMATIQUES

FIGURE 21.3
Animation des séances de résolution de problèmes en classe

a) Mon choix didactique. La résolution de problèmes dans la classe :
– consiste surtout à l'application des techniques et des notions acquises ❏
– se traduit par l'enseignement et l'exercice de diverses stratégies ❏
– est d'abord une activité mathématique intégrante et intégrée qui précède souvent l'étude des techniques et des notions ❏

b) L'appropriation des données des problèmes se fait :
• par une lecture collective ❏
• par une lecture collective suivie de discussions ❏
• par une lecture en sous-groupes ❏
• par une lecture individuelle ❏

c) Pour la présentation des problèmes, j'utilise :
• du matériel de manipulation ❏
• le rétroprojecteur ❏

d) Au moment de la résolution de problèmes, l'élève laisse toujours sur sa feuille des traces qui m'aident à intervenir. ❏

e) À l'occasion, l'élève consulte son cahier de bord ou celui de la classe. ❏

f) À l'occasion, un ou des élèves présentent aux autres la démarche utilisée. ❏

g) À l'occasion, devant les élèves, je solutionne un problème :
• en utilisant du matériel de manipulation, en consultant des ouvrages tels un cahier de bord, une table de nombres, un lexique ❏
• en allant chercher une information sur l'ordinateur ou en ayant recours à une calculatrice ❏

h) Attitudes. Par mon action et par celle de l'élève, le travail de résolution de problèmes tend à développer la confiance en soi, l'imagination créatrice, la persévérance, l'ouverture aux autres, la perspicacité, la rigueur intellectuelle. ❏

i) Habiletés. Par mon action et par celle de l'élève, le travail de résolution de problèmes favorise l'observation, la réorganisation des données, l'utilisation du matériel, la prévision, la communication d'une solution, l'analayse d'une solution, la généralisation. ❏

Source : Adaptée de Grignon et Laplante (1992).

FIGURE 21.4
Communication des solutions trouvées dans la résolution de problèmes en classe

a) L'élève est conscient que résoudre un problème et communiquer une solution sont des tâches distinctes.	❑
b) Les premières communications de l'élève se font à partir de problèmes simples solutionnés en groupe.	❑
c) À l'occasion, l'élève prépare sa communication à partir d'un problème qu'il a solutionné et que j'ai préalablement corrigé.	❑
d) À l'occasion, la communication se fait oralement et parfois en utilisant du matériel de manipulation.	❑
e) L'apprentissage de la communication se fait aussi par l'analyse de communications déjà établies. Ces communications ont pu être élaborées par l'élève d'autres classes.	❑
f) L'élève inscrit dans son cahier de bord : • tout son travail en mathématiques • une sélection prédéterminée de problèmes	❑ ❑
g) Le cahier de bord de la classe est fait par des élèves.	❑
h) Des solutions sont parfois communiquées à l'aide d'affiches préparées par un élève ou par un groupe d'élèves. Il y a présentement aux murs de la classe des affiches qui proposent des démarches différentes pour solutionner un même problème et qui permettent ainsi de comparer des solutions.	❑
i) À l'occasion, l'élève doit présenter sa solution selon des exigences établies préalablement.	❑

Source : Adaptée de Grignon et Laplante (1992).

MATHEMATIQUES

Références bibliographiques

Caron, N. (1987). Vers une pédagogie de l'invention mathématique. *Instantanés mathématiques*, XXIII, 4, 7-16.

Fortier, M. (1992). Quelques activités ludiques sur les fractions (notation à virgule). *Instantanés mathématiques*, XXIX, 1, 12-16.

Grignon, J. (1990). *La mathématique au jour le jour. Essai sur l'art d'enseigner.* Québec : Jean Grignon enr.

Grignon, J., et Laplante, H. (1992). La résolution de problèmes en classe. Fiches d'auto-analyse. *Instantanés mathématiques*, XXIX, 1, 4-9.

Ministère de l'Éducation du Québec (1988). *Guide pédagogique. Primaire. Mathématique. Fascicule K, résolution de problèmes, orientations générales.* Québec : ministère de l'Éducation du Québec, Direction générale des programmes.

MATHÉMATIQUES

CHAPITRE 22

Évaluation

Jean J. Dionne et Hermelle Vézina

Après avoir cheminé pendant un certain temps avec ses élèves, l'enseignante sent le besoin de savoir ce qu'ils ont pu apprendre, ce qu'ils ont compris, ce qu'ils savent maintenant faire. Cette légitime curiosité — parfois un peu obligée, on en conviendra — se voit satisfaite au moment de l'évaluation, une étape importante du processus d'enseignement et d'apprentissage.

Cette étape, précisons-le, n'est pas nécessairement la dernière du processus. Bien sûr, il y aura évaluation à la conclusion de celui-ci, mais cela n'exclut pas qu'il y en ait aussi en cours de route, que l'évaluation accompagne le processus ou qu'elle en fasse même partie intégrante. En ce sens, parler de « l'étape de l'évaluation » s'avère sans doute réducteur, même si cela correspond souvent à la réalité.

Pour rendre justice à la compétence de l'enfant, compétence qu'on lui a déjà reconnue, rappelons-le, l'évaluation doit être en rapport avec les modes et les méthodes de la démarche d'apprentissage comme avec l'esprit qui l'anime. C'est ainsi qu'il serait malhonnête, lorsqu'on travaille dans le cadre de la résolution de problèmes, de ne tenir compte que « d'une performance ultime qui consisterait à fournir à l'élève des problèmes nouveaux et pour lesquels on voudrait une solution fulgurante, complète et tout à fait identique à celle que l'on a en tête » (Grignon, 1990, p. 31). Tout comme il serait maladroit, dans une démarche où l'on a mis l'accent sur la construction de la compréhension, de ne s'arrêter, au moment d'évaluer, qu'aux seules réponses de l'enfant, sans se préoccuper de ses processus de pensée.

D'autres exigences doivent également être respectées, exigences concernant l'appui à apporter aux élèves en train de bâtir leurs connaissances, mais aussi exigences relatives à l'expression d'un jugement éclairé sur leurs connaissances et leurs habiletés. On retrouve ici deux pôles de l'évaluation :
- celui de l'**évaluation formative**, où, le plus souvent en cours de route, on cherche à mieux connaître les forces et les faiblesses de l'enfant et, en même temps, à lui en faire prendre conscience, de façon à concourir efficacement à ses progrès ;
- celui de l'**évaluation sommative**, où l'on juge de la qualité du travail des élèves et l'on fait officiellement le point sur leurs acquis afin de prendre des décisions, en vue, par exemple, du passage vers une classe plus avancée.

Dans les pages qui viennent, nous n'aborderons pas en détail ces deux formes d'évaluation. On en traite plus spécifiquement dans de nombreux ouvrages ainsi que dans d'autres parties de ce livre. Aussi nous contenterons-nous des quelques remarques générales déjà émises à ce propos pour plutôt nous consacrer à des apports plus directement pratiques. Dans un premier temps, nous nous arrêterons à l'évaluation dans le contexte de la résolution de problèmes, en apportant quelques suggestions pour l'organisation des examens. Puis nous nous tournerons vers un nouvel instrument d'évaluation formative, la mini-entrevue. Mis au point par Nicole Nantais (1992), qui pensait alors à l'enseignement des mathématiques, cet outil peut aussi être adapté afin de servir dans les autres champs du savoir, en lecture et en écriture notamment.

22.1 ÉVALUATION EN RÉSOLUTION DE PROBLÈMES

L'évaluation en résolution de problèmes doit permettre de cerner ce que l'élève arrive à faire tout en respectant le type de démarche qui a été celle de l'apprentissage. Encore une fois, Grignon (1990, pp. 31-32) apporte quelques suggestions tout à fait pertinentes que nous reprenons quasi intégralement. Une évaluation judicieuse, dit-il, pourrait s'attacher à l'un ou l'autre des éléments suivants :

– L'élève comprend-il l'énoncé d'un problème ? On ne lui demande pas de solution ici, seulement d'expliquer la situation en ses propres mots et peut-être de suggérer une manière de l'aborder.
– L'élève peut-il expliciter par écrit une démarche de solution ? On peut très bien lui fournir la réponse au problème.
– L'élève peut-il trouver la réponse juste à un problème ? Cette fois, on n'exigera pas qu'il expose sa démarche.
– L'élève peut-il résoudre un problème en fournissant les détails de sa démarche ainsi que sa réponse ? Ici, on souhaite donc une solution complète.
– L'élève peut-il formuler un problème de son cru à partir d'une situation qu'on lui propose ou en transformant un problème déjà résolu ?

Une séquence d'évaluation honnête, avons-nous dit plus haut, ne devrait pas simplement imposer à l'enfant de résoudre quelques problèmes neufs. Par contre, on n'aurait pas une meilleure idée des capacités de l'élève en ne lui proposant que du déjà vu. Grignon (1990) prolonge sa réflexion en précisant qu'une évaluation particulière comprendra un ou deux des types de questions énumérés. Et à titre d'exemple, il explique comment il composerait un examen de cinq problèmes du type de ceux que l'élève doit résoudre en fournissant démarche et réponse. Son examen comporterait :

– un problème qui a déjà été fait par l'ensemble des élèves ;
– deux problèmes semblables à ceux déjà faits. Les données auront été changées ou la situation sera en partie transformée ;
– deux problèmes nouveaux. L'un pourrait avoir été déjà exploré sans pour autant avoir été solutionné par le groupe.

Et il conclut : « Vous comprendrez que je cherche vraiment à savoir ce que l'élève sait et non ce qu'il devrait savoir. Je souhaite que l'élève se replonge dans son activité mathématique, retrouve des situations familières, croit en un succès possible et se mesure à de nouvelles difficultés » (Grignon, 1990, p. 32).

22.2 MINI-ENTREVUE

Ce n'est pas tout de vouloir s'attacher à la compréhension des élèves, encore faut-il avoir des moyens pratiques de juger de cette compréhension. La mini-entrevue est justement un outil d'évaluation de la compréhension mathématique mis au point pour répondre à un besoin pressant exprimé par des enseignantes désireuses de cerner la pensée de l'enfant dans son processus d'apprentissage.

22.2.1 Description

La mini-entrevue consiste en un bref dialogue entre l'intervieweuse et l'élève dans le contexte d'une tâche précise se rapportant à des notions déjà enseignées. On y coordonne les questions avec l'activité de l'enfant afin de se renseigner sur ses processus de pensée. Même si une tâche donnée exige une réponse, cette réponse ne joue qu'un rôle marginal, l'évaluation de la stratégie utilisée étant ici l'objectif principal visé.

22.2.2 *Quelques règles méthodologiques*

Une telle entrevue sera forcément de courte durée (7 à 10 minutes par enfant) si on veut pouvoir l'administrer à l'ensemble des élèves. Elle vise toujours l'évaluation d'un aspect précis de la compréhension d'une notion mathématique donnée. Aussi, afin de pouvoir interpréter les réponses de l'élève, une analyse de cette notion doit être réalisée au préalable. Le modèle utilisé pour l'analyse devra permettre de décrire les divers aspects de la compréhension de la notion, en tenant compte de perspectives tant psychologiques que didactiques.

L'entrevue elle-même exige un questionnement plutôt standardisé ; on prépare une série de questions à l'avance, essentiellement les mêmes pour tous les élèves, questions dont on s'éloignera le moins possible, d'abord à cause des limites de temps, mais aussi parce que l'objectif est de vérifier le plus efficacement possible si, pour une notion donnée, chaque élève a atteint ou non tel niveau de compréhension, et non de déterminer de façon précise des problèmes éprouvés par l'un ou l'autre. L'intervieweuse conserve quand même une certaine latitude lui permettant de suivre certaines pistes intéressantes et d'ajuster la formulation des questions au cas où celles-ci ne seraient pas comprises par l'élève. Comme l'enseignement de toute notion suppose l'existence de certaines connaissances préalables, la mini-entrevue doit, dans un premier temps, vérifier si l'enfant les possède.

Pour éviter de poser des questions inutiles n'aidant pas à une meilleure appréhension de la compréhension de l'élève, l'intervieweuse respectera certaines règles dans la préparation et l'organisation de ses questions : elle commencera par les questions les plus difficiles, évitera de faire

appel à la mémoire et prolongera chaque question en demandant à l'élève : « Comment le fais-tu ? Comment le sais-tu ? »

Ajoutons enfin que la mini-entrevue est un outil qui permet une évaluation individuelle, rationnelle et systématique ; cette évaluation n'est ni sommative ni normative, mais à caractère formatif puisqu'elle vise à fournir une double rétroaction : l'une chez l'élève, pour situer sa compréhension, et l'autre chez l'enseignante, qui peut ainsi vérifier l'efficacité de ses interventions. Elle fournit un moyen concret de dépasser les seules réponses des élèves pour accorder davantage d'attention à leur raisonnement, à leurs processus de pensée ; elle se veut un instrument pour discerner la présence de difficultés éventuelles chez les élèves et ainsi permettre une intervention ultérieure d'autant plus féconde qu'elle sera rapide. Il est d'ailleurs un phénomène qu'on a pu observer dans de nombreuses classes où la mini-entrevue a été mise à l'essai : on y a découvert que certains élèves considérés comme forts avaient une compréhension plus que superficielle, alors que d'autres, jugés plus moyens sinon carrément faibles, comprenaient mieux que ne le laissaient deviner leurs résultats. Par ce changement de perspective, le portrait des élèves s'est trouvé modifié, pour leur plus grand bien.

22.2.3 *Implications pédagogiques*

Afin de profiter pleinement de cet outil, l'enseignante doit être munie d'un cadre de référence lui fournissant des instruments d'analyse cohérents et suffisamment élaborés pour permettre une description convenable de la pensée de l'enfant. Mais, même sans un tel cadre, le simple fait d'utiliser une mini-entrevue et de questionner les élèves à partir de tâches bien structurées renseigne l'enseignante sur la pensée de ces derniers, l'aide à donner plus d'importance à la démarche qu'à la réponse et à mieux s'attacher à la formation des concepts, objectif premier des programmes de mathématiques.

Il est par ailleurs connu que l'évaluation exerce une influence déterminante sur l'enseignement donné par l'enseignante et sur les apprentissages réalisés par les élèves. Une utilisation plus systématique de la mini-entrevue apparaît comme un bienfait dans ce contexte : puisqu'elle va à l'essentiel, c'est-à-dire à la pensée de l'enfant et à ses processus, elle conduit à des enseignements et à des apprentissages mieux centrés sur cet essentiel. Le fait qu'elle mette l'accent sur les processus s'avère d'autant plus intéressant que les recherches actuelles mettent en évidence l'efficacité des formules d'enseignement stratégique, et ce, autant pour les élèves ordinaires que pour les élèves à risque.

22.2.4 *Collaboration consultative avec l'orthopédagogue*

La mini-entrevue peut s'avérer une belle occasion de collaboration entre l'orthopédagogue et l'enseignante. L'une des deux intervenantes peut administrer les mini-entrevues au moment où l'autre assume la gestion de la classe. Leurs discussions leur permettront ensuite de cerner les forces et les faiblesses des enfants, de mieux orienter leurs efforts, d'adapter leurs interventions. En un mot, la mini-entrevue devient aussi un outil de concertation. Mais ce n'est pas là son seul mérite.

22.2.5 *Quelques avantages supplémentaires*

Les différentes expériences menées jusqu'à maintenant démontrent que la mini-entrevue présente des avantages certains qui contribuent à améliorer la qualité de l'enseignement et de la rétroaction ; ces avantages sont les suivants :

- l'élève est appelé à communiquer activement sa compréhension ;
- l'orthopédagogue a entre les mains un outil lui permettant un contact personnel avec chacun des élèves d'une classe et non avec seulement ceux qui lui sont envoyés par autrui ;
- l'enseignante peut profiter du même contact personnel avec chacun : l'expérience a montré

que plusieurs ont ainsi littéralement découvert certains de leurs élèves jusqu'alors demeurés dans l'ombre ;
- les parents peuvent recevoir un meilleur portrait des apprentissages de leur enfant et sont mieux orientés pour leur venir en aide.

22.3 CINQUIÈME FICHE...

La figure 22.1 présente la cinquième et dernière fiche d'auto-évaluation, précisément celle qui porte sur l'évaluation des élèves.

FIGURE 22.1
Évaluation de la résolution de problèmes en classe

a) À l'occasion, je ne mesure que la compréhension de la donnée du problème.	❏
b) Parfois, l'élève n'est jugé que sur la réponse, même si la solution demande un certain développement. L'élève est alors averti à l'avance.	❏
c) Parfois, la réponse est donnée. L'évaluation porte alors essentiellement sur la démarche.	❏
d) Parfois, l'élève a à solutionner un problème en entier et à présenter une solution complète.	❏
e) Parfois, l'élève a à formuler une question ou un problème au regard d'une situation proposée ou d'un problème déjà solutionné.	❏
f) Dans un même examen, l'élève retrouve des questions de deux ou trois des types de problèmes ci-haut mentionnés.	❏
g) Dans tout examen, il y a au moins un problème où l'élève a à utiliser du matériel.	❏
h) Dans un examen en résolution de problèmes, l'élève est libre d'utiliser sa calculatrice.	❏
i) Dans un examen, l'élève a droit à son cahier de bord.	❏
j) Dans un examen, l'élève trouvera à l'occasion un problème qu'il a déjà solutionné et qu'il a consigné dans son cahier de bord.	❏
k) J'utilise régulièrement la mini-entrevue, en particulier lorsque je veux cerner le degré de compréhension de l'élève et les étapes de sa démarche en résolution de problèmes.	❏

Source: Adaptée de Grignon et Laplante (1992).

Références bibliographiques

Grignon, J. (1990). *La mathématique au jour le jour. Essai sur l'art d'enseigner*. Québec: Jean Grignon enr.

Grignon, J., et Laplante, H. (1992). La résolution de problèmes en classe. Fiches d'auto-analyse. *Instantanés mathématiques*, XXIX, 1, 4-9.

Nantais, N. (1992). *La mini-entrevue, un nouvel outil d'évaluation de la compréhension mathématique au primaire*. Montréal: Publications de la Faculté des sciences de l'éducation, coll. Prix Grégoire.

Collaboration entre l'école et la famille

Les chercheurs et les agents d'éducation sont unanimes pour affirmer que la collaboration avec les parents constitue l'une des variables les plus importantes pour favoriser la réussite scolaire des élèves. Ce constat est d'autant plus vrai pour les jeunes qui présentent des risques d'échec ou d'abandon scolaire.

Au lieu de rechercher la cause des difficultés scolaires d'un jeune dans les pratiques ou le suivi familial, les activités de collaboration entre l'école et la famille ont adopté depuis quelques années la perspective d'établir une véritable concertation entre parents et agents d'éducation. Ce partenariat vise la mise au point de stratégies conjointes pour aider le jeune qui présente des difficultés.

Cette partie du guide du Programme d'intervention auprès des élèves à risque présente d'abord, dans le chapitre 23, un rappel des connaissances actuelles sur l'importance de la collaboration entre l'école et la famille pour la réussite scolaire de l'ensemble des élèves. On y présente les différents modes de participation parentale, les types de programmes de collaboration entre les parents et les enseignantes et les facteurs favorisant leur réussite.

Le chapitre 24 aborde plus particulièrement la nature de la collaboration parentale dans le cadre du PIER. Après avoir fait un rappel de la notion d'élève à risque, nous présentons concrètement les modalités selon lesquelles les parents et les enseignantes peuvent communiquer entre eux, que ce soit par une rencontre ou par écrit. Ce chapitre propose également un certain nombre de documents pour favoriser la communication entre les parents et les enseignantes et suggère l'utilisation d'un système de messagerie téléphonique pour permettre des contacts quotidiens.

À la fin de chacun des chapitres de cette partie, nous présentons, après les références utilisées, des suggestions de lectures complémentaires afin de permettre au lecteur de poursuivre sa réflexion et de s'outiller pour favoriser une véritable collaboration entre l'école et la famille.

Le lecteur trouvera de plus, en annexe, deux instruments susceptibles d'être utiles aux parents, entre autres en ce qui a trait à leur participation à l'élaboration d'un plan d'intervention.

Collaboration entre l'école et la famille

Égide Royer, Lise Saint-Laurent,
Sylvie Moisan et Isabelle Bitaudeau

La concertation entre l'école et la famille est reconnue comme importante pour la réussite scolaire de tous les élèves. Cette collaboration augmente l'efficacité des services éducatifs offerts à l'école et constitue une variable critique pour venir en aide aux élèves qui éprouvent des difficultés. En effet, les jeunes en difficulté ont besoin d'une attention particulière qui implique un partenariat plus étroit entre les parents et les enseignantes, qui réalisent souvent eux-mêmes la nécessité de s'appuyer mutuellement. C'est pourquoi la collaboration entre l'école et la famille constitue l'un des quatre éléments fondamentaux du modèle d'intervention du PIER.

Ce chapitre présente un résumé des connaissances actuelles sur l'importance de la coopération entre l'école et la famille et décrit brièvement les différentes formes que peut prendre ce partenariat. Nous y faisons également une synthèse des types de programmes de collaboration entre l'école et la famille, et traitons des facteurs favorisant la réussite de ces activités.

Dès maintenant, il est important de noter que le terme *parent* désigne ici un ou des adultes ayant une relation de tutorat avec un ou des enfants. Il s'agit d'un concept qui englobe toutes les formes que peut prendre la famille pour les élèves qui fréquentent nos écoles, qu'elle soit biparentale, monoparentale ou reconstituée.

23.1 COLLABORATION ENTRE L'ÉCOLE ET LA FAMILLE ET RÉUSSITE SCOLAIRE

Généralement, tout le monde s'accorde pour vanter les bienfaits d'une plus grande participation des parents à l'école. Moles (1982) rapporte les résultats d'un sondage effectué aux États-Unis qui établit que 90 % du personnel enseignant, de tous les niveaux d'enseignement, pensent que plus d'interaction entre la maison et l'école serait bénéfique. Au Québec, l'étude réalisée par Saint-Laurent, Royer, Hébert et Tardif (1994) arrive à des conclusions similaires.

Cette reconnaissance de l'importance des parents pour la réussite scolaire des jeunes a amené, depuis quelques années, de nombreux auteurs à souligner la nécessité de renforcer les liens entre les parents et l'école. D'ailleurs, dans le contexte actuel, ces liens semblent plus nécessaires que jamais. En effet, la mission sociale de l'école dépasse de plus en plus la simple atteinte des objectifs d'apprentissage des programmes d'études, et, de leur côté, plusieurs parents sont aux prises avec des problèmes familiaux ou professionnels qui influent sur le suivi qu'ils peuvent accorder à leurs enfants.

Les parents et les enseignantes tirent avantage d'une collaboration mutuelle. Les bienfaits rapportés sont nombreux : meilleure connaissance réciproque, découverte d'intérêts communs, plaisir de connaître l'autre sous un nouveau jour, élargissement de leur perspective et amélioration de leurs habiletés d'éducateurs. Enfin, pour l'école elle-même, la collaboration avec les parents apporte de nouvelles ressources, une contribution éducative originale et de nouvelles possibilités de contacts extérieurs.

Selon Swap (1987), les barrières les plus courantes à la participation parentale sont : 1) le manque de temps de part et d'autre ; 2) l'état actuel des relations entre les parents et le personnel enseignant, qui ne se rencontrent qu'à de rares occasions (réunions de parents, remise du bulletin, etc.) ; 3) le fait que la communication n'a lieu que pendant une période critique ou une crise où, souvent, la recherche d'un responsable prime celle d'une solution.

Les perceptions des parents et du personnel enseignant sont parfois très différentes. Par exemple, lorsque des parents ne viennent pas aux rencontres, l'enseignante est portée à conclure à un manque d'intérêt, alors que bien des parents, pour toutes sortes de raisons (autres enfants à la maison, horaires de travail incompatibles, etc.), ne peuvent vraiment pas se présenter à ces rencontres.

De leur côté, certains parents avouent ne pas se sentir très à l'aise lors de ces rencontres. Ils ne perçoivent pas l'école et l'information qui leur est donnée de la même manière que l'enseignante. Ainsi, des parents voient l'école comme la seule responsable de l'éducation des enfants et d'autres n'accordent pas une grande valeur à l'école et à ce qui s'y passe. Pour l'élève en difficulté, cette divergence de perception peut être encore plus marquée : les difficultés sont perçues et vécues de manière fort différente d'une famille à l'autre, et l'enseignante doit composer avec ces divers points de vue.

23.2 MODES DE PARTICIPATION DES PARENTS

Les parents ne forment pas un groupe homogène et ne disposent pas tous des mêmes moyens pour s'engager de manière active à l'école. Leur coopération avec le milieu scolaire doit donc prendre des formes diverses afin de répondre aux besoins et aux disponibilités de chacun.

La plupart des parents sont disposés à s'engager activement dans les apprentissages de leur enfant et sont intéressés à recevoir plus d'informations sur la meilleure manière de l'aider.

Certains parents sont prêts à consacrer un peu plus de temps et d'énergie pour prendre part à des activités à l'école. Quelques-uns ne sont disponibles que de manière ponctuelle. Dans ce cas, on peut leur proposer de participer à un événement spécial (par exemple, accompagner le groupe lors d'une sortie à un musée). D'autres disposent de suffisamment de temps, d'énergie et de connaissances pour apporter une plus grande contribution à l'école. Certains peuvent venir en classe faire un exposé sur un sujet particulier (relié à leur travail ou à un loisir), d'autres sont prêts à s'engager dans l'animation de groupes d'entraide de parents qui abordent certaines problématiques particulières (par exemple, comment intervenir face aux comportements difficiles à la maison).

La figure 23.1 présente un modèle illustrant les besoins que peuvent ressentir les parents par rapport à l'école et à l'éducation de leur enfant, ainsi que les forces dont ils disposent pour s'engager de manière plus active. Les moyens que peut utiliser une école pour répondre à ces besoins apparaissent en parallèle. Ce type de modèle illustre bien les différents niveaux de participation que les parents peuvent choisir pour collaborer avec l'école.

23.3 TYPES DE PROGRAMMES DE COLLABORATION ENTRE L'ÉCOLE ET LA FAMILLE

Plusieurs programmes ont tenté de promouvoir une meilleure participation des parents à l'école

FIGURE 23.1
Participation parentale : un modèle en miroir

		Quels sont les besoins ?	**Comment y répondre ?**
B E S O I N S	**Peu de parents**	Thérapie, éducation intensive et soutien	Diriger vers des organismes ou offrir counseling ou thérapie de groupe
	Quelques parents	Entraînement aux habiletés d'organisation, d'interaction avec le système et d'éducation des enfants	• Conduire des groupes d'éducation pour les parents • Organiser des groupes d'appui aux parents
	La plupart des parents	• Connaissance des progrès de l'enfant, de son environnement, de ses amis • Assistance dans les programmes scolaires à la maison	Utilisation d'un carnet de route, rapports quotidiens ou hebdomadaires, rencontres, appels téléphoniques, visites à domicile
	Tous les parents	• Respect du droit à l'éducation et des droits de l'enfant et des parents • Être informés des évaluations et du classement • Être informés des politiques et des procédures de l'école et des événements de l'école et de la classe	• Produire des journaux, des guides • Aménager des séances d'information et des rencontres
F O R C E S	**Tous les parents**	Connaissance particulière des forces et des besoins de l'enfant, des caractéristiques familiales, de leurs propres besoins et de leurs aspirations face à l'école	• Prévoir une entrevue à l'inscription de l'élève • Aménager des rencontres • Utiliser des questionnaires
	La plupart des parents	• Soutien à court terme dans des projets à l'école, projets à la maison • Connaissance particulière du monde du travail	• Inviter les parents à aider à organiser les rencontres, appeler les autres parents • Donner du renforcement pour le travail à la maison ou à l'école • Faire des conférences à l'école • Participer à des activités bénévoles ponctuelles
	Quelques parents	Habiletés de leadership, avec du temps, de l'énergie et des connaissances particulières pour ⟶	S'engager dans des groupes de conseils de parents, des groupes de travail, faire du bénévolat dans les classes, participer au tutorat, écrire dans des journaux, participer à une collecte de fonds
	Peu de parents	Habiletés particulières, connaissances, capacité de donner temps, énergie et engagement dans une formation de leader pour ⟶	Animer des groupes de parents, travailler dans des comités pédagogiques, élaborer des programmes d'entraide pour les parents
		Quelles sont les forces ?	**Comment les utiliser ?**

FAMILLE

Source : Parent Center, Albuquerque Public Schools, 1982 (traduction libre).

et proposé différentes formes d'activités de collaboration.

Certaines pratiques ont pour objectif l'**amélioration des relations entre la maison et l'école** : dans ces programmes, les parents aident à élaborer et à réaliser des activités qui stimulent l'échange d'informations et qui favorisent de bonnes relations interpersonnelles. Ces activités peuvent prendre différentes formes : visites mutuelles, local de parents à l'école, répertoire de parents disponibles pour donner du temps à l'école, ligne téléphonique spéciale, communications écrites, repas communautaires, assemblées d'information.

Dans les programmes axés sur le **soutien à l'école**, les parents sont invités à donner temps, biens ou services pour soutenir certains projets scolaires. Il peut s'agir d'une collecte de fonds, d'une assistance directe (travaux de peinture, dons de vêtements, réparations, etc.), de l'accompagnement d'élèves lors de sorties, de conférences, de l'enseignement d'un art ou d'un passe-temps, de l'organisation d'événements sociaux ou culturels.

Certains projets visent l'**éducation des parents** : ces derniers sont conviés à participer à des sessions de formation destinées à les aider à développer leurs habiletés parentales ou à améliorer leurs connaissances : ateliers de formation sur des sujets précis, cours de formation continue, accès à du matériel de formation (livres, vidéos, brochures).

Dans les programmes dont la dominante est l'**instruction à la maison**, l'école assiste les parents dans leur rôle d'éducateurs par des prêts de livres ou de jeux, un centre-ressource ou des activités de lecture pour l'été.

D'autres milieux scolaires mettent l'accent sur l'**instruction à l'école** : ils invitent les parents à participer directement à l'éducation scolaire en assistant l'enseignante dans sa tâche : leur contribution peut prendre diverses formes : tutorat d'élèves, activités d'enseignement, planification de cours, préparation du matériel.

Enfin, d'autres milieux scolaires mettent l'accent sur l'utilisation de **comités consultatifs** où les parents constituent des groupes-conseils pouvant s'intéresser à toutes questions qui concernent l'école, qu'elles soient financières, administratives ou pédagogiques.

Becker et Epstein (1982) ont interrogé plus de 3700 enseignants du primaire afin de connaître leur opinion par rapport à la participation parentale et les moyens qu'ils mettent en œuvre pour favoriser cette collaboration. Ces auteurs constatent que la plupart des répondants considèrent la participation des parents comme un élément important pour la réussite scolaire de l'enfant. Par contre, ce n'est qu'une minorité qui exige cette participation (9 %), la majorité suggérant plutôt diverses techniques pour favoriser la collaboration. Ces divers moyens ont été regroupés en cinq catégories :

- **Les stratégies impliquant la lecture et l'utilisation des livres.** Pour favoriser l'apprentissage de la lecture, on demande aux parents de faire la lecture ou d'écouter l'enfant lorsqu'il lit ; on leur suggère d'amener l'enfant à la bibliothèque ou à la librairie et on leur présente du matériel pour favoriser l'apprentissage de la lecture à la maison. Ce type de stratégie est surtout employé par les personnes qui enseignent aux élèves les plus jeunes, particulièrement en première année.

- **Les stratégies encourageant la discussion entre parents et enfant.** Elles visent à développer les habiletés d'expression orale de l'élève et la participation des parents. Le plus souvent, l'enseignante encourage les discussions à propos de la journée passée à l'école. Les devoirs nécessitant une interaction avec les parents sont fréquemment utilisés.

- **Les stratégies reliées aux activités pouvant être réalisées à la maison.** L'objectif est de confier au parent un rôle de modèle ou de tuteur. Ainsi, l'enseignante transmet de l'information sur certains cours, offre des jeux ou des activités destinés aux parents ou aux enfants, ainsi que des conseils sur l'aménagement de l'environnement familial pour favoriser l'étude.

- **La stratégie d'un contrat entre l'enseignante et les parents.** En concertation, l'enseignante, les parents et l'élève déterminent quels seront les privilèges accordés à la suite des efforts de l'enfant et précisent les responsabilités du parent concernant la supervision, l'assistance aux devoirs et l'environnement propice aux études. Bien que cette technique soit peu employée, les enseignantes qui l'utilisent considèrent qu'elle est l'une des plus efficaces pour favoriser la coopération entre l'école et la famille.

– **Les stratégies qui permettent de développer chez les parents leurs habiletés d'enseignement, de soutien et d'évaluation.** Les enseignantes qui utilisent cette méthode informent les parents sur le matériel disponible pour favoriser l'acquisition des connaissances et des habiletés travaillées en classe. Plusieurs invitent les parents à venir faire de l'observation à l'école et leur font parvenir des questionnaires leur demandant d'évaluer les performances et les difficultés de leur enfant.

Il demeure néanmoins que les parents ne sont pas des spécialistes de la pédagogie, mais des adultes dont le mandat social est d'encadrer et de favoriser le développement de leur enfant. En ce qui a trait au soutien des apprentissages scolaires, ils ont, de toute évidence, un rôle qui est davantage caractérisé par de l'encadrement que de l'enseignement proprement dit.

Il est enfin possible de dégager de l'article de Becker et Epstein (1982) que, parmi les raisons invoquées par le personnel enseignant pour ne pas utiliser certaines stratégies favorisant la participation des parents, la croyance que les parents vont refuser de collaborer, ou encore qu'ils n'ont pas la capacité de le faire, est très présente. Les auteurs ne fournissent pas d'informations pour nous permettre de savoir si ces conceptions sont fondées ou non sur l'expérience.

L'étude de Saint-Laurent et ses collaborateurs, réalisée en 1993 (sous presse), permet d'apporter quelques précisions sur cette question. La recherche effectuée par cette équipe avait pour but de connaître les pratiques et les besoins des parents et du personnel enseignant par rapport à la collaboration entre la famille et l'école. L'enquête révèle que les parents et le personnel enseignant croient qu'une collaboration entre l'école et les parents peut améliorer le rendement scolaire et la

conduite de l'élève en classe. Les parents se disent désireux de collaborer avec l'école dans l'éducation de leurs enfants. Les auteurs indiquent que le personnel enseignant doit toutefois avoir des attentes réalistes par rapport à cette collaboration. En ce qui a trait aux activités que l'on peut proposer aux parents, celles-ci doivent être multiples, variées et correspondre à leurs besoins et à leurs possibilités. Face à un échec ou à un faible taux de participation, il faut chercher à cerner les facteurs qui nuisent à la participation parentale et élaborer un programme qui tienne compte davantage des besoins réels et des disponibilités des familles, plutôt que de conclure à un manque d'intérêt de leur part.

L'enquête de Saint-Laurent et ses collaborateurs suggère certaines pistes pour la pratique. Les ateliers de devoirs et leçons seraient à promouvoir particulièrement pour les élèves en difficulté d'apprentissage. Les milieux scolaires devraient offrir un guide expliquant aux parents comment aider leurs enfants dans leurs travaux scolaires. D'ailleurs, les parents expriment le besoin de programmes de formation pour la supervision des devoirs et leçons et pour la gestion des comportements à la maison. Du côté du personnel enseignant, cette étude suggère la nécessité de favoriser le développement d'habiletés de communication avec les parents et l'adoption d'attitudes positives à l'égard de ces derniers. L'enseignante doit être incitée à voir les parents comme de véritables partenaires.

23.4 FACTEURS FAVORISANT LA RÉUSSITE D'ACTIVITÉS DE COLLABORATION ENTRE L'ÉCOLE ET LA FAMILLE

Eastman (1988) constate que les programmes qui donnent les meilleurs résultats durent plusieurs mois et comportent une interaction directe et personnelle avec les parents, leur proposant des tâches structurées et concrètes dont les objectifs sont clairement définis.

Dans les écoles où l'on note une forte participation parentale, on constate que les parents sont invités à participer à une grande variété d'activités (observation, bénévolat, participation à des rencontres et à des conférences). Par contre, dans les écoles ayant un taux de participation moins élevé, les parents ne participent souvent qu'aux rencontres habituelles « parents-enseignantes ».

Les programmes efficaces offrent aux parents plusieurs façons de participer. Ils cherchent également à connaître leur opinion par rapport aux activités à offrir, tout en visant à répondre aux besoins spécifiques des parents et de la communauté dans laquelle l'école est implantée (urbaine, rurale, défavorisée, etc.). Dans le cas des milieux défavorisés, on a fait ressortir qu'il est important d'aider les parents à comprendre les critères d'évaluation utilisés à l'école. En effet, il ressort que plusieurs d'entre eux connaissent mal les objectifs pédagogiques et souhaitent être davantage informés sur les programmes et sur les progrès de leur enfant. Il arrive d'ailleurs que les parents ne soient pas conscients des difficultés de leur enfant tout simplement parce que ce dernier obtient des résultats analogues à ceux des enfants de son entourage.

Les élèves des classes où les enseignantes font activement appel aux parents sont en avance en lecture sur les autres. Cet effet semble toutefois moins perceptible pour ce qui est des résultats en mathématiques. Eastman (1988) attribue cette situation au fait qu'à la maison, les parents sont surtout invités à aider leur enfant en lecture.

En ce qui a trait aux personnes engagées activement, les programmes les plus efficaces sont ceux qui font participer toute l'école, dans lesquels les administrateurs, les enseignantes et les parents reçoivent un entraînement aux interactions entre l'école et la famille et où l'on forme des parents leaders pour diriger des sessions d'information destinées aux autres parents.

Handel (1990) dégage un certain nombre d'éléments qui permettent de synthétiser les connaissances utiles aux agents d'éducation qui désirent mettre l'accent sur la coopération avec les parents.

Les enseignantes doivent avoir des attentes réalistes par rapport au taux de participation des parents et à l'énergie nécessaire pour favoriser celle-ci. Elles doivent adopter des indices flexibles pour évaluer la participation (par exemple, l'emprunt d'un livre peut être considéré comme un signe de participation au même titre que la présence à une réunion).

On ne doit pas axer les rencontres avec des groupes de parents sur la présentation de matériels ou la transmission de directives. Il faut plutôt les faire participer activement aux processus d'apprentissage. Les parents préfèrent en effet être des participants actifs plutôt que de simples auditeurs.

Les programmes implantés sur l'initiative du directeur sont moins efficaces que ceux mis sur pied à la suite de la décision d'une enseignante. On constate d'ailleurs que, pour les parents, le contact le plus important est celui qu'ils établissent avec celle-ci puisque c'est celle qui connaît le mieux l'enfant. Cela explique que c'est dans les écoles où les enseignantes ont joué un rôle important dans la mise en place d'un programme de collaboration que les chercheurs constatent les meilleurs taux de participation.

Il faut inciter les enseignantes à revoir leurs idées préconçues envers les parents, en particulier en ce qui a trait à leur désir et à leur capacité de s'impliquer à l'école. Certaines initiatives de collaboration sont d'ailleurs inefficaces parce qu'elles cantonnent les parents dans un rôle de subordonnés par rapport aux enseignantes, leur imposent certaines conditions de participation et leur demandent de suivre des programmes et une méthode d'enseignement prédéterminés. Les modèles qui se sont montrés efficaces sont au contraire ceux qui ont incité les parents à exprimer leurs commentaires sur le programme lui-même, le rôle des enseignantes et les méthodes d'enseignement, et qui ont considéré les parents comme des partenaires (Eastman, 1988).

Références bibliographiques

Becker, H.J., et Epstein, J.L. (1982). Parent involvement : A survey of teacher practices. *Elementary School Journal*, 83, 2, 85-102.

Eastman, G. (1988). *Family involvement in education*. Bulletin No. 8926, 29 p. (ERIC Document Reproduction Service, No. ED 316 802.)

Handel, R.D. (1990). *Shared visions, double vision and changing perspectives : A college/school parent participation program*, 33 p. (ERIC Document Reproduction Service, No. ED 319 833.)

Moles, O.C. (1982). Synthesis of recent research on parent participation in children's education. *Educational Leadership*, 40, 2, 44-47.

Saint-Laurent, L., Royer, É., Hébert, M., et Tardif, L. (1994). Enquête sur la collaboration école-famille au Québec. *Revue canadienne de l'éducation*, 19, 270-286.

Swap, S.M. (1987). *Enhancing parents involvement in schools : A manual for parents and teachers*. Columbia University, NY : Teachers College Press.

Lectures suggérées

Commission scolaire de la Chaudière-Etchemin (1993). *Répertoire : réussir ensemble*. Saint-Georges : Commission scolaire de la Chaudière-Etchemin, Services de l'enseignement primaire.

Fine, M.J. (1991). *Collaboration with parents of exceptional children*. Brandon : CPCC.

F
A
M
I
L
L
E

CHAPITRE 24

Participation parentale et élèves à risque : le projet PIER

Égide Royer, Lise Saint-Laurent,
Sylvie Moisan et Isabelle Bitaudeau

Nous l'avons déjà mentionné à quelques reprises, la collaboration entre l'école et la famille est un ingrédient important pour assurer la réussite scolaire. C'est une réalité encore plus évidente lorsqu'on doit adapter les services éducatifs aux besoins d'élèves présentant ou susceptibles de vivre des difficultés dans leur cheminement scolaire. Ce chapitre présente l'approche et les outils mis au point dans le cadre du PIER pour favoriser la réussite scolaire des élèves à risque. Après avoir rappelé brièvement la définition du concept d'élève à risque, nous présentons la perspective qui a été adoptée pour favoriser un partenariat efficace entre l'enseignante, l'orthopédagogue et les parents. L'essentiel du chapitre consiste, par la suite, à présenter des suggestions et des outils susceptibles d'aider les enseignantes, les orthopédagogues et les parents à atteindre cet objectif.

24.1 ÉLÈVES À RISQUE, PIER ET COLLABORATION AVEC LES PARENTS

Comme nous l'avons souligné précédemment, l'une des perspectives novatrices du PIER est de favoriser l'adaptation de l'enseignement pour tous les élèves qui sont susceptibles d'en avoir besoin et non seulement pour ceux qui sont officiellement en adaptation scolaire.

Un élève à risque est un jeune qui démontre certaines difficultés d'apprentissage ou manifeste des comportements qui sont susceptibles de l'empêcher d'atteindre les objectifs d'apprentissage et de socialisation poursuivis par l'école. La définition utilisée dans le cadre du PIER a permis d'établir qu'approximativement un élève sur quatre, soit en moyenne six à sept élèves par classe, pouvait se retrouver dans cette situation.

Le PIER suggère des moyens de renforcer la coopération dans les relations que les enseignantes entretiennent avec, entre autres, les familles des élèves à risque. Dans les pages qui suivent, nous abordons concrètement le thème des communications avec la famille, des rencontres avec les parents et de la participation de ceux-ci à l'école. Enfin, nous présentons des exemples de documents qui peuvent être remis aux parents pour favoriser et soutenir leur engagement.

24.2 CONTACTS ENTRE L'ÉCOLE ET LA FAMILLE

24.2.1 Rencontres entre les parents et l'enseignante

La première rencontre entre les parents et l'enseignante, en particulier lorsqu'elle a lieu tôt dans l'année, peut grandement aider à prévenir les difficultés d'un élève. Son influence sur l'évolution des rapports entre l'école et les parents peut être très positive. Il est donc important de bien la planifier.

La première impression des parents peut être déterminante. C'est pourquoi il est important de leur réserver un accueil chaleureux (par exemple, accueillir les parents en leur signalant une qualité, un aspect positif de l'élève). De la même manière, il est important de leur laisser la parole pour leur permettre de partager avec l'enseignante les connaissances particulières qu'ils possèdent sur leur enfant.

Il est également important d'assurer le suivi des décisions prises lors de la rencontre. Si l'élève n'était pas présent, il faut lui faire part des sujets qui ont été abordés et du plan d'action qui a été retenu. Les parents, quant à eux, apprécient qu'on les tienne au courant du suivi accordé aux besoins relevés lors de la réunion.

Pour les élèves en difficulté, la participation des parents à l'élaboration du plan d'intervention est indispensable. Le plan d'intervention personnalisé vient encadrer l'adaptation des services éducatifs offerts à un élève en difficulté afin de faciliter ses apprentissages et son insertion sociale. Il constitue un élément qui favorise la communication entre les parents et l'école et peut être considéré, lorsque la démarche est bien réalisée, comme un exemple concret de collaboration efficace entre l'enseignante et la famille d'un élève qui éprouve des problèmes.

Dans le cadre du PIER, nous suggérons également à l'orthopédagogue et à l'enseignante d'inviter au besoin les parents à participer à quelques-unes de leurs rencontres hebdomadaires. Il s'agit d'un excellent moyen de renforcer les liens enseignante-orthopédagogue-parents et d'assurer à l'élève en difficulté un encadrement et un soutien de qualité.

La rencontre entre les parents et l'enseignante doit se faire dans une ambiance positive où chacun désire établir une relation de confiance. Le tableau 24.1 résume les conditions qui facilitent la réussite de ces rencontres.

TABLEAU 24.1
Caractéristiques d'une rencontre efficace avec des parents

- Un accueil positif et chaleureux est réservé à chacun des parents.
- Une attention particulière est apportée aux attitudes susceptibles de « bloquer » la communication. Chaque parent est différent et certains peuvent, face aux difficultés de leur enfant, se sentir coupables ou dépassés. D'autres attribuent à l'école la seule responsabilité de l'éducation des enfants ou encore se montrent peu intéressés par ce qui se passe en classe. L'important est de garder à l'esprit l'intérêt de l'enfant.
- L'enseignante s'efforce de composer avec les diverses personnalités, de répondre aux besoins des parents (quelle que soit la manière dont ils se sont exprimés) et de valoriser leur apport.
- Les suggestions des parents sont prises en considération.
- Les solutions sont déterminées en accord avec les parents et tiennent compte de leur situation (disponibilité, ressources, etc.).
- La matière traitée et le langage utilisé lors des rencontres sont à la portée de tous les parents.

24.2.2 Communications écrites

Les communications entre l'école et la famille se font le plus souvent par des messages écrits. Or, il est possible de rendre plus efficaces ces communications. En cette matière, les mots-clés sont *adaptation* et *personnalisation*. Des recherches ont montré que l'ensemble des informations écrites qui sont données aux parents à la rentrée scolaire correspondent à un niveau de lecture de fin de secondaire, les informations sur les services complémentaires correspondant pour leur part à un niveau collégial. Il est donc important d'adapter les textes au plus grand nombre, sans oublier la nécessité, le cas échéant, de rejoindre les parents allophones.

Le contact sera plus efficace si le parent se sent personnellement visé par le message transmis. Les communications de type « circulaire », où le nom des parents ou de l'enfant ne figure pas, ne sont que peu lues. De plus, les parents ne constituent pas un groupe homogène, et il est possible que certains d'entre eux doivent être joints par téléphone ou encore par une visite à domicile.

Le tableau 24.2 rassemble quelques suggestions pour augmenter l'efficacité des messages écrits et favoriser de meilleurs contacts entre les parents et l'école. En complément, le tableau 24.3 présente quelques suggestions concrètes destinées à l'enseignante qui a à rédiger un message pour un groupe de parents.

TABLEAU 24.2
Communications écrites entre l'école et la famille

- Autant que possible, ne pas faire d'un texte son premier instrument de contact avec les parents. Utiliser d'abord un moyen plus personnel (rencontre, téléphone).
- Lors de la première rencontre avec les parents ou de la remise des bulletins, faire part aux parents de son intention de communiquer par écrit avec eux. On augmente ainsi les chances que les missives soient lues. Par la suite, vérifier avec les parents s'ils ont reçu les documents envoyés, s'ils les ont compris, s'ils les ont appréciés.
- Les premiers contacts donnent souvent le ton pour les communications ultérieures. Donc, tenter d'aborder des aspects positifs de l'enfant. Parler de ses réalisations, de ses progrès, de ce que l'on apprécie chez lui. Les parents aiment savoir que leur enfant se comporte bien ou accomplit des choses intéressantes. Le lien ainsi créé est plus positif, les parents savent que l'enseignante aime leur enfant et l'apprécie. Ils seront plus ouverts à ses communications futures si elle essaie de toujours souligner les réalisations positives de l'enfant avant d'aborder les sujets plus problématiques.

TABLEAU 24.3
Quelques suggestions pour la rédaction d'un message aux parents

- Utiliser des phrases courtes (20 mots ou moins).
- Rédiger de courts paragraphes (environ 6 lignes).
- Utiliser des mots faciles et familiers.
- Aller rapidement à l'essentiel. Aborder rapidement le motif du message.
- Prêter attention à l'ordre logique du texte (qui, quoi, où, quand, pourquoi, comment).
- S'exprimer avec précision : formuler clairement ce que l'on a à dire.
- Adopter un langage direct : parler au lecteur, dire « vous pouvez » plutôt que « les parents peuvent ».
- Utiliser la forme active plutôt que la forme passive : « S.V.P. signez cet examen » est préférable à « cet examen doit être signé ».
- Utiliser des dessins, des en-têtes, faire illustrer la lettre par les enfants. Utiliser le caractère **gras** pour les mots importants.
- Surveiller la grosseur des caractères et se méfier des mots écrits en majuscules : ils sont difficiles à lire.
- Chercher à connaître les destinataires : Quel est leur niveau de lecture ? Y a-t-il des allophones parmi eux ?
- Être soi-même, écrire pour se faire comprendre et non pas pour impressionner.
- Se relire. Le message peut-il être plus clair, plus bref, plus intéressant ? A-t-on utilisé un « jargon d'enseignant », des termes difficiles à comprendre pour certains parents ? Se faire réviser, cela est souvent un bon moyen pour améliorer un texte.

Pour l'enseignante qui désire établir un système de communication régulière avec les parents, la figure 24.1 propose une feuille de route hebdomadaire, qui fait mention des événements de la semaine en classe et qui peut comporter des indications sur les résultats scolaires ou encore sur le comportement de l'élève. Afin que la communication soit un véritable échange, l'espace prévu pour des commentaires est le même pour le parent et pour l'enseignante.

Si l'on décide d'utiliser un tel système, il est plus efficace de le présenter aux parents en début d'année, au cours d'une rencontre, afin qu'ils puis-

FAMILLE

FIGURE 24.1
Feuille de route pour faciliter les communications régulières avec les parents

Nom : _____   Classe : _____

Prénom : _____

Les principales activités de la semaine : _____
_____
_____

	À l'école	**À la maison**
Français		
écrit		
oral		
Mathématiques		
Autres matières		
leçons et devoirs		
Comportements		

Commentaires : _____
_____
_____

Signatures : Enseignante : _____   Parent(s) : _____

J'aimerais vous rencontrer
pour parler de votre enfant. ☐

J'aimerais vous rencontrer
pour parler de mon enfant. ☐

sent se familiariser avec cet outil de communication et même faire des suggestions pour l'améliorer.

La fréquence des communications peut varier d'un milieu à l'autre. Il appartient à l'enseignante d'adopter le rythme qui répond le mieux à ses besoins et à ceux des parents concernés. De même, une enseignante peut choisir de faire remplir la feuille de communication par les élèves eux-mêmes, tout en les supervisant. Une autre utilisera cet outil seulement pour les élèves qui lui semblent avoir besoin d'un encadrement régulier et pour lesquels il est important que les activités scolaires aient une continuité à la maison.

24.2.3 Quelques documents à l'intention des parents

Dans le cadre d'un modèle comme le PIER, il est important que les parents sachent qu'une attention particulière est accordée à la prévention des difficultés d'adaptation et d'apprentissage en classe.

Ainsi, il est bon de leur indiquer qu'il s'agit d'un programme animé par des agents d'éducation soucieux d'améliorer les services donnés aux élèves et que ce modèle d'intervention implique une collaboration entre l'orthopédagogue et l'enseignante de la classe afin de maximiser la réussite scolaire de tous les élèves, en mettant l'accent sur l'adaptation de l'enseignement aux besoins particuliers des jeunes.

Il faut préciser aux parents que, dans ce type de programme, l'orthopédagogue travaille plus étroitement avec l'enseignante pour aider les élèves qui ont certaines difficultés. Si, auparavant, leur enfant avait déjà reçu des services d'orthopédagogie, il devait probablement quitter sa classe pour aller rencontrer son orthopédagogue. Dans le PIER, l'orthopédagogue travaille avec l'enseignante, ce qui évite à l'enfant de sortir de sa classe.

Il est important de bien préciser aux parents le rôle joué par l'orthopédagogue. Il s'agit d'une professionnelle qui se préoccupe des difficultés scolaires que l'élève peut rencontrer et qui cherche à donner à ce dernier des moyens pour mieux réussir. En étant plus présente dans la classe, non seulement l'orthopédagogue pourra aider les élèves dont les difficultés ont déjà été détectées, mais, en plus, elle pourra aider les autres élèves à surmonter des difficultés passagères. Elle fait équipe avec l'enseignante et apporte son expertise pour que toutes les deux élaborent des situations d'apprentissage susceptibles de favoriser la mise au point de stratégies efficaces chez tous les élèves.

Il existe plusieurs types de documents d'information qu'on peut remettre aux parents pour solliciter leur participation ou les tenir au fait des mesures susceptibles d'aider leur jeune. La figure 24.2 est un exemple de document qui explique aux parents pourquoi leur participation est importante pour prévenir les difficultés d'apprentissage ou d'adaptation à l'école. Quant aux figures 24.3 et 24.4, elles sont des exemples de documents qui présentent respectivement aux parents diverses manières de participer à l'école et de se préparer à une rencontre avec l'enseignante de leur enfant. Les figures 24.5, 24.6 et 24.7 portent, pour leur part, sur l'encadrement des devoirs, le goût de lire et d'écrire.

24.2.4 Utilisation de la messagerie téléphonique

Le rôle que jouent les parents au chapitre des devoirs et des leçons à la maison varie beaucoup. Dans certaines familles, les parents y participent « activement ». Par exemple, si l'enfant ne comprend pas le devoir à faire, les parents tentent de lui expliquer. D'autres parents assurent une supervision plus globale et voient à ce que les devoirs soient faits sans s'en mêler d'une façon aussi active. Finalement, dans certaines familles, les enfants assument seuls la tâche des devoirs. Toutefois, force est de constater que, pour que les devoirs soient effectués, encore faut-il que les parents et l'enfant sachent ce qui doit être fait.

Combien de fois les parents se plaignent-ils que l'heure des devoirs est un moment difficile ! En effet, certains élèves ont des problèmes à prendre en note tous les devoirs à faire. De plus, ils « oublient » bien souvent de mentionner les contrôles à venir. Plusieurs parents souhaiteraient apporter un plus grand soutien, mais le peuvent difficilement, entre autres pour ces raisons.

FAMILLE

FIGURE 24.2
Exemple de document d'information sur la participation des parents

POURQUOI LA PARTICIPATION DES PARENTS EST-ELLE IMPORTANTE ?

Vous êtes une personne essentielle pour votre enfant et vous avez une grande influence sur lui. Cela se voit dans le choix de ses activités, de ses amis ou encore dans son attitude envers l'école.

L'intérêt que vous manifestez envers l'école a beaucoup d'effet sur votre enfant. Lorsque vous lui faites voir que l'école est importante et que vous vous intéressez à ce qu'il fait en classe, vous l'aidez à être plus motivé et à avoir une attitude positive envers l'école. Quand vous vous intéressez à ses devoirs et à ses leçons, à ses réussites et à ses difficultés, vous pouvez l'amener à être plus positif envers l'étude. On sait aussi que la participation des parents peut diminuer les risques que l'enfant abandonne plus tard l'école.

Si votre enfant vit des difficultés d'apprentissage, votre soutien est encore plus important. Il est encore jeune et, en se comparant aux autres élèves, il peut se décourager et avoir une mauvaise opinion de lui. Il a besoin que vous l'épauliez, que vous l'encouragiez à travailler et que vous l'aidiez à se donner des buts valorisants et réalistes.

Voici un exemple :

Malgré ses efforts, Julie a beaucoup de difficulté à lire. Elle est souvent déçue d'elle lorsqu'elle compare ses résultats à ceux des copains de sa classe. Bien que son enseignante tente de lui faire voir ses progrès, elle demeure triste, ce qui n'aide pas ses apprentissages.

Sa mère, mise au courant des difficultés de sa fille, se met à l'encourager à son tour. Voyant que son enseignante et sa mère apprécient ses efforts et s'entendent sur les objectifs à atteindre, Julie reprend confiance en elle. Elle devient capable de mieux identifier ses réussites et se décourage moins facilement.

Si votre enfant a des difficultés qui demandent un suivi plus étroit, un « plan d'intervention » sera élaboré pour lui. À titre de parent, vous pouvez collaborer à la préparation de ce plan. Vous êtes une personne importante parce que vous connaissez bien votre enfant et que vous pouvez apporter des informations qui aideront l'enseignante et l'orthopédagogue à travailler avec lui.

Voici un autre cas :

Pour Vincent, la vie en classe est difficile. Il a beaucoup de difficulté à lire et à écrire et dérange fréquemment le groupe pendant les périodes de français. L'enseignante est intervenue à plusieurs occasions pour améliorer la situation, mais sans succès.

De leur côté, les parents constatent les difficultés de Vincent. Ils connaissent bien leur fils et ont remarqué qu'il a tendance à abandonner vite lorsqu'il rencontre des problèmes. Avec le temps, ils ont appris comment soutenir son attention et parviennent la plupart du temps à lui faire accomplir ses travaux scolaires.

Devant les difficultés de Vincent, son enseignante a demandé l'aide de l'orthopédagogue. Un plan d'intervention a donc été élaboré. Les parents, l'enseignante, l'orthopédagogue et le directeur de l'école se sont rencontrés pour le plan d'intervention de Vincent. Tous ont expliqué leur perception des difficultés de ce dernier. L'enseignante, grâce aux parents, a appris à mieux connaître Vincent, et elle sait mieux comment l'aider en classe. De leur côté, les parents ont accepté de réaliser certaines activités avec leur fils pour l'aider en français. Vincent a donc plus de chances de réussir puisque tous travaillent dans le même sens.

Votre enfant a besoin de votre participation et de votre soutien. Il a aussi besoin que vos attentes et celles de son enseignante concordent en ce qui concerne ses efforts et ses résultats.

FIGURE 24.3
Exemple de document d'information pour les parents sur les moyens de collaborer avec l'école

COMMENT PARTICIPER ?

Tous les parents ne sont pas pareils. Vous ne vivez pas tous les mêmes situations : certains ont plusieurs enfants, travaillent ou élèvent seuls leurs enfants. D'autres vivent dans un contexte familial qui les rend très disponibles. C'est pourquoi votre façon de participer est différente de celle d'un autre parent.

Votre engagement peut prendre diverses formes ; ainsi, vous pouvez :
* aider votre enfant à faire ses leçons et devoirs ;
* téléphoner ou écrire à son enseignante si vous croyez que votre enfant a des difficultés avec une matière ;
* participer à la rencontre d'information du début de l'année ;
* aller chercher les bulletins de votre enfant et en discuter avec l'enseignante ;
* participer à l'élaboration du plan d'intervention si l'école propose d'en rédiger un pour votre enfant ;
* accompagner la classe lors d'une sortie ou d'une activité ;
* assister aux conférences et aux séances d'information auxquelles l'école peut vous inviter ;
* former un groupe de parents et inviter des conférenciers pour venir vous parler de sujets qui vous intéressent.

Comme vous le voyez, les manières de participer sont nombreuses. Vous pouvez en choisir une ou plusieurs. C'est à vous de décider, puisque vous connaissez mieux que quiconque votre situation et vos disponibilités. Tout cela dépend du temps que vous avez, de vos énergies et de votre motivation à consacrer du temps à la vie scolaire et aux apprentissages de votre enfant. N'oubliez pas que vous avez un atout majeur : vous êtes la personne qui connaît le mieux votre enfant. Il a besoin de vous, tout comme il a besoin de l'appui que lui donne son enseignante.

F
A
M
I
L
L
E

FIGURE 24.4
Exemple de document d'information pour les parents au sujet
de la préparation d'une rencontre avec l'enseignante

UNE RENCONTRE AVEC L'ENSEIGNANTE

Vous devez rencontrer l'enseignante de votre enfant. C'est peut-être pour aller chercher le bulletin ou pour participer au plan d'intervention. Vous avez probablement des interrogations. Quoi lui dire ? Que vous demandera-t-elle ? Le temps accordé à chaque parent est souvent court. Vous préparer à l'avance peut vous aider à aborder avec l'enseignante les sujets que vous jugez importants et de ne pas oublier les questions que vous désirez lui poser. D'ailleurs, l'enseignante elle-même se prépare avant de vous parler de votre enfant. Voici une petite liste de choses à faire avant, pendant et après votre rencontre avec l'enseignante, qui pourra sûrement vous aider.

Comment vous préparer
- Préparez une liste des questions et de sujets dont vous voulez parler. Pensez à ce qui vous inquiète et à ce qui vous réjouit.
- Parlez-en à votre enfant : a-t-il des questions à poser à son enseignante ?

Questions que vous pourriez vouloir poser
- Dans quelles matières mon enfant réussit-il bien ? A-t-il des problèmes scolaires ?
- Comment s'entend-il avec les autres enfants ?
- Quel est son comportement en classe ? (Obéit-il bien ?)
- Comment est-ce que je peux l'aider à la maison ?

Questions que l'enseignante peut vous poser
- Qu'est-ce que votre enfant aime le plus à l'école ?
- Qu'est-ce que votre enfant aime faire après l'école ?
- A-t-il un endroit et du temps réservés pour ses devoirs ?
- Y a-t-il des problèmes qui peuvent nuire à ses apprentissages ?
- Quel genre de discipline fonctionne le mieux avec votre enfant ?

Au moment de la rencontre
- Le temps dont l'enseignante dispose pour chacun des parents est limité : il est important que vous soyez à l'heure.
- Posez vos questions et exprimez vos inquiétudes si vous en avez.
- N'hésitez pas à donner les informations qui pourraient aider l'enseignante à mieux connaître votre enfant.
- Au besoin, prenez des notes.

Après la rencontre
- Si le temps manque, ou que vous avez d'autres questions, prenez un rendez-vous.
- Parlez de la rencontre avec votre enfant.
- Restez en contact avec l'enseignante.
- Si vous avez été satisfait ou satisfaite de la rencontre, écrivez un mot à l'enseignante pour le lui dire.

Source : Parent Center, Albuquerque Public Schools, 1982 (traduction libre).

FIGURE 24.5
Exemple de document d'information pour les parents
au sujet de l'encadrement des travaux à la maison

COMMENT AIDER VOTRE ENFANT
LORSQU'IL FAIT SES TRAVAUX SCOLAIRES

Quand vient l'heure des devoirs, tous les enfants n'ont pas la même facilité à exécuter les tâches demandées. Certains se mettent au travail très facilement, d'autres ont besoin de plus de structure et d'encouragement. Vous pouvez aider votre enfant à acquérir de bonnes habitudes de travail. Plus tôt il les prendra, plus la période des devoirs et des leçons sera facile pour lui. Il s'agit d'une habileté qui lui sera utile tout au long de ses études.

Atmosphère pour les devoirs

Pour faire ses devoirs, votre enfant a besoin de calme et d'espace. Pour l'aider vous pouvez :
- réserver un moment déterminé (après l'école ou le souper) pour les devoirs ;
- fermer la télévision et la radio ;
- déterminer un espace réservé à cette fin : ce peut être la table de cuisine ou un coin de travail dans un endroit tranquille de la maison. Il doit avoir une table et une chaise.

Habitudes de travail

En plus de créer une atmosphère de travail, vous pouvez l'aider à acquérir l'habitude de travailler :
- Parfois les enfants évitent d'apporter leurs devoirs à la maison pour pouvoir jouer ou regarder la télévision. Ils risquent moins de le faire s'ils savent que, toujours, une période de temps est consacrée à des activités calmes. Réservez cette période, même s'il n'a pas de devoirs, en fermant la télévision ou la radio. Pendant ces moments, il peut lire ou écrire.
- Commencez par réserver de 20 à 30 minutes pour l'étude ou les devoirs. Si plus de temps est nécessaire, ajoutez-en graduellement.
- Gardez en mémoire cette règle importante : « le travail avant le plaisir ».
- Si votre enfant a des difficultés à commencer son devoir, aidez-le pour le premier problème. Donnez-lui un exemple et encouragez-le.
- S'il perd son temps, suggérez un délai précis à l'intérieur duquel il devrait avoir terminé ses devoirs.
- Incitez-le à prendre en note, à l'école, tous ses devoirs. Il peut les cocher au fur et à mesure qu'il les termine. Cela l'encouragera à les compléter.
- Si votre enfant vous dit fréquemment qu'il n'a pas de devoirs, vérifiez avec son enseignante et faites en sorte qu'elle vous informe quotidiennement de ses devoirs et leçons.
- Félicitez et encouragez votre enfant lorsqu'il réussit bien.

FAMILLE

FIGURE 24.6
*Exemple de document d'information pour les parents
au sujet de la lecture*

COMMENT ENCOURAGER VOTRE ENFANT À LIRE

Au moment des devoirs et des leçons

- Suscitez l'intérêt de votre enfant pour le texte qu'il a à lire. Faites-lui remarquer le titre, les sous-titres et les illustrations pour découvrir de quoi parle le texte. Demandez à votre enfant ce qu'il connaît déjà sur ce sujet, ce qu'il a envie de savoir.
- S'il ne comprend pas, encouragez-le à trouver le sens par lui-même, en lui demandant de lire la suite du texte, de relire le passage ou de se servir du contexte.
- Demandez-lui de raconter l'histoire dans ses propres mots.

Les plaisirs de la lecture

- Créez chez votre enfant des habitudes quotidiennes de lecture. Aidez-le à trouver des moments privilégiés pour lire, par exemple le soir avant de s'endormir.
- Faites-lui la lecture. Demandez-lui de choisir des histoires qu'il aime. À l'occasion, faites-lui lire le premier paragraphe, puis lisez le second et ainsi de suite. Il pourra en retirer plus de plaisir.
- Allez avec lui à la bibliothèque.
- Lorsque vous lisez, faites en sorte que votre enfant vous voie.

La lecture dans la vie de tous les jours

- Proposez à votre enfant des activités quotidiennes faisant appel à la lecture : laissez-lui un message sur la table, faites-lui lire des recettes, des indications routières, des dépliants d'information.
- Donnez-lui souvent l'occasion de discuter de ce qu'il a lu et parlez en famille de lectures récentes.

FAMILLE

FIGURE 24.7
Exemple d'un document d'information pour les parents
au sujet de l'écriture

COMMENT ENCOURAGER VOTRE ENFANT À ÉCRIRE

Écrire pour le plaisir

- Vous pouvez favoriser dans vos activités familiales les occasions d'écrire. Demandez à votre enfant de vous aider à faire la liste d'épicerie, à copier des recettes. Il peut se constituer un carnet de chansons, faire des fiches sur les livres ou les films qu'il a aimés... Encouragez-le à faire des cartes de vœux, à écrire de courtes lettres à la famille, à ses amis.
- Écrivez-lui vous aussi de petits messages. Si vous en avez, montrez-lui des textes que vous avez écrits quand vous étiez à l'école.

Écrire est aussi un travail

- Pour bien écrire, l'enfant a besoin de connaître et de se rappeler les mots qu'il rencontre souvent et d'élaborer des stratégies pour trouver comment s'écrit un mot nouveau.
- Au moment des leçons, vous pouvez contrôler les mots à apprendre, aider votre enfant à se les rappeler : demandez-lui de bien regarder le mot, de le « photographier », puis cachez le mot et dites-lui de se le rappeler dans sa tête, faites-lui épeler et écrire.
- Suggérez à votre enfant de chercher des mots de la même famille (*grand* se termine par un *d*, comme dans *grandir*), de décomposer le mot (*malheureux* = *mal* et *heureux*), de chercher le féminin (*rond* finit par un *d* comme dans *ronde*), de réunir les mots qui se ressemblent (*chanteur-chasseur-facteur*, ou **bille-famille**).
- Incitez votre enfant à bien observer les difficultés d'un mot : le *m* muet de *automne*, les deux *m* de *comme*, l'accent circonflexe sur le *e* de *fête*. Encouragez-le à bien prononcer : *arbre* et non « arbe ».
- Incitez-le à penser à une règle qui peut l'aider : *s* entre deux voyelles se prononce /z/, comme dans *prison*, deux *s* entre deux voyelles se prononcent /s/, comme dans *frisson*.
- Trouvez des trucs pour lui faire retenir l'orthographe d'un mot : *toujours* prend *toujours* un *s*, *tête* a un « chapeau ».
- Incitez-le à vérifier dans le dictionnaire ou à comparer différentes façons d'écrire le mot pour choisir celle qui semble la bonne : ~~vilage~~/village.
- Quand il a terminé un texte, encouragez-le à le relire pour bien vérifier l'orthographe. Montrez-lui que vous aussi, vous relisez et modifiez un texte dont vous n'êtes pas satisfait.

FAMILLE

Nous avons souligné précédemment un certain nombre d'outils utilisés dans les écoles pour accroître l'information donnée aux parents : feuille de route, rencontres parents-enseignante, feuillets d'information et autres formes de contact entre les parents et l'enseignante.

Malgré les avantages que présentent plusieurs de ces manières d'entrer en relation avec les parents, l'enseignante est fréquemment confrontée au manque de temps. Maintenir un contact quotidien entre les parents et l'école est en effet une pratique exigeante et souvent difficile à maintenir.

L'utilisation d'un répondeur téléphonique (ou d'une boîte vocale) comme outil de communication entre l'école et les parents est un moyen intéressant qui consiste à donner des informations aux parents à l'aide d'un message téléphonique enregistré quotidiennement par l'enseignante.

Ce type de service a été expérimenté et évalué. On constate que l'enregistrement quotidien de la liste des leçons et devoirs à faire par l'élève a été suivi d'une amélioration importante des résultats en épellation et que l'enregistrement a été écouté par l'ensemble des parents. Un appareil a permis d'enregistrer une moyenne d'un appel par jour pour chacun des jeunes. Ce mode de communication s'est avéré aussi efficace pour les messages à caractère non pédagogique (sortie, lunch, matériel à apporter).

Le répondeur téléphonique (ou la boîte vocale) permet d'enregistrer un message destiné aux parents qui résume les activités de la journée, énumère et explique les devoirs pour la soirée et annonce des événements à venir. Ces informations sont disponibles aux parents à compter de la fin de l'après-midi. L'enseignante enregistre un nouveau message à la fin de chacune des journées de classe.

Pour leur part, les parents sont invités à laisser un message à l'enseignante. Par exemple, ils peuvent signaler une difficulté éprouvée au cours d'un devoir, demander un rendez-vous à l'enseignante ou indiquer qu'ils sont disponibles pour une activité qui se tiendra à l'école.

À son arrivée le matin, l'enseignante prend connaissance des messages qui lui ont été laissés par les parents et rappelle ceux qui lui ont demandé de le faire. Par la suite, tout au long de la journée, elle note les éléments d'information qui pourront faire l'objet de son message téléphonique. À la fin de l'après-midi, elle enregistre un résumé de ces informations. La durée de ce message varie de 3 à 4 minutes, selon la quantité d'informations à transmettre, et l'expérience révèle que l'enseignante consacre en moyenne 10 à 15 minutes par jour pour résumer l'information qu'elle souhaite transmettre aux parents, l'enregistrer et vérifier son message.

Les informations enregistrées par l'enseignante concernent l'ensemble des élèves et non un jeune en particulier. Les informations directement reliées aux aspects scolaires sont données en premier lieu. Par la suite, si elle le désire, l'enseignante peut ajouter des informations plus générales sur les activités (par exemple une sortie ou une fête). Le fait d'enregistrer d'abord les informations reliées aux activités scolaires et ensuite celles reliées aux activités non scolaires assure que les personnes qui appellent pour le deuxième type de message reçoivent l'ensemble des informations.

Lors de la mise sur pied de la ligne téléphonique, en début d'année, on remet aux parents un dépliant d'information (figure 24.8) décrivant la nature et le fonctionnement de ce type de communication quotidienne. Il est toutefois utile de faire une relance en cours d'année.

24.2.5 *Élèves en adaptation scolaire*

Parmi les élèves à risque, il y a ceux qui sont identifiés officiellement comme étant en adaptation scolaire et qui bénéficient d'un plan d'intervention. Les deux types de difficultés qui, le plus fréquemment, appellent cette identification au primaire sont les problèmes d'apprentissage et les troubles de comportement.

Un élève est considéré comme étant en difficulté d'apprentissage lorsqu'il présente un retard d'au moins un an au regard des objectifs des pro-

FIGURE 24.8
**Exemple de document d'information pour les parents au sujet
du répondeur (ou de la messagerie) téléphonique**

LE RÉPONDEUR TÉLÉPHONIQUE : UN LIEN ENTRE VOUS ET L'ENSEIGNANTE DE VOTRE ENFANT

Vous pouvez aider l'école à aider votre enfant

Comme parent, vous jouez un rôle important dans la réussite scolaire de votre enfant. Vous pouvez aussi aider l'école à l'aider.

La plupart des parents veulent s'impliquer. Mais ce n'est pas toujours facile. Le manque de temps et le manque d'information peuvent nuire à la participation. Mais, même si vous avez peu de temps, chaque fois que vous encouragez votre enfant ou que vous vérifiez si ses devoirs sont faits, vous participez à sa réussite.

Le répondeur téléphonique : un outil pour recevoir de l'information de l'enseignante

À compter de 15 h 30, chaque jour, vous avez accès à un message enregistré par l'enseignante de votre enfant. Voici quelques-uns des avantages de ce service.

Les devoirs à faire...

Il arrive souvent que les enfants notent mal les devoirs à faire, ce qui cause bien des problèmes. En recourant au répondeur téléphonique, vous pouvez savoir ce qui en est.

Cependant, même si le répondeur vous informe des devoirs à faire, l'enseignante demande aux élèves de les noter. Il est important que votre enfant prenne ses responsabilités, et c'est lui qui doit écrire ce qu'il a à faire. C'est aussi lui qui doit apporter à la maison le matériel nécessaire. Par le répondeur téléphonique, vous pouvez vérifier s'il le fait bien.

La date du prochain contrôle et la matière sur laquelle il portera...

Votre enfant a-t-il tendance à « oublier » de vous parler des examens et des contrôles qui auront lieu ? Par téléphone, vous pouvez vérifier les dates et les contenus et savoir si votre enfant s'est préparé.

Les activités à venir (sorties, repas, fêtes, réunions...)

Par le répondeur téléphonique, l'enseignante vous informe également des événements à venir.

Le répondeur téléphonique : un outil pour donner de l'information à l'enseignante

Comme parent, vous connaissez bien votre enfant. Vous savez ce qu'il aime, ce qui le décourage, ce qui le motive. Son enseignante souhaite aussi mieux le connaître, et vous pouvez l'aider.

Par le répondeur téléphonique, vous pouvez lui donner de l'information. L'enseignante souhaite établir un tel contact avec vous.

Voici quelques exemples d'information que vous pouvez **donner** à l'enseignante.

Au sujet des difficultés rencontrées dans les devoirs...

Votre enfant a de la difficulté à comprendre un devoir ou une leçon ? Vous pouvez informer l'enseignante en lui laissant un message.

Au sujet de vos besoins d'information...

Vous vous demandez comment votre enfant se comporte en classe ? Vous vous demandez comment vous pouvez l'aider dans ses efforts ? Vous vous demandez s'il apporte à la maison tous les devoirs à faire ? Vous pouvez laisser un message à l'enseignante pour lui faire part de vos questions. De son côté, elle peut soit vous envoyer un mot pour vous répondre, soit vous rappeler.

Pour prendre rendez-vous avec l'enseignante...

Vous voulez rencontrer l'enseignante ? Il sera plus facile de lui laisser un message et de lui donner vos disponibilités.

À compter de 15 h 30, vous pouvez laisser un message à l'enseignante de votre enfant. Cette information est confidentielle et permet à l'école de mieux connaître les besoins des parents.

FAMILLE

grammes d'étude, que ce soit en français ou en mathématiques. Un jeune présente des difficultés graves d'apprentissage si, à la suite d'une évaluation pédagogique, il démontre un retard de plus de deux ans en lecture, en écriture ou en mathématiques.

En ce qui concerne les troubles de comportement, on parle d'un élève dont les problèmes de comportement sont tels qu'ils l'empêchent, de manière importante, d'atteindre les objectifs d'apprentissage ou de socialisation poursuivis par l'école.

Dans les deux cas, le plan d'intervention est nécessaire et devient un instrument important de concertation et de collaboration entre l'enseignante, l'orthopédagogue et les parents.

L'annexe B présente un document d'information qui s'adresse aux parents dont l'enfant connaît des difficultés d'apprentissage et qui suggère des moyens concrets pour lui venir en aide. Elle comporte également un document qui aborde la question du plan d'intervention et qui est destiné aux parents et aux agents d'éducation de l'école.

Références bibliographiques

Lyons, P., Robbins, A., et Smith, A. (1983). *Involving parents: A handbook for participation in schools*. Michigan: High/Scope Press.

Ministère de l'Éducation du Québec (1992). *Cadre de référence pour l'établissement des plans d'intervention pour les élèves handicapés et les élèves en difficulté d'adaptation ou d'apprentissage*. Direction de l'adaptation scolaire et des services complémentaires.

Swap, S.M. (1987). *Enhancing parents involvement in schools. A manual for parents and teachers*. Columbia University, NY: Teachers College Press.

Lectures suggérées

Abrams, M., et Hallau, M. (1986). *A parent's guide to the individualized education program*. Washington, DC: Gallaudet College, Pre-College Programs.

Bittle, R.G. (1975). Improving parent-teacher communication through recorded telephone messages. *Journal of Educational Research, 69*, 87-95.

Simpson, R.L. (1988). Needs of parents and families whose children have learning and behavior problems. *Behavioral Disorders, 14, 1*, 40-47.

FAMILLE

PARTIE *VII*

Implantation du PIER

IMPLANTATION

CHAPITRE 25

Éléments essentiels
pour l'implantation du PIER
en milieu scolaire

Robert Champoux

Le PIER constitue un modèle novateur d'intervention auprès des élèves du primaire qui risquent l'échec scolaire. Une commission scolaire ou une école qui désirent mettre en place un programme d'intervention semblable doivent tenir compte de certains éléments essentiels.

Ces éléments découlent notamment des réflexions recueillies auprès des enseignantes et des orthopédagogues qui ont expérimenté le programme durant une année entière. Le présent chapitre s'adresse aux agents d'éducation directement concernés par l'utilisation des ressources humaines affectées aux élèves qui risquent l'échec scolaire, soit :
- la direction d'école ;
- l'enseignante chargée d'une classe ordinaire ;
- l'orthopédagogue ;
- le conseiller pédagogique en adaptation scolaire ;
- le coordonnateur en adaptation scolaire.

À notre avis, les conseillers pédagogiques pour les matières de base et les psychologues scolaires peuvent aussi contribuer à l'implantation de ce programme.

Les **éléments essentiels** du PIER se répartissent en deux catégories :

- Les **éléments humains**, soit toutes les considérations d'ordre personnel qui influent sur nos idées, nos actions et notre manière d'être durant l'instauration et l'application d'un système, d'un modèle ou d'un projet d'intervention.
- Les **éléments fonctionnels**, c'est-à-dire toutes les considérations d'ordre pratique préalables à l'instauration et à l'application d'un système, d'un modèle ou d'un projet d'intervention.

25.1 ÉLÉMENTS HUMAINS

25.1.1 Esprit

Pour favoriser la réussite de l'implantation du PIER, les personnes intéressées ont avantage à partager une même vision globale de l'intervention. Le discours que l'on tient, les mots que l'on choisit sont déterminants pour l'esprit dans lequel l'intervention aura lieu. En outre, il est important que ce programme s'instaure dans le prolongement d'une décision d'école, du projet éducatif, et qu'il soit d'abord assumé par la direction d'école. La démarche proposée dans le PIER implique donc une réflexion sur sa propre action et entraîne éventuellement des changements dans les méthodes d'enseignement.

Toute innovation place les acteurs dans un contexte de découvertes. Elle risque au début de déstabiliser l'enseignante et l'orthopédagogue qui font équipe. Cela est tout à fait prévisible et normal. L'équipe prend alors tout son sens, car les deux professionnelles s'accompagnent et s'aident mutuellement dans cette aventure, étant des partenaires égales pour adapter la matière à enseigner et les stratégies d'enseignement.

25.1.2 Engagement

La participation à ce programme doit être volontaire. Il s'agit d'un choix personnel qui s'exerce à partir d'informations issues de la recherche et du désir de partager avec un collègue de travail une expérience nouvelle de manière qu'à la fois les élèves, l'enseignante et l'orthopédagogue en tirent profit.

Expérimenter ce programme durant une année complète est la meilleure façon d'en juger les effets et les possibilités. Cet engagement volontaire d'une année implique pour l'enseignante et l'orthopédagogue de respecter ces règles minimales :

- se rencontrer une fois la semaine durant environ une heure pour une consultation collaborative ;
- travailler ensemble en classe au moins une heure et demie par semaine ;
- consigner à chaque rencontre, lors de la consultation collaborative, sa démarche et l'évolution des élèves (voir la partie 2) ;
- analyser des aspects précis de la pratique pour l'améliorer, par la réflexion sur sa nature, ses causes et ses effets.

25.1.3 Attitudes

Le succès de ce programme repose aussi sur la qualité de la communication entre les intervenants. Le respect mutuel et la transparence sont des atouts qui favorisent la confiance. La reconnaissance de l'expertise de l'autre et le souci commun et partagé d'aider les élèves à apprendre contribuent à l'efficacité de la coopération. Pour ce faire, la capacité d'adaptation et le tact sont essentiels de part et d'autre, mais particulièrement de la part des orthopédagogues lorsque le programme s'applique avec plusieurs enseignantes.

Dans l'action, l'orthopédagogue et l'enseignante s'influencent mutuellement. La responsabilité pédagogique demeurant principalement l'affaire de l'enseignante, l'orthopédagogue conseille et soutient l'enseignante dans son action quotidienne, afin que l'adaptation de l'enseignement soit concertée. L'orthopédagogue n'est évidemment pas là pour porter un jugement moral sur le travail de sa collègue ni pour lui dicter une conduite. Le PIER propose donc un modèle d'échange et de partage professionnels.

Le concept d'échange et de partage d'avis professionnels existe depuis longtemps dans plusieurs professions. Pensons aux médecins, aux avocats, aux ingénieurs, aux informaticiens... Dans le milieu scolaire québécois, ce concept de partage professionnel concernant l'intervention directe auprès des élèves est presque inexistant. Cette situation est loin d'être profitable pour les élèves et les intervenants.

Le PIER propose un modèle réaliste qui modifie sensiblement cette situation. La pratique régulière du partage professionnel, lors de la consultation collaborative, fait appel à une ouverture d'esprit fondée sur une volonté réelle d'améliorer ses pratiques et, par conséquent, la situation des élèves. Cette consultation peut être élargie en intégrant à l'occasion un conseiller pédagogique ou une autre personne susceptible d'apporter un nouvel éclairage dans la recherche de moyens concrets d'intervention.

25.2 ÉLÉMENTS FONCTIONNELS

25.2.1 Champ d'application

Jusqu'à maintenant, le PIER n'a été expérimenté qu'au primaire, dans des classes de troisième année. Pourtant, peu importe la classe et l'ordre d'enseignement, là où des interventions préventives et adaptées sont requises, le programme peut s'appliquer. Soulignons cependant que l'ensemble du contenu de cet ouvrage concerne davantage les classes de la deuxième année à la sixième année du primaire.

L'expérimentation démontre que l'orthopédagogue peut très bien, à l'intérieur d'une même école, appliquer le programme auprès d'une classe seulement. C'est l'étude du milieu qui déterminera le nombre de classes qui pourraient appliquer le PIER.

25.2.2 *Contexte d'enseignement*

Le programme repose essentiellement sur trois aspects précis du contexte d'enseignement : l'enseignement coopératif, la consultation collaborative et l'adaptation de l'enseignement. Sans ces trois aspects, le programme n'existe pas. Le travail conjoint des deux partenaires assure la cohésion des interventions dans l'action.

La régularité des rencontres hebdomadaires (consultation collaborative) ainsi que l'utilisation de fiches de travail assurent une meilleure organisation des interventions en classe et un suivi des élèves beaucoup plus rigoureux (voir la partie 2).

La classe demeure le territoire de l'enseignante, mais ce territoire est maintenant partagé occasionnellement avec l'orthopédagogue, qui est perçue comme une collègue à qui l'on fait part de ses observations sur le cheminement des élèves, de sa planification d'enseignement, de ses activités, de ses interventions et de son mode de gestion de classe.

25.2.3 *Population cible*

Tous les élèves sont touchés par le PIER. L'orthopédagogue peut agir en classe auprès de tous les élèves, ciblés ou non. L'intervention en classe partagée entre les deux professionnelles stimule l'activité et la motivation des élèves en difficulté. Les élèves ordinaires profitent quant à eux de l'enseignement stratégique en utilisant sur-le-

champ les stratégies proposées et en s'appropriant les modèles exposés en classe.

25.2.4 *Perfectionnement*

Pour implanter le PIER dans un milieu scolaire, on doit prévoir un perfectionnement. Ce dernier s'adresse conjointement aux orthopédagogues et aux enseignantes concernées. Certaines modalités peuvent être partagées entre les commissions scolaires intéressées et les chercheurs ayant élaboré le PIER. De plus, pour favoriser l'implantation du programme, on peut utiliser avantageusement le coffret de cinq vidéos produits en cours d'expérimentation. Un livret d'accompagnement facilite la mise au point des éléments pertinents. Ces documents sont indiqués à la fin du chapitre, sous la rubrique *Documents suggérés*.

25.2.5 *Aménagement de l'horaire*

L'implantation du PIER doit respecter les dispositions relatives à la semaine normale de travail des enseignantes, tel que le stipule leur convention collective. Ainsi, le temps requis pour la consultation collaborative (45 à 60 minutes par semaine par groupe visé) et pour l'orthopédagogie intégrée (90 minutes par semaine) est compté à même les 27 heures de travail au lieu assigné.

L'heure et demie consacrée à l'orthopédagogie intégrée fait partie du temps moyen prévu pour la présentation de cours et de leçons (CPNCC-CEQ, 1990, article 8-6.03). Pour ce qui est du temps de rencontre en consultation collaborative, à moins d'entente contraire, il fait partie de la tâche éducative (à l'intérieur des 27 heures). En fait, la consultation collaborative est incluse dans la fonction générale des enseignantes du Québec, dont l'une des attributions caractéristiques est « de collaborer avec les autres enseignantes ou enseignants et les professionnelles ou professionnels de l'école en vue de prendre les mesures appropriées pour servir les besoins individuels de l'élève » (CPNCC-CEQ, 1990, article 8-2.01, alinéa 2).

Pour estimer le nombre de classes par orthopédagogue à temps plein où le PIER peut s'appliquer,

IMPLANTATION

il faut tenir compte de l'organisation de la tâche globale de l'orthopédagogue. Lors de l'élaboration de l'horaire de l'orthopédagogue, quatre variables doivent être prises en considération :
- consacrer 45 à 60 minutes par semaine à chaque enseignante avec qui le programme s'applique pour la consultation collaborative ;
- prévoir un minimum de 90 minutes par semaine pour les activités à faire dans chaque classe (orthopédagogie intégrée) ;
- affecter l'orthopédagogue à l'école pour une partie ou la totalité de ses 27 heures, selon le nombre de classes touchées ;
- affecter ou non l'orthopédagogue à la surveillance, à l'encadrement et à la récupération.

Si l'on s'en tient à l'application stricte de la convention collective des enseignantes et enseignants du Québec (CPNCC-CEQ, 1990, article 8-6.02, alinéa B), les 23 heures par semaine de la tâche éducative s'exercent toujours auprès des élèves. Par conséquent, il reste 4 heures sur les 27 heures maximales de travail au lieu assigné. Une heure par semaine par consultation collaborative limite donc le nombre de classes à quatre. Toutefois, une entente locale entre la commission scolaire et le syndicat pourrait permettre à une orthopédagogue de consacrer plus de temps à la consultation collaborative. À cet effet, il s'agirait, par exemple, de convenir qu'une orthopédagogue du primaire puisse consacrer jusqu'à 2 heures et 30 minutes de plus à la consultation collaborative. Ces 2 heures et 30 minutes correspondent à la différence entre les 23 heures de la tâche éducative et les 20 heures et 30 minutes (moyenne) consacrées à la présentation de cours et leçons (CPNCC-CEQ, 1990, article 8-6.03, A-1). Cela permettrait à six classes et peut-être même à sept de participer au programme.

Par ailleurs, le PIER modifie considérablement le travail dévolu traditionnellement à l'orthopédagogue. La tenue de dossier des élèves identifiés comme étant à risque se réalise **durant** les consultations collaboratives à l'aide des outils suggérés dans le programme (fiches de travail et portfolio des élèves). Par le fait même, cette tâche se réalise en concertation avec l'enseignante (à l'intérieur des 27 heures).

Dans les milieux plus populeux, il n'est pas rare qu'une orthopédagogue soit affectée à un cycle. Dans ce cas, il serait possible de jumeler certaines rencontres de consultation collaborative avec les enseignantes d'une même année d'enseignement, par exemple : trois enseignantes de première année, avec l'orthopédagogue. À ce moment, l'accent serait mis sur la planification d'une même activité à expérimenter dans les classes d'une même année.

Il appartiendra donc à chaque milieu d'établir les modalités organisationnelles réalistes et adéquates qui tiennent compte de sa réalité pour réaliser l'implantation du PIER.

Référence bibliographique

CPNCC-CEQ (1990). *Entente intervenue entre le comité patronal de négociation des commissions scolaires pour catholiques et les syndicats d'enseignantes et d'enseignants représentés par la Centrale de l'enseignement du Québec, 1989-1991.*

Documents vidéo suggérés

Dionne, J.J., Couture, C., et Giguère, M. (1994). *Programme d'intervention auprès des élèves à risque : une nouvelle option éducative. L'enseignement des mathématiques.* Université Laval, Les Productions télévisuelles, Service des ressources pédagogiques, 30 min.

Giasson, J., Couture, C., et Giguère, M. (1994). *Programme d'intervention auprès des élèves à risque : une nouvelle option éducative. L'enseignement de la lecture.* Université Laval, Les Productions télévisuelles, Service des ressources pédagogiques, 28 min.

Royer, É., Couture, C., et Giguère, M. (1994). *Programme d'intervention auprès des élèves à risque : une nouvelle option éducative. La collaboration entre l'école et la famille.* Université Laval, Les Productions télévisuelles, Service des ressources pédagogiques, 28 min.

Saint-Laurent, L., Couture, C., et Giguère, M. (1994). *Programme d'intervention auprès des élèves à risque : une nouvelle option éducative. Le modèle d'orthopédagogie intégrée.* Université Laval, Les Productions télévisuelles, Service des ressources pédagogiques, 48 min.

Simard, C., Couture, C., et Giguère, M. (1994). *Programme d'intervention auprès des élèves à risque : une nouvelle option éducative. L'enseignement de l'écriture.* Université Laval, Les Productions télévisuelles, Service des ressources pédagogiques, 25 min.

Annexe A
Adaptation de l'enseignement
– formulaires

Formulaire 1 : PIER. Modèle d'orthopédagogie intégrée – Grille d'évaluation des méthodes de travail de l'élève

Formulaire 2 : PIER. Modèle d'orthopédagogie intégrée – Grille d'évaluation des attitudes de l'élève face à la tâche

Formulaire 3 : PIER. Modèle d'orthopédagogie intégrée – Sommaire des objectifs individuels

Formulaire 4 : PIER. Modèle d'orthopédagogie intégrée – Fiche de planification pour l'intervention de l'enseignante et de l'orthopédagogue en classe

Formulaire 5 : PIER. Modèle d'orthopédagogie intégrée – Fiche de planification pour l'intervention de l'enseignante seule

Formulaire 6 : PIER. Modèle d'orthopédagogie intégrée – Feuille de route

Formulaire 7 : PIER. Modèle d'orthopédagogie intégrée – Formulaire du suivi des élèves en difficulté

FORMULAIRE 1
PIER
Modèle d'orthopédagogie intégrée

Grille d'évaluation des méthodes de travail de l'élève

Nom de l'élève : _____

L'élève :	Toujours	Souvent	Parfois	Jamais	Non évalué
• commence et finit à temps	❑	❑	❑	❑	❑
• sait par quoi commencer	❑	❑	❑	❑	❑
• sait décortiquer une tâche	❑	❑	❑	❑	❑
– planifie	❑	❑	❑	❑	❑
– révise	❑	❑	❑	❑	❑
– reconnaît ses erreurs	❑	❑	❑	❑	❑
– fait appel à ses connaissances antérieures	❑	❑	❑	❑	❑
– fait des liens avec ses propres expériences	❑	❑	❑	❑	❑
– comprend et suit les consignes	❑	❑	❑	❑	❑
– utilise le matériel requis seulement	❑	❑	❑	❑	❑

Date : _____

FORMULAIRE 2
PIER
Modèle d'orthopédagogie intégrée

Grille d'évaluation des attitudes de l'élève face à la tâche

Nom de l'élève : _____

	Toujours	Souvent	Parfois	Jamais	Non évalué
L'élève :					
• se concentre sur la tâche	❏	❏	❏	❏	❏
• est actif dans ses apprentissages et démontre une activité réflexive	❏	❏	❏	❏	❏
• fait le lien entre son travail et les résultats qu'il obtient	❏	❏	❏	❏	❏
• persévère devant une difficulté ou une tâche	❏	❏	❏	❏	❏
• fait le travail demandé en classe sans avoir besoin de l'attention ou de l'intervention de l'enseignante	❏	❏	❏	❏	❏
• va chercher lui-même l'aide dont il a besoin	❏	❏	❏	❏	❏
• remplit spontanément ses responsabilités de classe (sans qu'on le lui rappelle)	❏	❏	❏	❏	❏

Date : _____

FORMULAIRE 3
Pier
Sommaire des objectifs individuels

Noms des élèves	Objectifs			
	Lecture	Écriture	Mathématiques	Comportement

FORMULAIRE 4
PIER
Modèle d'orthopédagogie intégrée
Fiche de planification pour l'intervention de l'enseignante
et de l'orthopédagogue en classe

Semaine du _____ **au** _____
Élèves à risque : _____   _____
_____   _____
_____   _____

Objectifs visés : _____
_____
_____

Jour : _____   Période : _____
Activité : _____
Aide-mémoire : _____
_____
Résultats : _____
_____
_____

Jour : _____   Période : _____
Activité : _____
Aide-mémoire : _____
_____
Résultats : _____
_____
_____

Jour : _____   Période : _____
Activité : _____
Aide-mémoire : _____
_____
Résultats : _____
_____
_____

FORMULAIRE 5
PIER
Modèle d'orthopédagogie intégrée
Fiche de planification pour l'intervention de l'enseignante seule

Semaine du _____ au _____

Nom des élèves à risque	Mesures prévues	Résultats

FORMULAIRE 6
PIER
Modèle d'orthopédagogie intégrée
Feuille de route

Nom de l'élève :	
Date	**Observation – Intervention – Communication – Résultat**

FORMULAIRE 7
PIER
Modèle d'orthopédagogie intégrée
Formulaire du suivi des élèves en difficulté
(Ce formulaire sera rempli par l'orthopédagogue au début de la 2ᵉ étape
et ensuite à la fin de chaque mois)

Nom de l'élève : _____

Date : _____

Lecture ❏ **Écriture** ❏ **Mathématiques** ❏ **Comportement** ❏

✓ **Objectif :** _____
Évolution : _____
_____
_____

✓ **Objectif :** _____
Évolution : _____
_____
_____

✓ **Objectif :** _____
Évolution : _____
_____
_____

✓ **Objectif :** _____
Évolution : _____
_____
_____

✓ **Objectif :** _____
Évolution : _____
_____
_____

Annexe B
Collaboration entre l'école et la famille – documents et formulaires

Document 1 : Document d'information pour les parents d'un élève en difficulté d'apprentissage

Document 2 : Document d'information sur le plan d'intervention

Formulaire 1 : Grille d'auto-évaluation des pratiques de l'enseignante

Formulaire 2 : Grille d'auto-évaluation des pratiques de l'orthopédagogue

DOCUMENT 1
Document d'information pour les parents d'un élève en difficulté d'apprentissage

SI VOTRE ENFANT VIT
DES DIFFICULTÉS D'APPRENTISSAGE

Votre enfant vit certaines difficultés à l'école. Pour lui, apprendre à lire, à écrire ou à compter est plus difficile. Malgré ses efforts, il doit travailler plus que plusieurs camarades de sa classe. Vous vous inquiétez peut-être pour lui et vous vous demandez si vous pouvez faire quelque chose pour l'aider. Dans ce document, nous tenterons de répondre à quelques-unes de vos interrogations.

Vous pouvez aider votre enfant

Votre enfant a besoin de vous. Vivre des difficultés à l'école peut influer sur l'image qu'il a de lui. Il a besoin de vos encouragements et de votre soutien. Vous pouvez l'aider de plusieurs façons, que ce soit lors de ses devoirs ou en participant à l'élaboration et au suivi de son « plan d'intervention ».

Dans ses apprentissages

- Augmentez ses chances d'apprendre : aidez-le à s'organiser, à faire une chose à la fois, à élaborer un plan et des stratégies pour réaliser ses travaux scolaires.
- Multipliez les situations d'apprentissage. On peut lire, écrire et calculer dans plusieurs situations quotidiennes : amenez votre enfant à prendre en note un message téléphonique, à écrire une carte de vœux, à lire une recette de biscuits ou un petit mot que vous lui avez laissé. S'il reçoit du courrier, il aura plaisir à le lire. Encouragez un membre de la famille (grand-père, grand-mère, oncle, tante, cousin, cousine) à lui écrire et suggérez à votre enfant de répondre.
- Vivre des difficultés d'apprentissage représente beaucoup de pression pour un enfant, que ce soit à l'école ou à la maison, lorsqu'il doit faire ses travaux scolaires. Cherchez à passer de bons moments avec lui, des moments positifs qui ne sont pas liés aux matières scolaires.
- Félicitez-le pour ses succès, même modestes.
- Faites ressortir ses points forts pour l'encourager. Concentrez-vous sur les réussites et ne vous attardez pas trop longtemps aux échecs.
- Ne laissez pas les autres membres de la famille se moquer de lui ou des efforts qu'il doit fournir pour apprendre. Expliquez-leur ce qu'il vit.

- Développez votre patience et votre compréhension : vous aurez à revenir souvent sur des explications ou des exercices. Certaines notions doivent être expliquées de diverses façons pour être bien comprises et assimilées.
- Adoptez une attitude positive. Votre jeune est capable de mettre au point des stratégies plus efficaces pour réaliser ses apprentissages : dites-le-lui et encouragez-le.

Au sujet de ses comportements

- Cherchez en quoi les difficultés qu'éprouve votre enfant influent sur sa vie de tous les jours. Vous pouvez vous faire aider par son enseignante, l'orthopédagogue ou le psychologue scolaire afin de cerner ces difficultés.
- Vivre des difficultés d'apprentissage peut amener des frustrations chez votre enfant, des crises de colère, le refus de faire ses devoirs. Bien que ces réactions soient normales, vous devez réagir à ces comportements, car ils ne peuvent être tous tolérés. Ainsi :
  - Précisez clairement à votre enfant vos attentes par rapport à ses habitudes d'étude, à sa concentration, à ses manifestations de colère. Discutez avec lui afin de vous assurer qu'il comprend bien ce que vous attendez de lui.
  - Parlez à votre enfant et dites-lui clairement quelles seront les conséquences des comportements non acceptables.
  - Ne faites pas de menaces vaines. Lorsque votre enfant adopte un comportement non désiré, réagissez immédiatement, sans long discours et sans menaces. Rappelez alors la règle et laissez porter à votre enfant la conséquence de son comportement.
  - Écoutez votre enfant. Souvent un mauvais comportement veut dire : « Aide-moi, quelque chose ne va pas. » Cherchez à savoir de quoi il s'agit.

Avec les professionnels (enseignante, orthopédagogue, etc.)

- Faites confiance aux gens qui cherchent à aider votre enfant. Donnez-leur une chance. Il n'existe

→

DOCUMENT 1 *(suite)*
Document d'information pour les parents d'un élève en difficulté d'apprentissage

pas de solutions miracles et il faut parfois du temps avant de voir les résultats de certaines interventions.

- Gardez une bonne communication avec l'enseignante et l'orthopédagogue. Même si vous n'êtes pas toujours en accord, le travail d'équipe est à la base de la réussite.
- Informez-vous sur ce qui est proposé comme services pour votre enfant. Si vous avez des questions ou des doutes, renseignez-vous.

Pour vous

Avoir un enfant qui vit des difficultés peut être difficile, épuisant et décourageant par moments : en parler avec d'autres parents dans la même situation peut vous aider.

Source : Inspiré de J.C. Stewart, *Counseling Parents of Exceptional Children*, Colombus, OH, Charles E. Merril, 1978.

DOCUMENT 2
Document d'information sur le plan d'intervention

UN MOT AUX PARENTS SUR LE PLAN D'INTERVENTION

Une des façons les plus importantes de participer à la réussite de votre enfant est de contribuer à l'élaboration du « plan d'intervention » conçu pour lui. Il s'agit d'une procédure prévue par la loi pour venir en aide à un enfant qui vit des difficultés. L'école doit organiser une rencontre entre les personnes concernées : l'enseignante, les parents, la direction. Vous avez votre place à cette réunion. Il y est question de votre enfant et vous avez des choses à dire sur lui, des questions à poser, et vous devez vous assurer que tout ce qui peut être fait pour l'aider est mis en place.

Ce plan d'intervention mis sur pied, 10 communications sont prévues par la loi pour l'année en cours. L'école doit vous informer de ce qui a été fait et des résultats obtenus. Ces communications peuvent être écrites, téléphoniques, ou l'on peut vous inviter à venir rencontrer l'enseignante ou l'orthopédagogue à l'école.

Le présent document vise à vous expliquer en quoi consiste le plan d'intervention et comment vous y préparer. Le plan d'intervention est un engagement pris par l'école auprès des parents sur les services qui seront mis en place pour aider leur enfant. Comme parents, vous pouvez exiger que ces engagements soient respectés. D'où l'importance de participer à la rencontre organisée par l'école.

À qui s'adresse ce guide ?

Ce document d'information est destiné tout d'abord aux parents d'enfants handicapés ou ayant des difficultés d'apprentissage, de comportement ou d'adaptation personnelle et sociale à l'école. Son objectif est d'informer les parents sur les caractéristiques d'un plan d'intervention afin d'améliorer leur compréhension et leur participation au moment de son élaboration et de sa réalisation. Dans les milieux scolaires, ce guide constitue également un outil susceptible d'être utile aux agents d'éducation qui participent à l'élaboration du plan d'intervention.

Définition du plan d'intervention

Conformément à la Loi sur l'instruction publique (L.I.P.), les services éducatifs doivent faciliter les apprentissages de même que l'insertion sociale des élèves handicapés ou en difficulté d'adaptation ou d'apprentissage. Dans cette perspective, le plan d'intervention est un des outils importants prévus par la loi (L.I.P., art. 47).

L'élaboration d'un plan d'intervention demande aux agents d'éducation de coordonner leurs actions pour offrir des services éducatifs répondant aux besoins particuliers de ces élèves. Le plan d'intervention doit être personnalisé et tenir compte des capacités, des besoins et du potentiel de chaque élève dans le choix des objectifs à atteindre, des moyens à utiliser et des interventions à effectuer.

Buts du plan d'intervention

Selon un document publié par le ministère de l'Éducation du Québec en 1992 et intitulé *Cadre de référence pour l'établissement des plans d'intervention,* le plan d'intervention vise à faciliter les apprentissages de l'élève en difficulté tout en favorisant son insertion sociale. Les objectifs de ce plan d'intervention sont déterminés en tenant compte de l'âge de l'élève, de ses apprentissages scolaires, de ses habiletés cognitives, sociales et physiques ainsi que des besoins particuliers qu'il peut révéler pour compenser une forme de handicap. Les règles qui régissent son élaboration relèvent de la commission scolaire fréquentée par l'élève (L.I.P., art. 235).

Qui participe à l'élaboration et à la réalisation du plan d'intervention ?

La direction d'école
La direction d'école a la responsabilité d'établir le plan d'intervention tout en s'assurant de la participation et de l'engagement des personnes intéressées.

Les parents
Les parents sont les éducateurs les plus proches de l'enfant et les plus présents auprès de lui. Ils ont un rôle très important à jouer dans le choix et l'application des interventions nécessaires au bon cheminement scolaire de leur enfant.

L'enseignante
L'enseignante est le principal agent d'éducation de l'élève à l'école. Elle est la personne la mieux placée pour fournir des renseignements concernant les apprentissages et le comportement de l'élève et

→

DOCUMENT 2 *(suite)*
Document d'information sur le plan d'intervention

mettre en pratique plusieurs des mesures d'aide suggérées dans le plan d'intervention.

L'élève lui-même

En tant que premier intéressé, l'élève doit être mis à contribution, compte tenu de son âge et de ses capacités. Il est ainsi invité à donner sa perception de ses difficultés et à contribuer à la recherche de solutions.

Le personnel des services complémentaires et particuliers

Que ce soit le psychologue, le conseiller d'orientation, l'orthopédagogue, l'infirmière, le psychoéducateur ou d'autres agents d'éducation, le personnel des services complémentaires et particuliers est en mesure de fournir des renseignements de nature à aider un élève qui présente des difficultés et d'appliquer certaines des mesures d'aide du plan d'intervention.

Rôle de chacun des participants

L'engagement de tous les participants est essentiel pour l'élaboration et la réalisation du plan d'intervention.

La direction d'école

La direction d'école :
* analyse la situation de l'élève en cause et décide du bien-fondé d'un plan d'intervention ;
* convoque les participants intéressés pour étudier les besoins de l'élève ;
* coordonne et supervise l'élaboration, la réalisation et l'évaluation du plan d'intervention.

L'enseignante

L'enseignante :
* détecte, par ses observations, qu'un de ses élèves rencontre des difficultés et elle en avise la direction ;
* recueille des données concernant les forces et les faiblesses de l'élève en prévision de l'élaboration du plan d'intervention ;
* participe à l'étude des besoins de l'élève, à l'élaboration ainsi qu'au suivi du plan d'intervention.

Les parents

Les parents :
* offrent une vision globale du développement de leur enfant ;
* participent à l'étude de ses besoins ;

* collaborent également à l'élaboration et à l'implantation du plan d'intervention conçu pour lui.

L'élève lui-même

* L'élève lui-même communique ses besoins, à la mesure de son âge et de ses capacités, et participe à l'élaboration et au suivi du plan d'intervention conçu pour lui.

Le personnel des services complémentaires et particuliers

Le personnel des services complémentaires et particuliers :
* apporte des renseignements complémentaires susceptibles d'aider à mieux comprendre l'élève et les difficultés qu'il rencontre ;
* analyse les données recueillies et participe à l'élaboration du plan d'intervention ;
* suggère des interventions à effectuer auprès de l'élève ;
* remplit le mandat qui lui est confié pour la réalisation du plan d'intervention.

Démarche d'élaboration du plan d'intervention

La démarche d'élaboration du plan d'intervention peut se diviser en quatre phases : le signalement, l'engagement, l'intervention et l'évaluation.

Le signalement

* La situation de l'élève est communiquée à la direction d'école, qui informe et invite les agents d'éducation intéressés, les parents et l'élève à une première rencontre.
* Les participants recueillent les renseignements sur la situation de l'élève tout en évaluant autant ses forces que ses faiblesses.
* Ils mettent en commun les renseignements recueillis et tracent un portrait des besoins de l'élève.

L'engagement

* Les participants précisent les objectifs à poursuivre et les interventions de nature à répondre aux besoins de l'élève.
* Ils déterminent les actions nécessaires et les personnes qui en seront responsables.
* Ils établissent les critères et les modalités d'évaluation.
* Ils fixent un échéancier de travail.

→

DOCUMENT 2 *(suite)*
Document d'information sur le plan d'intervention

L'intervention
- Le plan d'intervention est mis en application et les participants demeurent en contact pour en assurer le suivi.

L'évaluation
- Le niveau d'atteinte des objectifs de travail est évalué périodiquement.
- Des modifications au plan d'intervention sont apportées au besoin.

La rencontre des parents et du personnel de l'école

Deux étapes importantes sont à préciser lorsqu'on planifie une réunion avec les parents : la prérencontre et la rencontre elle-même.

La prérencontre

1. L'invitation
Après avoir déterminé avec eux un moment de rencontre, l'école donne la possibilité aux parents de se préparer. Par exemple, ces derniers peuvent répondre à un questionnaire qui permet de recueillir des renseignements utiles concernant leur enfant (on en trouvera un exemple à la fin de ce document). Les parents sont aussi invités à noter les questions ou les sujets qu'ils aimeraient aborder au moment de la réunion. Cette préparation permet de diminuer la tension que certains parents ressentent à l'idée de rencontrer les agents d'éducation pour un problème vécu par leur enfant.

2. La préparation
L'école revoit le dossier de l'élève et précise ses forces et ses faiblesses. Les résultats scolaires de l'élève, ses attitudes, ses comportements, sa perception des difficultés qu'il rencontre constituent des renseignements utiles pour la rencontre.

3. La planification de l'emploi du temps
Après avoir établi les objectifs de la réunion, il est conseillé de préparer un ordre du jour simple et d'en envoyer une copie aux parents. Ces derniers ont alors la possibilité de modifier certains des sujets proposés ou d'ajouter des points à l'ordre du jour.

4. L'aménagement du milieu
Pour favoriser une meilleure communication entre les participants à la rencontre, il est important que tous soient considérés sur un pied d'égalité. Le choix d'un local neutre, par exemple la bibliothè- que, au lieu de la classe de l'enseignante crée une ambiance qui facilite les discussions.

La rencontre

1. Prendre contact
Les parents et les agents d'éducation prennent le temps de se présenter, de discuter de l'objet de la rencontre et de déterminer ensemble les sujets à aborder.

2. Réunir l'information
Les parents et les agents d'éducation discutent de leur façon de percevoir les difficultés et les comportements de l'élève.

3. Définir le problème
Les parents et les agents d'éducation s'entendent le plus précisément possible sur la nature des difficultés vécues par l'élève et sur les besoins prioritaires de ce dernier.

4. Formuler des objectifs
On détermine ensemble les objectifs à poursuivre et les critères permettant de considérer que les buts ont été atteints.

5. Trouver des moyens, des méthodes d'intervention
Les parents et les agents d'éducation se consultent afin de déterminer des interventions propres à aider l'élève à atteindre les objectifs fixés.

6. Élaborer et réaliser le plan
Les parents et l'école élaborent le plan, et on détermine les responsabilités de chacun. Une rencontre ultérieure est fixée pour évaluer le niveau d'atteinte des objectifs et pour apporter les modifications nécessaires.

L'élaboration du plan d'intervention pour un élève en difficulté d'apprentissage, de comportement ou d'adaptation personnelle et sociale est une bonne occasion pour les agents d'éducation et la famille de se rencontrer et de discuter. Afin de favoriser la collaboration des parents, on doit leur expliquer clairement que leur participation est essentielle.

Des interactions fréquentes entre l'école et la famille permettent d'en arriver à une meilleure compréhension des points de vue de chacun. De plus, l'engagement des parents dans le milieu scolaire de leur enfant valorise l'école aux yeux de ce dernier, ce qui a une influence positive sur sa motivation à vouloir poursuivre avec succès son cheminement scolaire.

→

DOCUMENT 2 *(suite)*
Document d'information sur le plan d'intervention

Aide-mémoire destiné aux parents pour la préparation de la rencontre avec les agents d'éducation

Date prévue pour la rencontre : _____

Au moment d'une rencontre avec les gens du milieu scolaire, les parents fournissent des renseignements très utiles à l'élaboration du plan d'intervention conçu pour leur enfant. Les questions suivantes peuvent vous aider à préparer cette rencontre.

- Y a-t-il des éléments dans le développement de mon enfant qui sont inconnus de l'école (maladies, accidents, etc.) ?
- Quelle est la matière dans laquelle il réussit le mieux ? celle où il rencontre des difficultés ?
- Est-ce que mon enfant discute avec moi de problèmes reliés à l'école ? Si oui, lesquels ?
- Ai-je noté un changement dans le comportement de mon enfant ?
- Comment se déroule la période des leçons et des devoirs à la maison ?
- Quelles sont les occupations de mon enfant durant ses temps libres ?
- Quelles sont les responsabilités que mon enfant assume bien à la maison (tâches ménagères, rôle de gardien, etc.) ?
- Quelles interventions donnent de bons résultats à la maison ? (Y a-t-il une « manière de le prendre » qui est efficace ?)
- Qu'est-ce que j'aimerais que l'on travaille avec lui à l'école ?
- Qu'est-ce que j'aimerais travailler avec lui à la maison ?
- Quels sont les sujets ou les questions que j'aimerais aborder au moment de la rencontre ?

FORMULAIRE 1
Grille d'auto-évaluation avec les parents

COLLABORATION AVEC LES PARENTS

Nom de l'enseignante : _____   Date : _____

Légende :   **1   Jamais**
2   Parfois
3   Toujours

	1	2	3
a) Je considère que les parents sont des partenaires essentiels dans la poursuite de la réussite scolaire de leur enfant.	—	—	—
b) J'essaie de formuler mes communications écrites de manière que les parents comprennent bien (formulation simple et claire, mots faciles, familiers et courts, message qui va rapidement à l'essentiel, etc.).	—	—	—
c) J'essaie d'adapter mon mode de communication à ce qui convient le mieux aux parents (téléphone, rencontre, message, etc.).	—	—	—
d) J'utilise actuellement une feuille de route ou l'agenda scolaire pour communiquer avec les parents sur une base régulière (journalière, hebdomadaire, etc.).	—	—	—
e) Lorsque je rencontre un parent, je prends soin de faire ressortir les aspects positifs chez son enfant.	—	—	—
f) Je prends en considération les suggestions ou propositions que font les parents.	—	—	—
g) Les interventions proposées aux parents pour accompagner leur enfant dans ses apprentissages tiennent compte de leurs disponibilités et de leurs ressources.	—	—	—
h) Le contenu des rencontres de parents est à la portée de tous.	—	—	—

FORMULAIRE 2
Grille d'auto-évaluation des pratiques de l'orthopédagogue

COLLABORATION AVEC LES PARENTS D'ÉLÈVES EN DIFFICULTÉ

Nom de l'orthopédagogue : _____   Date : _____

Légende :   1   *Jamais*
                  2   *Parfois*
                  3   *Toujours*

	1	2	3
a) Je considère que les parents sont des partenaires essentiels dans la poursuite de la réussite scolaire de leur enfant.	___	___	___
b) J'invite les parents à participer à la rencontre d'élaboration du plan d'intervention de leur enfant.	___	___	___
c) Je communique sur une base régulière avec tous les parents.	___	___	___
d) Lorsque je communique avec un parent, je m'efforce de choisir un mode de communication dans lequel il ou elle se sent à l'aise (communication écrite, téléphone, rencontre, etc.).	___	___	___
e) Lorsque je rencontre un parent, je prends soin de souligner des points positifs observés chez son enfant.	___	___	___
f) Les interventions proposées aux parents pour venir en aide à leur enfant tiennent compte de leur situation (disponibilités, ressources, etc.).	___	___	___

Documents vidéo offerts

En se basant sur des notions théoriques du socio-constructivisme et sur les données des recherches récentes en éducation, le PIER propose de nouvelles perspectives dans l'aide à apporter aux élèves à risque d'échec scolaire. Cinq documents vidéo illustrent les stratégies privilégiées dans le programme d'intervention en classe avec les élèves réguliers et avec ceux qui sont à risque.

- *Le modèle d'orthopédagogie intégrée* vise à apporter un soutien pédagogique aux élèves à risque sans les sortir de la classe. Les principales composantes de ce modèle sont la consultation collaborative, l'enseignement coopératif et l'adaptation de l'enseignement.
Lise Saint-Laurent, Carole Couture
Durée : 48 min 40 s

- *L'enseignement de la lecture* montre comment développer la motivation à lire à travers un climat favorable à la lecture. De plus, l'enseignement stratégique avant, pendant et après la lecture est illustré.
Jocelyne Giasson, Carole Couture
Durée : 27 min 30 s

- *L'enseignement de l'écriture* propose des interventions visant à apporter le soutien nécessaire aux élèves. Des stratégies sont illustrées pour chacune des étapes du processus d'écriture en classe : la mise en situation, le brouillon, la révision, la mise au propre et la diffusion.
Claude Simard, Carole Couture
Durée : 25 min 10 s

- *L'enseignement des mathématiques* présente des activités visant le développement des habiletés à comprendre la numération positionnelle et l'acquisition de stratégies de résolution de problèmes.
Jean Dionne, Carole Couture
Durée : 29 min 30 s

- *La collaboration entre l'école et la famille* discute de la problématique et de l'importance du partenariat avec les parents. On y propose également des stratégies visant à favoriser la communication et la concertation entre l'école et la famille.
Égide Royer, Carole Couture, Sylvie Moisan
Durée : 28 min 15 s

Les cinq documents vidéo ont été réalisés en 1994 par Michel Giguère. Pour vous les procurer, veuillez communiquer avec :

Distribution multimédia
Service des ressources pédagogiques
Cité universitaire, Sainte-Foy
Québec, Canada   G1K 7P4
Téléphone : (418) 656-2220
Télécopieur : (418) 656-7696